D1727246

HEINRICH KOLLER
KAISER FRIEDRICH III.

GESTALTEN DES MITTELALTERS
UND DER RENAISSANCE

Herausgegeben von
PETER HERDE

HEINRICH KOLLER

KAISER FRIEDRICH III.

Wissenschaftliche Buchgesellschaft

Die Deutsche Bibliothek verzeichnet diese Publikation
in der Deutschen Nationalbibliografie;
detaillierte bibliografische Daten sind im Internet über
http://dnb.ddb.de abrufbar.

© 2005 by Wissenschaftliche Buchgesellschaft, Darmstadt
Die Herausgabe des Werkes wurde durch die Vereinsmitglieder
der WBG ermöglicht.
Redaktion und Register: Daphne Schadewaldt
Satz: Setzerei Gutowski, Weiterstadt
Gedruckt auf säurefreiem und alterungsbeständigem Papier
Printed in Germany

Besuchen Sie uns im Internet: www.wbg-darmstadt.de

ISBN 3-534-13881-3

Inhalt

Vorwort des Reihenherausgebers

Friedrich Baethgen hat über den im vorliegenden Band behandelten Zeitraum der deutschen Geschichte unter Friedrich III. gesagt, dass er im Vergleich zu den gleichzeitigen Vorgängen in Westeuropa „ein Schauspiel von sehr viel geringerer Anziehungskraft" bietet, dass jedoch „unter der Oberfläche des wirren und vielfach kleinlichen Geschehens das Wirken gestaltender Kräfte" zu bemerken sei, „unter deren Einfluss sich auch hier Entscheidungen von weitgreifender Bedeutung vollzogen". Im internationalen Kontext sah sich das Reich im Westen nach dem Ende des Hundertjährigen Krieges zwischen Frankreich und England zunehmender französischer Expansion, im Osten slawischem Druck ausgesetzt, dazu traten die immer deutlicher werdende Türkengefahr und die Probleme des Konziliarismus. Im Gewirr der Hausmachtpolitik, im Widerstreit zwischen dem Haus Habsburg, Ungarn, Böhmen, Bayern, Burgund und der Schweizer Eidgenossenschaft löste sich die Reichsgeschichte in zahllose Einzelabläufe auf, die nur noch locker miteinander verbunden waren und die die Geschichtsschreibung seit der umfassenden, 1884 erschienenen Gesamtdarstellung von Adolf Bachmann, Professor an der deutschen Universität Prag, mit schwierigen Problemen der Darstellung konfrontiert haben. Es war daher ein Glücksfall, dass mit dem Autor des vorliegenden Bandes ein Historiker gewonnen werden konnte, der sich Jahrzehnte hindurch mit dem Gegenstand beschäftigt hat, der großen österreichischen Tradition der Landesgeschichte entstammt und vor allem auch der führende Erforscher der Reichsreform ist, die ein zentraler Gegenstand der Geschichte dieser Jahrzehnte ist. Er konnte dabei auch auf vielfältige neueste Forschungen über Friedrich III. zurückgreifen. Er hat in die Darstellung dieser höchst komplizierten Vorgänge, wie es für gute erzählende Geschichtsschreibung seit jeher üblich ist, eine große Menge von Analysen und Interpretationen einfließen lassen. So ist zu hoffen, dass der Band zu weiterer Beschäftigung mit den hier behandelten Fragen anregen wird.

Alzenau, im April 2005   Peter Herde

Vorwort des Autors

Als beschlossen wurde, eine Biographie Kaiser Friedrichs III. (1440–1493) zu verfassen, war man noch überzeugt, dass für die Vorgänge in erster Linie die Eigenheiten und Fähigkeiten des Herrschers ausschlaggebend waren, wie es bis dahin fast durchweg vermutet wurde. Erst nach längerer Arbeit wurde deutlich, dass die aus dem Zeitgeschehen sich entwickelnden Begleiterscheinungen oft wichtiger waren. Da aber gerade diese Gegebenheiten für das Zeitalter des Habsburgers kaum noch richtig erfasst sind – es darf als Beispiel die Ausbreitung der Renaissance in Mitteleuropa angeführt werden –, war es nicht möglich, das Geschehen zufrieden stellend darzulegen. Der schlichte Gang der Ereignisse blieb deshalb im Vordergrund, weil auf eine gründlichere Berichterstattung doch nicht verzichtet werden konnte. Viele tragende Veränderungen – wie der Niedergang des Konziliarismus und die Machtentfaltung des Papsttums, die Perfektionierung moderner Verwaltung und die Verbesserung des Finanzwesens und der Besteuerung – wurden nur am Rande gewürdigt. Daher ist die vorliegende Lebensbeschreibung keine endgültige Darstellung, wohl aber soll sie die Grundlage für weitere Diskussionen sein, die unsere Einsicht in die Vergangenheit verbessern und die Blicke auf eine Epoche richten sollen, die für spätere Jahrhunderte vielleicht wichtiger als spätere Zeitabschnitte wurde. Diesem Ziel wurde dieses Werk verschrieben, dessen Entstehen Peter Herde (Würzburg) einleitete, der nicht nur viele Verbesserungen anregte, sondern sich auch der Mühe einer Überarbeitung unterzog, für die ihm besonders gedankt sein soll. Hilfreich und wertvoll waren auch die Unterstützung durch den Verlag, eine gründliche Korrektur von Daphne Schadewaldt und nicht zuletzt die Bewältigung organisatorischer Aufgaben, die der Lektor Harald Baulig besorgte. Ihnen sei abschließend aufrichtig gedankt – und schließlich sei noch gehofft, dass die Fachwelt unseren Thesen zustimmt.

Salzburg, Juli 2005   Heinrich Koller

1. Kaiser Friedrichs Zeit und sein Leben

a) 1439 – das Jahr des Unheils

Als der Habsburger Friedrich im Frühjahr 1440 von den Kurfürsten zum Oberhaupt des Reiches gewählt wurde, hatte eine im späten 13. Jahrhundert entstandene Prophetie noch immer Anhänger, die besagte, es werde ein dritter Kaiser Friedrich kommen, dem Imperium in der Not beistehen und der Christenheit den Frieden bringen. Schon öfter waren, dieser Vision entsprechend, Männer aufgetreten, darunter einige Scharlatane, aber auch einige Optimisten, die sich zu dieser Aufgabe berufen fühlten. Sie hatten mitunter sogar größeres Ansehen gewonnen, aber kaum alle Erwartungen erfüllt und so war die seltsame Vorhersage noch immer lebendig.[1] Sie bekam neuen Auftrieb, da die Christenheit abermals in eine Krise geraten war. Zu dieser Zeit war die abendländische Kirche gespalten und in zwei Lager zerrissen. Das übermächtige Baseler Konzil hatte sich Ende 1439 mit der Kurie endgültig zerstritten und einen Gegenpapst aufgestellt. Das Unheil war nicht unerwartet eingetreten. Die Gegensätze waren schon Ende 1437 deutlich geworden, als Papst Eugen IV. die zu Basel tagende Versammlung nach Ferrara verlegt hatte, wo er eine Vereinigung der abendländischen, lateinischen Christen mit den griechischen des Ostens einleiten wollte, die dorthin leichter kommen konnten. Die Baseler Väter fürchteten jedoch mit guten Gründen, dass ihre damals noch ungebrochene Macht – sie standen nach ihrer Meinung über dem Papst und sollten daher alle in der Kirche entscheidenden Anordnungen treffen können – erschüttert werden sollte und dass Eugen in erster Linie ihre Vorherrschaft in der Christenheit brechen wollte. Sie widersetzten sich seiner Anordnung und so war aus Gegensätzen ein Konflikt geworden, dessen Beilegung aber, so hofften viele, zunächst noch möglich war.[2]

Eingeleitet wurde diese Entwicklung von den Ereignissen nach 1378, als sich der von Avignon nach Rom zurückgekehrte italienische Papst mit seinen französischen Kardinälen zerstritt, die einen Gegenpapst wählten und nach Südfrankreich zurückkehrten. Da sich die Gegner in den folgenden Jahren nicht einigen konnten und das Schisma, die Kirchenspaltung, fortbestand, wurde die Theorie des Konziliarismus entwickelt, nach der entgegen den Auffassungen des Hochmittelalters eine allgemeine Kirchenversammlung mehr Macht als der Papst haben sollte und daher entscheiden konnte, wer von den beiden Kandidaten anerkannt werden müsse. So schien es möglich zu sein, die Gegensätze zu überbrücken und die Einheit der lateinischen Kirche herzustellen.[3] Das glückte nach fehlgeschlagenen Versuchen, die wir zur Seite lassen können, erst 1417 auf dem Konstanzer Konzil (1414–1418), das sich auch noch andere Aufgaben – die Bekämpfung der Härcsien und die Reform der Kirche – vorgenommen hatte.[4]

Dank des Konziliarismus konnte zwar der unheilvolle Kampf zwischen Rom und Avignon zunächst beigelegt werden, doch waren die Theorien der Konziliaristen mit den Grundsätzen des Hochmittelalters und mit der auf das Papsttum ausgerichteten monarchischen Organisation der lateinischen Kirche schwer zu vereinen. Vorerst wurde ein Ausweg gefunden, da vorgesehen war, die nunmehr so hoch eingestuften konziliaren Versammlungen nur in längeren, aber regelmäßigen Abständen von mehreren Jahren und auch dann nur für eine kürzere Frist von einigen Monaten einzuberufen. Unter diesen Bedingungen verlor die These, dass das Konzil mehr bedeute als der Papst, viel von ihrer Brisanz. Sobald sich nämlich die übergeordnete Versammlung aufgelöst hatte, musste die alltägliche Verwaltung wieder von der Kurie und die entscheidende Regierungsgewalt vom Papst wahrgenommen werden. Die in Konstanz anstehenden Aufgaben, die Bekämpfung der Wirren in Böhmen und die Bereinigung der Kirchenspaltung, konnten aber erst nach einigen Jahren bewältigt werden und in dieser relativ langen Zeit regierten über die Christenheit praktisch nur die versammelten Väter, die mit den für regionale Bereiche geltenden Konkordaten neue Wege wiesen.[5] Die Kirche sollte nach diesen Verträgen nicht mit Hilfe allgemein gültiger Vorschriften, die von einer Zentrale erlassen wurden, sondern entsprechend den jeweiligen lokalen Missständen in regionalen oder nationalen Bereichen verbessert werden. Es wurden dafür den weltlichen Machthabern die notwendigen Vollmachten für kleinräumige Reformen erteilt und damit Grundsätze vorweggenommen, die ein Jahrhundert später sich weitgehend durchsetzen konnten und zum endgültigen Bruch in der Christenheit führen sollten.[6] Doch das war alles noch nicht vorauszusehen. Die durch Jahre uneingeschränkt herrschende Kirchenversammlung, die sich vor allem der in kleineren Gebieten aufgetretenen Unzulänglichkeiten angenommen hatte und diese abstellen wollte, wurde von den Zeitgenossen als vorübergehende Erscheinung empfunden, die unerwartet lange Dauer des Konzils wurde in erster Linie auf die Schwierigkeit, ein neues Oberhaupt zu finden, zurückgeführt und daher erregte die lange konziliare Herrschaft die Gemüter vorerst wenig.

So sah auch der neue Papst Martin V. (1417–1431) im Konziliarismus noch keine Gefahr und fühlte sich nicht genötigt, dagegen anzukämpfen. Er widmete sich anderen Aufgaben wie der Konsolidierung der Kurie und des „patrimonium Petri", des ihm direkt unterstehenden Territoriums, das später als Kirchenstaat bezeichnet wurde. Dessen Einkünfte, die den in

Avignon residierenden Päpsten nur in beschränktem Ausmaß zur Verfügung gestanden hatten, sollten nunmehr zur Gänze der Kurie zukommen und den steigenden Geldbedarf des stets wachsenden päpstlichen Hofes abdecken. Ein wesentlicher Schritt zur Verbesserung der abendländischen Kirche schien geglückt zu sein.[7] Diese Maßnahmen wurden ihm von den Kreisen, die Reformen forderten und sich gegen die laufenden Geldforderungen der Päpste wehrten, hoch angerechnet, da diese erwarteten, die steigenden Verwaltungskosten an der Kurie könnten tatsächlich von einer zentralen Landschaft allein getragen werden.[8] Ernstere Auseinandersetzungen wurden vermieden, da der Papst selbst fünf Jahre später, wie es vorgesehen war, 1423 nach Pavia/Siena ein Konzil einberief. Die Versammlung war schlecht besucht, fand nur in Italien stärkeren Widerhall und befasste sich hauptsächlich mit den in diesem Raum und auf der iberischen Halbinsel schwebenden Spannungen. Die zu Konstanz eingeschlagene Richtung wurde mit einigen knappen Beschlüssen zwar bestätigt, doch verloren sich die Versammelten, nicht zuletzt wegen lokaler Zwistigkeiten, wieder in ermüdenden Grundsatzfragen über die Macht und Aufgaben eines Konzils, ohne dem geplanten Ziel, einer allgemeinen Reform, wirklich näher zu kommen. Es wurde zwar die Bereitschaft betont, mit den von den Türken bedrohten Griechen eine Union zu schließen und die Häresie zu bekämpfen, die vor allem in Böhmen Anhänger hatte, doch Maßnahmen, diese Ziele zu erreichen, wurden nicht ergriffen. Papst Martin V. resignierte, löste die Versammlung auf und verschob die Beratungen auf eine weitere Kirchenversammlung in der Zukunft.[9]

Dieses dürftige Ergebnis erregte vor allem in den deutschen Landen Unmut, da es in Böhmen erhebliche religiöse, soziale und nationale Spannungen gab, die bewaffnete, das gesamte Reich bedrohende Kämpfe zur Folge hatten. Um 1410 waren schon die ersten massiven Unruhen aufgetreten. Zur gleichen Zeit war der Luxemburger Siegmund – damals König von Ungarn – zum römisch-deutschen König gewählt worden. Als Oberhaupt des Reiches war er verpflichtet, Maßnahmen zur Beseitigung der Kirchenspaltung, aber auch zur Beilegung der Ausschreitungen in Böhmen zu ergreifen. Ihm war es zu verdanken, dass die Christenheit sich 1414 zu Konstanz versammelte, um die Missstände zu beseitigen. Um einen raschen Erfolg vorweisen zu können – die Überwindung des Schismas glückte erst 1417 –, wurde ein Problem vorgezogen, das relativ leicht zu bewältigen war, und Johannes Hus für die Wirren verantwortlich gemacht. Er wurde schon 1415 zu Konstanz als Ketzer angeklagt und verbrannt. Der Friede war damit aber nicht zu retten, da sich dessen Anhänger nunmehr enger zusammenschlossen und sogar für radikale Reformen eintraten, die den Reichtum und Besitz von Kirchen und Klöstern kritisierten. Einige dieser Gemeinschaften wurden im Rahmen der Reformbewegung aufgehoben und ihre Häuser sogar zerstört. Das verstärkte wieder die Gegenwehr in den benachbarten deutschen Landen.

König Siegmund stand vor neuen Aufgaben, als er 1419 nach dem Tode seines Bruders Wenzel, der bis dahin in Böhmen regiert hatte, auch die Herrschaft in diesem Königreich übernehmen musste. Er trat im Vertrauen auf die Entscheidungen und Verfügungen des Konzils dem Chaos energisch entgegen. Er war fest entschlossen, die Häresie zu bekämpfen und dann für Ordnung in der Region zu sorgen. Damit wäre auch das Vorhaben zu verwirklichen gewesen, das Königreich Böhmen, das schon in der Mitte des 14. Jahrhunderts zur Zentrallandschaft des Reiches geworden war, analog zu der von Martin V. durchgeführten Reorganisation des Kirchenstaates auch als Zentrum und Träger des Imperiums und als wichtigstes Reichsland zu erneuern. Siegmund verfolgte diese Pläne jedoch zu hart, löste erbitterten Widerstand aus und konnte nur mit Mühe 1420 in Prag gekrönt werden. Er unterlag schon 1420/21 in den ersten Gefechten und musste sogar Böhmen verlassen, wo die hussitischen Heere 1423/24 weitere Erfolge errangen. Er war gezwungen, als wichtigsten Ansatz für eine nach wie vor allgemein notwendige Reichsreform hauptsächlich das Heerwesen zu verbessern und die dafür notwendigen Mittel einzutreiben. Doch scheiterten alle ergriffenen Maßnahmen. Die Truppen der Hussiten blieben durchweg überlegen, gingen 1426 sogar zu weit ausgreifenden Offensiven über und verwüsteten in brutalen Feldzügen große Teile Mitteleuropas.[10] Wegen dieser schweren Niederlagen waren weitere Waffengänge sinnlos und Friedensverhandlungen notwendig geworden. Diese Aufgabe wurde einem neuen allgemeinen Konzil auferlegt, das 1431 nach Basel in die von den Kriegen in erster Linie betroffenen deutschen Lande einberufen wurde. Für die Menschen dieses Raumes schien es deutlich zu sein, dass alle Katastrophen von allgemeinen Missständen verursacht wurden, von denen die Kirche befallen war. Die Christenheit war unter diesen Voraussetzungen nur mit einer allgemeinen Reform zu retten.[11]

In dieser schwierigen Lage starb am 20. Februar 1431 Martin V., der als Colonna die Lage in der Ewigen Stadt bestens gekannt, sich in Rom bewährt und hier bereits jene Verbesserung erreicht hatte, die in Deutschland noch anstand. Es war nicht leicht, einen geeigneten Nachfolger zu finden, der das Werk fortführen konnte. Rom selbst war noch nicht restlos zur Ruhe gekommen. Die Kämpfe verschiedener Familien waren noch nicht endgültig beigelegt. Nach längeren Beratungen wurde endlich im März 1431 mit Eugen IV. ein Kompromisskandidat gefunden, ein Venezianer mit vorbildlich asketischen Lebensformen, der jedoch den Schwierigkeiten nicht gewachsen war, für die Wirren nördlich der Alpen wenig Verständnis hatte, aber auch nicht das Geschick besaß, in dieser heiklen Lage die richtigen Entscheidungen zu treffen. Er widmete sich vor allem dem

Kampf gegen die Türken und verfolgte als Papst vordringlich die Union mit den Griechen.[12] Er trat von allem Anfang an für die uneingeschränkte Macht des Papsttums ein und war überzeugt, auf dieser Grundlage dauernden Frieden schaffen zu können. Einem Konzil, von dem zu erwarten war, dass es wegen der Gegebenheiten in Böhmen Zugeständnisse machen werde, stand er stets misstrauisch gegenüber. Mit seinen radikalen Grundsätzen scheiterte er aber bald, zunächst in Rom und wurde sogar gezwungen, die Stadt zu verlassen. Der von Martin reorganisierte Kirchenstaat verfiel. Eugen musste sich mit der Konsolidierung der Baseler Versammlung abfinden, zumal sich deren Erfolg bald abzeichnete. Es war deutlich geworden, dass in Böhmen weniger Glaubenskämpfe, sondern eher nationale oder soziale Differenzen überwogen, und so gelang es dem Konzil, einen theologisch tragbaren Ausweg zu finden. Es war ein erster Fortschritt gewesen, dass die Hussiten ihre Ziele klarer formulierten. Sie verlangten die Freiheit der Predigt und die Säkularisation des Kirchengutes. Diese Forderungen wurden zwar zurückgewiesen, doch wurden ihnen nach langen Gesprächen in den sogenannten Baseler Kompaktaten (auch als Prager Kompaktaten bezeichnet) Zugeständnisse eingeräumt: Der Laienkelch, die Kommunion in zweierlei Gestalt, in Brot und Wein, wurde ihnen zugestanden. Dank dieser Ausnahmen, die aber erst 1436 allgemein anerkannt wurden, konnten die Hussiten beruhigt und die bewaffneten Auseinandersetzungen tatsächlich beendet werden. Anfang Juni kam Siegmund nach Böhmen und zog am 23. Juli 1436 in Prag ein. Nach vielen Jahren war es endlich möglich geworden, die längst fälligen Reformen auch im Reich anzugehen. Die Konsolidierung seiner Herrschaft an der Moldau war dafür eine wichtige Voraussetzung.[13] Doch blieb dem Kaiser – er war 68 Jahre alt und hatte die Energie früherer Zeiten längst eingebüßt – nicht genügend Zeit und seine Aktivitäten in Böhmen wurden kaum mehr beachtet.

Inzwischen war das Baseler Konzil stillschweigend zu einem dauernden „Kirchenparlament" geworden, dessen Existenz für Eugen IV. untragbar war. Er ergriff die Initiative, betonte die Notwendigkeit einer Union mit den Griechen und verlegte, wie schon bemerkt, 1437 die Baseler Versammlung nach Ferrara. Die päpstliche Maßnahme war geschickt gewählt, da auch im Reich viele hofften, es werde eine Vereinigung mit den Griechen glücken, deren Kirche in den Vorstellungen der Lateiner in bestem Zustand war, und die dafür notwendige Angleichung von Ost und West werde automatisch eine Verbesserung der abendländischen Christenheit zur Folge haben. Damit war dem Wunsch vieler Reformer entsprochen, denen aber zum erheblichen Teil die damit heraufbeschworenen Schwierigkeiten nicht bewusst wurden. Für viele der zu Basel versammelten Väter waren die in Italien bestehenden Missstände hauptsächlich von

Eugen selbst heraufbeschworen worden und so wurden sie in ihrer Überzeugung bestärkt, dass die Reform der Kirche bei dem Haupt der Christenheit, beim Papsttum, ansetzen müsse. Die nach Ferrara einberufene Versammlung wurde von den Baselern abgelehnt und auch nur von wenigen Italienern besucht. Das stärkte wieder das Vertrauen der zu Basel Versammelten auf die eigene Stärke. Sie griffen aber nicht die offenkundigen Schwächen und deutlichen Fehler des Papstes an, sondern stellten abermals den Superioritätsstreit in den Mittelpunkt. Eine Antwort wurde in langen Gesprächen gesucht, das Problem in vielen umfangreichen Traktaten aufgegriffen und alles andere in den Hintergrund gedrängt. Die Absicht, eine allgemeine Reform einzuleiten, wurde bald weitgehend darauf eingeengt, wie die päpstliche Macht zu beschränken oder durch das Konzil zu kontrollieren sei. Das bis dahin weit verbreitete Vertrauen auf den Konziliarismus wurde dadurch erschüttert, dass die wirklich wichtigen Fragen nunmehr in den Hintergrund gedrängt wurden. Die Kritiken an der Synode häuften sich, deren Ermüdungserscheinungen waren nicht mehr zu übersehen.

Klar erkannt und hinreichend erklärt wurden diese jedoch nicht. Unbeachtet blieb die Unzulänglichkeit der konziliaren Organisation, ein Mangel, der übrigens auch unserer Gegenwart wenig bewusst ist. So hielt man, um die Grundhaltung der Zeit zu charakterisieren, im frühen 15. Jahrhundert unbekümmert an hochmittelalterlichen Vorgehensweisen fest, ohne an Modernisierungen zu denken. Als man zum Beispiel das Hofgericht 1417 restaurierte, wurden Richtlinien neu belebt, die 1235 festgelegt worden waren, aber längst veraltet waren.[14] So kann es nicht überraschen, dass man kaum daran dachte, die abendländischen Kirchenversammlungen nach zeitgerechten Ansprüchen zu organisieren. Wie die Menschen des Spätmittelalters noch wussten, war es schließlich schon im Hochmittelalter vielen Synoden gelungen, Wünsche vorzutragen und auch durchzusetzen, und aus diesen Erfahrungen wurde mitunter sogar der spätmittelalterliche Konziliarismus begründet. Unbeachtet blieb jedoch, dass damals die nicht allzu zahlreichen Teilnehmer der Tagungen einfach in den Klöstern und Kirchen des jeweils ausgewählten Versammlungsortes unentgeltlich untergebracht und auch verköstigt worden waren. Das war in Basel nicht mehr möglich. Die in die Stadt zum Konzil gekommenen Geistlichen, die zudem mit größerem Gefolge anreisten, waren wegen ihrer großen Zahl nicht mehr leicht zu beherbergen und zu versorgen. Auch wenn man sich mit Zeltlagern behalf, die wenig Aufwand benötigten, so waren die Kosten für einen Aufenthalt in der Stadt doch hoch. Die deshalb aufkommenden Probleme wurden kaum diskutiert. Es wurde zwar immer wieder die Größe der Höfe von Bischöfen und Äbten kritisiert und die Verringerung des Personals gefordert, doch war damit nicht viel gewonnen, da nach wie vor allen Besuchern zugemutet wurde, die Mittel für die Aufenthalte in Basel selbst aufzubringen. Unter diesen Voraussetzungen war schon die lange Dauer der Kirchenversammlung die Ursache für finanzielle Engpässe, die den Niedergang zur Folge hatten.[15]

Die schwelenden Gegensätze zwischen Kurie und Konzil waren durch die Entscheidungen des Papstes 1437 zum offenen Kampf ausgeweitet worden. Allmählich zeichnete sich ab, dass die Italiener zu Eugen hielten, die Deutschen aber nach wie vor eher dem Konzil vertrauten.[16] Deren Wünsche konnten nicht mit dem notwendigen Nachdruck vorgebracht werden, da der dafür zuständige Sprecher, der Kaiser, der zum Vermittler berufen war, am 9. Dezember 1437 in Znaim starb. In dieser kritischen Situation fühlte sich Erzbischof Dietrich von Mainz, der Wortführer der deutschen Kurfürsten, berufen, aktiv zu werden. Er war zwar ein Verfechter des Reformwillens, ein heftiger Kritiker des päpstlichen Zentralismus und von daher dem Lager der Baseler zuzuordnen, erkannte aber auch deren Schwächen.[17] Ihr radikales Vorgehen gegen den Papst hat er kaum gebilligt, doch ist unbekannt, ob er eigenmächtig vorging oder für einen größeren Kreis auftrat. Die Quellen verraten nur, dass Dietrich erreichte, als sich die Großen des Reichs nach dem Tode des Luxemburgers auf seine Einladung im Frühjahr 1438 zur Wahl eines neuen Reichsoberhauptes in Frankfurt versammelten, noch am Tage vor der Wahl mit den Kurfürsten zu beschließen, die Deutsche Nation – die zu Basel versammelten Väter wurden in vier Nationen aufgeteilt – solle im Streit von Kurie und Konzil neutral bleiben.[18] Wenn wir auch das Vorpreschen des Mainzers für diese Neutralitätserklärung nicht eindeutig erklären können, so gibt es doch keinen Zweifel, dass das am folgenden Tag gewählte neue Reichsoberhaupt, der Habsburger König Albrecht II., vor vollendete Tatsachen gestellt und zu einer für alle Deutschen verbindlichen Grundhaltung verpflichtet wurde, die kaum seinen Vorstellungen entsprach. Albrecht blieb nämlich Eugen gegenüber deutlich zurückhaltend, ehrte aber demonstrativ bald nach dem Regierungsantritt die Gesandten des Konzils und folgte damit einer Einstellung, die wohl die meisten Menschen nördlich der Alpen teilten.[19]

Die von Erzbischof Dietrich festgelegte Neutralität war zwar für die Deutschen verbindlich, konnte aber weder deren Vertrauen auf das Baseler Konzil erschüttern noch die Forderungen nach einer allgemeinen Reform beruhigen. Auf Geheiß König Albrechts wurden vielmehr noch im Sommer 1438 auf Reichstagen viele Verbesserungsvorschläge diskutiert, die auch für die Kirche wichtig waren. Doch konnte der Habsburger dabei nicht persönlich eingreifen, da er selbst seine Herrschaft in Böhmen sichern musste und dort dringend benötigt wurde. Er dürfte damals noch luxemburgischer Reformtradition gefolgt sein und beabsichtigt haben, das

Königreich als Zentralland des Imperiums zu restaurieren. Doch wider Erwarten erhob sich hier eine Opposition, die die Anhänger des Hussitismus sammelte – es gab sie noch in größerer Zahl – und von Polen unterstützt wurde. Mit Hilfe der Kurie konnten zwar Waffengänge vermieden werden, doch der Plan Albrechts, Böhmen als Basis seiner Macht zu behalten, musste aufgegeben werden. Damit erlahmte aber auch die Reichsreform. Als Kompromiss wurde von den deutschen Fürsten im Frühjahr 1439 auf einer Versammlung im Rheinland die Mainzer Akzeptation beschlossen, mit der 26 Reformdekrete der Baseler anerkannt und nunmehr für das Reich verbindlich waren. Gleichzeitig wurde erörtert, die verfeindeten zu Florenz und Basel tagenden Versammlungen an einem anderen Ort und in einem weiteren Konzil zusammenzuführen.[20]

Es war deutlich geworden, dass in Mitteleuropa nach wie vor der Konziliarismus mächtigen Anhang hatte und die Baseler Kirchenväter ein entscheidender Machtfaktor waren. Da es jedoch dem Papst zur gleichen Zeit glückte, die Union von Griechen und Lateinern zu verwirklichen, wie es auch die deutschen Anhänger von Reformen oft gefordert hatten, war Eugens Ansehen gestiegen.[21] Sein Einlenken war unter diesen Gegebenheiten nicht zu erwarten und so versteiften sich im Sommer 1439 die Gegensätze. Die Baseler Kirchenväter begriffen zwar ihren Machtverlust, waren aber von der Hilfe ermutigt, die ihnen der römisch-deutsche König und die deutschen Fürsten zukommen ließen. Auch hofften sie, von den Mächtigen der näheren Umgebung, von den Herzögen von Burgund und Savoyen, unterstützt zu werden. Aussichtslos war ihre Lage noch nicht und so entschlossen sie sich zur letzten Konsequenz: Sie wählten im November 1439 zum Gegenpapst Herzog Amadeus von Savoyen, der schon einige Jahre früher auf seine Macht verzichtet, sich in ein Kloster zurückgezogen hatte und wegen seiner Rechtschaffenheit und Frömmigkeit von allen geachtet wurde. Er nannte sich Felix V. und versprach gute Kontakte zu den Großen des oberitalienischen und burgundischen Raums. Die Christenheit war nun endgültig zerstritten und in der gleichen Lage wie 1378, die Spaltung in der Kirche drängte alle anderen Sorgen in den Hintergrund und war zur wichtigsten Aufgabe des Reichsoberhauptes geworden.[22] In dieser schwierigen Situation erkrankte der energische König Albrecht II., mit dessen Hilfe das Baseler Konzil wohl gerechnet hatte. Er wurde von einer Seuche befallen – die Baseler Kirchenväter wurden davon zu spät verständigt – und starb nach kurzem Siechtum am 27. Oktober 1439.[23]

Das Unheil, die Fülle aller Schicksalsschläge, hätte nicht größer sein können. In dieser verzweifelten Lage zeichnete sich früh ab, dass die Kurfürsten, sofern sie den Grundsätzen treu blieben, die Sippe nicht zu wechseln und einen Habsburger als Nachfolger zu erwägen, Friedrich, den Senior der Dynastie, wählen würden, der einige Wochen früher innerhalb der

Familie seinen jüngeren Bruder Albrecht überspielt und zurückgedrängt hatte.[24] Es war daher anzunehmen, dass der Älteste aus dem Hause Österreich als das dritte Reichsoberhaupt seines Namens die Herrschaft im Imperium antreten werde. Damit war in verzweifelter Situation ein Kandidat gefunden, der den alten Prophetien entsprach. Das alles sollte Zufall sein? Lag es nicht nahe, nach den zahlreichen, nicht vorauszusehenden Ereignissen ein Eingreifen Gottes anzunehmen? Die Publizisten griffen die Gegebenheiten auch sofort auf, erinnerten an die noch immer umlaufenden Voraussagen und trugen die sich daraus ergebenden Erwartungen an den Habsburger heran, der von diesen merkwürdigen Zusammenhängen ebenfalls beeindruckt war. Er wurde in seiner Überzeugung gestärkt, dass seine Familie, sein Haus, und er selbst zu besonderem Wirken berufen sei.[25] Da sein Vetter Siegmund noch minderjährig war – er war für die Herrschaft im westlichen habsburgischen Machtbereich vorgesehen und Friedrich war für ihn zum Vormund bestellt – befand sich jetzt der ausgedehnte Besitz der Familie, der von den Karpaten und dem Nordrand der Adria bis an die Vogesen reichte, in einer einzigen Hand. Noch nie war die Dynastie dem Ziel, im Abendland die führende Rolle zu spielen, so nahe gewesen.

Friedrich konnte sich kaum einen besseren Einstieg in das Amt eines Reichsoberhauptes vorstellen. Das verführte ihn, bald nach seiner Wahl zum römisch-deutschen König das Vokal-Symbol „a-e-i-o-v", das zunächst nur als Kennzeichen seines Eigentums dienen sollte, mit eigener Hand zur entscheidenden Devise umzuwandeln: Alles Erdreich ist Österreich untertan![26] Die Vermutung, dieser Machtanspruch stamme gar nicht von dem Habsburger, ist längst widerlegt, da inzwischen erkannt wurde, dass Friedrich die schon von Erzherzog Rudolf IV. hochgesteckten Pläne aufgriff, die um 1360 in den österreichischen Freiheitsbriefen geforderten Vorrechte mit Nachdruck beanspruchte[27] und sich als Reichsoberhaupt schon bei seinem Regierungsbeginn mit der Würde eines römischen Königs nicht zufrieden gab, sondern bereits 1440 kaiserlichen Rang anstrebte.[28] Er fühlte sich stark genug, die Schwierigkeiten zu meistern. Die Kirchenspaltung dürfte ihn wenig beunruhigt haben, den eigensinnigen und kranken Papst Eugen hat er wohl unterschätzt. Dass sich dieser gegen das Baseler Konzil durchsetzen könne, dürfte Friedrich nicht erwartet haben. Er vertraute noch dieser Versammlung, auf die sich auch seine engste Umgebung nach wie vor durchweg verließ. Größere Sorgen machte ihm wohl die Reichsreform, die bis dahin hauptsächlich auf Böhmen ausgerichtet war, aber wegen der Wirren in diesem Land in der traditionellen Form nicht mehr zu vertreten war. Es bot sich jetzt eine Neuorientierung auf Österreich an und damit ein Verzicht auf die von seinen Vorgängern im Reich, von dem Luxemburger Siegmund und dem Habsburger Albrecht II., in erster Linie geförderten engen Bindungen an Böhmen und Ungarn. Damit konnte man, das war zu hoffen, auch den in diesen Ländern aufgestauten Schwierigkeiten entgehen. Doch gerade das war, wie sich bald zeigen sollte und wie wir vorwegnehmen können, ein entscheidender Irrtum Friedrichs. Die in Ungarn einsetzenden Wirren griffen auf Österreich über, Niederlagen waren die Folge. Diese schweren Rückschläge kennzeichneten die ersten Jahrzehnte seiner Regierungszeit. Erst um 1470 konnte er sich gegen seine zahlreichen Widersacher durchsetzen und nach diesem Zeitpunkt errang er sogar wieder beachtliche Erfolge, die aber bis jetzt von der Forschung zu wenig gewürdigt wurden. Die Schlappen nach 1440 waren spektakulärer und blieben besser in Erinnerung. Was wissen wir nun von dem Mann, der die höchste Würde des Abendlandes mit großen Erwartungen angenommen hatte und später mit dieser Pflicht, die er bis 1493 wahrnahm, viele Enttäuschungen ertragen musste?

b) Friedrich III., seine Persönlichkeit und der Stand der Forschung

Viele naturalistische und eindrucksvolle Bilder Friedrichs wurden, wie es in seiner Epoche bereits üblich war, geschaffen und sind erhalten. Sie lassen erkennen, dass Friedrich groß und schlank war. Kräftig und muskulös war er jedoch nicht. Er war eher zart, vielleicht sogar schwächlich. Gesunde Vitalität konnte er nicht ausstrahlen. Optimist war er wohl auch nicht und konnte mit seinem Auftreten andere nicht für sich einnehmen. Sein Gesicht verstärkt diesen Eindruck. Das harte Antlitz, sein oft verkniffener Mund sprechen für Zurückhaltung und Verschlossenheit. Fröhlich und lächelnd wurde er nie dargestellt. Selbst den Bildern aus den frühen Regierungsjahren fehlt jugendliches und frisches Aussehen. Er ist auch auf diesen Portraits blass und fahl und macht einen kränklichen Eindruck. Er wirkt kalt und unfreundlich. Seine Mienen spiegeln Misstrauen und abweisendes Verhalten wider. Dennoch darf nicht übersehen werden, dass Friedrich auf eindrucksvolles Auftreten größten Wert legte. Darstellungen, die ihn allzu menschlich zeigten und seine Schwächen herausstrichen, gestattete er offenbar nicht. Er ist auf den Bildern immer bestens gekleidet, ob er als Edelmann oder Landesfürst, als Ritter oder Kaiser dargestellt wird. Für sein prächtiges Grabdenkmal im Stephansdom zu Wien, das bereits zu seinen Lebzeiten entstand, wird er in einem Ornat dargestellt, der den höchsten Glanz kaiserlichen Ansehens zum Ausdruck bringt. Kein Reichsoberhaupt des Mittelalters hat in vergleichbarer Weise imperiale Würde demonstriert. Allenfalls hat Friedrichs Sohn und Nachfolger, Kaiser Maximilian I., versucht, diese Symbolik zu übertreffen. Doch ist schwer zu entscheiden, ob dieser mit den vielen gegossenen Bronzestatuen, die zu

Innsbruck das Epitaph flankieren, nicht eher dem technischen Fortschritt seiner Zeit als dem Kaisertum entsprechen wollte.[29]

Der Eindruck, den wir aus diesen Bildern gewinnen, wird von den schriftlichen Nachrichten weitgehend bestätigt. In erster Linie sind die Aufzeichnungen zu beachten, die wir dem Kaiser selbst verdanken und die von ihm eigenhändig geschrieben wurden, vor allem sein sogenanntes Notizbuch.[30] Die Bezeichnung ist irreführend. In seiner Anlage – es ist ein gediegener Pergamentkodex großen Formats – erinnert es eher an ein Kanzleibuch, in dem der Schwerpunkt der Eintragungen zunächst bei finanziellen Angelegenheiten lag. Neben diesen Angaben befinden sich in der Handschrift ungewöhnlich viele, schwer zu deutende merkwürdige Zeichen, Symbole und seltsame Buchstaben. Es ist nicht auszuschließen, dass Friedrich für fremde Schriften Interesse hatte und sich deshalb in diesen merkwürdigen Spielereien verlor. An einer Stelle stellt er jedenfalls mit Stolz – und damit wird diese Vermutung bestärkt – eine von ihm selbst erfundene Geheimschrift vor. Daneben entwickelte Friedrich bald noch andere Interessen. Am Beginn und hauptsächlich auf den Seiten des Pergamentumschlages trug er in seinen ersten Regierungsjahren einige für ihn entscheidende Grundsätze und wichtige Ereignisse ein, darunter die bereits erwähnte Interpretation seiner Devise. Auch die Vergangenheit wurde für ihn wichtig. Das Geschick seiner Mutter berührte ihn, besondere Anteilnahme nahm er aber an ihrem Leben nicht. Freuden oder Zuneigungen ließ er in diesen Notizen kaum erkennen, aber er konnte sich aufregen und ärgern, wenn er sich hintergangen fühlte. Doch pries er dann wieder die Fähigkeit, vergessen zu können. Wie einige Sätze und Zeichen verraten, beschäftigten ihn seine Privilegien und Briefe in besonderem Maße. Er machte sich Gedanken, wie er seine Urkunden persönlich bekräftigen könne, wie er dem Papst schreiben müsse und wie er seine eigenhändigen Briefe gestalten solle. Demnach war für sein Regieren der Einsatz der Schrift eine vordringliche Herrscherpflicht. Das war in diesem Ausmaß bis dahin nicht üblich gewesen. Vorher hatten die stets reisenden Reichsoberhäupter hauptsächlich persönliche Kontakte gesucht und sich bemüht, in mündlicher Kommunikation die auftauchenden Probleme zu bereinigen. Die Eintragungen in seinem Notizbuch verraten, dass Friedrich neue Wege suchte. Doch gibt es keine Anzeichen, dass er seine Pläne beharrlich verfolgte. Alle diese Notizen, Angaben über finanzielle Angelegenheiten, die knappen historiographischen Bemerkungen, die kurzen Programme und Sätze, die wie Erinnerungsstützen wirken, brach er nämlich um 1450 ab. Der weitaus größte Teil des Kodex blieb leer. Einige kleinere jüngere Nachträge stammen von anderer Hand. Zu längeren Rückblicken auf sein Leben konnte sich Friedrich nicht aufschwingen. Alle Eintragungen in diesem merkwürdigen Kodex, so kurz und knapp sie auch sind, verraten immerhin, dass Friedrich seine Aufgaben als Herrscher sehr ernst nahm, dass er mitunter seinen Emotionen, seinem Ärger freien Lauf ließ, seine Interessen aber auf Bereiche konzentrierte, die an Verwaltungstechnik erinnern. Hinweise, dass er darüber intensiver nachdachte, gibt es jedoch nicht. Nach diesen Belegen könnte er in manchen Belangen gründlich, insgesamt aber eher oberflächlich gewesen sein.

Seine zahlreichen eigenhändigen Briefe vermitteln einen analogen Eindruck. Sie liegen weit gestreut bei verschiedenen Empfängern und konnten bei weitem noch nicht vollständig gesammelt werden.[31] Sie blieben bis jetzt so gut wie unbeachtet. Es sind durchweg knappe Anordnungen und Mitteilungen ohne persönliche Äußerungen, wie sie etwa die Schreiben seiner Gemahlin auszeichnen.[32] Ungeachtet ihrer Kürze verraten auch sie, dass der Habsburger energisch sein und ungehalten werden konnte. Sie lassen erkennen, dass Friedrich eifrig regierte und in die notwendigen Vorgänge und Geschäfte oft und beherzt eingriff. Das bezeugen auch die bis dahin nur selten angewandten, aber von Friedrich nunmehr oft eigenhändig auf Privilegien eingetragenen Bekräftigungsvermerke.[33] Es ist auch aufschlussreich, dass der Kaiser auf einer von seiner Kanzlei ausgestellten Urkunde in Briefform zusätzlich ein eigenhändiges Schreiben an den Empfänger richtete und unbekümmert das Dokument zur persönlichen Kommunikation verwendete.[34] Anderen Urkunden des Herrschers wurden zusätzliche und oft erläuternde weitere Informationen auf kleinen Blättern beigelegt, Mitteilungen, die nicht von der Hand des Kaisers stammen, aber in dessen Sprache und Stil gehalten sind.[35] Friedrich könnte diese Schriftstücke diktiert haben. Das alles bezeugt den Eifer, mit dem Friedrich seinen Verpflichtungen als Herrscher nachkam. Obwohl wir nunmehr wissen, dass der Habsburger viel und gern schrieb, hat er doch – im Gegensatz etwa zu Kaiser Karl IV. – keine Tätigkeit entfaltet, die der Literatur zugeordnet werden kann. Zu bedenken wäre nur, dass es deutschsprachige Aufzeichnungen von den Krönungsreisen nach Aachen und Rom und der Fahrt nach Trier gibt, die Tagebüchern ähneln und die offensichtlich weitgehend den Wünschen Friedrichs entsprechen, wenn darin etwa genau und sorgfältig angeführt wurde, dass einige Aufenthaltsorte alter österreichischer Besitz waren.[36] Es ist nicht auszuschließen, dass der Herrscher auf die Gestaltung dieser Texte Einfluss genommen hat. Hinweise, die ihn als Verfasser dieser Berichte vermuten lassen könnten, gibt es jedoch nicht.

Viele und wichtige Ereignisse seines Lebens wurden von Historiographen seines Hofes dokumentiert, deren Schaffen Friedrich nicht nur angeregt, sondern sogar vorgegeben hatte. Der Habsburger verlangte nämlich von diesen Autoren eine publizistisch wirksame Darstellung der Geschichte des Kaisertums und Österreichs, in die seine Biographie einzubinden war. Eine gründliche Beschreibung seines eigenen Lebens erwartete er nicht. Die nach diesen Richtlinien vorgelegten Werke belegen daher eher das politische Programm des Habsburgers als dessen persönliches Geschick.[37] Es war vorgesehen, die Sonderstellung Österreichs auf kaiserliche Urkunden zurückzuführen, hauptsächlich auf das von Kaiser Friedrich I. 1156 ausgestellte Privileg, mit dem die Markgrafschaft zum Herzogtum erhoben und mit Sonderrechten ausgezeichnet worden war, und daneben noch auf die Erhebung Österreichs zum Königreich, über die Kaiser Friedrich II. 1245 schon eine Urkunde ausgestellt hatte, die wegen des Todes des österreichischen Landesfürsten aber nicht ausgeliefert und daher nicht verwirklicht wurde, aber in Formelsammlungen überliefert war und daher im Bewusstsein blieb.[38] Diese grundlegenden Dokumente waren schon im 14. Jahrhundert überholt und veraltet. Das war der Anlass, dass Herzog Rudolf IV. im Winter 1358/59 diese zwei Privilegien und drei weitere für Österreich ausgestellte Kaiserurkunden verfälschte und erweiterte und noch zwei frei erfundene Briefe der antiken „Kaiser" Julius Caesar und Nero einfügte. Damit war die Sonderstellung des Landes in die Antike zurückverlegt. Dieses Bündel von Dokumenten, deren jüngere Zusätze allerdings für die Zeitgenossen kaum zu erkennen waren und die heute als österreichische Freiheitsbriefe bezeichnet werden, wurde schon von Herzog Rudolf IV. dem Kaiser Karl IV. zur Bestätigung vorgelegt, der aber Verdacht schöpfte und den ganzen Komplex dem Humanisten Francesco Petrarca vorlegte. Dieser erkannte die beiden angeblich antiken Schriftstücke als Fälschungen und daher wurde die erbetene Anerkennung der Texte und ihrer Bestimmungen 1361 abgelehnt.[39] Doch damit gab man sich in Österreich nicht zufrieden. Noch zu Ende des 14. Jahrhunderts wurde von einem Leopold, von dem ansonsten nicht viel bekannt ist, eine umfangreiche Geschichte Österreichs geschrieben, eine „Chronik der 95 Herrschaften", in der die Vergangenheit des Landes und seiner Regenten mit überzüchteter Phantasie und bedenkenloser Erfindungsgabe weit in den Orient und die Vorgeschichte zurückverfolgt und behauptet wurde, dass die Macht seiner Herrscher schon immer älter und bedeutender als die der Könige Böhmens und Ungarns gewesen sei.[40]

Solch übersteigerte Machtanspruch wurde aktuell, als Friedrich 1440 die rangmäßige Überlegenheit dieser Länder zurückdrängte, den Schwerpunkt des Reiches nach Österreich verlagerte und sich genötigt fühlte, einen publizistischen Konkurrenzkampf gegen deren Königtum zu eröffnen, das sich auf die Gründung ihrer politischen Gemeinschaften durch die heiligen Regenten Wenzel, Stephan und Ladislaus berufen konnte.[41] Um gegenüber diesem Geschichtsbewusstsein bestehen zu können, entschloss sich der Habsburger, als er nach 1440 seine Residenz in Wiener Neustadt ausbaute, in der berühmten und eindrucksvollen Wappenwand an der Ostfront der St. Georgskirche symbolisch die Vergangenheit und Sonderstellung Österreichs zu demonstrieren. Deutlich und für jeden Besucher sichtbar wurden hier 93 Wappen angeordnet, die offensichtlich den Inhalt von Leopolds Chronik andeuteten. Darunter wurde in eine Nische das Standbild Friedrichs III. im Ornat eines österreichischen Herzogs gestellt, das von 14 habsburgischen Länderwappen umrahmt ist. Die Entstehungszeit dieses wichtigen Denkmals ist nicht genauer zu bestimmen. Es trägt die Jahreszahl 1453, doch dürfte sich dieses Datum auf die Kaiserkrönung beziehen, könnte aber auch die Fertigstellung der Ostfront bezeichnen. Die knappen erhaltenen Belege beweisen nur, dass an der Kirche selbst bereits 1449 gearbeitet wurde und dass sie erst 1460 fertig war. Schon bald nach dem Regierungsantritt des Habsburgers dürften die Pläne für das Gotteshaus entworfen worden sein, das Friedrichs Auffassung von seiner Macht als Repräsentant des Hauses Österreich allen Zeitgenossen sichtbar machen sollte.[42] Es ist belegt, dass Hans Hofkircher, ein getreuer Rat des Habsburgers, schon 1441/42 Leopolds Chronik abschreiben ließ und für diese gegen 1444 auch Wappen am königlichen Hof entworfen wurden.[43]

Friedrichs Absichten, die Geschichte Österreichs aufzuwerten und mit ihren Höhepunkten herauszustreichen, wurden deutlicher, als er nunmehr als Reichsoberhaupt am 25. Juli 1442 alle Vorrechte des Hauses Österreich bestätigte und diese Bekräftigung auch von den Kurfürsten vidimieren ließ. Diese Aktion fiel früh auf. Es wurde angenommen, dass damit schon die österreichischen Freiheitsbriefe akzeptiert waren. Doch wurde übersehen, dass in dem Schriftstück von diesem Tag nur ganz allgemein alle für österreichische Landesfürsten ausgestellten Privilegien, wie es damals durchaus üblich war, aber nicht ausdrücklich die wichtigen Freiheitsbriefe anerkannt wurden.[44] Übergangen wurde auch, dass es von diesem Privileg eine zweite Ausfertigung gibt, die am 10. August 1442 ausgestellt wurde, klar auf die Dokumente der österreichischen Freiheitsbriefe verweist und sogar die Urkunden der „Kaiser" Julius und Nero erwähnt. Das Dokument erweckt zwar den Eindruck, dass auch diese Version den Kurfürsten vorlag, doch gibt es davon keine kurfürstlichen Bestätigungen. Alles spricht vielmehr dafür, dass diesen dieser Text verheimlicht wurde. Der Habsburger war sich offenbar bewusst, dass er Fälschungen bestätigte, und so gab er dieses sein Vorgehen nicht allgemein bekannt.[45] Ungeachtet dieser Bedenken erteilte er aber den Auftrag, die Geschichte Österreichs mit der Chronik Leopolds als Vorlage neu zu schreiben, und gewann dafür den führenden Gelehrte der Wiener Universität, den Theologen Thomas Ebendorfer von Haselbach, der die Hohe Schule auf dem Baseler Konzil vertreten und schon damals Interesse an der Geschichtsschreibung gezeigt hatte. Er wurde 1440 Berater Friedrichs und sollte eine weit ausgreifende

Kaiserchronik verfassen, die dem Schema der Weltchronik folgte, das Imperium verherrlichte und in einem kleinen Abschnitt den Habsburger selbst würdigte, von dem es allerdings zunächst nicht allzu viel zu erzählen gab. Das Werk war nämlich bald abgeschlossen und wurde offiziell schon 1451 dem Herrscher übergeben, als dieser seine Krönung in Rom vorbereitete.[46]

Zunächst war vorgesehen, als siebentes Buch dieser Kaiserchronik die vorgesehene neue österreichische Chronik anzuhängen, die wohl gegen 1448 in Angriff genommen wurde und deren ersten drei Teile dann gegen 1451 vorlagen. In diesen Abschnitten wurde die Neubearbeitung der Chronik der 95 Herrschaften geliefert. Friedrich selbst hatte gewünscht, dass in erster Linie die Geschichte des Landes mit den Vorgängen in der Antike in Zusammenhang zu bringen wäre. Dem entsprach Ebendorfer, der auf weite Strecken seine Vorlage einfach abschrieb, aber die meisten ihrer unglaubwürdigen Angaben doch wegließ und dafür einige Berichte anderer Autoren zur Antike und zum Frühmittelalter einarbeitete. Die falschen Diplome Caesars und Neros nahm er aber dennoch als verlässliche Quellen demonstrativ in sein Werk auf. Damit hatte er den Wünschen seines Herrn entsprochen, verschwieg aber, ob und wie seine Arbeit für die Gestaltung der Wiener Neustädter Wappenwand verwertet wurde.[47] Gut ist nur belegt, dass er 1452 das Vertrauen des Kaisers verlor. Dennoch setzte er bis zu seinem Tode (1464) die Arbeit an der österreichischen Chronik fort, wobei er jetzt das Geschehen an der Donau mitunter fast im Stile eines Tagebuchs erfasste. Die Darstellung ist unbeholfen, mit vielen Nebensächlichkeiten überladen und von einer Aversion gegen den Kaiser geprägt. Es werden nun nicht mehr Österreichs Leistungen verherrlicht, wohl aber viele Einzelheiten erzählt, die zwar den Leser ermüden, aber den Quellenwert der Chronik deutlich erhöhen.[48] Seinen Lebensabend verbrachte Ebendorfer als Pfarrer von Perchtoldsdorf bei Wien, wo er noch eine umfangreiche „Chronica pontificum Romanorum" schrieb, eine langweilige Kompilation, die kein größeres Interesse wecken konnte.[49]

Als dominanter Publizist und später dann auch als Historiograph war der Humanist Aeneas Silvius Piccolomini am habsburgischen Hof eingesetzt. Er wurde 1442 in relativ jungen Lebensjahren von Friedrich in die Kanzlei des Reichs aufgenommen, war damals bereits als Dichter aufgefallen und verfasste im Dienste des Habsburgers zunächst staatsrechtliche Schriften, kritisierte aber auch scharf die Missstände der Zeit. Er war ein genialer Literat, er begriff, was die Menschen interessierte, und fand früh Anerkennung. Wegen dieser seiner Fähigkeiten wurde er von Friedrich geschätzt und viel beschäftigt.[50] Er verfasste, als er bereits an dessen Hof weilte, unter anderem in humanistischer Manier eine Sammlung von Biographien berühmter Zeitgenossen, in deren Reihe er auch den jungen

Friedrich aufnahm, von dem er aber in diesen Jahren noch nicht sehr viel zu erzählen wusste. Diesen Text dürfte er in den entscheidenden Abschnitten schon 1445 konzipiert haben, als die demonstrative Darstellung der österreichischen Geschichte in der Wappenwand von Wiener Neustadt wohl schon beabsichtigt, vielleicht sogar schon in Arbeit war, und damit war Aeneas auch mit diesem Thema konfrontiert.[51] Doch sind die Zusammenhänge kaum klar zu erfassen. Es ist nur offenkundig, dass sich der Humanist gegen Leopolds Darstellung der Vergangenheit Österreichs wandte und gegen 1450 eine „Historia Australis" begann – er entwarf davon im Laufe seines weiteren Lebens drei Redaktionen, war aber mit keiner restlos zufrieden –, in der er die Chronik der 95 Herrschaften als Machwerk abkanzelte. Dieser stellte er eine Geschichte Österreichs gegenüber, wie er sie sah und deren Beginn er bei den Privilegien der Staufer ansetzte.[52] Es wurde nie deutlich, ob er hauptsächlich den Aufstieg habsburgischer Macht mit wissenschaftlicher Sorgfalt darlegen oder eher seine eigenen Leistungen herausstreichen wollte, ein Anliegen, das alle seine Berichte kennzeichnete. Insgesamt erweckte er den Eindruck, er wolle nicht nur die Geschichte Österreichs darlegen, sondern auch die Ereignisse der Epoche Friedrichs würdigen und dessen Biographie liefern. Gerecht wurde er dem Kaiser in diesem Werk kaum und so bleibt offen, weshalb er dann überhaupt die Arbeit aufnahm und sich damit so viel Mühe gab. Er war nämlich Friedrich einerseits zu größtem Dank verpflichtet, da dieser seine Karriere entscheidend gefördert hatte, geschätzt hat er aber andererseits den Habsburger nie. Als sich der Humanist dann nach dem Fall von Konstantinopel mit allen Kräften dem Kampf gegen die Türken verschrieb – weshalb er nicht zuletzt dann 1458 sogar zum Papst gewählt wurde –, aber vom Kaiser nicht hinreichend unterstützt wurde, war sein Gegensatz zu Friedrich nur schwer in den unbedingt notwendigen Grenzen zu halten. Er strich daher dessen Schlappen geradezu penetrant heraus. Doch weniger diese seine kuriose Einstellung als die Auswahl seiner Berichte – es ist nicht zu klären, weshalb er manches überging und anderes mit banalem Lob darlegte – überrascht den Leser. Aeneas erfuhr ja viel mehr vom Geschehen seiner Tage als die meisten seiner Zeitgenossen. Er hätte erschöpfende Berichte liefern können, rang sich aber dazu nicht durch und so begeistert er schrieb, mitteilsam war er nicht. Er war nur bemüht, die Grundhaltung seiner Zeit nach seinen eigenen Vorstellungen zu formen. Das konnte er sehr gut. Alles, was er verfasste, faszinierte, und so wurden seine Berichte die entscheidende Grundlage für Arbeiten späterer Historiker.[53] Doch ist für uns wichtig, dass die von Aeneas gelieferte Darstellung der Vergangenheit in erster Linie die Geschichte Österreichs aufarbeiten und den Ansprüchen der habsburgischen Dynastie auf deren Vorrang genügen sollte. Dagegen wurde das Leben Friedrichs, ungeachtet des beachtlichen Umfanges dieser Biographie, auch von Aeneas nicht erschöpfend gewürdigt. Es ist durchaus denkbar, dass die Gegensätze in der Darstellung der Geschichte Österreichs bei Ebendorfer und Aeneas den Habsburger verstimmten und dass er deshalb das Interesse an der von ihm zunächst so erwünschten Historiographie verlor. Unmittelbare Nachfolger fanden beide Chronisten nicht.

Die Geschichtsschreibung lebte erst wieder unter Maximilian auf, der seine Höflinge zwar anhielt, auch die Epoche Friedrichs und dessen Leben zu würdigen, aber doch die Verdienste des Vaters zurückhaltend darzulegen und dafür die Erfolge des Sohnes herauszustellen. Die unter diesen Voraussetzungen geschaffenen Werke konnten daher dem alten Kaiser auch nicht gerecht werden.[54] Aus diesem Umkreis ist aber doch eine Geschichte Österreichs herauszuheben, die Jakob Unrest schuf. Dieser legte das Schwergewicht dieser seiner Arbeit noch auf die Zeit Friedrichs. Er war Kärntner, beschrieb hauptsächlich das Geschehen in seiner engeren Heimat und war wegen dieser Grundhaltung gezwungen, dem alten Kaiser sein besonderes Augenmerk zu widmen. Für den später von Friedrich selbst forcierten Einsatz im Westen des Reichs brachte er kein Verständnis auf. Er litt vielmehr persönlich unter der sich daraus ergebenden Vernachlässigung der Türkenabwehr und kritisierte deshalb mit Nachdruck den Habsburger. Er war zwar beeindruckt von Friedrichs hoher Bildung, strich aber auch dessen Schlappen heraus und entsprach damit dem abträglichen Bild, wie es schon Ebendorfer und Piccolomini gezeichnet hatten.[55] In diesem Zusammenhang wäre auch noch daran zu erinnern, dass unmittelbar nach Friedrichs Tod zahlreiche und positive Nachrufe entstanden. Sie folgten dem weit verbreiteten Grundsatz, Verstorbenen ein gutes Gedenken zu bewahren, und so ist schwer zu entscheiden, ob wir den schönen Sätzen wirklich vertrauen können.[56]

Die Dürftigkeit der eigenhändigen Notizen Friedrichs und die Mängel der Chronisten können durch ausführlichere Mitteilungen von Zeitgenossen wie Gesandten und anderen Besuchern kaum aufgehoben werden, da der Kaiser diesen seine Absichten verbarg.[57] Kennzeichnend für sein Bestreben, alles möglichst geheim zu halten, ist es etwa, dass er sich in seinem Titel, sofern er voll ausgeschrieben wurde, unter anderem auch Landgraf im Elsass und Graf zu Habsburg und Pfirt nannte und damit Anspruch auf ein beachtliches Territorium im Südwesten des Reichs erhob, dass er aber alle diese Würden in den meisten und nicht zuletzt in den wichtigsten Urkunden gar nicht anführte.[58] Er brach vielmehr seine Intitulatio fast regelmäßig mit der Angabe seiner Herzogtümer Österreich, Steyr, Kärnten, Krain und der Grafschaft Tirol ab und überging seine Rechte am oberen Rhein. Es war ihm vermutlich bewusst, welche Widerstände die aus der Landgrafschaft Elsass und den Grafschaften Habsburg und Pfirt abzuleitenden territorialen Forderungen wecken konnten. Seine Vorfahren hatten schon mit Ansprüchen auf das Herzogtum Schwaben bittere Erfahrungen gemacht. Daran wollte er möglichst gar nicht erinnern.[59] Ein Verzicht auf die Gebiete am oberen Rhein ist jedoch aus der Tatsache, dass die alemannischen, den Habsburgern zustehenden Würden oft nicht angeführt wurden, nicht abzuleiten, da er auf seiner Fahrt in diese Region unmittelbar nach seiner Königskrönung verdeutlichte, dass er auch im Südwesten des Reichs als dominanter Landesfürst anerkannt werden wollte.[60] So überrascht es nicht, dass Ebendorfer die Eidgenossen als habsburgische Untertanen bezeichnete. Ob Friedrich ernsthaft die Absicht hatte, die Schweizer mit ihrem Gebiet wieder dem habsburgischen Territorium einzuverleiben, bleibt ungewiss.[61]

Doch wenn auch seine Grundhaltung und seine politischen Taten oft nur schwer zu erkennen und zu deuten waren, manche seiner Eigenschaften wurden doch sichtbar. Allen Berichterstattern fiel seine hohe Bildung auf, deren Schwerpunkte und Gediegenheit für viele Bereiche aber dann doch wieder nicht zu erkennen waren. Er war, wie nicht zuletzt seine eigenhändigen Notizen und Briefe beweisen, aber sicherlich bestens geschult und überdurchschnittlich kenntnisreich. Seine Schrift, die mitunter an die Kalligraphie seiner Notare angelehnt war, im Allgemeinen aber in ihrer Form eher an die der Gebildeten seiner Zeit erinnert, ist flott und gewandt, gelegentlich auch flüchtig und schwer zu lesen. Er schätzte, wie es zu seiner Zeit üblich war, in der Manier der Humanisten Bücher, doch vor allem wegen ihrer aufwendigen Aufmachung und Illuminierung. Für die von den Humanisten hoch geschätzten anspruchsvollen Texte hatte er kaum Verständnis und so wird er bis heute oft als einfältiger Sammler hübscher Kodizes eingestuft. Besitzvermerke lassen seine kleine Bibliothek erschließen. Dass sich damit das Interessengebiet des Herrschers abzeichnet, kann zwar vermutet werden – in einem abschließenden Rückblick muss darauf nochmals eingegangen werden –, ist aber nur mit Einschränkungen zu akzeptieren, da er innerhalb seines Hofes auch über andere Bestände verfügen konnte, die heute nicht mehr zu fassen sind. Das Interesse Friedrichs für naturwissenschaftliche Bereiche geht jedenfalls aus seinen Handschriften nicht hervor. Belegt ist auch, dass er die Bibel las, doch gibt es keine Angaben über die Intensität dieser Lektüre und so bleibt offen, ob die Probleme der Zeit oder eher nur eine schlichte Frömmigkeit den Habsburger bewogen, diese Bücher in die Hand zu nehmen.[62]

Von dieser Vorliebe für wertvolle Kodizes und andere Kostbarkeiten, die auch in seiner Förderung von prächtigen Bauten zum Ausdruck kam, hoben sich seine persönliche Genügsamkeit und seine schlichten Lebensformen deutlich ab und fielen entsprechend auf.[63] Die Freuden des Lebens bedeuteten ihm nicht viel. Exzesse wurden ihm nicht nachgesagt. Wie sehr er sich damit von seiner Umwelt unterschied, wird deutlich, wenn wir uns erinnern, dass sich sein Vetter Siegmund nicht ohne Stolz zu mehr als vierzig unehelichen Kindern bekannte.[64] Doch sind die Gründe für Friedrichs Zurückhaltung und Genügsamkeit nicht zu erschließen. Im späten Mittelalter wäre seine Haltung mit außerordentlicher Frömmigkeit gut zu erklären, die aber in extremer Form, wie sie etwa Kaiser Karl IV. zuerkannt werden darf, dem Habsburger kaum zuzutrauen ist. Er war zwar ein Gönner von Kirchen und Klöstern und trat für Verbesserungen des christlichen Kultes ein – der Allgemeinheit fielen viele seiner Maßnahmen kaum auf und daher fehlen entsprechende Berichte –, doch ist nicht zu erkennen, ob er seine längeren Aufenthalten in Abteien voll dem Dienste Gottes widmete oder ob er nur die klösterliche Abgeschiedenheit und Ruhe suchte. Seine kirchenpolitischen Aktionen lassen sich meistens auf eine rationale Grundhaltung zurückführen und sind kaum mit tiefer oder schwärmerischer Religiosität zu begreifen. Mit seinen Maßnahmen wie der Errichtung einer verbesserten Bistumsorganisation oder seinen Verfügungen zum Sakrament der Letzen Ölung nahm er Grundsätze der Aufklärung vorweg.[65] Die Parallelen zur Haltung des 18. Jahrhunderts, die bekanntlich ganz allgemein auf Gegebenheiten der Spätgotik zurückgeführt werden kann, sind unverkennbar. Doch verraten die Quellen nicht, ob vielleicht Friedrichs anerkannte und solide Ausbildung seine fast schon aufgeklärte Einstellung zum Christentum zur Folge hatte.

Den Zeitgenossen fiel Friedrichs Neugierde für technischen Fortschritt auf. Maschinen und Geräten schenkte er seine Aufmerksamkeit, Gießereien besuchte er mit sichtlichem Verständnis.[66] Er könnte deshalb sogar als Anhänger der Frührenaissance angesprochen werden, doch zeigte er, von einigen spärlichen Vorlieben abgesehen, für deren Kunst noch keine Begeisterung.[67] Als Bauherr blieb er der Gotik verbunden. Belegt ist er als Sammler von Steinen, belächelt wurde seine Beschäftigung mit Pflanzen. Doch entging seinen Kritikern, welche Hoffnungen zur gleichen Zeit die Entdeckungsfahrer hegten und wie viel sich diese von der Einfuhr exotischer Produkte erwarteten. Friedrich hielt auch diese seine Vorlieben geheim und so werden wir nie erfahren, ob er von allen diesen Dingen etwas verstand oder ob seine geheimnisvollen Versuche als kindische Spielereien abgetan werden dürfen, wie viele seiner Zeitgenossen meinten.[68] Es darf nicht verschwiegen werden, dass sein Bestreben, die eigenen Pläne und Absichten zu verbergen, mit bedenklichen anderen Eigenheiten einherging. Er war nicht nur misstrauisch und skeptisch, er war auch verschlagen und heimtückisch. Daraus ergaben sich oft Skrupellosigkeit und Unverlässlichkeit, die ihm aber nicht vorgeworfen wurden, da die Menschen der Spätgotik ganz allgemein unfähig waren, die Probleme ihrer Zeit klar zu erfassen. So konnte auch ein erstes, flüchtiges und einseitig auf die Chronistik zurückgreifendes Quellenstudium nur wenig helfen, das Leben Friedrichs richtig zu erfassen.

Der Erinnerung an den Kaiser war es vor allem abträglich, dass sein Sohn Maximilian die Leistungen des Vaters, wie etwa dessen zähes Ringen in Burgund, übergehen ließ und die eigenen Erfolge betonte. So wurde der Junge für spätere Generationen zum entscheidenden Wegbereiter einer neuen Zeit, der Ältere wurde fast vergessen. Dazu kam, dass die Geschichtswissenschaft, wie sie sich im 19. Jahrhundert entwickelte, allgemein den Kaisern der Spätgotik nur wenig Anerkennung zollte. Für die damals dominante deutsch-nationale Forschung war Friedrich überdies wegen der in Kriegen erlittenen Schlappen in ihre Denkmodelle kaum positiv einzuordnen – die für diese Richtung erfreulichen Belege, wie die erstmals von Friedrich betonte Definition der deutschen Nation als Sprachgemeinschaft und Träger des Reichs, blieben unerkannt.[69] Die österreichischen Historiker waren wiederum verwirrt, da der Habsburger die ihrer Meinung nach selbstverständliche Herrschaft über Böhmen und Ungarn nicht ausgeübt hatte. So fand er zunächst kaum Interesse. Nur die weniger geschätzten Materialsammler des 19. Jahrhunderts haben versucht, das Zeitalter Friedrichs zu erforschen. Der Wiener Archivar Joseph Chmel stellte sich dieser Aufgabe.[70] Er konzentrierte seine Arbeiten hauptsächlich auf die Edition der Reichsregister, auf einen Bestand also, der nur einem einzigen Bereich der kaiserlichen Funktionen zuzuordnen ist. Alles andere wurde zur Seite gelassen. Chmel veröffentlichte daneben zwar noch viele andere Dokumente aus der Epoche des Kaisers, die jedoch meistens in abgelegenen und nur schwer greifbaren Publikationen erschienen. Weiten Kreisen blieb daher Chmels Schaffen unbekannt. Zuletzt nahm er eine materialreiche und im Detail durchaus brauchbare Biographie des Kaisers in Angriff, die aber nur bis zur Kaiserkrönung Friedrichs, bis zum Jahre 1452 gedieh.[71] Weniger der bruchstückhafte Charakter der Darstellung erregte Anstoß als vielmehr das penetrante Bemühen, das Lob der Habsburger und insbesondere Friedrichs zu singen. Massive Kritik an der Darstellung Chmels war damit heraufbeschworen und führte wiederum dazu, dass der Habsburger von den meisten Historikern abgeurteilt wurde.[72] Der Kaiser wurde von der Forschung des späten 19. Jahrhunderts, wie etwa die schon fast gehässige, aber dennoch viel beachtete Biographie Georg Voigts zeigt, als völlig unfähiger und dummer Regent abgestempelt.[73] Und wenn auch mitunter die Vorwürfe abgeschwächt wurden, insgesamt wurde dem Habsburger, der nur wenige Kriege energisch geführt hatte, aber in vielen der in seiner Epoche üblichen Fehden militärische Schlappen hinnehmen musste, vorerst jede positive Fähigkeit abgesprochen.

Bessere Quellenpublikationen blieben für die Regierungszeit Friedrichs lange aus. Chmel fand keinen Nachfolger. Die zu Beginn des 20. Jahrhunderts einsetzende neue Wertschätzung der Gotik, womit die Voraussetzung für gediegene Arbeiten gegeben war, trug zunächst zur Aufarbeitung der Epoche Friedrichs wenig bei, bewog aber doch Alphons Lhotsky, der als Kustos der Wiener Kunstsammlungen den Kaiser als Liebhaber und Förderer gediegener Werke schätzte, sich der Kultur am habsburgischen Hofe zu widmen.[74] Er wurde beauftragt, die in diesem Kreis geschaffene Literatur aufzuarbeiten und sollte das Lebenswerk Thomas Ebendorfers edieren.[75] Er erkannte bereits die Mängel von dessen Berichterstattung und fühlte sich verpflichtet, den bis dahin dominierenden Fehlurteilen entgegenzutreten. Er leugnete aber nicht die Schwächen im Wesen und Charakter des Kaisers und ließ durchblicken, dass nach seiner Meinung Friedrich für viele und unglückliche Entwicklungen der Zeit doch verantwortlich gewesen sei. Lhotsky rückte die Person des Habsburgers in den Mittelpunkt, entscheidendes Geschehen der Epoche und wichtige Vorgänge, wie den Zusammenbruch des Konziliarismus oder die Hinwendung des Habsburgers zu Burgund, beachtete er zu wenig.[76] Lhotsky interessierte sich auch nicht für Friedrichs Alltag, der von der trockenen und schlichten Ordnung des Rechts und einem Eifer für die Verwaltung geprägt war, und vernachlässigte mit seiner Begeisterung für gediegene Geschichtsschreibung die Tatsache, dass die Berichte Ebendorfers und Piccolominis – beide starben 1464 – nur einen kurzen Zeitabschnitt behandeln und vorzeitig abbrechen. Die letzten dreißig Regierungsjahre des Kaisers mit positiveren Vorgängen haben diese Chronisten gar nicht mehr erlebt.

Inzwischen hatte die Forschung ihre Abneigung gegen das Spätmittelalter verloren und sich auch von dem Grundsatz distanziert, dass das Kriegsglück der entscheidende Maßstab für das Urteil späterer Historiker sein solle. Dank dieser neuen Ansätze stand nicht mehr die Expansion der Türken im Zentrum des Interesses, sondern die Bedeutung des Konziliarismus und der Niedergang der Baseler Kirchenversammlung wurden stärker beachtet, aber auch die Konsolidierung päpstlicher Autorität wurde besser erforscht. Die These, die Kirche der Gotik habe sich in einem Zustand des Verfalls befunden, der gründliche Untersuchungen gar nicht rechfertige, wurde aufgegeben, die Unzulänglichkeiten der Zeit wurden eher als Krisen umschrieben und diese jetzt sachlich gewürdigt. Es wurde erkannt, dass wichtige Ansätze zu Neuerungen, die dann im Zeitalter der Reformation zum Durchbruch kamen, schon um 1470 zu datieren seien, da in diesen Jahren die durch Jahre dahinsiechenden Reichstage neu belebt wurden und der Kaiser endlich Fehdeverbote erließ.[77] Dem entsprach auch der Vorschlag, das Zeitalter Friedrichs, das mehr als ein halbes Jahrhundert andauerte, nicht mehr als geschlossene Epoche aufzufassen, sondern die einzelnen Abschnitte mit ihren Eigenheiten herauszuarbeiten.[78] Für diese Forschungen war entscheidend, dass nach 1975 die Neuauflage der Regesten des Kaisers in Aussicht genommen wurde.[79] Nachdem einige Bände der Reihe erschienen waren, stellten sich die ersten Ergebnisse in Folge dieser Quellenpublikation ein, wie etwa die Werke Kriegers und Niederstätters zeigen.[80] Sie sind weit von den ungefähr hundert Jahre zurückliegenden und vernichtenden Darlegungen zur Epoche Friedrichs entfernt, ohne ungerechtfertigte Begeisterung erwecken zu wollen.

Einen ersten Abschluss dieser Forschungen, aber auch einen entscheidenden Neuansatz stellten die Studien Heinigs dar, der den Personenkreis des kaiserlichen Hofes und nicht zuletzt die Räte Friedrichs erfasste.[81] Aus diesen Biographien wurde deutlich, dass die Höflinge im Gegensatz zu vorangegangenen Epochen, als sie noch in unterschiedlichen Bereichen eingesetzt waren und kaum abzugrenzende Funktionen hatten, vom Kaiser nun fest definierte Arbeitsgebiete zugeteilt bekamen. Wenn auch die Entwicklung bestimmter Ämter, wie einer Kammer oder eines Hofrats, im späten 15. Jahrhundert noch nicht weit vorankam, kann Heinig die Personen ohne weiteres nach ihren Aufgaben ordnen und zeigen, dass die im frühen 15. Jahrhundert noch üblichen Vorgehensweisen mit ihren zum Teil hochmittelalterlichen und veralteten Bräuchen, wenn etwa Notare als Diplomaten eingesetzt wurden und auch noch entscheidende Aufgaben im Bereich des Finanzwesens wahrnahmen, unter Friedrich durch neue, schon auf eine moderne Verwaltung abzielende Trennung der Pflichten ersetzt wurden. Diese Modernisierungen wurden zwar in den Quellen kaum ausdrücklich erwähnt, sie zeichneten sich aber in den Lebensläufen der Höflinge klar ab. Dabei kam es zu häufigem Personalwechsel und wiederholt zu massiven Veränderungen, die mit ihrer Hektik bereits an die oft überstürzten Reformen des 18. und 19. Jahrhunderts erinnern. Auf diese Weise wird die Frühgeschichte moderner Verwaltung aufgehellt. Die geschmähte Epoche Kaiser Friedrichs III. ist damit zu einem wichtigen Zeitalter in der Entwicklung unserer Gegenwart geworden.

Anmerkungen

[1] Struve, Friedrich, S. 337. Möhring, Weltkaiser, S. 248 ff.

[2] Meuthen, 15. Jahrhundert, S. 74 ff. Helmrath, Basler Konzil, S. 372 ff. Moraw, Von offener Verfassung, S. 371 ff. Brandmüller, Papst und Konzil, S. 264 ff. Schmidt, Kirche, Staat, Nation, S. 443 ff.

[3] Bäumer, Konziliare Idee, S. 3 ff. Miethke, Konziliarismus, S. 38 ff. Wünsch, Konziliarismus, S. 128 ff.

[4] Brandmüller, Konstanz, S. 322 ff. Sieber, Apostelkonzil, S. 97 ff. Rathmann, Geschehen und Geschichte, S. 153 ff.

⁵ Grundlegend Malyusz, Konstanzer Konzil, S. 27 ff. Dazu Bertrams, Konkordate, S. 117 ff. Ergänzend Koller, Princeps, S. 56 ff. und Reg. F.III., 13, Nr. 6o.

⁶ Engel, Mächte-Europa, S. 105 ff. Rapp, Deutschland, S. 305 ff. Reinhard, Reichsreform und Reformation, S. 153 ff.

⁷ Meuthen, 15. Jahrhundert, S. 68 ff. Schimmelpfennig, Papst als Territorialherr, S. 87 ff. Brandmüller, Papst und Konzil, S. 264 ff. Studt, Martin V., S. 2 ff.

⁸ Patschovsky, Reformbegriff, S. 14 ff. Die Bedeutung des Patrimonium Petri für die Kirchenreform betonen Johannes Schele und die Reformation Kaiser Siegmunds. Vgl. dazu Märtl, Reformgedanke, S. 92 ff.

⁹ Brandmüller, Pavia-Siena, S. 117 ff.

¹⁰ Seibt, Revolution, S. 494 ff. Seibt, Hussitenstudien, S. 79 ff. Wefers, Hussitenprobleme, S. 94 ff. Seidl, Stadt und Landesfürst, S. 30 ff. Šmahel, Hussitische Revolution, S. 1007 ff. Kintzinger, Sigmund, S. 480 ff. Zur Rolle Böhmens als Zentralland vgl. Concilium Basiliense Bd. 8, S. 127.

¹¹ Thomas, Deutsche Geschichte, S. 4o6 ff. Angermeier, Reichsreform, S. 63 ff. Helmrath, Basler Konzil, S. 327 ff. Maleczek, Päpstliche Legaten, S. 38 ff. Studt, Martin V., S. 695 ff.

¹² Vgl. dazu zuletzt Matschke, Von der Diplomatie des Überflusses, S. 97 ff.

¹³ Hoensch, Kaiser Sigismund, S. 444 ff. Dazu noch Seibt, Revolution, S. 526 ff, Helmrath, Basler Konzil, S. 331 ff. u. 353 ff. Wefers, System Sigmunds, S. 197 ff. u. 215 ff. Zur Problematik vgl. Patschovsky, Reformbegriff, S. 21 ff. und Boockmann, Zusammenhang, S. 207 ff.

¹⁴ Battenberg, Achtbuch, S. 3 ff.

¹⁵ Vgl. etwa Reformation Kaiser Siegmunds (MG Staatsschriften 6), S. 130 ff. Dazu zuletzt etwa auch Maleczek, Die päpstlichen Legaten, S. 54 ff. Die finanzielle Belastung der Besucher wurde von den Zeitgenossen kaum berücksichtigt. Vgl. Helmrath, Basler Konzil, S. 18 ff. u. 71 ff.

¹⁶ Gill, Council of Florence, S. 46 ff. Walsh, Mission und Dialog, S. 327 ff.

¹⁷ Heinig, Kaiser und Konzil, S. 109 ff. Voss, Dietrich von Erbach, S. 109 ff.

¹⁸ RTA 13, Nr. 130. Ringel, Studien, S. 69 ff. Helmrath, Basler Konzil, S. 289 ff. Heinig, Mainzer Kirche, S. 520 ff.

¹⁹ Die Baseler Gesandten wurden ausgezeichnet – vgl. RI 12, Nr. 75 u. 76 –, die päpstlichen aber nicht. Vgl. dazu Hödl, Albrecht II., S. 16. Kennzeichnend für die Haltung des Wiener Hofes ist Narcissus Herz. Vgl. Walsh, Narcissus Herz von Berching, S. 77 ff. Dazu noch Heinig, Albrecht II., S. 488 ff.

²⁰ Hürten, Mainzer Akzeptation, S. 46 ff. Heinig, Kaiser und Konzil, S. 115 ff. Heinig, Mainzer Kirche, S. 521 ff.

²¹ Ourliac, Schisma, S. 119 ff. Müller, Franzosen, S. 821 ff.

²² Haverkamp, Italien, S. 668 ff. Helmrath, Basler Konzil, S. 153 ff.

²³ RI 12, Nr. 1178 a. Dazu Meyer, Königs- und Kaiserbegräbnisse, S. 159 ff. Heinig, Albrecht II., S. 490 ff.

²⁴ Niederstätter, Jahrhundert, S. 144 ff.

²⁵ Heimann, Herrscherfamilie und Herrschaftspraxis, S. 63 ff. Krieger, Habsburger, S. 175 ff. Heimann, Habsburger, S. 38 ff. Heinig, Friedrich III., S. 496 ff.

²⁶ Koller, Vokalspiel, S. 164 ff. Vgl. dazu auch Koller, Reichsreform beim Regierungsantritt, S. 351 ff.

[27] Reg. F.III., 12, Nr. 112 u. 117, sowie 13, Nr. 258. Vgl. dazu auch Niederstätter, Herrschaft, S. 146ff.

[28] Koller, Kaisertum, S. 587ff.

[29] Dornik-Eger, Friedrich III., S. 66ff. Kieslinger, Grabmal, S. 1192ff. Uiblein, Quellen des Spätmittelalters, S. 58ff. u. 66. Schmidt, Bildnisse eines Schwierigen, S. 348ff. Meyer, Königs- und Kaiserbegräbnisse, S. 189ff. Madersbacher, Malerei, S. 463ff. Dazu Lhotsky, Kaiser Friedrich III., S. 120ff. Schmidt, Friedrich III., S. 301ff.

[30] Lhotsky, AEIOV, S. 180ff. Koller, Vokalspiel, S. 163ff.

[31] Koller, Eigenhändige Briefe, S. 119ff.

[32] Walsh, Deutschsprachige Korrespondenz, S. 348ff. Vgl. dazu auch Pferschy-Maleczek, Kaiserin Eleonore, S. 4125ff.

[33] Vgl. Reg. F.III., 12, S. 12ff.

[34] Reg. F.III.,11, Nr. 566.

[35] Reg. F.III.,11, S. 24ff.

[36] Seemüller, Krönungsreise, S. 647ff. Dazu Lhotsky, Quellenkunde, S. 349ff. u. 361ff. Halm, Reiseberichte, S. 82f., 94ff., 115ff. u. 168ff.

[37] Lhotsky, Quellenkunde, S. 375ff. Uiblein, Quellen des Spätmittelalters, S. 105ff.

[38] Vgl. MG DD F. I. D 151 u. 1040. RI 4, Nr. 417f. Dazu Dopsch, Die Länder und das Reich, S. 137ff. u. 199ff.

[39] Lhotsky, Privilegium maius, S. 12ff. Niederstätter, Herrschaft Österreich, S. 146ff.

[40] Österreichische Chronik von den 95 Herrschaften (MG SS Deutsche Chroniken 6), S. 1ff. Uiblein, Quellen des Spätmittelalters, S. 100ff. Krieb, Totengedenken, S. 75ff.

[41] Gieysztor, Politische Heilige, S. 339ff. Klaniczay, Königliche und dynastische Heiligkeit, S. 350ff.

[42] Mayer, Wiener Neustadt, Bd. 2, 428ff. Friedrich III., Kaiserresidenz Wiener Neustadt, S. 308ff. Lhotsky, Bauwerke, S 242ff. Niederstätter, Jahrhundert, S. 136ff. Koller, Stadt und Staat, S. 723. Zum Bau selbst vgl. Schmidt, Wiener Neustädter Wappenwand, S. 316f. Bucher, Architektur, S. 227ff. Schultes, Plastik, S. 304ff. Plieger, Plastik, S. 317ff.

[43] Uiblein, Quellen des Spätmittelalters, S. 100, dazu Heinig, Hof, Regierung und Politik, S. 287. Ferner Wagendorfer, Horaz, S. 121ff.

[44] Chmel, Regesta, Nr. 789. Reg. F.III., 12, Nr. 112. Dazu Lhotsky, Privilegium maius, S. 30ff. und Friedrich III., Kaiserresidenz Wiener Neustadt, S. 315 (Gerhartl). Vgl. dazu auch Mohnhaupt, Confirmatio privilegorum, S. 47ff.

[45] Reg. F.III., 12, Nr. 117. Dazu Willich, Wirkungsgeschichte, S. 169ff. Das Stück fehlt bei Chmel, Regesta, Nr. 963ff.

[46] Thomas Ebendorfer, Chronica regum Romanorum (MG SS NS 18), S. 1ff. Zu Ebendorfers Lebenswerk vgl. Lhotsky, Ebendorfer, S. 98ff. Uiblein, Ebendorfer, Thomas, S. 253ff. Uiblein, Thomas Ebendorfer, S. 14ff. Heinig, Hof, Regierung und Politik, S. 461ff. Thomas Ebendorfer, Chronica regum Romanorum, S. XIff. Niesner, Einführung, S. 18ff.

[47] Thomas Ebendorfer, Chronica Austriae (MG SS NS 13), S. 11ff, Die Fälschungen sind S. 28f. u. 70ff. wiedergegeben. Vgl. auch Uiblein, Quellen des Spätmittelalters, S. 105ff.

⁴⁸ Thomas Ebendorfer, Chronica Austriae, S. 410 ff.

⁴⁹ Zimmermann, Ebendorfer, Chronica, S. 3 ff. Heinig, Der regionalisierte Herrscherhof, S. 115 ff.

⁵⁰ Zum Lebenswerk des Aeneas vgl. Lhotsky, Quellenkunde, S. 375 ff. Worstbrock, Piccolomini, Aeneas Silvius, S. 634 ff. und Uiblein, Quellen des Spätmittelalters, S. 106 ff. Dotzauer, Quellenkunde, S. 100 ff. Aus der umfangreichen Literatur ist für unsere Thematik zu verweisen auf Heinig, Hof, Regierung und Politik, S. 737 ff. Märtl, Reformgedanke, S. 104 ff. Wagendorfer, Horaz, S. 121 ff. Zur Problematik der von Aeneas gebotenen Berichterstattung vgl. zuletzt Märtl, Liberalitas, S. 239 ff.

⁵¹ Enee Silvii Piccolominei, De viris illustribus, S. 59 ff.

⁵² Die Historia Australis ist nur in ihrer deutschen Übersetzung leicht einzusehen – Aeneas Silvius, Die Geschichte Kaiser Friedrichs III. Dazu zuletzt Wagendorfer, Studien zur Historia Australis, S. 10 ff.

⁵³ Vgl. etwa Rill, Friedrich III., S. 66 ff.

⁵⁴ Lhotsky, Quellenkunde, S. 437 ff. Uiblein, Quellen des Spätmittelalters, S. 108 ff.

⁵⁵ Jakob Unrest, Österreichische Chronik. Dazu Neumann, Jakob Unrest, S. 685 ff. Wiesflecker, Adelsliste, S. 167 ff.

⁵⁶ Meyer, Königs- und Kaiserbegräbnisse, S. 175 ff.

⁵⁷ Lhotsky, Quellenkunde, S. 263 ff. und 413 ff. Haller, Kaiser Friedrich III. in literarischen Zeugnissen, S. 87 ff.

⁵⁸ Vgl. etwa die von der Goldenen Bulle von 1356 vorgeschriebene und dementsprechend 1440 ausgestellte Bestätigung der kurfürstlichen Rechte, RTA 14, Nr. 108–112. Zu den Titeln der Habsburger vgl. Niederstätter, Herrschaft, S. 146.

⁵⁹ Lhotsky, Geschichte Österreichs, S. 310 ff. u. 330 ff. Hödl, Habsburg und Österreich, S. 83 ff. Dazu Maurer, Herzog von Schwaben, S. 298 ff. Baum, Rudolf IV., S. 108 ff. Niederstätter, Herrschaft, S. 146 ff. Niederstätter, Jahrhundert, S. 163.

⁶⁰ Niederstätter, Die ersten Regierungsjahre, S. 122 ff. Vgl. dazu auch oben Anm. 36. Zu den politischen Ansprüchen Kaiser Friedrichs III. vgl. Koller, Grundhaltung, S. 39 ff. Ergänzend Niederstätter, Herrschaft, S. 145 ff.

⁶¹ Koller, Schriftlichkeit, S. 103 ff. Thomas Ebendorfer, Chronica Austrie (MG SS NS 13), S. 304 f. Dazu Koller, Schlacht bei Sempach, S. 50 ff.

⁶² Lhotsky, Bibliothek Kaiser Friedrichs III., S. 225. Unterkircher, Bibliothek Friedrichs III., S. 219 ff. Irblich, Zur höfischen Buchkunst, S. 75 ff.

⁶³ Zusammenfassend Haller, Kaiser Friedrich III., S. 87 ff. Dazu Fillitz, Friedrich als Mäzen, S. 187 ff. Lhotsky, Bauwerke und Sammlungen, S. 245 ff. Feuchtmüller, Kirchliche Baukunst, S. 198 ff. Dazu Schweller, Capella, S. 1 ff. Zusammenfassend Niederstätter, Jahrhundert, S. 415 ff.

⁶⁴ Baum, Siegmund der Münzreiche, S. 102 ff. Niederstätter, Jahrhundert, S. 257 ff. Heinig, Konkubinat, S. 285.

⁶⁵ Niederstätter, Jahrhundert, S. 306 ff. Vgl. dazu auch Reg. F. III., 12 Nr. 52 und 201.

⁶⁶ Koller, Reformen im Reich, S. 121 ff.

⁶⁷ Krieger, Buchschmuck, S. 322 ff.

⁶⁸ Schmidt, Friedrich III., S. 328 f.

⁶⁹ Thomas, Deutsche Nation, S. 435 ff. Isenmann, Kaiser, Reich und deutsche Na-

tion, S. 155 ff. Schmidt, Kirche, Staat, Nation, S. 500 ff. Die Belege, die inzwischen publiziert wurden – vgl. Reg. F.III., 7, Nr. 403, 504 ff., 521 ff., 595 ff. – konnten noch nicht berücksichtigt werden. Vgl. auch Thomas, Deutsche Geschichte, S. 484 ff.

[70] Chmel, Regesta Friderici IV., S. 3 ff. Dazu Bresslau, Geschichte der Monumenta, S. 240 ff. Lhotsky, Chmel, S. 248 ff.

[71] Chmel, Historia Friderici IV. Dazu Lhotsky, Chmel, S. 352 ff.

[72] Vgl. etwa Lhotsky, Kaiser Friedrich III., S. 120 ff. Krieger, Habsburger, S. 228 ff.

[73] Voigt, Friedrich III., S. 449 ff.

[74] Lhotsky, Geschichte der Sammlungen, bringt S. 47 ff. die erste moderne und brauchbare Biographie des Habsburgers.

[75] Entscheidend wurden die Arbeiten zu Thomas Ebendorfer, Chronica Austriae, hrsg. v. Alphons Lhotsky (MG SS NS 13).

[76] Lhotsky, Kaiser Friedrich III., S. 124 ff.

[77] Moraw, Von offener Verfassung, S. 389 ff.

[78] So schon Koller, Neuere Forschungen, S. 42 ff.

[79] Reg. F.III, 1. S. 13 ff. (Koller). Dazu Lipburger, Über Kaiser Friedrich III., S. 127 ff.

[80] Krieger, Habsburger, S. 175 ff. Niederstätter, Jahrhundert, S. 136 ff. Heimann, Habsburger, S. 38 ff.

[81] Eine ausführliche Biographie des Kaisers lieferte Heinig, Hof, Regierung und Politik, S. 1317 ff. Dazu zuletzt Heinig, Friedrich III. (Höfe und Residenzen), S. 341 ff. und Heinig, Friedrich III. (1440–1493), S. 495 ff.

2. Friedrichs Familie und seine Jugend

a) Die Familie der Habsburger

Die schwere Aufgabe, seit 1439/40 als römisch-deutscher König das Reich zu reformieren und die zerrissene Christenheit zu einen, fiel Friedrich zu. Er war nach dem plötzlichen und unerwarteten Tod der führenden Vertreter seiner Familie überraschend der Repräsentant seiner Dynastie geworden, einer Sippe, die ihre Schwierigkeiten in den Stammlanden noch lange nicht gemeistert hatte. Doch schon ein kurzer Blick in die Nachbarregionen, nach Böhmen und Ungarn, wo die Kämpfe mit Hussiten und Türken kein Ende nahmen und nationale Gegensätze alles belasteten, musste die Sorgen des Hauses Österreich klein erscheinen lassen und die Illusion wecken, dessen Herrschaft befände sich im Vergleich dazu im besten Zustand. Es verstärkte diesen Optimismus, dass in allen habsburgischen Ländern dem Fürsten zugestanden wurde, die herzogliche Würde zu vererben und innerhalb der Dynastie zu behaupten, ein Grundsatz, der in den benachbarten Königreichen vom Adel bekämpft wurde, der auf Wahlen bestand. Im Vertrauen auf diese Rechtslage und die sich daraus ergebende Beruhigung des politischen Lebens unterschätzte Friedrich die Unterschiede und Gegensätze in seinem engeren Machtbereich und gab sich mit dem Hinweis zufrieden, er sei der „natürliche Herr" der habsburgischen Länder. Er glaubte damit seine Herrschaft abgesichert. Eine exakte Angabe, welche Ansprüche und Verpflichtungen sich daraus in den doch recht unterschiedlichen Bereichen ergaben, vermied er vorerst, denn damit wären alle Probleme wachgerufen gewesen. Ihm waren auch nur die Zustände in den Herzogtümern Österreich, Steyr, Kärnten und Krain und wohl auch in Tirol besser bekannt, die undurchsichtige Lage am Oberrhein, in der Region westlich des Arlberges und die hier bestehenden Feindschaften konnte er kaum richtig beurteilen.

Er übersah wegen des in allen Territorien anerkannten Erbrechts des Landesfürsten, wie übrigens viele seiner unmittelbaren Vorgänger in Österreich, dass die Länder der Habsburger ursprünglich keine Einheit gewesen waren, sondern ganz im Gegenteil mit ihren Schwerpunkten am oberen Rhein im Westen und am Rande der Alpen im Osten ein auseinander driftender Herrschaftskomplex mit unterschiedlichen Gegebenheiten waren, in dem nur ein Territorium, das Herzogtum Österreich an der Donau, ein hoch entwickeltes und besser organisiertes Fürstentum war.

Ungeachtet der weiten Entfernungen bemühten sich die Habsburger daher schon im frühen 14. Jahrhundert, die im Kernland gültigen Rechte auf ihre anderen Besitzungen zu übertragen und überall als Österreicher aufzutreten. Sie prägten zu dieser Zeit den alle habsburgischen Lande umfassenden Begriff der „Herrschaft Österreich" und versuchten, unter diesem Terminus die Gegensätze zwischen den einzelnen Territorien der Steiermark, der Krain, aber auch der Grafschaft Habsburg – Kärnten und Tirol wurden erst später erworben – nach dem Vorbild Österreich zu vereinheitlichen oder wenigstens eine Einheit vorzutäuschen.[1] Dieses Ziel wurde dann in den um 1460 von Herzog Rudolf IV. gefälschten österreichischen Freiheitsbriefen präzisiert, in denen ausdrücklich betont wurde, die in Österreich gültigen landesfürstlichen Vorrechte sollten auch in allen anderen Ländern der Habsburger anerkannt werden.[2] Spätere Generationen haben wegen dieser Verfügungen das Werden eines zentralistisch geführten Staates Österreich weit in dessen Vergangenheit zurückverfolgt und den an der Donau geltenden Grundzügen entsprechend dargestellt. Der Aufstieg der Habsburger wurde oft allzu einfach mit der Geschichte der Stadt Wien und deren engerem Umland in Einklang gebracht und auch die Darstellung von Friedrichs Leben einseitig auf die Vorgänge in dieser Region ausgerichtet.

Da wegen der großen Entfernung des Stammlandes am oberen Rhein zum Herzogtum an der Donau der Besitz der Familie nur schwer zu regieren war, sollten nach dem Vertrag von Rheinfelden von 1283 die Güter geteilt bleiben.[3] Die unüberlegten Versuche König Albrechts I. (gest. 1308), als Reichsoberhaupt alles doch zu vereinen, endeten mit einer Katastrophe.[4] Seine Söhne versuchten dennoch, die Vorrechte, die den Herzögen von Österreich als Fürsten an der Donau zugestanden worden waren, etwa die Stellung als Vögte und weltliche Oberherren der großen Klöster, auch in anderen Regionen durchzusetzen und auf diese Weise ihren Einfluss auf die Kirche des gesamten Machtbereiches zu stärken.[5] Doch diese Ziele waren im Südwesten des Reichs kaum zu erreichen. Als sie nämlich 1315 als Beschützer des Klosters Einsiedeln auftraten, das die Eidgenossen gegen anerkanntes Kirchenrecht überfallen und geplündert hatten, wurden sie, als sie die Übeltäter bestrafen wollten, ungeachtet ihrer berechtigten Anklagen bei Morgarten vernichtend geschlagen. Die Versuche, ihre Macht mit Hilfe von Grundsätzen, wie sie an der Donau galten, auch im Südwesten des Reiches aufzubauen und auszuweiten, erlitten einen entscheidenden Rückschlag.[6]

Nach diesen Erfahrungen teilte die Familie ihre Macht dann doch wieder auf. Herzog Leopold I. (gest. 1326) übte die Herrschaft im Westen aus, während sein Bruder Friedrich I. (der Schöne, gest. 1330), der als Gegenkönig Ludwigs des Bayern auch die Würde eines Reichsoberhauptes beanspruchte, die letzten Jahre seines Lebens an der Donau verbrachte, wo er seine Heimat fand.[7] Entscheidend für die weitere Entwicklung der Dynastie wurde es, dass Albrecht II., ein dritter Bruder der eben genannten Herzöge, im Jahre 1324 Johanna, die Erbtochter des Grafen Ulrich von Pfirt, heiratete und nach dessen Tod Ansprüche auf dessen Territorium erhob. Er fügte den bis dahin bei den Habsburgern üblichen Titeln auch noch die Würden eines Grafen (Herren) von Pfirt und eines Landgrafen vom Elsass (bisweilen nur Oberelsass) hinzu und erhob Ansprüche auf diese Region.[8] Der Landstrich war ein Lehen des Bischofs von Basel, der seiner Oberhoheit aber nur wenig Geltung verschaffen konnte. Es dürfte daher die Hoffnung gegeben haben, auf dem Umweg über die in Österreich anerkannten Rechtsansprüche die Herrschaft im südlichen Elsass auszubauen, wie es den Grafen von Tirol gelungen war, die als Vögte der Bischöfe von Brixen und Trient deren Diözesen fast zur Gänze in ein ihnen unterstelltes weltliches Fürstentum umgewandelt hatten.[9] Analoge Absichten sind Albrecht zuzutrauen, da er für seine Frau und für sich die Würde eines Grafen von Pfirt stets herausstrich. Damit wurde die Bindung der Familie an den alemannischen Raum wieder erheblich verstärkt.[10]

Mit Nachdruck konnte er sich dieser Aufgabe nicht widmen, da eine neue Ausrichtung habsburgischer Politik notwendig wurde, als es den Habsburgern 1335 glückte, das Herzogtum Kärnten zu erwerben. Das Schwergewicht der Lande im Osten hatte damit zugenommen, aber auch ein Ansatz für eine Landbrücke aus dieser Region nach dem Westen war jetzt gegeben.[11] Viel war damit noch nicht gewonnen. Dieses Fürstentum war ein ausgedehntes, aber aufgesplittertes Territorium ohne klaren Mittelpunkt. Die wichtigsten Städte und Produktionszentren des Raumes wie Villach und Friesach waren in den Händen mächtiger geistlicher Fürsten, die als Kontrahenten kaum auszuspielen waren. Zudem waren die Habsburger unter sich uneinig. Ihre Händel erloschen zwar mit dem Tod der Herzöge Heinrich (gest.1327) und Otto (gest.1339), doch war deshalb Herzog Albrecht II. als einziger Überlebender der Sippe in dieser Generation gezwungen, seine Lande als Einheit zu strukturieren. Er stand vor der mühevollen Aufgabe, seine weit gestreuten und zerklüfteten Lande von einem einzigen Zentrum zu regieren. Zu dieser Zeit konnte nämlich eine Herrschaft auf eine Residenz nicht mehr verzichten, die sich auf eine wirtschaftlich blühende Stadt stützen musste. Nur deren Bürger konnten die Hauptlast einer schlichten landesfürstlichen Verwaltungstätigkeit tragen und nicht zuletzt die notwendige schriftliche Kommunikation im Rahmen ihrer Handelsverbindungen erledigen. Für diese Aufgaben hatte innerhalb der habsburgischen Lande nur Wien die erforderliche Größe und so war Herzog Albrecht II. gezwungen, in dieser Metropole weit im Osten seiner

Besitzungen einen Schwerpunkt einzurichten.[12] Die Lande am Oberrhein waren von diesem Ort aus nur schwer zu regieren und so setzte er früh seinen 1339 geborenen Sohn Herzog Rudolf IV. im Südwesten des Reichs als Vertreter der österreichischen Macht ein, wo dieser eine beachtliche, bis jetzt aber kaum recht gewürdigte Aktivität entfaltete.[13] Damit war den Gegensätzen in den einzelnen Regionen wieder entsprochen. Ehe jedoch die Konsolidierung dieser Herrschaft im Südwesten des Reichs glückte, starb 1358 Herzog Albrecht II. und hinterließ neben Rudolf IV. zwei weitere, noch unmündige Knaben, Albrecht III. (1348 geboren) und Leopold III. (1351 geboren). Rudolf IV. musste abermals allein regieren. Seine Verbundenheit zu den Landen im Westen bewies er mit seinem Versuch, als Herzog Schwabens anerkannt zu werden, doch vereitelte Kaiser Karl IV. diese Pläne. Auch die Absicht, die österreichische Herrschaft im Elsass auszuweiten, war nicht zu verwirklichen und damit verloren diese habsburgischen Besitzungen im Westen ihre Bedeutung.[14]

Rudolf musste die Expansionsversuche in dieser Region aber auch zurückstellen, da er stärker in die vom Kaiser schon 1353 eingeleitete Politik eingebunden wurde, die auf die Vereinigung der Königreiche Böhmen, Ungarn und Polen hinauslief. Nicht zuletzt wegen der geographischen Voraussetzungen wurden die Habsburger in diese Projekte einbezogen. Rudolf war schon im gleichen Jahr mit Katharina, der Tochter des Kaisers, vermählt worden und war damit verpflichtet, seine auf Wien und den Osten ausgerichtete Österreichpolitik voranzutreiben, die für die weitere Zukunft entscheidend werden sollte.[15] Er bemühte sich daher um die Errichtung eines Bistums in dieser Stadt, er gründete die Wiener Universität. Er gab allerdings deshalb Orientierung zum Oberrhein hin nicht auf, engagierte sich weiter im Westen und konnte dank geschickter Verhandlungen 1363 die Grafschaft Tirol erwerben, wodurch die Landbrücke zu den habsburgischen Landen am Oberrhein fast schon geschlossen war. Herzog Rudolf IV. strich diesen Erfolg als die bedeutendste Tat seines bereits 1365 beendeten Lebens demonstrativ heraus.[16]

Die Schwierigkeiten und Gegensätze, die es bei der Vereinigung der westlichen mit den östlichen Herrschaften der Habsburger gab, waren jedoch auch mit dem Erwerb Tirols nicht beseitigt und so entschieden sich Albrecht III. und Leopold III. im Jahre 1379 zu Neuberg an der Mürz, ihre Güter zu teilen. Albrecht bekam nur das Land an der Donau mit Wien als Residenz, Leopold erhielt die Herzogtümer Steyr, Kärnten, Krain, die Grafschaft Tirol und die Herrschaften westlich des Arlberges.[17] Die Brüder sollten zwar in der Theorie Herren des gesamten Familienbesitzes bleiben und führten daher alle den Habsburgern zustehenden Titel, in Wirklichkeit wählten sie aber unterschiedliche, von den Interessen ihrer Lande vorgegebene Wege. Albrecht blieb in die Politik der Luxemburger eingebunden, heiratete die Luxemburgerin Elisabeth und richtete seine Handlungen auf Böhmen und Ungarn aus, Leopold betonte zwar sein Interesse an dem Land an der Donau durch den Ausbau von Wiener Neustadt, einer Stadt, die am äußersten Rand seines Machtbereiches unmittelbar an der Grenze zum alten Herzogtum Österreich lag, engagierte sich aber konsequent am Oberrhein und intensivierte die Kontakte zu Oberitalien und zum Osten Frankreichs. Als er im Zuge dieser Expansion 1386 zu Sempach fiel, wurde sein Leichnam nicht nach Wien in die Familiengruft überführt, sondern in Königsfelden (Schweiz) beigesetzt.[18]

Seine Söhne blieben bei den nach 1379 entwickelten Grundsätzen und suchten ihre Frauen in Italien und Burgund, sofern sie nicht wie der 1377 geborene Ernst ihre Ehepartner aus Dynastien wählten, die sogar in traditionellem Gegensatz zu den Luxemburgern standen. Ernst heiratete Margarete von Pommern und nach deren Tod Cimburgis von Masowien, die Mutter des späteren Kaisers Friedrich III. Eine einheitliche politische Richtung schlugen die Nachkommen Leopolds III. aber nicht ein. Neue Gegensätze kamen auf, die erst nach dem kinderlosen Tod der Herzöge Wilhelm und Leopold IV. abklangen. Die überlebenden Herzöge Ernst und Friedrich IV. teilten im Jahre 1411 abermals ihre Güter. Ernst behielt die Herzogtümer Steyr, Kärnten und Krain, Friedrich IV. übte in Tirol und jenseits des Arlberges die Macht aus. Damit war für die habsburgischen Länder eine Konstellation geschaffen, die für Jahrhunderte bestehen blieb und durch die das Eigenleben der Regionen an der Drau, aber auch am Inn und am Oberrhein gestärkt wurde.[19] Von kurzfristigen Zwistigkeiten innerhalb der Familie abgesehen, bildeten die Habsburger für die übrigen europäischen Mächte jedoch nach wie vor eine Einheit. Diese Tatsache ließ übersehen, dass sich die einzelnen Lande des Hauses Österreich im Spätmittelalter weitgehend selbständig entwickelten und dass dieser Prozess vom Adel der Territorien zusätzlich vorangetrieben wurde, der sich überall auf seine engere Heimat ausrichtete.

Von allen diesen Händeln wurde die Landschaft an der Donau wenig berührt, da Herzog Albrecht III. nur einen Sohn hatte, Herzog Albrecht IV., der auch nur einen Knaben, Herzog Albrecht V., als Nachfolger hatte. Diese dynastische Schwäche hemmte die Expansion dieser Linie und trug dazu bei, dass die zu Wien residierenden Albrechtiner den Luxemburgern treu und ergeben blieben. Diese konnten sich zwar nicht in Polen behaupten, doch setzte sich Siegmund, ein jüngerer Sohn Kaiser Karls IV. – der ältere Wenzel hatte inzwischen die Nachfolge im Reich und in Böhmen angetreten –, wenigstens in Ungarn durch und wurde hier 1387 zum König gekrönt.[20] Er wurde in diesen Kämpfen von den Grafen von Cilli mit Nachdruck unterstützt, die ursprünglich den Habsburgern untertan gewesen waren, jedoch dank erfolgreicher Territorial- und Heiratspolitik im späteren 14. Jahrhundert weitgehend unabhängig geworden waren und gegen 1400 von Siegmund auch noch umfangreiche Güter außerhalb des österreichischen Machtbereiches an der unteren Drau und an der Save erhielten. Graf Hermann II. von Cilli (gest. 1435) wurde 1406 zudem Ban von Slawonien und Kroatien und dessen Tochter Barbara 1408 dann die zweite Gemahlin König Siegmunds.[21] Die Cillier gerieten damals völlig unter Siegmunds Einfluss, der sie konsequent als Widersacher der im Inneren der Alpen herrschenden Habsburger aufbaute und ausspielte.

Die Gegensätze dieser Grafen zu den in Kärnten und der Steiermark herrschenden Österreichern wuchsen, als die Habsburger Venedigs Expansion auf dem Festland unterstützten. Die Stadt drang in Machtbereiche des ungarischen Königs Siegmund ein und eröffnete Kriege, in denen die Herzöge Ernst und Friedrich IV. meistens auf der Seite der Adriametropole standen. Nach der bereits erwähnten Teilung von 1411 konnte sich Friedrich aus diesem Zwist allmählich herausziehen, doch entstanden weitere Konflikte, als 1418/20 Hermann II. von Cilli die Grafschaft Ortenburg-Sternberg im Zentrum Kärntens erbte. Das penetrante Streben Hermanns nach Unabhängigkeit war wegen dieses Besitzes von Ortenburg (heute Oberkärnten) mit den landesfürstlichen Ansprüchen des Habsburgers Ernst als Herzog von Steyr, Kärnten und Krain nicht zu vereinen und hatte lange Auseinandersetzungen zur Folge, die Herzog Ernst nötigten, hauptsächlich seine Rechte als Territorialherr im Südosten des Reiches zu wahren. Im Rahmen dieser Politik baute er Graz als Residenz aus, er wurde ein „steyrischer" Österreicher. Siegmund, der Regent Ungarns, der 1410/11 auch zum römisch-deutschen König gewählt worden war, stützte in dieser Eigenschaft noch stärker den Grafen. Um dessen Ansprüche abzuwehren, betonte Herzog Ernst die im Privilegium maius verbrieften Vorrechte seiner Dynastie und führte als Erster der Familie wieder konsequent und demonstrativ den Titel eines auf Kärnten ausgerichteten Erzherzogs.[22]

Herzog Friedrich IV., Ernsts Bruder, wurde dagegen immer stärker in die Wirren am Oberrhein hineingezogen, wo sich die Aussicht eröffnete, das habsburgische Territorium mit Baden als wichtigstem Stützpunkt im Aargau auszuweiten. Er rief jedoch mit seiner Expansionspolitik den Widerstand lokaler Herren des südwestdeutschen Raumes wach, die sofort die Hilfe des Reichsoberhauptes forderten. Der nunmehr regierende König Siegmund musste sich jedoch anderen Problemen widmen. Die Kirchenspaltung war unerträglich geworden, nachdem 1409 unter dem Einfluss des Konziliarismus zu Pisa eine Kirchenversammlung Petros Philargis, den Erzbischof von Mailand, einen Griechen, zum Papst gewählt hatte, der sich Alexander V. nannte, jedoch seine Kontrahenten in Avignon und Rom nicht ausschalten konnte. Er wäre für einen Ausgleich der richtige

Mann gewesen, starb aber bald nach seiner Inthronisation. Die konziliaristischen Kardinäle gaben nicht auf, sie wählten nun einen gewiegten Diplomaten und Politiker als Nachfolger, der als Johannes (XXIII.) ihr Lager anführte, sich aber auch nicht gegen seine Gegner durchsetzen konnte.[23] Die lateinische Kirche hatte demnach drei Päpste. Zusätzlich wurde das Abendland von den schweren Ausschreitungen erschüttert, die in Böhmen ausgebrochen waren, wo eine von dem Prager Professor Johannes Hus geforderte Erneuerungsbewegung Tumulte auslöste. Da König Wenzel resignierte und dem Trunk verfiel, wurde Siegmund als Reichsoberhaupt auch für diese Wirren zuständig, die auf einem weiteren Konzil beigelegt werden sollten. Wegen dieser offensichtlichen Missstände wurde mit Nachdruck gefordert, auf dieser Kirchenversammlung auch eine allgemeine Reform des Christentums einzuleiten. Siegmund folgte diesen Wünschen und entschied sich daher, die Synode an einem Ort abzuhalten, den sowohl Italiener als auch Franzosen und Deutsche erreichen konnten. Er berief nach klärenden Vorgesprächen – Kaiser Konstantin war sein Vorbild – den Klerus des Abendlandes in die Stadt Konstanz zu einem Konzil ein.[24] In diesen Jahren hatte sich sein Gegensatz zu Teilen der habsburgischen Familie verschärft, da er 1411 seine kleine Tochter Elisabeth dem damals vierzehnjährigen und zu Wien regierenden Herzog Albrecht V. von Österreich als Gattin versprach. Dieser war damals noch minderjährig und hätte der Vormundschaft seiner Vettern aus der leopoldinischen Linie unterstellt werden müssen. Siegmund erklärte jedoch als Reichsoberhaupt Albrecht vorzeitig für volljährig, entzog ihn dem Einfluss seiner nächsten Anverwandten und ließ erkennen, dass er ihm die Nachfolge in Ungarn sichern wolle. Damit war die Ausschaltung der innerösterreichischen Habsburger gerechtfertigt, aber auch endgültig deren Feindschaft heraufbeschworen.[25] Siegmund suchte jetzt Verbündete im Reich und stützte neben den Grafen von Cilli auch seinen Anhang im alemannischen Adel, mithin in einem Raum, wo gerade Herzog Friedrich IV. von Österreich rührig mit Verträgen und Friedensbeteuerungen das Vertrauen oder wenigstens eine Neutralität seiner unmittelbaren Nachbarn suchte und auch erreichte. Damit fühlte er sich hinreichend abgesichert und gestärkt.[26]

Im Gegensatz zu seinen resignierenden Konkurrenten in Rom und Avignon ergriff Papst Johannes die Initiative. Er lud selbst nochmals nach Konstanz ein und ließ erkennen, dass er erwarte, vom Konzil als geistliches Oberhaupt der Kirche bestätigt zu werden. Siegmund blieb zurückhaltend. Er musste überdies die längst fällige Krönung zu Aachen nachholen und hinnehmen, dass sich jetzt Papst Johannes mit Herzog Friedrich IV. verbündete. Der Österreicher geleitete demonstrativ Johannes nach Konstanz, wo der Papst in Abwesenheit des Königs die Kirchenversammlung am 5. November 1414 eröffnete.[27] Dieses Recht hätte auch dem Luxemburger zugestanden, der erkennen musste, dass Johannes mit seinen Aktionen wie ein rechtmäßiger Papst aufgetreten war und so die dem Konzil zustehende Entscheidung, wer weiterhin das geistliche Oberhaupt der Kirche sein sollte, vorweggenommen hatte. Herzog Friedrich IV. von Österreich, ein offener Feind Siegmunds, trat als mächtigster Vertreter der weltlichen Machthaber auf dem Konzil auf und überspielte allein durch seine Anwesenheit den Luxemburger, der erst zu Weihnachten in der Bodenseestadt eintraf.

Hier wurde bald deutlich, dass Johannes das Vertrauen der Kirchenväter nicht gewinnen konnte, denen sein Vorpreschen missfiel und die nunmehr behaupteten, der Papst benehme sich zu weltlich. Schon im Februar 1415 schlug die Stimmung gegen ihn um. Es ist wahrscheinlich, dass Siegmund diesen Umschwung im Verhalten des Konzils förderte. Die folgenden Ereignisse sind entscheidend für die ersten Regierungsjahre Kaiser Friedrichs III., sind jedoch in ihren Einzelheiten nicht genauer zu verfolgen. Belegt ist zunächst, dass Herzog Friedrich IV. von Österreich sich wegen der bestehenden Verträge verpflichtet sah, seinem Schutzbefohlenen zu helfen und dessen Abreise zu ermöglichen, die jedoch verweigert wurde. Friedrich organisierte daher eine am 20. März angetretene Flucht des Johannes nach Schaffhausen in österreichisches Einflussgebiet mit der Erwartung, das Konzil zu Konstanz werde ohne Oberhaupt zerfallen. Die versammelten Väter waren in der Tat betroffen, ratlos und hilflos. Das Ziel des Österreichers schien erreicht. König Siegmund behielt jedoch die Nerven. Er war offenbar über alles, nicht zuletzt über die Aktionen des Herzogs informiert und bestens vorbereitet. Er verhinderte nicht nur in persönlichem Einsatz – er wurde sogar handgreiflich – die Auflösung der Versammlung, er ächtete am 30. März 1415 in einem überstürzten Verfahren den Herzog und konnte dessen Gegner bewegen, innerhalb weniger Tage einen von den Eidgenossen wohl längst geplanten Krieg zu beginnen. In diesen Kampfhandlungen setzten diese – Bern war dabei entscheidend – erstmals mit Erfolg Feuerwaffen ein und schossen Baden und die anderen Stützpunkte des Österreichers in wenigen Tagen zusammen. Friedrich war in kurzer Zeit geschlagen, er hatte den unerwarteten Krieg verloren und war ebenso wie Papst Johannes bereit, sich zu unterwerfen. Er konnte erwarten, in einem korrekten Verfahren gnädig behandelt zu werden und seine ererbten Rechte behalten zu dürfen, und kam nach Konstanz. Er stellte sich dem Gericht, war aber als Angeklagter jetzt nicht mehr handlungsfähig.[28]

Um die habsburgischen Länder zu sichern, ritt Herzog Ernst eiligst nach Innsbruck und trat als Vertreter des Hauses Österreich auf. Er konnte das Gebiet der Grafschaft Tirol für die Dynastie schützen, den Verlust der Gebiete südlich von Basel aber nicht verhindern, die von den Eidgenossen und den Parteigängern Siegmunds besetzt wurden. Der Luxemburger belehnte sofort seine Helfer mit reichsunmittelbaren Gütern, ließ aber deren Ausmaß und die Rechtslage eroberter Güter offen und überging dabei auch berechtigte österreichische Ansprüche und Rechte. Der deshalb anstehende Prozess wurde jedoch von Siegmund nicht eingeleitet, sondern verschleppt. Der König sah sich nämlich genötigt, wegen des nach wie vor ungeklärten Schismas nach Westeuropa zu reisen, wo er verhandelte. Alles blieb in unerträglicher Schwebe. Herzog Friedrich verließ daher 1417 Konstanz und flüchtete nach Tirol, wo er für Siegmund unangreifbar war, der jedoch daraufhin den Kampf gegen den Habsburger wieder eröffnete. In mehreren, in den folgenden Jahren mühsam erarbeiteten, aber nicht verwirklichten Verträgen – die Eidgenossen sollten unter anderem besetzte Gebiete räumen – blieb unentschieden, welche Besitzungen dem Österreicher zu Recht entzogen waren.[29] Weitere Komplikationen ergaben sich, da die anderen Habsburger, Ernst, aber auch Albrecht V. auf die entglittenen Ländereien ebenfalls Anspruch erhoben, Forderungen, die bald nicht mehr zurückgewiesen werden konnten, war doch in den um 1421/22 sich ausbreitenden Hussitenkriegen Herzog Albrecht V. als Schwiegersohn Siegmunds dessen wichtigster Verbündeter geworden. Der Luxemburger musste einlenken und bestätigte als Reichsoberhaupt dem Herzog Friedrich IV. in langwierigen Verhandlungen und Verträgen von 1425 bis 1427 umfangreiche Ländereien im Breisgau und im Elsass, überging aber den habsburgischen Besitz im Aargau mit der Habsburg und Baden, dem Mittelpunkt des Territoriums. Es ist wahrscheinlich, dass sich der König gegen Bern und die Eidgenossen nicht durchsetzen konnte, die das Stammland der Habsburger noch immer besetzt hielten. Dafür dürfte der König dem Österreicher eine Konsolidierung und Vergrößerung der Güter nördlich des Rheins und im Sundgau eingeräumt haben. Herzog Friedrich IV. verhielt sich in dieser verworrenen Lage jetzt eher zurückhaltend, doch ist nicht zu erkennen, ob er vor der Überlegenheit der eidgenössischen Heere zurückwich oder ob er im Charakter seinem Neffen, dem späteren Kaiser ähnlich war, der es vorzog, behutsam vorzugehen und die Zeit für sich arbeiten zu lassen.[30] Wegen des 1431 nach Basel einberufenen Konzils mussten außerdem alle Auseinandersetzungen im Südwesten des Reichs zurückgestellt werden und Herzog Friedrich IV. konnte wegen dieser Auflagen nicht daran denken, im Aargau seine Herrschaft zu restituieren. Er baute dafür Innsbruck als neue Residenz aus, nahe von Schwaz, wo die neu entdeckten reichen Silbergruben entscheidend für die Konsolidierung seiner Finanzen wurden.[31]

Eine Wende ergab sich, als im April 1436 Graf Friedrich VII. von Toggenburg ohne Erben starb, der als Gegner der Habsburger nicht nur wichtige österreichische Ländereien besetzt gehalten, sondern auch anderen

Besitz, den jetzt Zürich beanspruchte, an sich gerissen hatte. Von mehreren Seiten wurden berechtigte Forderungen erhoben, auch von den Eidgenossen und deren Verbündeten, zwischen denen bald Gegensätze aufbrachen. Herzog Friedrich IV. nützte die Gelegenheit und brachte die Stadt Feldkirch mit ihrem Umland in seine Gewalt. Siegmund konnte zur gleichen Zeit in Böhmen einziehen, musste sich jedoch hauptsächlich dem Land an der Moldau widmen, wo er aber Ende 1437 starb, ohne entscheidende Maßnahmen treffen zu können. Da sein Schwiegersohn Albrecht bald darauf zum römisch-deutschen König als Zweiter dieses Namens gewählt wurde, gab es den Gegensatz der Dynastien Habsburg und Luxemburg nicht mehr. Albrecht musste sich auch als Reichsoberhaupt vor allem um Böhmen bemühen, glitt in eine luxemburgische Tradition und fand kaum Gelegenheit, sich den Schwierigkeiten am Oberrhein zu widmen. Dabei war es jetzt an der Zeit, die offenen Fragen zu klären und zu entscheiden, welche Besitzungen weiterhin reichsunmittelbar und welche österreichisches Territorium sein sollten. Es waren wohl seine Ratgeber, die dafür verantwortlich waren, dass im Südwesten des Reichs mit Hilfe der mit neuen Inhalten versehenen Wendung „Haus Österreich" – der Begriff wurde seit dem Sommer 1439 mit den Rechten eines Reichsoberhauptes identifiziert – sich eine Restauration des habsburgischen Besitzes erübrigte, da Rechte und Güter des Reichs und der Habsburger jetzt gleichgesetzt waren. Doch waren damit wichtige Fragen noch nicht beantwortet und die Probleme nicht gelöst.

Vieles spricht dafür, dass nicht König Albrecht, sondern eher Herzog Friedrich IV. diese Vorgehensweise angeregt hatte, der mit den Gegebenheiten bestens vertraut war und vermutlich die für den Südwesten des Reichs entscheidenden Fäden gezogen hatte. Die Verhandlungen selbst wurden allerdings von den königlichen Beratern geführt.[32] Der nunmehr in Innsbruck residierende Habsburger – sein einziger Sohn war noch minderjährig und nicht regierungsfähig – dürfte damals bereits kränklich gewesen sein, da er nun die Kontakte zu seinem Neffen Herzog Friedrich V. intensivierte, der inzwischen die Nachfolge von Herzog Ernst in Steyr, Kärnten und Krain angetreten hatte. Jetzt stand die Rückgewinnung der 1415 an die Eidgenossen verlorenen Herrschaften und Güter an, da die Habsburger nunmehr als Repräsentanten der römisch-deutschen Königswürde mit neuen Argumenten auftreten konnten. Doch diese Aufgabe konnte Herzog Friedrich IV., der in erster Linie daran interessiert war, nicht mehr wahrnehmen, da er am 24. Juni 1439 starb. Sein Tod muss überraschend eingetreten sein, da keiner seiner engeren Verwandten anwesend war. Massive Schwierigkeiten ergaben sich zunächst nicht. Die Adligen Tirols waren gewillt, das Erbrecht Siegmunds, des zwölfjährigen Sohnes des Verstorbenen anzuerkennen, fühlten sich aber befugt, einen Vormund zu wählen. Sie entschieden sich für Herzog Friedrich V., dem jetzt auferlegt war, das im Südwesten des Reichs noch immer herrschende Chaos zu beenden und als Ältester der leopoldinischen Linie den habsburgischen Besitz am Oberrhein im alten Ausmaß zu restaurieren.[33]

b) Die Jugendzeit Friedrichs

Herzog Friedrich V. von Österreich war am 21. September 1415 in Innsbruck geboren worden, als sein Vater Herzog Ernst wegen der turbulenten Ereignisse auf dem Konstanzer Konzil und der Niederlage von Herzog Friedrich IV. nach Tirol gekommen war. Ernst hatte seine schwangere Gemahlin Cimburgis auf diese beschwerliche und nicht ungefährliche Reise mitgenommen. Sie muss robust gewesen sein und sie konnte, so wurde erzählt, Eisen mit bloßen Händen biegen. Selbst wenn diese Fähigkeit gelegentlich auch anderen Damen nachgesagt wurde, die Stärke von Cimburgis ist nicht anzuzweifeln und für ihre kräftige Natur spricht auch, dass sie neun Kindern das Leben schenkte, von denen jedoch vier früh verstarben. Nur zwei Knaben und drei Mädchen erreichten das heiratsfähige Alter. Ansonsten erfahren wir nicht viel von ihr. Geschätzt wurde ihre Frömmigkeit, die sie auf zahlreichen Wallfahrten demonstrierte.[34] Da Friedrich kaum seinem Vater nachgeriet, der als tatkräftiger, mitunter auch unbeherrschter Fürst ritterlichen Lebensformen folgte und Händel selten vermied, wird vermutet, dass manche Eigenschaften, wie die Verschlossenheit und der Hang, sich zurückzuziehen, von der Mutter vererbt wurden.[35] Sie könnte ihn auch darin beeinflusst haben, dass er wie seine Mutter Cimburgis häufig heilige Stätten aufsuchte und sich auf schwierige Aufgaben mit Vorliebe in Klöstern vorbereitete. Im Gegensatz zu Herzog Ernst, der Streit mit Geistlichen sogar suchte – er wurde daher auch vom Salzburger Erzbischof gebannt –, hatte der Junge mit Kirchen und Klerikern weniger Schwierigkeiten.[36]

Dennoch folgte er in manchem dem väterlichen Vorbild. Wie dieser pilgerte auch Friedrich nach dem Regierungsantritt ins Heilige Land, er baute Graz als Residenz weiter aus und hatte Verständnis für wirtschaftliche Belange. Er förderte ebenfalls die aufstrebende Eisengewinnung an Mur und Mürz und die steyrische Salzproduktion. Seine Bindung an dieses Land hatte Ernst zuletzt noch mit seinem Grab im Zisterzienserkloster Rein in der Nähe von Graz bewiesen. Ein Fürst wurde damals in seinem engeren Wirkungskreis beigesetzt.[37] Friedrich hielt zwar dem Herzogtum Steyr seine Treue und förderte Graz, doch kann der Einfluss des Vaters kaum entscheidend gewesen sein, da dieser 1424 relativ jung im Alter von 47 Jahren starb, als Friedrich erst neun Jahre war. Er kam jetzt in die

Obhut der Mutter. Diese wurde, entgegen den Bräuchen der Zeit, nicht neben ihrem Gatten in Rein beigesetzt, den sie einige Jahre überlebte, sondern in der alten Babenbergergruft zu Lilienfeld bestattet.[38] Warum sie diese merkwürdige Anordnung getroffen hatte, bedarf der Erklärung. Die deutlich auf Österreich und auf die Region an der Donau ausgerichtete landesfürstliche Tradition dieser Abtei drängt die Vermutung auf, dass politische Erwartungen für diese Entscheidung von Cimburgis ausschlaggebend waren. Sie könnte damit angedeutet haben, dass sie engere Kontakte zum Machtbereich der in Wien residierenden Linie unterhalten wollte.

Sie hielt sich die meiste Zeit ihres Lebens – sie starb auch schon 1429 – in Wiener Neustadt an der Grenze zu Donauösterreich auf. Dieses Verhalten könnte von der Tatsache bestimmt gewesen sein, dass der zu Wien residierende Herzog Albrecht V. damals noch keine Erben hatte.[39] Cimburgis dürfte sich mit der Wahl ihres bevorzugten Wohnsitzes darauf eingestellt haben, dass ihr Sohn Albrechts Herrschaft antreten könne. Ihre Kinder verbrachten daher ihre ersten Lebensjahre, sofern sie nicht in Graz waren, hauptsächlich in Wiener Neustadt. In diesen Städten wurde Friedrich eine für seine Zeit außergewöhnlich gute Ausbildung vermittelt, von der wir aber kaum Einzelheiten erfahren. Es ist nur überliefert, dass der Junge später viel und flott schrieb, hauptsächlich deutsch, er verstand aber auch Latein. Darüber hinaus sind keine weiteren Sprachkenntnisse belegt. Für die Schulung des intelligenten Knaben setzte sich wohl seine Mutter ein. Vormund des heranwachsenden Friedrichs V. und seines 1418 geborenen Bruders Albrecht VI. war schon nach dem Tode Herzog Ernsts der in Innsbruck residierende Herzog Friedrich IV. geworden, der nach 1423 in Tirol eine gefährliche Adelsopposition bekämpfen musste. Diese konnte zwar niedergerungen werden, doch dürfte sich Friedrich IV. nach diesen Erlebnissen in Graz sicherer gefühlt haben und das ihm 1424 anvertraute Territorium behutsam und zurückhaltend verwaltet haben.[40] Wichtige Entscheidungen überließ er weitgehend dem Adel, mit dem er gut auskam. Die Möglichkeit, das Geschick der Dynastie zu bestimmen, nahm er aber energisch wahr. Er soll es erreicht haben, dass Margarethe, die um ein Jahr jüngere Schwester Friedrichs V., schon 1428 mit Kurfürst Friedrich II. von Sachsen verlobt wurde, der gerade mit 16 Jahren die Nachfolge seines Vaters angetreten hatte.[41] Eine enge Bindung der Habsburger zu den Wettinern hatte sich hauptsächlich wegen der gemeinsamen Kriege der Sachsen und Österreicher gegen die Hussiten ergeben und so hatte auch der zu Wien regierende Herzog Albrecht V. Kontakte geknüpft, doch das entscheidende Wort hatte der Tiroler gesprochen, der dann auch durchsetzte, dass die Verlobten 1431 heirateten. Die Geschwister Friedrich und Margarethe verstanden sich auch später gut, ließen die Bindungen nie abreißen und Friedrich V. war seinem Onkel wohl dankbar, dass dieser für seine Schwester den rechten Gemahl gefunden hatte. Der Vormund suchte früh auch für seinen Neffen eine Gattin und eröffnete um 1430 Verhandlungen mit dem französischen Königshof. Die Prinzessin Radegundis wurde in diesem Zusammenhang genannt, doch wurden die Gespräche ohne Ergebnis abgebrochen. Dies lässt vermuten, dass sich der Tiroler mit seinem Mündel gut verstand.[42]

Das könnte auch ausschlaggebend dafür gewesen sein, dass der Oheim, nachdem Friedrich V. 1431 mündig geworden war, auf der Herrschaft in der Steiermark beharrte. Verlässliche Berichte gibt es darüber nicht, doch ist wahrscheinlich, dass vor allem der steyrische Adel die Beendigung der Vormundschaft verlangte, dem ein junger und unerfahrener Landesherr willkommen war. Friedrich selbst hatte offenbar gegen die bestehenden Zustände nichts einzuwenden und entsprach den Wünschen des Oheims. Die Stände fügten sich. Unstimmigkeiten traten erst wieder auf, als 1434 Albrecht VI. großjährig geworden war und nun gleichfalls Herrschaftsrechte beanspruchte.[43] Gegensätze im Wesen der Brüder dürften dafür bestimmend gewesen sein. Friedrich war genügsam, ihm lag nichts an einem standesgemäßen Dasein. Albrecht schätzte dagegen die Vorzüge fürstlicher Hofhaltung. Ihm wurde Prunksucht vorgeworfen und es wurde sogar behauptet, er verschwende Gelder. Nun sind Rechnungen über seine Ausgaben erhalten, die beweisen, dass er zwar nicht sparsam war, aber keineswegs mehr verbrauchte, als einem Landesherrn zustand.[44] Doch das war in den Augen seines Bruders schon zu viel, der von Albrecht Bescheidenheit verlangte, dafür aber selbst prächtige Bauten finanzierte, die wieder der Jüngere nicht schätzen konnte. Der unterschiedliche Geldbedarf war auch in den folgenden Jahrzehnten immer wieder Anlass für Streit, der in machtpolitischen Kämpfen ausuferte.

Auch 1434 war zunächst nur zu klären, wie die Macht – oder besser gesagt die Einkünfte, das Geld – in den einstens von Herzog Ernst beherrschten Herzogtümern aufzuteilen sei. In den ersten Absprachen dürfte Friedrich IV. den älteren der Brüder bevorzugt haben, eine neutrale Entscheidung wurde daher notwendig und als Schiedsmann der zu Wien residierende Herzog Albrecht V. eingeschaltet, der erreichte, dass Friedrich IV. auf die Vormundschaft verzichtete und 1435 nach Tirol zurückkehrte. Dieser gab aber Teile des Schatzes nicht heraus, den Ernst angehäuft hatte. Genauere Angaben sind darüber nicht erhalten, nur knapp wird erwähnt, dass auch um Hausrat, Archivalien und Kodizes gestritten wurde.[45] Die Auseinandersetzungen hielten jedenfalls an und mussten 1436 mit einem weiteren Schiedsspruch Herzog Albrechts V. beendet werden. Das darüber ausgestellte Dokument enthielt auf weite Strecken unklare Verfügungen und undeutliche Zusagen. Der Jüngere wurde als gleichberechtigt anerkannt, die Machtausübung aber dem Älteren zugestanden. Wie die Einnahmen aufgeteilt werden sollten, blieb offen. Dieser unbefriedigende Ausgleich war wohl nur zustande gekommen, weil inzwischen die Grafen von Cilli gefährlich geworden waren und die zankenden Brüder ihren Streit wenigstens für einen längeren Zeitraum ruhen lassen mussten.[46]

Herzog Friedrich V. fand in diesen Wirren einen Ausweg: Er trat 1436, dem Vorbild seines Vaters folgend, eine Pilgerfahrt ins Heilige Land an. Es war nicht ungewöhnlich, eine neue Herrschaftsphase mit diesem Akt christlicher Frömmigkeit einzuleiten, doch musste der Habsburger bei dieser Reise ritterliches Gehabe demonstrieren, für das er sich ansonsten nie erwärmen konnte.[47] Daher dürften andere Überlegungen diese Fahrt begünstigt haben. An erster Stelle ist in diesen Zusammenhang daran zu erinnern, dass nach den damals üblichen Grundsätzen die Gegner von Pilgern verpflichtet waren, Feindseligkeiten zu unterlassen. Solange Friedrich nach Jerusalem reiste, hatten die Cillier den Frieden zu wahren. Das bedeutet nicht, dass der Habsburger nicht auch die Gnade Gottes auf sich herabzwingen wollte, doch die von den Zeitgenossen und auch von der Forschung unserer Tage betonte Motivation, der Herzog wollte in erster Linie im Orient zu günstigen Preisen Kostbarkeiten erwerben, war wohl nicht entscheidend.[48] Dagegen ist zu beachten, dass unter den von Friedrich erworbenen Gütern, die relativ genau in den Quellen angegeben werden, keine sakralen Gegenstände und vor allem keine Reliquien erwähnt werden, und das lässt erahnen, dass Friedrich den religiösen Auswüchsen seiner Zeit schon in jungen Jahren kritisch gegenüberstand. Er hat aber – und das war wichtiger – auf dieser Fahrt eine große Schar getreuer Adliger um sich gesammelt und viele von ihnen am Grab Christi zu Jerusalem mit einem Ritterschlag ausgezeichnet. Damit war eine für die Zukunft wichtige Gemeinschaft geschaffen. Damals wurden straff organisierte Ritterorden, in Ungarn der Drachenorden, in Österreich der Adlerorden und in Burgund der Orden vom Goldenen Vlies, zu Stützen der Fürsten.[49] Sein Interesse für Gemeinschaften dieser Art bewies Friedrich später mit der Förderung des St.-Georg-Ordens.[50] Seine Begleiter ins Heilige Land hat der Habsburger nicht zu einer festen Gemeinschaft geeint, wie es auch möglich gewesen wäre, doch stützte er sich in der folgenden Jahren immer wieder auf Steyrer, auf eine Gefolgschaft, deren Einigkeit auf der Fahrt nach Jerusalem wohl entscheidend gefestigt worden war.

Doch wenn auch die Händel mit den Grafen von Cilli während dieser Reise ruhten, die Gegensätze wurden nicht geringer. Während der Abwesenheit Friedrichs erhob Kaiser Siegmund im November 1436 die Grafen sogar in den Reichsfürstenstand und unterstützte damit deren Streben, sich der Oberhoheit der Habsburger zu entziehen.[51] Die Steigerung der Konflikte schien unvermeidlich, wurde aber dann doch vermieden, da der

Luxemburger sich Böhmen zuwenden musste und dort 1437 starb. Die Cillier mussten jetzt ihre Ziele vorsichtiger verfolgen. Aber auch deren Gegner, die Habsburger, die Steyr, Kärnten und Krain innehatten, konnten sich den Händeln im Südosten des Reichs nicht voll widmen. Sie mussten nach dem Tode Herzog Friedrichs IV. in dessen Gebieten, in Tirol und den Vorlanden, zunächst die Vormundschaft für den Sohn des Verstorbenen, den zwölfjährigen Siegmund, regeln. Nach den schriftlichen älteren Ordnungen, deren Verbindlichkeit umstritten war, wäre dafür Friedrich V. als Senior in Frage gekommen, bei den Teilungen zu Beginn des Jahrhunderts war aber stets ein unversorgtes Mitglied der Familie berücksichtigt worden und das wäre Albrecht VI. gewesen. Beide erwarteten daher, für Siegmund in Tirol die Regentschaft führen zu dürfen, und fanden sich im Land ein. Die endgültige Entscheidung fällte dann der Adel, der wusste, dass der Ältere schon für seinen Onkel eine Hilfe gewesen und mit den Zuständen besser vertraut war. Das gab den Ausschlag. Die Stände stellten zwar Bedingungen, doch ging Friedrich darauf ein. Er verpflichtete sich am 28. Juli 1439, den kleinen Siegmund in Tirol erziehen zu lassen und in wichtigen Angelegenheiten die Zustimmung eines adeligen Rates einzuholen. Er wurde daher als Vormund akzeptiert.[52] Albrecht war überspielt und verstimmt. Allzu dramatisch war jedoch der Streit der Brüder nicht, da sie sich schon am 5. August in einem neuen Vertrag einigten, der zu Hall ausgehandelt wurde, für drei Jahre gelten sollte und zu dem wohl auch die Stände beigetragen hatten, deren Mitspracherecht wenige Tage zuvor gesichert worden war.

In diesem Dokument wurde vereinbart, die leopoldinischen Lande nach neuen Grundsätzen zu teilen, die Herzogtümer Steyr, Kärnten und Krain, die zusammengefasst und als „Niederösterreich" bezeichnet wurden, Friedrich zu überlassen, in dem Land Tirol, zu dem der Besitz Feldkirch geschlagen wurde, die Herrschaft für Siegmund zu sichern – das wurde stillschweigend vorausgesetzt, aber nicht ausdrücklich erwähnt – und die Güter jenseits des Arlberges und des Fernpasses mit Ausnahme von Feldkirch für Albrecht als Herrschaftsgebiet vorzusehen.[53] Dessen Machtbereich blieb unklar und wurde auch in diesem Dokument nicht exakt beschrieben, doch wurde vorgeschlagen, er solle sich im Elsass festsetzen oder in einem anderen Teil dieses habsburgischen Gebietes, das mit Schwaben umschrieben wurde, einen Schwerpunkt einrichten.[54] Das für Albrecht vorgesehene Gebiet entsprach offensichtlich am ehesten den Vereinbarungen, die mit König Siegmund zwischen 1425 bis 1427 getroffen worden waren, als die von den Eidgenossen besetzten Gebiete gar nicht mehr zur Sprache gekommen waren. Eine Rückgewinnung des Aargaus und der Grafschaft Habsburg wurde kaum mehr erörtert. Das Schwergewicht von Albrechts Besitzungen sollte auch nach den Vorstellungen von 1439 im südlichen Elsass und nördlich des Bodensees liegen. Da daraus noch keine Einnahmen zu erwarten waren, wurden Albrecht die Einkünfte der Städte Bleiburg, Windischgraz, Fürstenfeld, Völkermarkt und der halben Stadt Judenburg überlassen, die alle im Herrschaftsbereich Friedrichs lagen. Zusätzlich wurde ihm für den Ausbau der schwäbischen Herrschaft eine jährliche Zahlung von 18000 Rheinischen Goldgulden zugestanden. Darüber hinaus wurden Albrecht weitere Summen zugesagt, die er erhalten sollte, sobald er in seinem südwestdeutschen Machtbereich die Herrschaft angetreten hatte. Demnach war das Schriftstück nur in wenigen Teilen ein verbindlicher Vertrag, in manchen Belangen nur ein Plan, der verrät, dass die Aussichten, den habsburgischen Stammbereich zurückzugewinnen, nach wie vor gering waren, dass aber erwartet wurde, Albrecht könne sich im Elsass durchsetzen, wo die Grafschaft Pfirt, so wurde gehofft, leichter zu behaupten war.

Klare Verfügungen waren auch nicht möglich, da König Albrecht II., obwohl er im Süden Ungarns gerade die Türken bekämpfte, durch Gesandte mit den Machthabern am Oberrhein intensiv verhandeln ließ und der Ausgang dieser Gespräche abzuwarten war.[55] Und wenn auch in dem Vertrag vom 5. August vieles offen blieb, so war die Richtung der zukünftigen Politik doch schon gefunden und festgelegt. Ehe aber die Verwirklichung aller Pläne in Angriff genommen werden konnte, starb König Albrecht II. ganz unerwartet am 27. Oktober 1439. Bald zeichnete sich auch ab, dass ihm Herzog Friedrich V. als Reichsoberhaupt nachfolgen werde, und damit war die Lage völlig verändert.

Anmerkungen

[1] Zöllner, Österreichbegriff, S. 19 ff. Vgl. dazu Reinle, Albrecht I., S. 377. Zur Familie allgemein Heinig, Habsburg, S. 85 ff.

[2] Lhotsky, Privilegium maius, S. 13. Niederstätter, Herrschaft, S. 146 ff.

[3] Schwind-Dopsch, Ausgewählte Urkunden, S. 133 ff., Nr. 68. Niederstätter, Herrschaft, S. 85.

[4] Lhotsky, Geschichte Österreichs, S. 123 ff. u. 154 ff. Hödl, Habsburg und Österreich, S. 42 ff. Zuletzt eher positiv Niederstätter, Herrschaft, S. 111. Reinle, Albrecht I., S. 372 ff.

[5] Koller, Grundhaltung, S. 47 ff. Schubert, Fürstliche Herrschaft, S. 40 f.

[6] Niederstätter, Herrschaft, S. 120 f.

[7] Hödl, Habsburg und Österreich, S. 59 ff. Zu Friedrich vgl. auch Reg. Ludwig d. B., 4, S. IX ff. und Menzel, Ludwig der Bayer, S. 395 ff.

[8] Niederstätter, Herrschaft, S. 133 f.

[9] Noch immer grundlegend Wiesflecker, Meinhard der Zweite, S. 65 ff. Dazu Riedmann, Geschichte des Landes Tirol, S. 399 ff. Baum, Grafen von Görz, S. 26 ff.

[10] Niederstätter, Herrschaft, S. 133 ff. Dazu 850 Jahre St. Stephan, S. 102 ff. Zotz, Fürstliche Präsenz, S. 361 ff.

[11] Fräss-Ehrfeld, Kärnten, S. 397 ff.

[12] Hödl, Habsburg und Österreich, S. 63 ff. Niederstätter, Herrschaft, S. 138 ff.

[13] Marchal, Sempach 1386, S. 46 ff. Baum, Rudolf IV., S. 50 ff. Niederstätter, Herrschaft, S. 144 ff. Albrecht konnte kurzfristig sogar die Herrschaft Belfort beanspruchen.

[14] Niederstätter, Herrschaft, S. 151 ff.

[15] Opll, Nachrichten, S. 85 ff.

[16] Lhotsky, Privilegium maius, S. 27 ff. Baum, Rudolf IV., S. 277 ff. Niederstätter, Herrschaft, S. 146 ff. Dazu Winter, Rudolph IV. 1 , S. 402 ff.

[17] Schwind-Dopsch, Ausgewählte Urkunden, S. 270 ff., Nr. 138. Dazu Lackner, Hof und Herrschaft, S. 17 ff.

[18] Niederstätter, Herrschaft, S. 184 ff. Lackner, Hof und Herrschaft, S. 212 ff. Dazu Gut, Memorialorte, S. 105 f.

[19] Niederstätter, Jahrhundert, S. 143 ff.

[20] Malyusz, Kaiser Sigismund, S. 27 ff. Baum, Kaiser Sigismund, S. 28 ff. Kintzinger, Sigmund, S. 465 ff.

[21] Niederstätter, Jahrhundert, S. 198 ff.

[22] Baum, Reichs- und Territorialgewalt, S. 240 ff. u. 371 ff.

[23] Brandmüller, Infeliciter, S. 311 ff.

[24] Brandmüller, Konstanz 1, S. 63 ff. Baum, Kaiser Sigismund, S. 100.

[25] Niederstätter, Jahrhundert, S. 241 ff.

[26] Koller, Kaiser Siegmunds Kampf, S. 330 ff. Niederstätter, Der Alte Zürichkrieg, S. 22 ff.

[27] Brandmüller, Konstanz 1, S. 153 ff.

[28] Koller, Kaiser Siegmunds Kampf, S. 341. Niederstätter, Der Alte Zürichkrieg, S. 23. Baum, Reichs- und Territorialgewalt, S. 276 ff. Hoensch, Kaiser Sigismund, S. 216 ff.

[29] Niederstätter, Jahrhundert, S. 320 f. Kintzinger, Sigmund, S. 475 ff. Šmahel, Hussitische Revolution, S. 121 ff.

[30] Koller, Das Reich bis zu Friedrich III., S. 449 ff. Ourliac, Schisma, S. 112 ff. Zu den Verträgen von 1425–1427 vgl. Niederstätter, Jahrhundert, S. 158.

[31] Riedmann, Mittelalter, S. 448 ff. Vgl. dazu auch Hye, Innsbruck, S. 79 ff.

[32] Baum, Reichs- und Territorialgewalt, S. 320 ff. Niederstätter, Jahrhundert, S. 135 ff. Koller, Vorgeschichte, S. 238 ff.

[33] Janotta, Friedrich (V.) III. und Feldkirch, S. 65 ff.

[34] Lhotsky, Kaiser Friedrich III., S. 123 ff. Baum, Reichs- und Territorialgewalt, S. 274 ff.

[35] So Lhotsky, Kaiser Friedrich III., S. 125.

[36] Dopsch, Salzburg im 15. Jahrhundert, S. 495 ff. Vgl. etwa den Aufenthalt in Rein, Heinig, Hof, Regierung und Politik, S. 1348.

[37] Krenn-Valentinitsch, Grabmalplastik, S. 291 ff. Koller, Habsburgergräber, S. 259 f.

[38] Gerhartl, Wiener Neustadt, S. 104 ff. Vongrey, Stift Lilienfeld, S. 342 f.

[39] Mayer, Wiener Neustadt, 1, S. 453 ff.

[40] Riedmann, Mittelalter, S. 455. Niederstätter, Jahrhundert, S. 144.

[41] Gerhartl, Wiener Neustadt, S. 105. Lhotsky, Kaiser Friedrich III., S. 125.

[42] Zu Radegundis vgl. Niederstätter, Jahrhundert, S. 329 f.

[43] Zur Hausordnung von 1355 vgl. Schwind-Dopsch, Ausgewählte Urkunden, S. 189 ff., Nr. 102. Niederstätter, Herrschaft, S. 144. Zur Lage von 1434 Niederstätter, Jahrhundert, S. 144.

[44] Maier, Rechnungsbuch, S. 5 ff.

[45] Lhotsky, Kaiser Friedrich III., S. 126 ff.

[46] Vgl. Malyusz, Kaiser Sigismund, S. 114 ff. Heimann, Herrschaftsfamilie und Herrschaftspraxis, S. 58 ff. Niederstätter, Jahrhundert, S. 199 ff.

[47] Halm, Pilgerreisen, S. 82 f., Nr. 26.

[48] Lhotsky, Kaiser Friedrich III., S. 131 ff.

[49] Dünnebeil, Soziale Dynamik, S. 166 ff.

[50] Koller, St. Georgs-Ritterorden, S. 422 ff.

[51] RI 11, Nr. 11542. Schwind-Dopsch, Ausgewählte Urkunden, S. 343 ff., Nr. 180.

[52] Riedmann, Mittelalter, S. 457 ff. Niederstätter, Jahrhundert, S. 144.

[53] Chmel, Materialien 1, S. 56 f., Nr. 37. Vgl. dazu auch Reg. F.III., 12, Nr. 1 und 4.

[54] Niederstätter, Jahrhundert, S. 163. Da der Vertrag vom 5. August zunächst nicht verwirklicht wurde, blieb er bis jetzt fast unbeachtet, obwohl er die Vorlage für die Übertragung der Herrschaft in Vorderösterreich an Herzog Albrecht VI. war. Vgl. Niederstätter, Der Alte Zürichkrieg, S. 395, Nr. 40. Dazu auch Baum, Sigmund der Münzreiche im Elsaß, S. 136 f. Quartal, Vorderösterreich, S. 26 ff. Lackner, Verwaltung, S. 61.

[55] Niederstätter, Der Alte Zürichkrieg, S. 69 ff.

3. Die ersten Jahre als König

a) Die Neuordnung des Hauses Österreich

Herzog Friedrich V. von Österreich, als römisch-deutscher König und Kaiser Friedrich III., war im Sommer 1439 vor die Aufgabe gestellt worden, die verworrenen Zustände im habsburgischen Machtbereich jenseits des Arlberges zu bereinigen. Er musste diese Verpflichtung nach dem Tode König Albrechts II. am 27. Oktober zurückstellen und sich in erster Linie dessen Nachfolge im Reich widmen. Es waren grundsätzliche Entscheidungen zu fällen, da die Politik und die Maßnahmen des Verstorbenen hauptsächlich in Böhmen und Ungarn keinesfalls unverändert weitergeführt werden konnten. Als Albrecht 1438 zum Reichsoberhaupt gewählt worden war, war für ihn alles noch relativ einfach gewesen. Seine Macht als Habsburger war in Österreich längst gefestigt und die Übernahme der Herrschaft in den Königreichen Ungarn und Böhmen, den wichtigsten Ländern des 1437 verstorbenen Kaisers Siegmund, war gut vorbereitet. Albrecht konnte daher dessen Politik, die für die Luxemburger charakteristisch war und Böhmen einen Vorrang einräumte, zunächst unverändert beibehalten und die Mitarbeiter in bewährter Zusammensetzung übernehmen. Deren Tätigkeit unter der Leitung des Kanzlers und tüchtigen Diplomaten Kaspar Schlick war es weitgehend zu verdanken, dass die Nachfolge in Böhmen zunächst glückte. Dieser Erfolg ließ übersehen, dass der Habsburger nur im Herzogtum Österreich an der Donau als Sieger in den Hussitenkriegen geschätzt war,[1] in Ungarn wurde er eher dank der Hilfe seiner Frau, die in diesem Land aufgewachsen war, als König anerkannt.[2] In Böhmen, wo ihm als Verfechter einer orthodoxen Richtung größtes Misstrauen entgegengebracht wurde, erhob sich bald eine Opposition gegen ihn, obwohl er am 29. Juni in Prag rechtmäßig gekrönt worden war. Sie wurde von Kreisen gestützt, die weiterhin Glaubenselemente der Hussiten verfochten, aber auch von einem undeutlichen tschechischen Nationalismus getragen wurden. Albrechts Gegner fanden Rückhalt in Polen und wählten Kasimir, den zehnjährigen Bruder des regierenden Königs Wladislaw III. zum Gegenkönig in Böhmen, der bald mit einem ansehnlichen Heer im Land einfiel.[3] Der Habsburger musste Truppen sammeln, die auch vom Reich und den Erblanden gestellt wurden. Heftigere Kämpfe unterblieben, doch richteten die Söldnerhaufen schwere Verwüstungen an. Es glückte zwar noch 1438 ein Waffenstillstand und Kasimir musste sich zurückziehen. Da jedoch der Ausbruch weiterer Feindseligkeiten drohte, konnte Albrecht nur einen Teil seiner Verbände entlassen. Inzwischen waren Unruhen in Ungarn ausgebrochen, wo die Türken eingefallen waren und der König die Verteidigung leiten sollte. Der Habsburger musste, um dieser Verpflichtung nachzukommen, mit seinen Truppen in den Karpatenraum eilen. Doch kam er zu spät, die Feinde zogen sich schon wieder zurück. Der Habsburger blieb dennoch im Süden des Landes und wollte wahrscheinlich bei dieser Gelegenheit wenigstens seine Hilfsbereitschaft Byzanz gegenüber demonstrieren.[4]

Seine Finanzen waren damals bereits erschöpft, doch in dieser schwierigen Lage bekam er massive Unterstützung: Herzog Friedrich IV. von Österreich, der Herr Tirols, war bereit, Mittel in einer Höhe von 45900 Gulden vorzuschießen, wie er sie gerade in seinem Schatz gehortet hatte. Die Summe genügte, um den König von seinen größten Sorgen zu befreien. Doch stellten sich neue Schwierigkeiten ein. Am Vorabend des Tages, an dem dieser Vertrag ausgestellt wurde, starb der Tiroler.[5] Die Übergabe des Geldes war zu diesem Zeitpunkt kaum schon vollzogen, manche Einzelheiten der Vereinbarung waren sicherlich noch offen. Albrecht konnte das alles nicht mehr erledigen, da er selbst wenig später starb. Er hatte sich in seiner kurzen Regierungszeit hauptsächlich als König von Böhmen eingesetzt und mit seiner Symbolik – er führte weiter die für die Luxemburger charakteristischen Reichsfarben Schwarz-Gold – auch angedeutet, dass er der Tradition seines Schwiegervaters folgen und dem Land an der Moldau den von Kaiser Karl IV. (1346–1378) beanspruchten Vorrang im Reich bewahren wollte. Jener hatte den imperialen Machtbereich im Spätmittelalter, nicht zuletzt durch die Eingliederung Schlesiens als Nebenland Böhmens ins Reich, weit nach Osten ausgedehnt.[6] Allein schon wegen dieser territorialen Veränderungen lag Böhmen nunmehr in der Mitte des Imperiums und wurde durch die Goldene Bulle des Kaisers 1356 zusätzlich als Zentralland aufgewertet und ausgewiesen.[7] Diese Funktion gewann an Aktualität, als im Rahmen der abendländischen Kirchenreform gefordert wurde, im Zentrum der Christenheit, in Italien ein selbständiges politisches Gemeinwesen, den später sogenannten Kirchenstaat, einzurichten, das die Kosten für die Erhaltung des päpstlichen Hofes aufbringen sollte. Diese Pläne konnte Martin V. (1417–1431) weitgehend verwirklichen.[8] Das war dann auch der Anlass, vorzuschlagen, in analoger Weise auch das Königreich Böhmen als tragendes Zentrum des Reiches auszubauen.[9]

Für die Entwicklung des kaiserlichen Machtbereichs wurde im 15. Jahrhundert jedoch entscheidend, dass mächtige italienische und französische Familien die Hilfe des Reichsoberhauptes suchten und sich von diesem sogar die Legitimation für ihre Herrschaft verleihen ließen. Mailand wurde in diesem Prozess beispielgebend, wo die Visconti und später nach ihnen die Sforza die Macht an sich rissen und schon um 1400 als Fürsten und Herzöge des Reichs anerkannt wurden. Wenig später bekamen die Grafen von Savoyen den gleichen Rang. Mit der Kaiserkrönung Siegmunds in Rom (1433) war das Imperium zusätzlich wieder im Bewusstsein Italiens verfestigt. Zur gleichen Zeit wurde aber auch das Einflussgebiets des Luxemburgers im Westen ausgeweitet, als Herzog Philipp der „Gute" von Burgund (1419–1467), der als Regent Flanderns die führende Persönlichkeit des Abendlandes geworden war, auch noch das Herzogtum Brabant erwarb und das Herzogtum Luxemburg beanspruchte. Er hatte damit Länder des Reichs erworben und war jetzt bereit, um der lästigen Oberhoheit des französischen Königs zu entgehen, sich dem Kaiser zu unterstellen.[10] Die politischen Schwergewichte im Abendland hatten sich verschoben und, da überdies an den Nahtstellen der deutschen, französischen und italienischen Sprachbereiche die großen Konzilien in Konstanz und Basel als Mittelpunkte der Christenheit tagten, tauchte sogar der Gedanke auf, hier einen neuen Zentralraum des Reichs zu schaffen.[11]

Eine Politik, die Prag als Mittelpunkt des Imperiums sah, entsprach dieser Entwicklung nicht mehr, wurde aber von Kaiser Siegmund und nach ihm von seinem Schwiegersohn König Albrecht II. noch beibehalten, obwohl die Zentralfunktion Böhmens mit den Leitmotiven des Hussitismus kaum mehr zu vereinen war. Als dessen Vitalität 1439 nicht mehr zu übersehen war, wurde der Plan entworfen, den Habsburgern, dem Haus Österreich, für alle Zukunft die Würde eines Reichsoberhauptes zu sichern. Wenn damit zunächst auch in erster Linie auf die Dynastie hingewiesen wurde, so war doch die Funktion Böhmens in Frage gestellt und eine Aufwertung Österreichs zum wichtigsten Land des Reichs erwogen. Dem entsprach es auch, dass sich Albrecht in den letzten Monaten seines Lebens vom Land an der Moldau wegen der hier aufgetretenen Schwierigkeiten distanzierte und anordnete, in Wien beigesetzt zu werden. Damit könnte er schon angedeutet haben, die Region an der Donau als zentralen Raum Mitteleuropas einzurichten.[12] Doch wenige Tage vor seinem Sterben verfügte er in seinem Testament, dass das Kind, mit dem seine Gattin schwanger war, sollte es ein Knabe sein, in Pressburg unter der Vormundschaft der Mutter und des Seniors des Hauses Österreich – damit war schon auf Friedrich verwiesen – aufwachsen solle. Den Vormündern sollten kleine Kollegien aus Österreich, Ungarn und Böhmen, von diesen Ländern erwählt, als Räte beigegeben werden. Es wurde demnach ein Kompromiss angestrebt, der die Nachfolge im Reich und Deutschland überging, aber wenigstens den Fortbestand von Albrechts Machtbereich sichern wollte und dem Adel der Länder ein Mitspracherecht einräumte. Vorausgesetzt wurde, dass man das Erbrecht des Kindes durchweg anerkannte.[13] Diese Ausgangslage war jedoch nur in Österreich gegeben.

Ehe Friedrich als Senior des Hauses Österreich die Vorgänge bestimmen konnte, ergriff Elisabeth, die Witwe König Albrechts – sie beteuerte mit Nachdruck, sie werde sicherlich einem Knaben das Leben schenken – die Initiative. Auf ihr Geheiß hielten die ungarischen Adligen den in Richtung Wien fahrenden Leichenzug an und leiteten ihn nach Stuhlweißenburg um, wo der Habsburger in den letzten Oktobertagen eiligst beigesetzt wurde. Damit wurde zum Ausdruck gebracht, dass der Tote in erster Linie König in Ungarn gewesen war und dass gegen diesen Rang die österreichischen Würden nachgeordnet seien.[14] Der Theorie, dass Österreich im Machtbereich der Habsburger führend sei, wurde der Anspruch auf die Dominanz Ungarns entgegengestellt. Elisabeth bewies mit ihrem weiteren demonstrativen Aufenthalt in Ungarn, dass sie sich in erster Linie in diesem Raum einsetzen wolle, doch gab sie deshalb die Ansprüche ihres Kindes auf Böhmen nicht auf. Friedrich war damit in diesen Ländern ausgeschaltet, doch waren die Zustände in Ungarn, aber auch in Böhmen so verworren, dass Friedrich wohl nicht unglücklich war, sich vorerst aus diesen Turbulenzen heraushalten zu dürfen.

Wichtiger war für ihn das Geschehen an der Donau und in Wien. Die Adligen des Landes waren zwar durch die von Elisabeth angedeutete Minderung des österreichischen Ansehens verstimmt, aber bereit, das Erbrecht des erwarteten Kindes anzuerkennen. Ansonsten wandten sie sich gegen das Testament König Albrechts und vor allem gegen die Verfügung, dass Österreich mit seinen Nachbarländern verbunden bleiben solle. Sie bestanden darauf, wenigstens den Vormund für den erwarteten Knaben bestimmen zu dürfen. Dafür boten sich Friedrich und sein Bruder Albrecht an, die beide in die Umgebung Wiens gekommen waren und ihre Bereitschaft gemeldet hatten, diese Aufgabe zu übernehmen. Die entscheidenden Beratungen des Adels wurden dann in Perchtoldsdorf geführt und blieben geheim, doch dürften hauptsächlich die von König Albrecht hinterlassenen Schulden im Mittelpunkt gestanden und den Ausschlag gegeben haben, Friedrich als Vormund zu wählen, dem eher zuzutrauen war, die notwenigen Gelder aufzubringen.[15]

Die Großen des Landes nützten jetzt aber die Möglichkeit, ihre Vorrechte auszuweiten. Nachdem Friedrich sich am 1. Dezember verpflichtet hatte, den Ständen ein Mitspracherecht einzuräumen, erlaubten sie ihm zwar, 1439 in Wien einzuziehen, wo er feierlich empfangen und als Vormund des zu erwartenden Kindes anerkannt wurde, ließen aber schon erahnen, dass sie in der Zukunft eine entscheidende Rolle spielen wollten.[16] Der Habsburger fand sich damit ab und könnte begriffen haben, dass es unter den für ihn auf den ersten Blick ungünstigen Voraussetzungen möglich sein werde, Geldwünsche – das Ausmaß der Schulden und Forderungen war noch gar nicht abzusehen – einfach an die Standesvertreter des

Landes abzuwälzen.[17] Herzog Albrecht VI. war abermals überspielt und verärgert. Zunächst einmal musste die Geburt des Kindes, mit dem Elisabeth schwanger war, abgewartet werden, auch die Wahl Friedrichs zum römisch-deutschen König stand noch aus. Sie lief dann am 2. Februar 1440 in Frankfurt in der erwarteten Weise ab, Friedrich wurde tatsächlich gewählt, aber mit einer neuen Lage konfrontiert. Er musste sich dem Reich widmen.[18] Unter dem Druck dieser Ereignisse einigten sich die Brüder schon am 6. Februar. Sie waren bereit, sich dem Spruch von Schiedsleuten zu unterwerfen, die Friedrich aus dem steyrischen, Albrecht aus dem österreichischen Adel berufen durfte. Diese Vorentscheidung beweist, dass der Jüngere an der Donau bereits einen beachtlichen Anhang angeworben hatte, doch konnte Friedrich als Vormund des noch ungeborenen Knaben bereits die Aufgaben eines Landesfürsten an der Donau wahrnehmen.[19] Ein Ausgleich zwischen den Parteien fiel schwer, da schon der Text der eingereichten Vorschläge strittig war. Es wurden daher von beiden Seiten unterschiedliche Protokolle geschrieben und am 3. März dann zwei Fassungen vorgelegt, die nur in dem doch noch gefundenen Endergebnis übereinstimmten. Nach der von Friedrichs Schiedsleuten aufgesetzten Version wurde betont, Friedrich sei wegen der Herrschaft über Tirol und „Österreich" – es wird verschwiegen, was damit wirklich gemeint ist – nichts schuldig, da er hier nur als Vormund tätig sei. Er war aber bereit, aus dem väterlichen Erbe, den Herzogtümern Steyr, Kärnten und Krain, in den kommenden zwei Jahren jeweils 8000 Pfund Pfennig zu entrichten, für die Zeit bis zum Mai 1440 eine gebührende Summe zu bezahlen und zwei oder drei Schlösser zu übergeben. Die Vertreter Albrechts forderten 20000 Pfund unter den Bedingungen, wie sie auch Friedrich angeführt hatte, verlangten aber – und damit unterschieden sich ihre Vorschläge entscheidend – sechs Schlösser, zwei in Kärnten, zwei in Steyr und zwei in Österreich.

Schon in den Vorverhandlungen hatte man sich offensichtlich geeinigt, die in Tirol und den Vorlanden anstehenden Probleme auszuklammern, konnte aber die Tatsache nicht übergehen, dass Albrecht im Vertrag vom 5. August des Vorjahres als Inhaber Vorderösterreichs vorgesehen war und ihm zur Konsolidierung dieser Herrschaft für drei Jahre bedeutende Geldsummen zugesagt worden waren, die von den Ländern Ernsts, des Vaters der beiden Brüder, aufzubringen waren. Auf diese Vereinbarungen wurde jetzt zwar nicht verwiesen, die Übereinstimmungen der Verträge von 1439 und 1440 lassen aber erkennen, dass die Herrschaftsansprüche Albrechts in Vorderösterreich nach wie vor anerkannt waren. Sie hatten nicht nur die beachtliche Höhe der von Albrecht geforderten Mittel, sondern auch deren Sicherung durch die Übergabe von sechs Städten Innerösterreichs verursacht. Im Vorjahr war noch vorgesehen worden, dass Albrecht mög-

lichst bald die Regierung am Oberrhein antreten werde und dafür zusätzliche Mittel erhalten solle, doch davon war jetzt keine Rede mehr. Es
ist wahrscheinlich, dass die bevorstehende Königskrönung Friedrichs zu
Aachen abgewartet werden sollte, nach der Albrecht in sein Territorium
am Oberrhein leichter eingeführt werden konnte. Daher wurden die Differenzen der Schiedsleute vorerst nicht bereinigt, wohl aber wurde deren
Vorschlag akzeptiert, dass die Einnahmen aus dem väterlichen, von Herzog Ernst herrührenden Erbe in fünf Beträge aufgeteilt werden sollten
und zwei davon Albrecht, zwei Friedrich erhalten sollte. Der fünfte Teil
sollte Friedrich zur Verfügung stehen, der damit noch eine Schwester zu
versorgen hatte. Mit dieser Vereinbarung war die Schwierigkeit ausgeräumt, eindeutige Zahlen auszuhandeln. Die Varianten in den beiden
Texten nötigten jedoch die Brüder, sich am 23. August selbst auf die vor-
geschlagenen Vereinbarungen zu verpflichten.[20]

Alle diese Probleme wurden von den inzwischen in Ungarn eingetretenen Ereignissen zurückgedrängt, wo Königin Elisabeth am 22. Februar
1440 in Komorn ihr Kind zur Welt gebracht hatte – es war der gewünschte
Knabe – und für dieses mit Hilfe des Erbrechts uneingeschränkte Herrschaftsansprüche erhob, sondern auch bereit war, sich dafür ganz energisch einzusetzen. Inzwischen hatten aber die Adligen Ungarns ihr Wahlrecht geltend gemacht und sich für den Jagiellonen Wladislaw entschieden, der den zu erwartenden weiteren Kampf gegen die Türken tragen
konnte. Der Pole wandte sich sofort an Friedrich und war, um den Frieden in der Christenheit zu wahren, sogar bereit, Elisabeth, die Witwe
Albrechts, zu ehelichen, um damit seine Ansprüche auf die ungarische Königskrone zu festigen. Die Umworbene war dafür jedoch nicht zu gewinnen und setzte ihren Anhang, der hauptsächlich aus dem Westen Ungarns
stammte und sogar für Friedrich eintrat, skrupellos ein, um für ihr Kind
die königliche Würde zu behaupten. Dieser war jedoch nicht bereit, Partei
zu ergreifen, und hielt sich zurück.

Die energische Dame war aber nicht zu besänftigen, griff sogar in Österreich ein und bestimmte nicht nur am 10. März Herzog Albrecht zum
Vormund ihres Kindes, sondern überließ ihm auch noch die Herrschaft im
Herzogtum an der Donau.[21] Sie rief nationale Empfindungen in Ungarn
wach, indem sie den Knaben auf den Namen des Nationalheiligen Ladislaus taufen ließ. So war er von vornherein in eine ungarische Tradition eingebunden und aus der Familie der Habsburger quasi herausgenommen.
Doch damit gab sie sich nicht zufrieden, sie ließ sogar die Stephanskrone
entwenden, das wichtigste Herrschaftssymbol des Landes, und es glückte
ihr, den Säugling von ihrer Partei im Mai 1440 zu Stuhlweißenburg krönen
zu lassen. Dann zog sie sich nach Pressburg unmittelbar an die Grenze
nach Österreich zurück, wo sie als Königin regierte und, von ihren Partei-

gängern geschützt, von den Gegnern kaum angegriffen werden konnte.[22] Offener Krieg brach nicht aus, doch trugen die Anhänger beider Lager ihre Händel in lokal begrenzten Fehden aus, die zu schweren Verwüstungen des Grenzraums zwischen Österreich und Ungarn führten.[23] An diesen Kleinkriegen beteiligten sich auch slawische Kampfverbände, die von König Albrecht angeworben worden waren, aber noch nicht ihren Sold erhalten hatten und erwarten konnten, jetzt von Königin Elisabeth eingesetzt zu werden. Sie blieben daher in deren Nähe, in Österreich, wo sie dem Fehderecht entsprechend ihren Ansprüchen mit Gewalt Nachdruck verliehen. Friedrich fühlte sich für die geforderten Außenstände nicht zuständig, da er nicht König Böhmens war, in dessen Auftrag die Söldner eingesetzt gewesen waren. Doch waren damit die Unruhen nicht beendet. Da nun auch die Adligen Österreichs energische Maßnahmen gegen die plündernden Truppen und überdies Entschädigungen für ihre Dienste unter König Albrecht II. verlangten, musste sich Friedrich den Forderungen stellen, denen sich noch die Grafen von Cilli anschlossen, die als Führer der Unzufriedenen auftraten. Der Habsburger wurde gezwungen, mit allen diesen Gruppen einen Ausgleich zu finden.

Nach längeren Verhandlungen konnte er endlich in drei mit Königin Elisabeth, Herzog Albrecht VI. und den Grafen von Cilli geschlossenen Verträgen vom 23. August 1440 die Konflikte beilegen und sich mit seinen Gegenspielern einigen.[24] Dem König wurde die Vormundschaft über Ladislaus zugestanden. Die Grafen von Cilli wurden mit der Anerkennung ihres Fürstentitels und Fürstenstandes abgefunden. Dem Herzog Albrecht wurden sofort 10000 Dukaten zugesagt und der König versprach, ihm fünf Städte zu übergeben. Es waren jene Orte, die dem Herzog schon im August 1439 versprochen worden waren, doch wurde diese Vereinbarung auch jetzt nicht erwähnt. Innerhalb des kommenden Monats sollten die Einkünfte der einstens von Herzog Ernst beherrschten Länder, die Friedrich regieren sollte, endlich genau ermittelt und in den nächsten zwei Jahren aufgeteilt werden. Friedrich sollte drei Fünftel und dessen Bruder zwei Fünftel der Einnahmen erhalten. Außerdem wurden noch weitere, relativ unbedeutende Entscheidungen für den Bereich des Herzogtums Steyr getroffen, die allerdings verraten, dass sich die einzelnen Lager in Innerösterreich sogar rücksichtslos befehdet hatten. Diese Auseinandersetzungen waren jetzt auch noch zu beenden.

Die Ausschreitungen der plündernden Söldner an der Donau hielten an und im Herbst des Jahres nahm die Not im Land zu. Ulrich von Eitzing forderte als Vertreter der Unzufriedenen, den Wünschen der aufsässigen Truppen zu entsprechen. Verhandlungen wurden eingeleitet, kamen aber zu keinem Ergebnis, da Friedrich nicht bereit war, den Wünschen zu entsprechen. Die Lage blieb unklar und es hat den Anschein, als ob sich die

Aussichten der Söldner verschlechterten, noch gebraucht und eingesetzt zu werden. Für Elisabeth wurde die Lage gefährlich. Sie fürchtete, ihren Kindern nicht mehr den notwendigen Schutz bieten zu können, und brachte sie im Herbst 1440 zu Friedrich nach Wiener Neustadt in Sicherheit.[25] Des Königs Macht als österreichischer Landesherr war durch die Verfügungsgewalt über die Kleinen entscheidend abgesichert und so konnte er sein Verhalten ändern. Bis dahin war er zwar an der Donau wie ein Landesfürst aufgetreten, hatte aber doch zurückhaltend regiert.

Jetzt strich er immer wieder heraus, dass er nur als Vormund des Ladislaus die Herrschaft ausübe. Mit dessen Aufenthalt in Wiener Neustadt war aus dem Knaben, der nach dem Willen seiner Mutter ein Ungar war und als solcher aufgezogen werden sollte, ein Österreicher geworden und als solcher wurde er auch allgemein anerkannt. Friedrich konnte das Kind, in dessen Namen er entschied, vorschieben, wenn es ihm günstig schien, und er ließ fast immer offen, ob der Kleine als österreichischer Landesfürst oder als Herrscher Böhmens eingesetzt war. Er konnte Ladislaus aber auch gegen die Stände und deren Herrschaftsanspruch ausspielen und die Auseinandersetzungen wegen der noch zu begleichenden Außenstände besser auf Österreich an der Donau begrenzen. Er konnte vorbringen, dass Ladislaus für die in Böhmen entstandenen Schulden König Albrechts zuständig sei und er konnte im Namen seines Mündels Zahlungen zusagen, ohne dafür einstehen zu müssen oder sich selbst etwas zu vergeben. Diese Maßnahmen, an sich ein nicht ungeschickter, aber verschlagener Schachzug des Königs, hatten doch auch schwerwiegende Folgen. Der Habsburger konnte zwar Geldforderungen des an der Donau sitzenden Adels an das Land und an dessen nominellen Landesfürsten, an Ladislaus, abwälzen, doch war er dann selbst nur Vertreter des Ladislaus, des natürlichen Herrn Österreichs, wie er selbst immer wieder betonte, und bald sollte sich zeigen, dass auf diese Weise die Gegner Friedrichs nicht auszuschalten waren.[26]

Diese spielten sich bald zum Verteidiger des Kindes auf, das zum Spielball der Gruppen und Parteien wurde. Die Fronten verschärften sich. Ulrich von Eitzing, der sich noch im Herbst 1440 mit Friedrich ausgeglichen hatte, sammelte schon im folgenden Frühjahr die Unzufriedenen und sagte mit 150 Adligen dem König sogar die Fehde an.[27] Friedrich stellte sich persönlich in Wien und trat in der Augustinerkirche vor die versammelten Herren, um einen Ausgleich zu finden. Der Versuch schlug völlig fehl. Statt zu einer Aussprache kam es zu Tumulten. Der König, der um sein Leben fürchten musste – „kreuzigen, kreuzigen", schrien die aufgebrachten Großen, die sich betrogen fühlten –, flüchtete in panischer Angst und vermerkte den Vorfall tief erschüttert in seinen Aufzeichnungen.[28] Die Sorge, ein ähnliches Ereignis könnte sich wiederholen und dann ganz anders ausgehen, begleitete ihn zeit seines Lebens. Friedrich musste jetzt zurückweichen. Anfang Juli akzeptierte er die Ansprüche Eitzingers, wenige Wochen später verpflichtete er sich, die Forderungen slawischer Söldner zu erfüllen, allerdings als Vormund des Königs Ladislaus. Damit hatte er wenigstens formal seinen Grundsatz nicht aufgegeben, für die in Böhmen entstandenen Schulden nicht aufzukommen. Er hatte überdies damit indirekt auch die dank des Erbrechts erwachsenden Ansprüche des im zweiten Lebensjahr stehenden Kindes auf die böhmische Krone gewahrt.[29] Friedrichs Politik war jedoch gefährdet, als Elisabeth im Herbst des Jahres verlangte, ihr die Kinder zurückzugeben. Der Habsburger erfüllte diesen Wunsch nicht, doch blieb ungewiss, ob er nur seine landesherrlichen Grundsätze und Rechte in Österreich wahren oder ob er nicht eher weitere Auseinandersetzungen Elisabeths mit Wladislaw verhindern wollte, der sich bereits auf den Kampf gegen die Türken vorbereitete.

Gut belegt ist dagegen die Bereinigung der Schuldenlast, die nicht zuletzt in den Kriegen Albrechts II. gemacht worden war. Friedrich ließ sich nämlich die Schuldbriefe, in denen er den Söldnern die Zahlung der vereinbarten Beträge versprach, nach der Geldübergabe zurückgeben. Sorgfältig wurden die Schriftstücke durch entsprechende Schnitte ungültig gemacht und am Hof des Königs aufbewahrt. Sie liegen heute noch in Wien und beweisen, dass die zugesagten Beträge bezahlt und mindestens an die 26 000 Gulden aufgebracht wurden. Der Verzicht auf die Wenzelskrone hatte den Habsburger von diesen Zahlungen nicht befreien können. Seine eigenhändigen Notizen zu diesem Geschehen bezeugen tiefe, aber nicht unverständliche Verärgerung über den Adel Österreichs, der sich verständnislos und eigennützig erwiesen hatte.[30] Es ist nicht belegt, wie Friedrich die erforderlichen Summen aufbrachte. Aus späteren Unterlagen ist nur zu erfahren, dass der König entgegen den 1439 getroffenen Verpflichtungen die zu Innsbruck und Wien verwahrten Schätze, die er für seine Mündel bewahren sollte, an sich nahm und die gehorteten Gelder ausgab.[31] Es ist durchaus denkbar, dass er nur mit Hilfe dieser Summen den vom Adel an der Donau und von den slawischen Söldnern erhobenen Forderungen im Sommer 1441 entsprechen konnte. Diese Ausgaben hatten sich ja nicht nur aus den Einsätzen in Böhmen, sondern auch aus Albrechts Türkenkriegen ergeben, und für die Kämpfe gegen die Osmanen hatten doch alle habsburgischen Länder Beitragshilfen zu leisten. Der Rückgriff auf deren Reserven war daher berechtigt. Doch wurden Friedrichs Vorgehensweise und die heimliche Plünderung der Schatzkammern hart kritisiert und ihm Hinterlist und Rechtsbruch vorgeworfen. Es wurde betont, er hätte zugesagt, dieses für seine Mündel angesammelte Vermögen zu wahren und nicht anzutasten. Doch gibt es keine Belege dafür, dass sich Friedrich rechtfertigte oder gegen diese Anschuldigungen wehrte.

Er war zufrieden, wenigstens in Österreich tragbare Lösungen gefunden zu haben, und so konnte er sich endlich seiner Krönungsreise nach Aachen widmen und noch im Juni des Jahres für die Dauer seiner Abwesenheit ein Gremium bestellen, das für ihn in Österreich regieren sollte. Die Fahrt war wegen der Vorgänge im Südwesten des Reichs kaum mehr aufzuschieben. Das Baseler Konzil war in weitere Schwierigkeiten geraten. Die benachbarten Regenten, die Herzöge von Mailand, Savoyen und Burgund, die den Fortbestand der Versammlung sichern sollten, hatten sich zerstritten. Hilfe für die Väter war in diesen Wirren nur vom Reichsoberhaupt zu erhoffen.[32] Doch hatte sich wenigstens die Lage des Hauses Österreich im Südwesten des Reichs deutlich gebessert. Seine Vertreter hatten schon 1440 ausgehandelt, dass der Stadt Zürich die Grafschaft Toggenburg und die Herrschaft Uznach übergeben werde, dass dafür aber die Züricher König Friedrich bei der Wiedergewinnung der verlorenen Güter im Aargau unterstützen würden. Wie sich dann bald zeigte, waren auch andere Gemeinden wie Bern und Solothurn, 1415 noch entschiedene Kontrahenten der Habsburger, jetzt bereit, Friedrichs Bemühungen um die Restaurierung alter österreichischer Besitzungen hinzunehmen.[33] Zurückhaltend blieben lediglich die Eidgenossen und Luzern, aber auch Schaffhausen, das noch im 14. Jahrhundert als Reichsstadt im habsburgischen Lager zu finden war, sich aber nunmehr von dieser Haltung distanzierte und wieder die Reichsunmittelbarkeit anstrebte.[34] Insgesamt hatten Friedrichs Unterhändler im Südwesten des Reichs doch eine erdrückende Überlegenheit ausgehandelt. Es war vorgesehen, dass Friedrich nach der Inthronisation zu Aachen mit seinem persönlichen Auftreten in der alemannischen Region die Ansprüche und Rechte des Hauses Österreich festigen und für alle Zukunft sichern sollte. Gleichzeitig schien es möglich zu sein, dem dahinsiechenden Baseler Konzil zu helfen und die Beseitigung des Schismas anzugehen. Doch dafür war die Unterstützung der Herrscher Savoyens und Burgunds notwendig. Ein persönlicher Besuch Friedrichs auf der Baseler Kirchenversammlung war unter diesen Voraussetzungen nicht zu umgehen, um die Ausgangslage für weitere Maßnahmen zur Reform von Kirche und Reich zu besprechen und den Frieden zu bringen, den die alten Prophetien vorhergesagt hatten.

Dann war aber auch die Mühe gerechtfertigt, mit der im Sommer des Jahres 1441 die größten Schwierigkeiten an der Donau bewältigt und mehr als 79 000 Gulden zur Begleichung der Schulden seines Vorgängers im Reich aufgebracht worden waren, wie Friedrich in seinem sogenannten Notizbuch eigenhändig festhielt.[35] So ritt er im Herbst des Jahres beruhigt nach Graz, um sich hier endlich auf die Krönungsreise nach Aachen einzustimmen, die er dann im folgenden Winter antrat.

b) Friedrichs Machtübernahme im Reich

Friedrich hatte sich bereits unmittelbar nach seinem Regierungsantritt auf die wichtigsten Verpflichtungen eines Reichsoberhaupts eingestellt, auf die Beseitigung des Schismas und auf die Bewältigung der Reichsreform. Schon 1440 ergriff er Maßnahmen, um die Zustände ganz allgemein zu verbessern. Diese Veränderungen strich er nie heraus und so wurden sie von den Zeitgenossen fast durchweg übersehen, mitunter waren sie für die Umwelt auch nicht zu erkennen, selten war abzuschätzen, welches Gewicht diese Neuerungen hatten oder wenigstens haben sollten. Vieles wurde daher auch falsch gedeutet. Selbst wichtige Ereignisse, wie etwa die Kontakte Friedrichs zum Baseler Konzil und die zu diesem unternommene Reise, wurden wenig gewürdigt und bald vergessen. Dagegen blieben die Hinwendung zu Papst Eugen IV. und das Wiener Konkordat von 1448 in guter Erinnerung. Von seinen Reformen für das Reich fiel nur die Reformatio Friderici von 1442 auf, doch wurde von späteren Generationen hauptsächlich deren Dürftigkeit und Schwäche betont und bemängelt, dass ansonsten viel zu wenig angegangen wurde.[36] Erst die Historiker des 19. Jahrhunderts erkannten, dass der Habsburger bald nach seinem Regierungsantritt das veraltete Hofgericht durch das modernere Kammergericht ersetzte, doch wurden die Veränderungen und Verbesserungen der Verfahren nicht weiter verfolgt und, sofern sie, wie etwa der entscheidende Einsatz von Kommissionen, überhaupt bemerkt wurden, als Kennzeichen von Unfähigkeit abgeurteilt. Unter diesen Voraussetzungen war es der älteren Forschung nicht möglich, Friedrichs Bemühungen, das Gerichtswesen zu reformieren, richtig zu bewerten.[37]

Nicht zu übersehen waren lediglich die enge Bindung Friedrichs an Österreich und seine hochgesteckten Erwartungen für die Zukunft dieses Landes. Aber auch diese Tatsachen wurden als dem Herrscher aufgezwungene Beschränkungen gedeutet; es wurde angenommen, er hätte gegen seinen Willen auf Ungarn und Böhmen verzichten müssen. Dabei entsprach die von Friedrich eingeleitete Abkehr von Böhmen und seine auf Österreich ausgerichtete Politik nicht nur den schon oben umrissenen regionalen Machtverschiebungen im Reich, sondern auch der Forderung des Reformlagers, ein Zentralland einzurichten, das die Kosten für die Erhaltung des kaiserlichen Hofes aufbringen konnte und sollte. Böhmen war dafür wegen seiner in den Hussitenkriegen erfolgten Zerrüttung wirklich nicht mehr in der Lage. Die Orientierung auf Österreich war dagegen ein wichtiger Beitrag zur Reform des Reiches, wurde aber von den Zeitgenossen in ihrer Bedeutung nicht erkannt.[38] Damit war auch die Frage aufgeworfen, nach welchen Grundsätzen das Reichsoberhaupt zu bestellen war. Durch Jahrhunderte war dafür eine Wahl ausschlaggebend gewesen. In

Österreich war dagegen seit dem Hochmittelalter das Erbrecht seiner Landesfürsten verbrieft, das nun wegen der Verknüpfung mit dem Land der Habsburger auch für das Kaisertum vorgegeben war. Friedrich war 1440 gewiss überzeugt, es genüge, für das Reichsoberhaupt die Vererbung dieser Würde zu sichern und die Machtkämpfe der einzelnen Lager zu verhindern; damit sei schon viel gewonnen. Er hat auch bald diese seine Überzeugung demonstriert, wurde aber nicht verstanden. Wir werden darauf zurückkommen. Nur unter diesen Voraussetzungen dürfen die nach Ansicht späterer Generationen bescheidenen Verbesserungen, die der Habsburger bewirkte, beurteilt werden.[39]

Übersehen wurde auch, dass Friedrich schon 1440 Gestaltung und Aussehen seiner Urkunden verbesserte, doch wurde dieser Umstand den Zeitgenossen nicht bekannt und die Gründe dafür wurden geheim gehalten. Diese Veränderungen wurden erst von den Historikern gegen 1900 erkannt, waren aber auch für diese zunächst kaum zu deuten.[40] Das hatte etwa zur Folge, dass selbst Lhotsky, als er das sogenannte Notizbuch des Kaisers edierte – in dem Kodex trug dieser eigenhändig wichtige Notizen zu seinem Urkundenwesen ein –, mit diesen Angaben wenig anzufangen wusste und nicht kommentierte.[41] Überrascht war die Fachwelt erst, als bekannt und betont wurde, dass Friedrich mit der Tradition der Luxemburger demonstrativ brach, die als Reichsfarben schwarz-gold verwendet hatten, und dass er nunmehr als Farbsymbol für die Seidenschnüre der Privilegien purpur oder purpur-grün einführte.[42] Weil die von dem Habsburger verwendete Purpurfarbe stark verblasste und meistens alle möglichen Schattierungen bis zu Ocker und schmutzigem Weiß angenommen hatte, wurde lange vermutet, der König habe einfach auf österreichische Bräuche zurückgegriffen. Er wollte dagegen sicherlich imperiale Grundsätze des Hochmittelalters erneuern und damit auch der Absicht entsprechen, die kaiserliche Würde in Zukunft dem Haus Österreich zu sichern.[43] Friedrich hielt nicht viel von Wahlen. Wenn diese vermieden wurden, war seiner Meinung nach ein wesentlicher und entscheidender Fortschritt für eine Erneuerung des Reichs geglückt.[44]

Seine wichtigen Diplome wie die 1442 erfolgten Bestätigungen der österreichischen Freiheitsbriefe[45] wurden mit größter Sorgfalt geschrieben, nach älteren Vorbildern mit Zeugenreihen und mit einem besonderen Monogramm ausgezeichnet und zusätzlich – das war eine bis dahin kaum übliche Neuerung – mit einem eigenhändigen Bekräftigungsvermerk Friedrichs versehen.[46] Für viele Historiker des 19. Jahrhunderts waren diese Verbesserungen nur merkwürdige Spielereien des kauzigen Habsburgers und so wurde übersehen, dass die Aufwertung von Privilegien auch das Ziel verfolgte, diesen Schriftstücken Gesetzeskraft zu verleihen. Auch die Goldene Bulle Kaiser Karls IV. von 1356 war ja genau genommen nur ein Privileg in siebenfacher Ausfertigung für die Kurfürsten gewesen, für Kaiser Friedrich III. war das Dokument bereits das grundlegende Reichsgesetz schlechthin.[47] Diese Interpretation hatte sich nicht zuletzt aus dem Inhalt des Dokumentes ergeben, das nicht nur die Kurfürsten auszeichnen sollte, sondern auch Probleme des allgemeinen Rechts aufgriff. Im Kapitel 17 dieses Privilegs wurden etwa Bestimmungen des Fehdewesens geregelt. Nicht zuletzt wegen dieser Abschnitte bekam das Schriftstück eine deutsche Fassung, wurde in dieser Version im Reich allgemein anerkannt und für bewaffnete Auseinandersetzungen verbindlich. Friedrich hatte sich eine vergleichbare Wirkung von allen seinen Prachtdiplomen erhofft.

Den Zeitgenossen dürfte eher aufgefallen sein, dass die Privilegien wegen ihres eindrucksvollen Aussehens – und allein die Siegel waren durchweg kostbare Kunstwerke – vom Empfänger teuer bezahlt wurden, wie es für die päpstlichen Schriftstücke, die oft noch reich illuminiert wurden, längst üblich geworden war. Diese Beweggründe wurden erst vor wenigen Jahren von Isenmann hervorgehoben, der betonte, dass für das Urkundenwesen des Spätmittelalters finanzielle Überlegungen und die Höhe der notwendigen Zahlungen wichtiger als die Dokumentation rechtlicher Normen waren.[48] Das hatte sich ergeben, da es seit Jahrhunderten üblich gewesen war, dass die Untertanen nach dem Tode ihres Lehnsherren dem Nachfolger huldigten und bei dieser Gelegenheit die Anerkennung ihrer Rechte erbaten, die fast durchweg erteilt wurde. Diese Bestätigungen hatten nicht allzu viel Gewicht, waren aber doch üblich und wurden daher regelmäßig verlangt und gewährt. Seit dem 14. Jahrhundert war es Brauch geworden, darüber auch Urkunden – als Confirmationes generales bezeichnet – auszustellen, die inhaltlich nicht viel brachten, für die aber dennoch Schreibgebühren zu bezahlen waren. Um die dafür zu entrichtenden Gebühren erhöhen zu können, wurden die Schriftstücke prächtiger gestaltet. Dank dieser Entwicklung konnten die Kanzleibeamten gut verdienen und sich sogar bereichern.[49]

In dieses System griff der Habsburger als erstes Reichsoberhaupt ein. Seine Vorgänger dürften auf die Schreibgebühren kaum Anspruch erhoben haben, doch gibt es dazu kaum brauchbare Unterlagen. Nun sind Veränderungen zu erkennen, die erst der modernen Geschichtswissenschaft auffielen und die den Einsatz eines Petschafts belegen. Dieses kleine Sekretsiegel, wie es auch bezeichnet wird, trugen die Herrscher des Spätmittelalters vermutlich persönlich mit sich und verwendeten es zur Bekräftigung persönlicher Schriftstücke und Mitteilungen. Friedrich besiegelte damit als erstes Reichsoberhaupt seine handgeschriebenen Briefe, auf die er es sicherlich selbst aufdrückte. Dieses sein Petschaft wurde aber seit 1440 zusätzlich auch in das große, vom Kanzler verwahrte Majestätssiegel eingepresst, mit dem die bedeutenden Privilegien ausgezeichnet waren.[50] Dieser neue Brauch beweist, dass sich der König persönlich an der Ausstellung der Privilegien beteiligte. Da allgemein für jede Besiegelung zusätzlich zu bezahlen war, ist so gut wie sicher, dass ein Teil der Taxen, die bis dahin meist zur Gänze den Kanzleibeamten zustanden, jetzt an Friedrich abzuliefern war.[51] Die Höhe der von ihm beanspruchten Gelder ist allerdings nicht abzuschätzen, da der Verteilungsschüssel unbekannt blieb. Der junge Habsburger dürfte sich nach 1440 auf diese Weise neue Einnahmen gesichert haben, die nach einer gewissen Zeit wieder abnahmen – nach der Kaiserkrönung von 1452 ging die Zahl der ausgestellten Privilegien deutlich zurück –, da die Reichsuntertanen auf diese Bestätigungen zunehmend verzichteten, um die Kosten zu sparen. So war dieser Maßnahme Friedrichs kein wesentlicher und dauernder Erfolg beschieden. Es war immerhin ein Ansatz, die königlichen Einnahmen zu verbessern.

Die Finanzlage des Reichs wurde damit nicht entscheidend saniert, sie blieb unzulänglich, da die von Konrad von Weinsberg vorgeschlagene und angeregte Reform der Kammer nicht aufgegriffen und verwirklicht wurde. Das Vorgehen des Habsburgers ist aber nicht nur charakteristisch für die Behutsamkeit der königlichen Eingriffe, sondern auch für die Unfähigkeit der Zeitgenossen, grundsätzliche Modernisierungen oder eine Erhöhung der Abgaben vorzunehmen, Maßnahmen, die nicht zuletzt von der für das mittelalterliche Christentum kennzeichnenden radikalen Ablehnung von Reichtum und Geld gehemmt wurden.[52] Friedrich unternahm zwar noch einige Versuche, wenigstens das traditionelle Abgabenwesen zu perfektionieren, hatte damit aber kaum Erfolg. An erster Stelle sind die seit dem 13. Jahrhundert üblichen Stadtsteuern zu erwähnen, eine wichtige Einnahmequelle des Reichsoberhauptes, die jedoch wegen der Ausdehnung des Imperiums immer nur schwer einzutreiben gewesen waren. Friedrich beharrte auf diesen Abgaben, stand den Schwierigkeiten aber eher hilflos gegenüber und begnügte sich, die eingefahrenen Systeme beizubehalten. Auch er überließ die fälligen Beträge oft einfach seinen Räten und Dienern, die aus dem Umland der jeweiligen Stadt kamen und diese zur Zahlung besser bewegen konnten. Die Judengemeinden, die man als Notlösung im frühen 15. Jahrhundert mit Steuern stark belastet hatte, waren inzwischen ausgepresst, wurden vom König zwar grundsätzlich und demonstrativ geschützt, aber dann doch wieder bis an die ertragbare Grenze weiterhin besteuert Auch diese Einnahmen blieben hinter den Erwartungen zurück.[53]

Keine Skrupel hatte der Habsburger, seine Möglichkeiten als oberster Herr des Gerichtes zur Sanierung der Finanzen auszunützen. Er war durchaus bereit, wenn ein Untertan des Reichs geächtet worden war, gegen eine beachtliche Summe diese Bestrafung rasch aufzuheben, doch war auch damit nicht viel zu gewinnen. Die für eine moderne Besteuerung entscheidenden Veränderungen nahm Friedrich, wie wir vorwegnehmen können, erst nach 1450 in Aussicht, sie stand bei Regierungsantritt des Habsburgers noch nicht zur Diskussion.[54] Mit diesen Unzulänglichkeiten fand sich der König zunächst noch ab, da er andere Wege beschritt, um die für eine bessere Verwaltung notwendige Vergrößerung des Hofes zu erreichen. Es war schon auf dem Baseler Konzil angeregt worden, als von diesem die Geldforderungen der Kurie abgelehnt wurden, die Verfügungsgewalt der Machthaber auf die Pfründen von Domkapiteln und Klöstern auszudehnen, um dem erhöhten Personalbedarf der Herscherresidenzen entsprechen zu können. Man war bereit, auch dem Reichsoberhaupt zu helfen und räumte ihm ein, in wesentlich erhöhtem Maße das Recht der Ersten Bitten wahrzunehmen, das Privileg, nach der Krönung einem Konvent einen Diener seines Hofes für das erste freie Kirchenlehen vorzuschlagen.[55] Wegen des geringen Personalbedarfs war dieses Vorrecht unter Kaiser Siegmund, der noch mit einem kleinen Hof auskam, nur selten beansprucht worden.[56] Doch in dessen letzten Lebensjahren waren die Gerichte des Kaisers schon öfter angerufen worden, die Prozesse und Verfahren hatten zugenommen, und so mussten auch die Gerichtshöfe personell vergrößert werden. Das war nun entscheidend.[57] Friedrich griff diese Entwicklung sofort auf, bediente sich der ihm nunmehr zustehenden Möglichkeiten und richtete schon 1440 Erste Bitten an viele reiche Kirchen, auch wenn diese bis dahin mit solchen Ansprüchen nicht behelligt worden waren.[58] Obwohl seinen Wünschen nicht immer entsprochen wurde, konnte das System, zahlreiche Domkapitulare und Ordensmitglieder im kaiserlichen Hofdienst einzusetzen, doch verwirklicht werden. Diese Form der Personalpolitik wurde im ersten Jahrzehnt von Friedrichs Herrschaft sogar zum Leitmotiv der von ihm ergriffenen Verbesserungen.

In deren Rahmen wurde in erster Linie die höchste Gerichtsbarkeit im Reich den neuen Anforderungen angepasst. Zwar war schon 1417 das königliche Hofgericht reformiert worden, doch wurde damals nur festgehalten, dass nach der berechtigten Klage einer Partei das Reichsoberhaupt den Schuldigen ächten sollte. Darüber wurden nur knappe Bemerkungen in das Achtbuch eingetragen, ansonsten keine Unterlagen über Verfahren angelegt. Die große Zahl der in den folgenden Jahren meistens an einem einzigen Tag ausgesprochenen Urteile zwingt anzunehmen, dass die Beklagten einfach auf einem Gerichtstag aufgerufen, die Prozesse dann rasch durchgepeitscht wurden und die Urteile oft schon ergingen, wenn der Beklagte nicht erschienen war.[59] Es ist allerdings wahrscheinlich, dass schon in den letzten Regierungsjahren Kaiser Siegmunds sorgfältigere Verfahren häufiger wurden und König Albrecht II. diese Modernisierung übernahm, die mit ihren Einzelheiten nicht besser fassbar ist.[60] Das vorliegende Material zeigt, dass viele Prozesse unter Friedrich nach 1440 grundsätzlich korrekt geführt wurden und häufiger schon das Kammergericht eingesetzt wurde, doch ist nicht zu erkennen, ob allein mit dessen Einsatz eine entscheidende Verbesserung glückte. Nach Friedrichs Regierungsantritt wurden Verfahren grundsätzlich schriftlich protokolliert und mit diesem Zeitpunkt setzt das nunmehr reiche Material der Gerichtsakten ein. Belegt ist noch, dass der König am 29. Juli 1441 zunächst wieder einen Hofrichter bestellte und damit das alte Hofgericht restaurierte.[61] Dieses sprach am 19. Dezember 1442 elf Ächtungen aus, für die dann die Bischöfe Silvester von Chiemsee und Georg von Brixen verantwortlich zeichneten.[62] Sie hatten das Vertrauen des Königs und dürften – sie waren fähige Juristen – schon bessere und saubere Verfahren durchgezogen haben, wie auch die im Vergleich zur Epoche Kaiser Siegmunds deutlich kleinere Zahl dieser Urteile vermuten lässt.[63] Die Lebensläufe der Männer sind kennzeichnend für die neue Vorgehensweise: Es wurde üblich, Bischöfe kleiner, innerhalb des habsburgischen Machtbereichs liegender Diözesen, deren Inhaber kaum ausgelastet waren, im Dienst des Reichsoberhauptes einzusetzen. Das Hofgericht tagte dann noch 1443 und 1445 zu Wiener Neustadt und Wien, könnte aber wegen der nun wieder höheren Zahl von Urteilen in die ältere Flüchtigkeit zurückgefallen sein.[64] Davon hebt sich der erste deutliche Einsatz des königlichen Kammergerichts zu Nürnberg im Jahre 1444 unter dem Vorsitz Konrads von Weinsberg ab, des energischen Vertreters notwendiger Reichsreformen, dem es wohl auch zu verdanken war, dass die Prozesse seit dieser Zeit grundsätzlich sorgfältiger, aber auch langwieriger geführt und protokolliert oder dokumentiert wurden. Die nunmehr vorliegenden umfangreichen Unterlagen des Kammergerichts beweisen, dass für dieses jetzt die Aussagen von Tatzeugen entscheidend waren. Deren Einvernahmen wurden wiederholt an Kommissare delegiert, von diesen aufgezeichnet und an das Kammergericht gesandt, um diesem einen besseren Einblick in die Vorgänge und Zusammenhänge zu ermöglichen.[65] Die Ablösung des veralteten Hofgerichts durch das moderne Kammergericht war erst gegen 1450 abgeschlossen. Die Gründe für Verzögerungen sind nicht zu erkennen. So muss die Feststellung genügen, dass Einrichtung und Ausbau des Kammergerichts einen wichtigen Bestandteil der von Friedrich bald nach 1440 eingeleiteten Reformen des Gerichtswesens darstellten, aber doch einige Jahre in Anspruch nahmen.[66]

    Im Rahmen dieser Maßnahmen wurden auch die Verhandlungen fortgesetzt, die seit 1438 hauptsächlich der Sicherung des Friedens und der Regulierung des Fehdewesens dienten. Die notwenigen Gespräche führten nach 1440 die Räte des Königs, der, soweit bis jetzt bekannt ist, persönlich kaum eingriff. Die damals diskutierten Texte waren mit ihren wesentlichen Bestimmungen schon unter Ruprecht von der Pfalz (1400–1410) entworfen und mit geringen Variationen durch mehr als drei Jahrzehnte besprochen, aber nicht akzeptiert worden. Friedrich setzte durch, dass 1442 kleine, allerdings wichtige Veränderungen vorgenommen wurden – die Verschriftlichung des Gerichtswesens wird etwa angeordnet – und die Masse der längst erarbeiteten Bestimmungen als Reformatio Friderici endlich angenommen wurde.[67] Damit lag das längst fällige Reichsgesetz vor, auf das sich der Habsburger dann immer wieder berief. Sein wichtigstes Anliegen im Rahmen der Reichsreform war aber sicherlich kaum dieses Dokument, sondern seit 1440 die Anerkennung Österreichs als dominantes zentrales Land des Imperiums, die Sicherung des Anspruchs der Habsburger, das Reichsoberhaupt stellen zu dürfen, und die sich damit ergebende Vererbung der kaiserlichen Würde. Während viele seiner bei Regierungsantritt ergriffenen Maßnahmen nur schwer zu erkennen, aber auch nicht gerade spektakulär waren, gab es keinen Zweifel, dass der Habsburger ein überzeugter Verfechter der Erbmonarchie war und mit diesem Grundsatz auch das Reich entscheidend reformieren wollte. Er bewies deutlich seine Ablehnung des Wahlrechts, doch begriff die Umwelt diese Demonstration nicht und legte sein Verhalten falsch aus.

Als ihm nämlich seine am 2. Februar erfolgte Wahl zum Reichsoberhaupt durch die Kurfürsten von der Stadt Frankfurt mitgeteilt, ihm dazu gratuliert und er bereits als König angesprochen wurde, wie es bis dahin immer üblich gewesen war, wies er die Glückwünsche mit der Bemerkung zurück, er sei noch immer nur Herzog von Österreich.[68] Doch diese seine Feststellung wurde kaum bekannt, wie auch die Vertreter der Kurfürsten ohne weitere Erklärungen nach Wiener Neustadt befohlen, aber dort lange nicht empfangen wurden. Sie mussten sich wochenlang gedulden, ohne dass sie Gründe für die Verzögerungen erfuhren. Friedrichs Herrschaftsstil, grundsätzlich Bittsteller zunächst einmal warten zu lassen, hatte sich noch nicht herumgesprochen und wurde auch später oft missverstanden und als Trägheit gedeutet. Daher gab es wegen dieser ungewöhnlichen Wartefrist bald wilde Spekulationen und es kam sogar der Verdacht auf, dass Friedrich die zugedachte Würde ablehnen werde. In Wirklichkeit wurde in aller Stille eine umständliche Feier für die Annahme der Wahl in der prächtigen Pfarrkirche von Wiener Neustadt vorbereitet und am 6. April 1440 verkündete Friedrich hier im Rahmen einer aufwendigen Zeremonie eindrucksvoll seine Bereitschaft, als Reichsoberhaupt zur Verfügung zu stehen. Erst mit diesem Tag übernahm er die Würde eines römisch-deutschen Königs und demonstrierte auf diese Weise, dass für sein neues Amt nicht die Wahl der Kurfürsten, sondern sein Wille entscheidend sei, sich dieser Aufgabe zu stellen. An seinen Fähigkeiten zweifelte er nicht, wie gelegentlich vermutet wurde, wohl aber hatte er sich auf die

Aufgaben eines Reichsoberhauptes, wie bereits deutlich wurde, weitaus gründlicher als seine Vorgänger vorbereitet.[69]

Anmerkungen

[1] Niederstätter, Jahrhundert, S. 346 ff. Seidl, Stadt und Landesfürst, S. 30 ff.

[2] Wostry, König Albrecht II., 1, S. 38 ff. Hödl, Albrecht II., S. 6 f. Meyer, Königs- und Kaiserbegräbnisse, S. 146 ff. Heinig, Albrecht II., S. 488 ff.

[3] Wostry, König Albrecht II., 1, S. 88 ff.

[4] Koller, Kaiserliche Politik, S. 74 ff.

[5] Am 25. Juni 1439 stellte König Albrecht II. zu Ofen für Herzog Friedrich IV. von Österreich-Tirol einen Schuldbrief über 45900 Gulden aus. RI 12, Nr. 1013. Mit dieser Summe sollte wohl der schon eingeleitete Kampf gegen die Türken finanziert werden, doch fehlen in den Unterlagen klare Angaben, ob damit auch ausständige Soldforderungen beglichen werden konnten.

[6] Vgl. etwa Moraw, Von offener Verfassung, S. 244 ff. Hoensch, Polen im ostmitteleuropäischen Mächtesystem, S. 64 ff.

[7] MG Constitutiones, 11, S 560 ff.

[8] Patschovsky, Reformbegriff, S. 14 ff.

[9] Johannes Schele, Avisamenta, (Concilium Basiliense 8, S. 127).

[10] Valeri, Le origini, S. 589 ff. Valeri, L'Italia, S. 87 ff. Meuthen, 15. Jahrhundert, S. 143 ff.

[11] Nach der Reformation Kaiser Siegmunds war die Region um Basel Mittelpunkt des Reichs (MG Staatsschriften 6), S. 308 ff.

[12] RI 12, Nr. 1178 a. Opll, Nachrichten, S. 138.

[13] RI 12, Nr. 1178.

[14] Meyer, Königs- und Kaiserbegräbnisse, S. 160 ff.

[15] Gutkas, Friedrich III. und die Stände, S. 154 f. Niederstätter, Jahrhundert, S. 348.

[16] Niederstätter, Jahrhundert, S. 246.

[17] Opll, Nachrichten, S. 138 f.

[18] RTA 15, S. 177 ff.

[19] Reg. F.III., 12, Nr. 1. Niederstätter, Jahrhundert, S. 245 f. Kubinyi, Vertretung der Städte, S. 70 ff.

[20] Chmel, Materialien, 1, S. 75 ff., Nr. 5 und 6. Vgl. dazu Reg. F.III., 12, Nr. 4 und 17, sowie Baum, Albrecht VI., S. 24 ff.

[21] Chmel, Regesta, Nr. 13.

[22] Barta, Geschichte Ungarns, S. 98 ff. Niederstätter, Jahrhundert, S. 348 ff.

[23] Eine Übersicht dieser Händel ist aufgelistet von Czendes-Opll, Die Stadt Wien, S. 213 ff.

[24] Reg. F.III., 12, Nr. 17 ff. Dazu Gutkas, Friedrich III. und die Stände, S. 155 ff.

[25] Reg. F.III., 12, Nr. 30. Dazu Niederstätter, Jahrhundert, S. 200 u. 348.

[26] Reg. F.III., 12, Nr. 36 ff.

[27] Reg. F.III., 12, Nr. 32. Zum folgenden vgl. Chmel, Reg., Nr. 271. Gutkas, Friedrich III. und die Stände, S. 155 f. Heinig, Hof, Regierung und Politik, S. 265.

[28] Lhotsky, AEIOV, S. 199 f. Opll, Nachrichten, S. 139.

[29] Reg. F.III., 12, Nr. 58 u. 65 ff.

[30] Lhotsky, AEIOV, S. 200 ff. Vgl. dazu auch Hochedlinger, Das k. k. „Geheime Hausarchiv", S. 34 f.

[31] Gutkas, Friedrich III. und die Stände, S. 155. Riedmann, Mittelalter, S. 459.

[32] Meuthen, 15. Jahrhundert, S. 77 ff. Ourliac, Schisma, S. 122 ff.

[33] Chmel, Regesta, Nr. 1148 u. 1201 ff. Vgl. auch Reg. F.III., 6, Nr. 33 ff.

[34] Die bereits im Sommer 1442 ausgestellte Bestätigung aller Rechte wurde erst 1444 in einer Fassung akzeptiert, aus der das Wort „Lösung" entfernt wurde. Daraus wären Rechte des Hauses Österreich abzuleiten gewesen. Reg. F.III., 12, Nr. 110.

[35] Lhotsky, AEIOV, S. 207 f.

[36] Vgl. etwa Heimpel, Das deutsche fünfzehnte Jahrhundert, S. 24 f. Thomas, Deutsche Geschichte, S. 451 f.

[37] Lechner, Reichshofgericht, S. 100 ff. Dazu Maurer, Königsgericht, S. 79 ff.

[38] Grundlegend Haller, Kaiser Friedrich III., S. 89 ff. Schmidt, Friedrich III., S. 3o9 ff. Dazu Koller, Reichsreform S. 353 ff.

[39] Vgl. dazu Angermeier, Reichsreform, S. 51 ff.

[40] Vgl. dazu Angermeier, Reichsreform, S. 103 ff.

[41] Lhotsky, AEIOV, S. 221.

[42] Koller, Kaisertum, S. 590 ff.

[43] Niederstätter, Jahrhundert, S. 135 ff.

[44] Vgl. Lhotsky, Privilegium maius, S. 12 ff.

[45] Reg. F.III., 12, Nr. 112 u.117. Dazu Willich, Wirkungsgeschichte, S. 170.

[46] Zum eigenhändigen Rekognitionsvermerk in diesen beiden Privilegien vgl. auch Lhotsky, AEIOV, S. 221 und Holtz, Vom Archiv zum Buch, S. 33 ff.

[47] Vgl. dazu etwa Reg. F.III., 4, Nr. 288, 393, 451. Zur Problematik Krieger, Reichsreform, S. 12 ff.

[48] Isenmann, Reichsfinanzen, S. 45 ff. u. 56 ff.

[49] Zur Bedeutung dieser banalen Bestätigungen der traditionellen Rechte vgl. Reg. F.III., 1, Nr. 2, 3, 4, 6, 7, 12, 13, 14, 15, 35, 47, 48, 49. Aus dieser Übersicht wird bereits der um 1450 einsetzende Rückgang dieser Urkundengattung deutlich. Dazu auch Bresslau, Handbuch der Urkundenlehre, 2, S. 282 ff. Mohnhaupt, Confirmationes privilegorum, S. 45 ff.

[50] Koller, Eigenhändige Briefe, S. 120 ff.

[51] Posse, Siegel, 2, Taf. 21 ff.

[52] Die RI 12, Nr. 9a von Konrad von Weinsberg vorgebrachten Vorschläge wurden nicht weiter beachtet. Dazu Heinig, Hof, Regierung und Politik, S. 88 ff. Niederstätter, Jahrhundert, S. 280 ff.

[53] Vgl. Wenninger, Man bedarf keiner Juden mehr, S. 107ff, dazu Reg. F. III. 15, Nr. 121 ff.

[54] Niederstätter, Jahrhundert, S. 279 ff.

[55] Vgl. dazu Helmrath, Basler Konzil, S. 289 ff.

[56] Koller, Dietrich Ebbracht, S. 195 ff.

[57] Schriftliche und ausführliche Unterlagen über Verfahren wurden 1442 vorgeschrieben. Reg. F. III. 4, Nr. 41.

[58] Chmel, Regesta, Nr. 67, 71, 72, 73, 79, 84, 101, etc. Ferner Reg. F.III., 12, Nr. 35, sowie Heinig, Preces-Register, 135 ff.

[59] Battenberg, Achtbuch, S. 29 ff. Die Verfahren vor dem Hofgericht wurden grundsätzlich mit einer Acht abgeschlossen. Mit der Ächtung waren jedoch die Feindseligkeiten nicht beendet, sondern wurden mit Fehden weitergeführt. Koller, Ausbau königlicher Macht, S. 435 ff. Die Überleitung der Auseinandersetzungen in Gerichtsverfahren war erst in der Reformatio Friderici vorgesehen, deren Vorlagen allerdings schon im frühen 15. Jahrhundert konzipiert wurden, Reg. F.III., 4, Nr. 41.

[60] Hödl, Albrecht II., S. 102 ff.

[61] Heinig, Hof, Regierung und Politik, S. 98 f.

[62] Battenberg, Achtbuch, S. 120 ff.

[63] Heinig, Hof, Regierung und Politik, S. 478 f. u. 581 ff.

[64] Battenberg, Achtbuch, S. 122 ff.

[65] Die nunmehr übliche Sorgfalt bei Verhandlungen wird belegt von Mitsch, Kommissionen als Herrschaftsinstrument, S. 65 ff. Dazu Mitsch, Gerichts- und Schlichtungskommissionen, S. 8 ff.

[66] Vgl. etwa Krieger, Reichsreform, S. 23 ff.

[67] Vgl. Reg. F.III., 4, Nr. 41.

[68] RTA 15, Nr. 98 (vom 2. Februar 1440). Die Antwort erging am 22. Februar (RTA 15, Nr. 104).

[69] RTA 15, Nr. 100 ff. u. 135 ff. Dazu auch Lhotsky, AEIOV, S. 197 f.

4. Friedrichs Aachenfahrt

a) Die Krönung in Aachen und die Reichsreform

Wegen der von Elisabeth, der Witwe Albrechts II., ausgelösten Wirren in Ungarn und Österreich konnte Friedrich seine Krönungsreise nach Aachen nicht unmittelbar nach seiner Wahl, wie er zunächst geplant hatte, sondern erst im Sommer 1441 vorbereiten. Da damals der kleine Ladislaus als Landesfürst im Herzogtum an der Donau bereits anerkannt war, musste die Vormundschaft über diesen für die Dauer der Abwesenheit des Königs geregelt werden, der am 16. Juli die Regierungsgewalt einem Gremium übertrug. Dieses sollte zwar das Land lenken, war aber in seiner Machtausübung beschränkt. Es wurde ausdrücklich betont, dass die Verfügung nur für die Zeit der Krönungsreise gelten sollte. In diesem Zusammenhang wurde aber auch auf die Sorgen in der Kirche hingewiesen und damit wohl schon angedeutet, dass der Habsburger auch das Baseler Konzil aufsuchen wollte. Demnach wurde erwartet, dass die Reise länger dauern werde, als für die Krönung selbst notwendig war.[1] Die Reiseroute wurde am kaiserlichen Hof sehr genau dokumentiert. Dieser Bericht wurde mehrmals kopiert und ist gut überliefert, doch fehlt jeder Hinweis, weshalb das an ein Protokoll erinnernde Schriftstück geschaffen und sorgfältig bewahrt wurde. Neben den relativ genauen Ortsangaben enthält es hauptsächlich kurze Bemerkungen über den Aufwand der für den König bestellten Feierlichkeiten. Knappe Notizen verraten noch, dass den Interessen des Herrschers darin entsprochen wurde, dass ihm technischen Leistungen vorgeführt wurden, die neuen Schöpfwerke der Salinen zu Hall und Reichenhall, aber auch die große Orgel zu Salzburg. Besichtigt wurden Kirchen und Reliquien, deren Juwelen und Schätze den Habsburger offensichtlich beeindruckten. Bewundert wurden auch Städte und Schlösser und nicht zuletzt Residenzen, die sich gerade im Bau befanden, doch gibt es keine Hinweise, dass Friedrich bei dieser Gelegenheit Anregungen für die Gestaltung von Wiener Neustadt empfing. Vermerkt wurde mitunter auch das Treffen mit wichtigen Machthabern und Persönlichkeiten, der Inhalt von Verhandlungen und Gesprächen aber nicht angegeben. Sie blieben geheim und ihr Verlauf ist allenfalls aus den wenigen, von Friedrich gleichzeitig ausgestellten Urkunden zu erschließen. Doch fällt auf, dass die Ansprüche auf habsburgische Güter im Sundgau und Breisgau hervorgehoben, die Rechte der Familie im Aargau in dieser protokollarischen Quelle aber fast übergangen wurden. Literarische Qualitäten, wie sie Reiseberichte in dieser Zeit schon oft aufweisen, sind in dem Dokument kaum anzutreffen, es erinnert mit seiner Dürftigkeit vielmehr an Friedrichs eigenhändige historische Notizen.[2] Die Zeitgenossen nahmen aber auch weniger am politischen Geschehen Anteil, sondern erfreuten sich mehr an den von Friedrichs Räten inszenierten Auftritten. Der ansonsten sparsame Herrscher reiste diesmal mit beachtlichem Aufwand, mit eindrucksvollem Gefolge und wurde überall mit Begeisterung begrüßt. Als Propaganda für das Königtum war die Fahrt ein voller Erfolg.

Dabei wären manche Einzelheiten durchaus aufschlussreich gewesen. So wird etwa genau angegeben, dass der Habsburger zu Beginn des Jahres 1442 in Graz die Fahrt angetreten hatte, es wird aber nicht weiter erzählt, dass sich Friedrich auf die in Aussicht stehende Würde mit einem längeren Aufenthalt von zwei Wochen im Kloster Rein offensichtlich sehr sorgfältig eingestimmt hatte.[3] Die in diesen Tagen von Friedrich ausgestellten Urkunden lassen nur erkennen, dass er damals die Zahl der aus dem Rheinland stammenden Kleriker an seinem Hof vergrößerte und dass er einen Personenkreis um sich sammelte, der für ihn als Reichsoberhaupt nützlich war.[4] Nach diesen relativ langen Vorbereitungen ging es rasch weiter. Trotz des großen und schwer beweglichen Gefolges wurden täglich beachtliche Strecken zurückgelegt, der König hatte es eilig. Längere Aufenthalte wurden nur von wichtigen politischen Verhandlungen erzwungen. Der erste Halt dieser Art, fast eine Woche lang, wurde beim Erzbischof in Salzburg eingelegt, mit dem sich Friedrich gut verstand.[5] Genaueres wird von diesem Treffen nicht berichtet, doch kamen wohl die umstrittenen Rechte der Herzöge von Steyr und Kärnten einerseits und die der Salzburger Erzbischöfe in diesen Ländern andererseits zur Sprache. Alles deutet darauf hin, dass darüber hinaus vor allem das Schisma behandelt wurde und dass der Metropolit sich für das Baseler Konzil einsetzte. Allgemein wurden in Bistümern, mit deren Inhabern Friedrich enger zusammenarbeitete, wie in Salzburg, in Augsburg und später in Straßburg, längere Pausen als in Würzburg oder Worms eingelegt, deren Kirchenfürsten dem Habsburger kaum nahe standen.[6] Diese Aufenthalte bewiesen, dass sich der König eingehend mit den Problemen der Kirche und deren Spaltung befasste. Wie seine zur gleichen Zeit erlassenen Rundschreiben zugunsten der zu Basel versammelten Kirchenväter oder wegen eines anderen Tagungsortes für ein weiteres Konzil belegen, waren diesem Problem seine größten Sorgen gewidmet.[7]

Wichtig wurde noch eine längere Rast von mehr als drei Wochen in Nürnberg, wo er, wohl auf Drängen seines Rates, sich bewegen ließ, die Vollmacht seiner für die Dauer der Abwesenheit in Österreich eingesetzten Regierung zu erweitern.[8] Sein Ärger über den Adel des Landes hatte

sich offenbar inzwischen beruhigt, dürfte aber auch von den vielen glänzenden Festen besänftigt worden sein, mit denen die Untertanen das
Reichsoberhaupt ehrten und ihre Ergebenheit erwiesen. Für Friedrich gab
es aber auch persönliche Freuden. Er konnte das Wiedersehen mit seiner
Schwester feiern, die mit ihrem Gatten, dem sächsischen Kurfürsten, gekommen war. Ansonsten wurde von den Vorgängen in Nürnberg nicht
allzu viel bekannt. Doch ist so gut wie sicher, dass der sächsische Kurfürst
bereits hier seine wichtigsten Wünsche vortrug, nicht zuletzt die Bestätigung seiner außerordentlichen Rechte, die aber aufgeschoben und erst
später erledigt wurde.[9] Die schon 1439 durch Heiratsverträge verstärkte
Bindung zu den Wettinern wurde weiter gefestigt. Die damals versprochene Ehe der Anna, der inzwischen zehn Jahre alten Tochter des verstorbenen Königs Albrecht II., mit Herzog Wilhelm von Sachsen war in den
Einzelheiten abzusprechen, gleichzeitig kamen auch die 1439 anerkannten
Ansprüche der Wettiner auf das luxemburgische Herzogtum zur Sprache.
Die treibende Kraft war dabei wohl Annas Bräutigam, der mit seinem Ungestüm und seiner Brutalität seiner Familie, aber auch seiner Anna später
noch große Sorgen bereiten sollte.[10] Er forderte sicherlich schon damals
ein Land, eine Herrschaft, ein Territorium und erhob wohl selbst Ansprüche auf Luxemburg. Das Herzogtum wurde jedoch mittlerweile auch von
anderen gefordert und so war es zum Gegenstand umfangreicher Intrigen
und Verhandlungen geworden. In diesem Chaos hatte sich inzwischen
Philipp von Burgund als Herrscher durchgesetzt.[11] Friedrich hat sich hier
in Nürnberg kaum mit diesen verworrenen Gegebenheiten ernsthaft befasst. Wichtiger als diese Machtkämpfe war vielmehr das gute Einvernehmen mit dem Kurfürsten von Sachsen und so akzeptierte er abermals die
schon 1439 den Wettinern zuerkannten Ansprüche auf das Herzogtum
und nannte 1442 einmal sogar Anna als rechtmäßige Erbin dieses Landes.[12] Damit schien für ihn die Verbindung zu den Wettinern gesichert und
so beendete er am 21. Mai den Aufenthalt in Nürnberg in der Überzeugung, seine Macht im Reich entscheidend gefestigt zu haben.[13]

Dann ging es zügig weiter. Friedrich weilte nur wenige Tage in Frankfurt
und fuhr lieber schnell nach Aachen, wo er am 15. Juni eintraf und bereits
am 17. Juni, an einem Sonntag gekrönt wurde.[14] Dieser an sich unauffällige
Termin – ansonsten war man bemüht, Zeremonien dieser Art mit einem
außergewöhnlichen christlichen Fest zu verbinden – verrät die Hast, mit
der Friedrich diese für ihn so wichtige Würde anstrebte. Er stellte persönlich den korrekten Ablauf der Zeremonien sicher, der seiner Meinung
nach für die Rechtmäßigkeit der Handlung entscheidend war. Das Ereignis war Anlass, mit traditionellen Akten und Symbolen wie einem aufwendigen Mahl mit den höchsten Würdenträgern den Glanz des Reichs aufleben zu lassen, doch wurden darüber hinaus eine allgemeine ungehemm-

te Fröhlichkeit und ausgelassene Freuden für die breite Bevölkerung mit reichlich Speisen und viel Wein geschickt organisiert.[15] Der eher stille und in sich zurückgezogene Herrscher hatte sich auf diese Weise als König bestens eingeführt und im Reich die Sympathien breiter Kreise gewonnen. Er hatte jetzt Rückhalt in der Bevölkerung Deutschlands. Kein Reichsoberhaupt des Spätmittelalters hatte vor ihm in so kurzer Zeit und ohne bemerkenswerte Widerstände die Krönung in Aachen erlangt, und so stand sein Regierungsbeginn unter günstigem Vorzeichen.

So konnte Friedrich unbekümmert seine nächsten Ziele offenbaren. Er gab an diesem Tag der Stadt Zürich, und nur dieser, zehn wichtige Urkunden, die auch wegen ihres Formulars auffallen.[16] Nach ihrer Gestaltung waren diese Dokumente durchweg Privilegien und sollten den Eindruck erwecken, der König überhäufe Zürich mit seinen Gnaden. Wer den Inhalt genauer liest, wird aber unschwer erkennen, dass diese Schriftstücke das Ergebnis schwieriger Verhandlungen und ihrem Inhalt nach eher Verträge waren. Nach den Bestimmungen dieser Schriftstücke verpflichtete sich die Stadt, dem König die Grafschaft Kyburg zu übergeben, sollte aber mit Besitzungen aus den ehemals Toggenburgschen Landen entschädigt und in ein Bündnis mit den vorderösterreichischen Ländern eingefügt werden. Friedrich war überzeugt, mit Hilfe Zürichs die Stammlande der Familie dem österreichischen Machtbereich wieder eingliedern zu können.[17] Diese am Krönungstag ausgefertigten Dokumente belegen mit ihrem Charakter als Privilegien nicht nur, wie der König seine Herrschaft begriff – er stand seiner Ansicht nach über den Parteien, war aber verpflichtet, seine Untertanen gnädig zu behandeln –, sondern auch, dass er gewillt war, sich endlich seinen Erblanden im Südwesten des Reichs zu widmen. Doch zuerst war ein anderes Problem zu bewältigen, die Reichsreform, die von den Mächtigen des Imperiums schon seit Jahren diskutiert worden war.

Diesem Anliegen wurde der Reichstag gewidmet, der nach Frankfurt einberufen worden war, wo Friedrich selbst am 7. Juli eintraf und sich als Wahrer des Friedens erweisen wollte. Hier drängten sich allen hauptsächlich der Zwist in der Kirche und das leidige Schisma ins Bewusstsein, doch half es der Tagung, dass kirchliche und weltliche Angelegenheiten getrennt wurden.[18] So war es möglich, die lästige Kirchenspaltung in den Hintergrund der Verhandlungen zu schieben und die weltlichen Probleme anzugehen, wie die Beschränkung der Fehden, die vor allem den Handel der Städte beeinträchtigten. Bei den bisherigen Beratungen war keine Einigung erreicht worden, da viele Fürsten für die wirtschaftlichen Sorgen der Bürger wenig Verständnis zeigten und diesen oft sogar feindlich gegenüberstanden. Bei Wiederaufnahme der Gespräche wurde es hilfreich, dass angesehene und erfahrene Politiker zugegen waren, die der Habsburger bis dahin nicht an seinen Hof berufen hatte, wie Konrad von Weinsberg und Kaspar Schlick, der Diplomat und Kanzler Kaiser Siegmunds gewesen war und dem wenig später von Friedrich die Kanzlei des Reiches wieder übertragen wurde. Sie konnten die Gegensätze überbrücken, da sie als hohe Adlige auch von den Vertretern der Städte geschätzt und anerkannt wurden.[19] So war es Schlick zu verdanken, dass Ängste der Bürger ausgeräumt werden konnten, die sich hintergangen fühlten und sogar mit ihrer Abreise gedroht hatten.[20] Ihre Anwesenheit war jedoch wichtig, da die Bürgergemeinden dank der sie schützenden Mauern – der Einsatz der Feuerwaffen stand noch in der Entwicklung – für viele Fehdeführenden unangreifbar waren und daher wenigstens innerhalb ihrer Befestigungen einen Frieden garantieren konnten. Sie waren verstimmt, da bereits 1438 ein allgemeines Verbot der Fehde verlangt, aber nicht akzeptiert worden war.[21]

Diese Maßnahme hatte sich angeboten, da sich im ausgehenden 14. Jahrhundert die Missstände vergrößert und die Feindseligkeiten zugenommen hatten. Die Machthaber standen den Krisen hilflos gegenüber.[22] Die zunehmenden Kämpfe im Reich sollten vor 1400 durch effizientere Gerichte eingedämmt werden, die, verteilt auf vier Kreise, für alle besser zu erreichen waren und die meist von lokalen Gegensätzen verursachten Händel zu bereinigen hatten. Den Parteien sollte der Weg zur Zentrale erspart werden.[23] In manchen Regionen funktionierten diese Kreisgerichte, in weiten Teilen des Reichs traten sie jedoch kaum in Erscheinung. Die Gegensätze arteten daher weiterhin in blutige Fehden aus. Um diese einzudämmen, einigten sich die Machthaber zu Beginn des 15. Jahrhunderts auf folgenden neuen Ausweg: Einem Kläger wurde, sofern seine Forderungen berechtigt waren und den Vorschriften der Zeit entsprechend eine Absage dem Gegner zugesandt worden war, das Recht zugestanden, ein Gut des Beklagten zu ergreifen, zu pfänden, wie die Quellen sich ausdrücken, und in das Schloss eines Herren im Umland als Gerichtsort zu bringen, wo dann in Verhandlungen, die allerdings nicht genauer vorgeschrieben wurden, der Streit weitergeführt und beigelegt werden sollte. Gleichzeitig wurde die Bedeutung der Kreisgerichte zurückgedrängt, über die jetzt nur mehr gelegentlich diskutiert wurde, dafür wurde die Bedeutung des Hofgerichts als höchste Instanz betont. Der Wortlaut dieser neuen Vorgehensweisen wurde nach 1400 mit geringen Änderungen immer wieder beraten, für regionale Bereiche mitunter auch anerkannt, aber nie allgemein akzeptiert. Die Bestimmungen wurden auch in den Reformverhandlungen, die zur Zeit König Albrechts II. geführt wurden, immer wieder zur Sprache gebracht, sie wurden jedoch – um modern zu sprechen – nie als allgemein gültiges Gesetz angenommen, zumal umstritten war, ob diese Regelungen von einer repräsentativen Gemeinschaft beschlossen werden mussten, etwa von den Fürsten des Reichs, wie es meistens für die Landfrieden üblich war, oder von einem hohen Machtträger – vom König – angeordnet werden konnten.[24] Die in Frankfurt nunmehr wieder aufgegriffenen Verhandlungen wurden nur mündlich geführt und unzulänglich protokolliert. Daher müssen aus dem zuletzt allgemein angenommenen Text auch dessen letzte Entwicklungsphasen erschlossen werden.

Die Begleitumstände lassen erkennen, dass für den König zunächst wichtiger als der Abschluss dieser Gespräche die Sicherung seiner Privilegien war, vor allem des Vorrechts, dass das Kaisertum für alle Zukunft lm Hause Österreich vererbt werden sollte. Friedrich forderte daher, auch im Sinne der Reichsreform – da bei Wahlen für einen neuen König, wie sich gezeigt hatte, immer wieder Gegensätze ausgebrochen waren –, die allgemeine Anerkennung der bestehenden Rechte des Hauses Österreich, die schon nach der Wahl Friedrichs in den Huldigungsreden gepriesen worden waren.[25] Daher wurden schon am 25. Juli mit einer in ihrer äußeren Gestaltung pompösen Ausfertigung den österreichischen Fürsten und dem Haus Österreich alle Privilegien und Rechte zuerkannt, aber deren Inhalt und Bestimmungen nicht ausdrücklich angeführt. Allgemein war aber bekannt, dass in Österreich die Würde eines Landesfürsten vererbt wurde und eine Wahl nicht vorgesehen war. Trotz der unpräzisen Angaben in dem Dokument war vielen bewusst, dass österreichische Verhältnisse, vor allem die Anerkennung des fürstlichen Erbrechts, allgemein im Reich vorbildlich und verbindlich wurden. Daher ließ der König das Schriftstück auch den Kurfürsten vorlegen und von diesen in jeweils besonderen Exemplaren im vollen Wortlaut transsumieren, offenbar um dessen Qualität als Teil des im Reich geltenden Rechts zu sichern.[26] Zufrieden war der König damit nicht. Er ließ von diesem Diplom mit allen seinen Merkmalen am 10. August ein zweites Exemplar ausstellen, das angeblich ebenfalls von den Kurfürsten anerkannt war, aber diesen offenbar nicht vorgelegt worden war, da es davon keine Transsumpte gab. In diesem Schriftstück wurden jetzt ausdrücklich die von Herzog Rudolf IV. gefälschten österreichischen Freiheitsbriefe zitiert und sogar die Urkunden der „Kaiser" Julius und Nero (!) erwähnt, die schon im 14. Jahrhundert als Falsifikate erkannt und abgelehnt worden waren. Dieses Schriftstück vom 10. August, für das der Protonotar Wilhelm Tatz verantwortlich war, wurde geheim gehalten und nur in Friedrichs Archiv verwahrt. Es ist das Musterbeispiel für die Verschlagenheit des Habsburgers, die kaum etwas eintrug, wie der Vorfall bewies.[27]

Für die Fürsten des Reichs waren andere Bereiche ohnedies gravierender. Und wenn wir auch nur wenig von den Verhandlungen darüber erfahren, die schon seit Jahrzehnten diskutierten und eher spärlich veränderten Redaktionen der zahlreichen Texte, die dann endlich in Frankfurt zu einem Reichsgesetz, zur Reformatio Friderici, formuliert wurden, lassen erahnen, dass zuletzt versierte Juristen für die Feinheiten des Wortlauts zuständig waren. Diese verstanden es, die längst anerkannten Bestimmungen durch kurze, aber gehaltvolle und leicht zu überlesende Zusätze zu manipulieren – es darf auf das Wiener Konkordat verwiesen werden, in dem wenig später in gleicher Weise vorgegangen wurde. Nur ein aufmerksamer Leser erkennt einschneidende Neuerungen und bemerkt, dass 1442 die Verschriftlichung der Verfahren grundsätzlich festgelegt wurde und damit die wenig später im Kammergericht eingeführten Verbesserungen bereits vorgeschrieben wurden. Den Zeitgenossen dürfte diese Modernisierung kaum aufgefallen sein. Eher dürfte die Verfügung beachtet worden sein, dass nunmehr auch Städte als Gerichtsorte zur Beilegung der Fehden anzuerkennen seien. Bis dahin waren dafür nur Schlösser vorgesehen gewesen, welcher Umstand wohl auf die Feindschaft des rheinischen Adels gegen die Bürger zurückgeführt werden darf. Die städtischen Gerichte mussten jetzt durchweg im Reich anerkannt werden und waren unverkennbar aufgewertet. Damit war wohl auch der Verbesserung der Rechtsprechung gedient, da nur in größeren Gemeinden gut geschulte Juristen zur Verfügung standen. Offen blieb, ob etwa Reichsstädte zu bevorzugen waren. Es wurde einfach von Städten gesprochen, ohne diese genauer zu klassifizieren.[28] Diesen gelehrten Männern war wohl auch der Ausweg eingefallen, wie denn die schon seit Jahrzehnten diskutierten Bestimmungen, die nie Gesetzeskraft erlangt hatten, doch noch zum Gesetz werden konnten. Ihnen war es zu verdanken, dass schon im ersten unauffälligen Satz des Kontextes die Verbindlichkeit der Goldenen Bulle von 1356 hervorgehoben wurde. Im Anschluss daran wurde beteuert, dass das vorliegende Schriftstück, die Reformatio Friderici, nur eine Erweiterung und Ergänzung dieses Gesetzes Karls IV. sei. Damit waren alle Fragen abgetan, ob der Text etwa eines Beschlusses der Fürsten oder des Reichstages bedürfe, und Friedrich konnte endlich die längst ausgehandelten Vorgehensweisen mittels eines von ihm am 14. August 1442 ausgestellten Privilegs publizieren, in das neben den langatmigen Bestimmungen zur Fehdebekämpfung nur noch die gängigen knappen Verordnungen zur Beschränkung der Feme und zum Münzwesen aufgenommen wurden.

Für Verstöße gegen diese Satzungen wurden Geldstrafen angegeben, die schon immer angedroht worden waren, aber kaum eingetrieben wurden. Auch diese Textstellen wurden im Vergleich zu den Vorlagen schärfer formuliert. Da wenig später das Amt des Fiskalprokurators aufgewertet wurde, darf vermutet werden, dass damals ganz unauffällig auch vorgesehen wurde, dem Reichsoberhaupt größere Einnahmen aus dem Gerichtswesen zu sichern.[29] Es ist bekannt, dass Friedrich für die Aufhebung einer Acht größere Geldsummen verlangte, was zwar längst üblich war,

doch dürfte der Habsburger diesen Ausweg öfter als seine Vorgänger ein-
geschlagen haben. Es entging den Zeitgenossen weitgehend, dass dieses
Dokument – es wird schon zur Entstehungszeit als Reformatio Friderici
bezeichnet – 1442 und wenig später von den Kanzleien des Königs und
von den an seinem Hofe tätigen Notaren in so vielen exakt identischen
Exemplaren (mehreren hundert) hergestellt wurde, dass es überall im
Reich mit verlässlichem Wortlaut zur Verfügung stand. Das hatte es bis
dahin nie gegeben. Es wird sogar vermutet, dass der bei dieser Gelegenheit aufgekommene Bedarf nach verlässlichen Texten entscheidend zur
Entwicklung des Buchdrucks beitrug. Vieles spricht nämlich dafür, dass
Gutenberg im Sommer des Jahres 1442 in Frankfurt war.[30] Und wenn auch
damals das Gesetz noch ungedruckt blieb, nicht viel später wurde es doch
durch die neue Kunst stark verbreitet und blieb als verbindliches Gesetz
bis in das 16. Jahrhundert im Bewusstsein.[31]

Friedrich war mit dem Erreichten zunächst durchaus zufrieden und berief sich in den folgenden Jahren immer wieder auf diesen Text, der von
der modernen Forschung meistens als dürftiges Ergebnis der allgemein
geforderten Reformen abgetan wird. Diese Kritik geht von den Erfolgen
des 16. Jahrhunderts aus und übersieht, dass sich die Fürsten schon in den
entscheidenden Vorverhandlungen entschlossen hatten, sich auf wenige
Gebiete zu beschränken, um wenigstens in Teilbereichen zu einem Abschluss zu kommen. Friedrich hatte, als er in Frankfurt eintraf, bereits die
zur Beschränkung der Fehde ausgehandelten Bestimmungen vor sich und
war stolz, wenigstens deren Anerkennung rasch erreichen zu können. Er
hat ferner durch kleine, für die Allgemeinheit kaum erkennbare Zusätze
wie die Forderung, schriftliche Unterlagen anzulegen, doch die Grundlage
für einige Modernisierungen der Verwaltung geschaffen, Neuerungen, die
er schon 1440 still und unauffällig eingeführt hatte. Diese Vorgehensweisen lassen auf die Vorliebe des Königs für Geheimhaltung schließen.
Verständlicherweise fanden unter diesen Voraussetzungen seine Maßnahmen bei den Zeitgenossen kaum die gebührende Anerkennung. Vorzuwerfen ist ihm dennoch, dass er meinte, mit der Verwirklichung einer Erbmonarchie seien die wichtigsten Probleme im Reich bereits gelöst. So
einfach lagen die Dinge nun doch nicht.

Auf dem Reichstag kamen dann doch noch die Probleme der Kirche zur
Sprache, konnten jedoch wegen der für die deutsche Nation erlassenen
Neutralitätserklärung kaum weiter verfolgt werden. Der Habsburger
selbst fühlte sich, und mit ihm sein Hof, in erster Linie dem Konziliarismus
verpflichtet – die Dichterkrönung des Aeneas Silvius Piccolomini, der als
Vertreter des Baseler Konzils in Frankfurt weilte, ist auch in diesem Zusammenhang zu sehen.[32] Friedrichs weitere Reise, vor allem die Fahrt zu
der Kirchenversammlung nach Basel, wurde abgesprochen. Da allein

Abb. 1: Enea Silvio Piccolomini, Bischof von Siena,
führt die Verlobten Friedrich III. und Eleonora von Portugal
bei der Porta Camollia zusammen.
Fresko von Bernadino Pinturicchio (um 1454–1513)
(picture-alliance/akg-images/Erich Lessing).

schon seine Präsenz auf dem Konzil entscheidend war, wurde wohl noch zu Frankfurt besprochen, dieses Ereignis herunterzuspielen. Dem Habsburger kam das gelegen. So fiel kaum auf, dass er bei dieser Gelegenheit die österreichischen Ansprüche im Südwesten des Reichs erheben und durchdrücken wollte. Ihm kam auch der Umstand entgegen, dass wegen der Kirchenversammlung alle Händel im Umland von Basel unterbleiben sollten. Dieses Friedensgebot wollte Friedrich sicherlich in der Region für die Festigung seiner Herrschaft als Landesherr ausnützen. Wegen dieser Gegebenheiten waren die Feinde der Habsburger am Oberrhein von vornherein zum Einlenken genötigt und gezwungen, ihm als Reichsoberhaupt die gebührende Reverenz zu erweisen und ihn zugleich als Landesherrn hinzunehmen. Wie es Friedrichs Wesen entsprach, ließ er bei der anschließenden Fahrt nicht erkennen, welche seiner Interessen die jeweiligen Aktionen tatsächlich bestimmten.

b) Die Fahrt nach Basel

Friedrich verließ am 18. August Frankfurt, vermied es, bei seiner Reise in lokale Probleme verstrickt zu werden, besuchte nur kurz die Bischofsstädte Mainz, Worms und Speyer, bevorzugte weiter im Süden als Quartiere die traditionellen Stützpunkte der Habsburger, Breisach, Freiburg (Breisgau), Ensisheim, Mühlhausen, Rheinfelden, Laufenburg und Waldshut, trat aber überall in erster Linie als soeben eingesetztes Reichsoberhaupt auf und ließ meistens offen, ob ihm auch als Herzog von Österreich zu huldigen sei. Etwas deutlicher wird der protokollarische Reisebericht, wenn die im Breisgau und Sundgau aufgesuchten Orte ausdrücklich als österreichischer Besitz angeführt werden. Mühlhausen wird dagegen klar als Reichsstadt erwähnt und eine ähnliche Rechtsstellung auch für Thann angedeutet. Unverkennbar wird das Elsass als wichtigstes Territorium der Region herausgestrichen und damit jene Landschaft in den Vordergrund gerückt, die nach dem Vertrag vom Herbst des Jahres 1439 dem Herzog Albrecht VI. übertragen werden sollte, der bei dieser Fahrt nicht zugegen war. Die Lage im Haus Österreich blieb daher undurchsichtig. Es ist nicht auszuschließen, dass dessen Ansprüche bei dieser Gelegenheit sichtbar gemacht werden sollten, auf seine Einsetzung aber verzichtet wurde, um Komplikationen zu vermeiden, die das ganze Unternehmen gefährden konnten. Auch genügte allein die Anwesenheit des Königs, um dessen Herrschaftsansprüche am Oberrhein zu festigen.[33]

Bedeutsam wurde der betont lange Aufenthalt vom 19. bis 29. September in der Stadt Zürich. Jetzt wurde nicht nur das Bündnis mit dieser Bürgergemeinde bekräftigt, es wurde auch erörtert, auf welche Weise die

Stadt Bern den Aargau aufgeben sollte, den sie noch immer besetzt hielt.[34] Wohl erst zu Zürich wurde auch Friedrichs weitere Reiseroute besprochen und gesichert. So konnte der König anschließend in die im Jahre 1415 verloren gegangenen österreichischen Besitzungen reiten, nach Winterthur, Baden, Königsfelden, wo er die Gedenkstätte der Gefallenen von Sempach aufsuchte, und weiter nach Brugg und Aarau, ohne allerdings seine Absichten und Wünsche erkennen zu lassen.[35] In den ersten Tagen des Oktobers besuchte er Solothurn und Bern, die Stadt, die 1415 den Angriff gegen die Österreicher getragen hatte. Devot wurde Friedrich als Reichsoberhaupt auch in diesen beiden Orten empfangen, deren Privilegien und Rechte er bei dieser Gelegenheit bestätigte.[36] Die mehr als 27 Jahre zurückliegende Niederlage schien vergessen und wenige Monate später wurden die Bürgerschaften zusammen mit Basel sogar vertraglich in das österreichische Lager eingebunden.[37] Unklar blieb nur das Verhältnis zu den Eidgenossen. Eindeutige Angaben gibt es dazu nicht. Nur Ebendorfer betonte, dass sie Untertanen der Habsburger gewesen seien, die sich nur widerrechtlich deren Herrschaft entzogen hätten.[38] Die übrigen Quellen schweigen dazu, doch gibt es schwache Anzeichen für Gegensätze. Es fällt auf, dass sogar Uri privilegiert wurde, die Luzerner, die treuesten Verbündeten der Eidgenossen, aber nicht wie die Berner die ansonsten übliche Bestätigung ihrer Rechte und Privilegien erhielten. Die deshalb zu vermutenden Widerstände der Schweizer konnten vorerst übergangen werden, sie waren weitgehend isoliert und keine ernste Gefahr. Wie sich die Lage im Südwesten des Reichs geändert hatte, zeigte sich, als Friedrich in Freiburg (Schweiz) einritt. Dort wurde er mit frenetischen „Österreich"-Rufen empfangen. Der Jubel über sein Kommen kannte keine Grenzen. Der König war auf dem Gipfel seiner Macht. Die den Habsburgern zugefügten Verluste schienen überwunden zu sein.[39] Doch noch lag ungelöst das Problem der Kirchenspaltung vor ihm, dem nun die weitere Reise galt.

Entscheidend wurden die Gespräche mit Herzog Ludwig von Savoyen, dessen Onkel Amadeus Konzilspapst geworden war und sich jetzt Felix V. (1439–1449) nannte. Es waren früh intensive Vorverhandlungen mit der Kirchenversammlung aufgenommen worden und wenn sich auch der Habsburger in diesen nicht festgelegt hatte – unter den gegebenen Voraussetzungen war er als Reichsoberhaupt zur Neutralität verpflichtet –, so war doch nicht zu übersehen, dass der Habsburger und sein Hof das Konzil mehr als den Papst Eugen IV. schätzten. Es war angeblich sogar erörtert worden, Friedrich sollte Margarethe, die Tochter des Amadeus, heiraten und 200 000 Gulden als Mitgift bekommen. Er hatte das Mädchen auch persönlich getroffen, doch soll dessen Erscheinung, so wurde in manchen Kreisen erzählt, den Vorstellungen des Königs nicht entsprochen haben. Überzeugen können diese Gerüchte nicht, da eher politische Überlegungen den Ausschlag gaben, dass die Verbindung, sofern sie überhaupt ernsthaft diskutiert wurde, nicht zustande kam. Belegt und gesichert ist, dass Friedrich am 19. Oktober Lausanne und am 23. Oktober Genf erreichte. In beiden Städten wurde er gebührend empfangen. Mit faszinierendem Aufwand wurden wegen des königlichen Besuches Feste organisiert und gefeiert.[40] Das Gefolge des Königs war davon tief beeindruckt. Thomas Ebendorfer, der auf dieser Fahrt als Diplomat eingesetzt und demnach besser informiert war, erzählt jedoch nur knapp seine Reiseeindrücke, aber nicht mehr. Sein Schweigen lässt vermuten, dass Friedrich seine Ziele, die der Chronist wohl kannte, in Savoyen nicht erreichte.[41] Der Mangel an verlässlichen Nachrichten verleitet die Historiker der Gegenwart zu Hypothesen. Es wurde gemutmaßt, Friedrich wollte den Herzog für einen Einsatz gegen die Eidgenossen gewinnen, sei aber abgewiesen worden.[42] Dagegen ist vorzubringen, dass der lebensfrohe Herzog für einen Waffengang grundsätzlich kaum zu begeistern war. Wer die gut belegten Tatsachen berücksichtigt, muss sich in diesem Zusammenhang in erster Linie an den stürmischen Empfang in Freiburg erinnern, der dem König bereitet wurde. Dieser Beweis der Treue und Ergebenheit hatte wohl den Sinn, die Stadt vor der damals schon spürbaren Expansion Savoyens zu schützen, der die Bürgerschaft wenige Jahre später tatsächlich erlag.[43] Diese Spannungen waren wohl eher die Ursache, dass eine engere Zusammenarbeit mit der Familie des Konzilspapstes nicht zustande kam. Unter diesen Voraussetzungen trug der Besuch in Savoyen der Kirchenversammlung kaum Vorteile ein, deren Sorgen gewiss zur Sprache kamen, aber nicht ausgeräumt werden konnten. Insgesamt endeten die Verhandlungen, in die große Hoffnungen gesetzt worden waren, ohne greifbares Ergebnis.

Noch war nicht alles verloren, noch gab es die Hoffnung, die erwartete Hilfe für das Konzil von Herzog Philipp von Burgund zu bekommen, der überdies mit den Eidgenossen auch nicht auskam und sogar eher gegen diesen einzusetzen war. Philipp war lange ein wichtige Stütze für die Baseler gewesen, war inzwischen vorsichtiger geworden, hatte sogar schon Kontakte zu Papst Eugen IV. aufgenommen, schwankte aber noch in seiner Haltung. Anfang November traf der König zu Besançon den Herzog, der ihn, sofern wir Zeremonien und Aufwand als Beweis gelten lassen wollen, mit der gebührenden Ehrfurcht empfing.[44] Vorerst eröffneten sich gute Aussichten, da eine Verehelichung Katharinas, einer Schwester des Königs, mit einem nahen Verwandten Philipps in Aussicht genommen wurde.[45] Die Lage verschlechterte sich, als der Wunsch des Burgunders deutlicher wurde, mit Luxemburg belehnt zu werden. Philipp hatte sich seit etwa 1427 bemüht, das Herzogtum unter seinen Einfluss zu bringen, war aber zunächst am Widerstand des Landadels gescheitert. Kaiser Siegmund hatte sich eingeschaltet und war für das Heimatland seiner Dynastie eingetreten. Doch konnte er die Entwicklung nicht aufhalten.[46] 1442 war die Kraft der Großen gebrochen, Philipp hatte die Macht in dem Land an sich gerissen und Friedrich sollte diese Tatsache hinnehmen. Doch dieser hatte kurz vorher, wie schon erwähnt, alle Ansprüche der Wettiner auf Luxemburg bestätigt. Entsprach der König jetzt den Forderungen des Burgunders, dann konnte er zwar auf dessen Hilfe hoffen, gefährdete jedoch das gute Einvernehmen mit den Wettinern. Friedrich war in eine Klemme geraten, fand aber einen Ausweg. Er verwies darauf, dass in diesem Falle der Rat der Fürsten eingeholt werden müsse, zumal es noch andere Anwärter auf das Land gab. Philipp musste sich diesem Entschluss beugen, war aber unter diesen Gegebenheiten für eine enge Zusammenarbeit nicht mehr zu gewinnen.[47] Damit hatte sich eine weitere Schlappe für den Habsburger ergeben, der ohne die angestrebte Unterstützung Savoyens und Burgunds nach Basel weiterreiste. Die Aussichten, den versammelten Vätern den notwendigen Beistand bringen zu können, waren fast schon geschwunden.

Sein Vorhaben, das Konzil demonstrativ zu besuchen, gab Friedrich nicht auf. Vielleicht hatte er doch noch erwartet, die Schwierigkeiten zu meistern, vielleicht war es aber auch gar nicht mehr möglich, die längst geplante Reiseroute zu ändern. Er traf jedenfalls am 11. November in Basel ein und wurde mit allen Ehren empfangen.[48] Über das weitere Geschehen gibt es keine brauchbaren Berichte, nur die Meldung, dass für die Verhandlungen, die geheim gehalten wurden, fünf Tage zur Verfügung standen. Was besprochen wurde, ist nicht bekannt. Erwartete sich vielleicht Friedrich den Beistand der Versammlung gegen die noch immer gefährlichen Eidgenossen oder hatte er andere Wünsche, die von den Kirchenvätern abgelehnt wurden? Glücklich endeten die Verhandlungen kaum, da Friedrich die Stadt überstürzt verließ, ein sicheres Zeichen, dass das Ergebnis des Besuches nicht seinen Vorstellungen entsprach. Am gleichen Tag zog sich auch Papst Felix nach Savoyen zurück und davon wurde die Versammlung schwer getroffen. Es wurde sogar der Vorwurf erhoben, Friedrich habe die Synode aufgelöst.[49] Das entsprach aber nicht den Tatsachen. Der König brach nämlich weder alle Kontakte zum Konzil ab noch suchte er sofort die Zusammenarbeit mit Papst Eugen IV.[50] Doch wurde der endgültige Niedergang der Kirchenversammlung mit Friedrichs Abreise zweifellos entscheidend beschleunigt, wenn er sich auch als überzeugter Vertreter des Konziliarismus weiterhin für eine ausgleichende Kirchenversammlung einsetzte, obwohl die Baseler schon wegen der Abreise ihres Oberhauptes das Ansehen weitgehend verloren hatten. Darüber wurde vergessen, dass der Habsburger, der den Zank in der abendländischen Kirche hatte beilegen wollen, mit dieser Aufgabe gescheitert war und dass er schon zu Ende des Jahres 1442 die großen in ihn gesetzten Erwartungen nicht erfüllt hatte.

Das Gewicht dieser Schlappe wird erst deutlich, wenn in Erinnerung gerufen wird, dass die großen Konzile und ihre Träger bis dahin sehr erfolgreich gewesen waren. Sie hatten 1417 das Schisma beseitigt und um 1436 den Frieden in Böhmen erreicht, der wieder eine entscheidende Voraussetzung für die längst notwendigen Reformen war. Allein schon wegen dieser Erfolge hatte der Konziliarismus in Deutschland großes Ansehen gewonnen und besaß nach wie vor starken Anhang. Dem hatte Papst Eugen IV. nur die 1439 mit den Griechen geglückte Union entgegenzusetzen, von der jedoch 1442 schon bekannt war, dass sie in Byzanz nicht akzeptiert wurde und daher letzten Endes fast ohne Wirkung blieb. Von daher ist es zu verstehen, dass sich Friedrich ungeachtet des Misserfolgs, den er als Diplomat und Wahrer des Friedens erlitt, vom Baseler Konzil nur schwer distanzierte. Auch sollte beachtet werden, dass die großen Synoden der Kirche Vorbild für die Bildung von Reichstagen waren, die bis 1444 gut besucht waren, die viele Reformvorschläge entworfen hatten, auf denen die Aussprachen gepflegt und viele Verbesserungen erörtert und mitunter auch verwirklicht worden waren.[51] Dank dieser Erfolge hatte der König 1442 den Glauben an den Konziliarismus noch nicht verloren und setzte auch noch 1444 seine Hoffnungen in die Unterstützung von Reichstagen. Erst nach dem Scheitern der in diesem Jahr nach Nürnberg einberufenen Versammlungen, änderte er seine Haltung. Obwohl die entscheidende Fahrt nach Basel von 1442 schon ohne Ergebnis blieb, veranlassten erst die Vorgänge von 1444 Friedrich zur grundsätzlichen Wende in seiner Politik. Jetzt erst trennte er sich endgültig vom Baseler Konzil und stellte sich auf die Zusammenarbeit mit dem erstarkten Papsttum ein.

Anmerkungen

[1] Reg. F.III., 12, Nr. 61.

[2] Seemüller, Krönungsreise, S. 584 ff., bes. S. 647 ff. Dazu Thomas Ebendorfer, Chronica Austriae (MG SS NS 13), S. 252 u. 300.

[3] Heinig, Hof, Regierung und Politik, S. 1348.

[4] Chmel, Regesta, Nr. 430 ff.

[5] Dopsch, Salzburg im 15. Jahrhundert, S. 512 ff.

[6] Heinig, Hof, Regierung und Politik, S. 1349 ff.

[7] RTA 15, S. 266 ff. u. 319 ff., Nr. 148 ff. und RTA 16, Nr. 120 ff.

[8] Reg. F.III., 12, Nr. 99. Zu den Vorgängen auf der Tagung vgl. Reg. F.III., 14, Nr. 99 ff.

[9] Vgl. Reg. F.III., 11, Nr. 13.

[10] RI 12, Nr. 684 f. Ergänzend Reg. F.III., 11, Nr. 12.

[11] Reg. F.III., 11, Nr. 2, 3, 5, 6, 7, 8, 9. Dazu zuletzt Heimann, Auswärtige Politik, S. 205 ff.

[12] Reg. F.III., 11, Nr. 10.

[13] Heinig, Hof, Regierung und Politik, S. 1349. Vgl. dazu auch Schenk, Zeremoniell, S. 431 f.

[14] RTA 16, Nr. 100 ff. Koller, Herrschaft der Habsburger, S. 560 f. Schenk, Zeremoniell, S. 193 f. Eine ausführliche Schilderung der Krönung bietet Rill, Friedrich III., S. 47 ff.

[15] Rotthoff-Kraus, Krönungsfestmähler, S. 576.

[16] Reg. F.III., 6, Nr. 13 ff. Alle diese Urkunden wurden nicht in das Reichsregister eingetragen, aber im königlichen Rat behandelt. Vgl. dazu auch Niederstätter, Der Alte Zürichkrieg, S. 117 ff.

[17] Niederstätter, Jahrhundert, S. 321 ff.

[18] Krieger, Reichsreform, S. 49 ff. Vgl. auch Mörtl, Reformgedanke, S. 93 ff. Boockmann, Reichsreform und Kirchenreform, S. 203 ff.

[19] Heinig, Hof, Regierung und Politik, S. 171 ff. u. 638 ff.

[20] Thomas, Deutsche Geschichte, S. 451 f.

[21] RTA 13, Nr. 223 ff. u. 346 ff. Wichtig war vor allem das vielen Städten verliehene Recht der Ächterhausung, vgl. dazu Battenberg, Gerichtsstandesprivilegien, Nr. 516, 688, 715 ff., vgl. S. 863.

[22] Noch immer als Zusammenfassung nicht überholt Meuthen, 15. Jahrhundert, S. 3 ff.

[23] Mally, Der österreichische Kreis, S. 9 ff. Dotzauer, Reichskreise, S. 132 ff.

[24] Vgl. dazu Krieger, Reichsreform, S. 21 ff. Wadle, Landfriedensrecht, S. 83 ff. (zum Problem Gesetzgebung), Buschmann, Landfriede und Landfriedensordnung, S. 111 ff.

[25] Zur Sonderstellung des Hauses Österreich vgl. RTA 15, Nr. 107.

[26] Reg. F.III., 12, Nr. 112.

[27] Reg. F.III., 12, Nr. 117. Zu Tatz vgl. Heinig, Der regionalisierte Herrscherhof, S. 115 ff.

[28] RTA 16, Nr. 209. Reg. F.III., 4, Nr. 41. Dazu auch Koller, Aufgaben der Städte, S. 198 ff.

[29] Heinig, Hof, Regierung und Politik, S. 111 ff. Dazu Heinig, Der Preis der Gnade, S. 143 ff.

[30] Koller, Erfindung des Buchdrucks, S. 122 ff.

[31] RTA 16, Nr. 209, S. 400 f.

[32] Reg. F.III., 7, Nr. 23. Vgl. dazu auch Reformation Kaiser Siegmunds (MG Staatsschriften 6), S. 237 f.

[33] Seemüler, Krönungsreise, S. 647 f. Dazu Niederstätter, Der Alte Zürichkrieg, S. 152 ff. Heinig, Hof, Regierung und Politik, S. 1351 f.

[34] Niederstätter, Der Alte Zürichkrieg, S. 149 ff.

[35] Heinig, Hof, Regierung und Politik, S. 1352.

[36] Vgl. Chmel, Regesta, Nr. 1179 ff.

[37] Niederstätter, Der Alte Zürichkrieg, S. 163 ff.

[38] Koller, Schlacht bei Sempach, S. 50 ff. Zur Sonderstellung Uris vgl. Chmel, Regesta, Nr. 1171.

[39] Niederstätter, Jahrhundert, S. 322 f.

[40] Niederstätter, Jahrhundert, S. 317 f.

[41] Thomas Ebendorfer, Chronica pontificum Romanorum (MG SS, NS 16), S. 491 ff. Krimm, Baden und Habsburg, S. 30.

[42] Vgl. dazu auch Niederstätter, Der Alte Zürichkrieg, S. 168 f.

[43] Niederstätter, Der Alte Zürichkrieg, S. 297 ff.

[44] Helmrath, Basler Konzil, S. 219 ff. Schenk, Zeremoniell, S. 193 ff., 365 ff. u. 473 ff.

[45] Krimm, Baden und Habsburg, S. 30.

[46] Kintzinger, Westbindungen, S. 326 ff.

[47] Helmrath, Basler Konzil, S. 306 ff.

[48] Hack, Empfangszeremoniell, S. 575 ff.

[49] Vgl. Thomas Ebendorfer, a. a. O. S. 495 f.

[50] Seemüller, Krönungsreise, S. 654 f. Den Versuch, den Konziliarismus noch zu unterstützen, belegen auch Friedrichs Briefe vom Sommer 1443, Reg. F.III., 12, Nr. 144. Das Baseler Konzil wird erst im Sommer 1447 endgültig aufgegeben. Reg. F.III., 4, Nr. 127 ff. Noch am 10. Oktober 1444 gibt das Konzil und nicht der Papst die für die Zisterzienser in Wiener Neustadt wichtigen Privilegien. Mayer, Urkunden des Neuklosters, Nr. 19–27.

[51] Heinig, Hof Kaiser Friedrichs III., S. 14 off. Krieger, Hof Kaiser Friedrichs III., S. 165 ff. Vgl. dazu auch Ehlers und Schneidmüller, Deutscher Königshof, S. 589 ff. Helmrath, „Geistlich und werntlich", S. 479 ff.

5. Rückschläge und Resignation

a) Der Streit mit den Eidgenossen

Die von Papst Eugen IV. eingeleitete und im Frühjahr 1439 zu Ferrara/Florenz geglückte Union mit den Griechen verpflichtete die lateinische Christenheit, dem von den Türken bedrängten byzantinischen Reich zu helfen. Dessen Zusammenbruch zeichnete sich damals zwar schon ab, doch waren seine Schwächen im Abendland kaum bekannt. Hier wurde auch nicht zur Kenntnis genommen, dass die Mehrheit der Griechen die Vereinigung mit dem Westen ablehnte und sich bereits auf ein Zusammenleben mit den Osmanen einstellte.[1] Der Kampf gegen den vordringenden Islam wurde vor allem am Mittelmeer, auf dem Balkan, in Italien und auf der iberischen Halbinsel zur dominanten Aufgabe, von der die Wünsche nach einer reformierten Kirche des Abendlandes in den Hintergrund gedrängt wurden. Bezeichnend für diese Entwicklung wurde das Leben des Kardinals Cesarini, der überragenden Persönlichkeit an der Kurie, der 1431 noch energisch und erfolgreich die Einberufung des Baseler Konzils und dessen Arbeit organisiert hatte, die Versammlung jedoch 1438 verließ, um sich dem Kampf gegen die Türken zu verschreiben. Er begab sich nach Ungarn, führte die Beendigung des Streits um die ungarische Königskrone herbei, förderte und stützte König Wladislaw, der dann auch bereit war, den Krieg gegen die Ungläubigen zu führen. Nachdem diese in einigen kleineren Gefechten besiegt worden waren und der Glaube gestärkt war, es gebe eine Überlegenheit der Christen, hofften die Ungarn, mit einem entscheidenden Angriff die Osmanen zurückzudrängen. Auch Friedrich musste sich als Reichsoberhaupt stärker für die Abwehr der Türken einsetzen. Doch kam ihm gelegen, dass diese Aufgabe in erster Linie von den Ungarn getragen wurde. Der Habsburger gab diese Haltung erst auf, als die Ungläubigen später seine Erblande heimsuchten und in Krain einfielen. 1442 fürchtete noch niemand diese Gefahr, so hatte er vorerst noch freie Hand und konnte, wenn auch nur für kurze Zeit, im Südwesten des Reichs aktiv werden, wo die fällige Neuordnung nach wie vor anstand.[2] Gewiss bedrückte es ihn, dass seine Fahrt nach Savoyen, Burgund und Basel, von der er sich viel erwartet hatte, wenig eingetragen hatte und das Schisma noch immer die lateinische Christenheit entzweite. Seine Sorgen waren größer geworden, sein Ansehen hatte unter diesen Rückschlägen im alemannischen Raum besonders gelitten. Die Restaurierung seiner landesfürstlichen Herrschaft in den habsburgischen Stammlanden war wieder stärker gefährdet. Eiligst ritt er daher von Basel nach Konstanz, einer Reichsstadt, in der die österreichischen Parteigänger noch immer dominierten. Hier war er, wenigstens der Rechtslage nach, auf neutralem Boden und konnte die Anliegen seiner Familie unbefangen zur Sprache bringen.[3] Er blieb eine Woche, betonte demonstrativ seine Aufgabe, als Reichsoberhaupt für die Sicherung des Friedens zu sorgen, und nahm auch Verbindungen zu den Eidgenossen auf. Er bestand ihnen gegenüber auf einer klaren Anerkennung seiner königlichen Macht und verlangte die uneingeschränkte Restituierung des österreichischen Besitzes. Abermals sind die Zusammenhänge kaum recht zu durchschauen, doch ist es wahrscheinlich, dass Forderungen und Ansprüche unklar vorgetragen wurden und zu Misstrauen und Missverständnissen führten. Undeutlich blieb auch die nicht zu unterschätzende Feindschaft des schwäbischen Adels gegen die Schweizer. Die Gegensätze waren nicht zu überbrücken. Der erhoffte Ausgleich mit den Eidgenossen gelang nicht.[4] Unter diesen Umständen musste sich Friedrich damit begnügen, seine Anhänger zu sammeln und zu stärken, wie die Hektik beweist, mit der er die treu gebliebenen Untertanen privilegierte.[5]

Anschließend ritt er rasch nach Tirol, wo sich inzwischen gegen ihn eine massive Opposition organisiert hatte. Der Adel war mit Recht verstimmt, da Friedrich sich nicht an die Verpflichtung gehalten hatte, den heranwachsenden Siegmund im Land erziehen zu lassen, und kaum Anstalten traf, auf die Vormundschaft zu verzichten, obwohl diese bereits 1443 auslaufen sollte.[6] Friedrich hoffte, die Herrschaft behalten und sich gegen seine Gegner behaupten zu können. Er entwickelte, wie sein Itinerar beweist, im Land eine betriebsame Aktivität und vertraute offensichtlich der Hilfe des ihm ergebenen Klerus.[7] Es fällt auf, dass er in diesen Tagen relativ viele Wappenbriefe ausstellte und sich bemühte, nicht nur Teile der Oberschicht für sich zu gewinnen, sondern auch entscheidende, ihm ergebene Gruppen aufzuwerten und den Adel nach seinen Vorstellungen zu strukturieren.[8] Doch damit löste er nur heftigeren Widerstand aus. Die Großen bestanden nun energischer auf der Auslieferung des kleinen Siegmund. Viele Mächtige des Landes drohten sogar die Zusammenarbeit mit den Eidgenossen an. Damit war die Gegenwehr der Großen für den König gefährlich geworden. Um weiteren Auseinandersetzungen zu entgehen, verließ der König überhastet im Jänner 1443 das Land und verzichtete auf weitere Maßnahmen in dieser Region.

Inzwischen war die Nachricht eingetroffen, dass Königin Elisabeth, die Witwe König Albrechts II., am 19. Dezember in Ungarn gestorben war. Sie hatte sich zwar kurz vorher mit ihrem Gegner Wladislaw noch ausgeglichen, doch beendete ihr Tod die Händel nicht. Ihr Ableben verursachte sogar neue Gegensätze. Sie hatte die Expansionsversuche Friedrichs im Westen Ungarns unterstützt, die von den ungarischen Adligen der Region nie hingenommen wurden. Jetzt flammte deren Widerstand wieder heftiger auf und erzwang die Anwesenheit des Habsburgers. Gleichzeitig wäre jedoch wegen der konstanten Expansion Venedigs auch dessen Präsenz in Tirol notwendig gewesen. Angesichts dieser Konflikte wurde im Sommer des Jahres die Abwesenheit des Habsburgers in diesem Land scharf kritisiert, neuerdings der Beginn der Herrschaft Siegmunds mit Nachdruck gefordert und dessen Auslieferung verlangt. Zunächst hatte man hier den Eindruck, als sollte diesem Wunsch entsprochen werden. Alles wurde für das Eintreffen Siegmunds vorbereitet. Entgegen den Erwartungen kam jedoch der junge Mann nicht in das Land, es trafen nur Briefe ein, wonach der König die Einwilligung seines Mündels für die Verlängerung der Vormundschaft für weitere sechs Jahre erlangt hätte. Die Unterlagen sind widersprüchlich und lassen kaum erkennen, was wirklich vorgegangen ist. Es ist jedoch anzunehmen, dass Friedrich den Jungen unter Druck gesetzt oder wenigstens überredet hatte, auf die Herrschaft in Tirol weiterhin zu verzichten. Doch erreichte der König sein Ziel, allgemein anerkannter Landesherr zu bleiben, damit nicht.[9] Die Mehrheit des Adels, die vor allem im Süden des Landes starken Zulauf hatte, forderte nur energischer die Freigabe Siegmunds und rief am 3. November 1443 zu Meran auf einem Landtag gegen den Habsburger zum Widerstand auf, der nicht zu brechen war.[10] Zwar konnten sich Friedrichs Gegner nicht überall durchsetzen, doch dürfte es ihnen geglückt sein, Herzog Albrecht VI. für ihr Anliegen zu gewinnen, der sich für die Auseinandersetzungen in diesem Raum zuständig gefühlt haben könnte. Es waren ihm ja längst Ansprüche auf die Herrschaft in den österreichischen Besitzungen am oberen Rhein eingeräumt worden. Die nunmehr geführten Verhandlungen – es wurde sogar der französische König Karl VII. einbezogen, der sich für Siegmund einsetzte – blieben jedoch ohne Ergebnis, da der im Osten gebundene Friedrich für Gespräche in Tirol nicht zur Verfügung stand und den Siegmund einfach nicht herausgab.[11]

Die Auseinandersetzungen im österreich-ungarischen Grenzraum, die Friedrich jetzt banden, hatte Königin Elisabeth noch 1441 dadurch verschärft, dass sie die Stadt Ödenburg mit dem Umland den Habsburgern verpfändet hatte, ein Gebiet, das jetzt mit Nachdruck in den österreichischen Machtbereich eingegliedert wurde. Dies führte zu verstärkter Gegenwehr des ungarischen Adels, der sogar Fehden ansagte, um seine Rechte zu wahren.[12] Da die Habsburger auf ihre Ansprüche auch nicht verzichteten, nahmen die Feindseligkeiten nach dem Tod von Elisabeth nicht nur zu, sondern wurden auch noch auf die Wünsche der Opposition an der Donau abgestimmt. Dort sammelte der stets unzufriedene Ulrich von Eitzing eine Partei um sich, die nun für die Rechte des Ladislaus eintrat, den Friedrich angeblich nicht mit der notwendigen Achtung und Sorgfalt behandelte. Er vernachlässige, so wurde ihm wohl schon 1442 vorgeworfen, sein Mündel und befriedige nicht die Ansprüche, die einem zukünftigen Landesfürsten von Österreich zustünden.[13] Die Lage wurde für den König bedrohlich, da dessen Bruder Herzog Albrecht VI. dem Lager der Unzufriedenen an der Donau zuneigte. Ein neuer Ausgleich war notwendig geworden, der am 30. März 1443 vereinbart wurde und die Forderungen des Jüngeren auf die Einkünfte aus den Herzogtümern, Steyr, Kärnten und Krain erneuerte.[14] In dem Schriftstück wurden allerdings nur ganz allgemein hauptsächlich die im Sommer 1440 vereinbarten Maßnahmen wiederholt und für weitere zwei Jahre verlängert. Abermals wurde Friedrich die Machtausübung in Innerösterreich bestätigt, dem Jüngeren aber wurden zwei Fünftel der Einnahmen aus dem väterlichen Erbe zugestanden, ohne die Berechtigung und Gründe für diese Vereinbarung oder die Verwendung der Gelder anzugeben. Vermutlich sollte damit dem Albrecht die Festigung der Herrschaft am Oberrhein ermöglicht werden, wie schon 1439 vereinbart worden war, doch fehlen Belege, dass er sich jetzt dieser Region angenommen hätte.

Es wird nur verraten, dass Unstimmigkeiten zwischen den Brüdern beseitigt werden sollten, in die auch die Grafen von Cilli verwickelt waren, die seit 1432 immer wieder in den Streit um das Bistum Gurk eingegriffen und Fehden ausgelöst hatten, die noch immer anhielten. Damals hatte der Erzbischof von Salzburg entsprechend den ihm zustehenden Privilegien einen Kandidaten seiner Wahl eingesetzt, gegen den der österreichische Landesfürst – es war noch Herzog Friedrich IV. gewesen – einen eigenen Anwärter nominiert hatte. Beide Gegner bekämpften sich erbittert, so dass die Kurie angerufen werden musste. Papst Eugen IV. entschied jedoch nicht zwischen den beiden Kontrahenten, sondern ernannte den Brixner Kanonikus Johann von Schallermann zum Bischof von Gurk, der als Gelehrter größtes Ansehen genoss und sich auch durchsetzen konnte.[15] Der Graf von Cilli ergriff aber weiterhin für seinen Kandidaten Partei und löste die Kämpfe aus, in die sogar König Friedrich und dessen Bruder Herzog Albrecht VI. verwickelt wurden. Die Feindseligkeiten erschütterten das kleine Territorium des Bistums, aber auch dessen Umland und hatten schwere Schäden zur Folge, die dann doch einen Ausgleich erzwangen.[16] In einem im August 1443 abgeschlossenen umfangreichen Vertragswerk wurden nun endlich nicht nur diese Fehden beigelegt, sondern auch alle anderen Spannungen. Die Grafen Friedrich und dessen Sohn Ulrich von Cilli verzichteten auf die von Kaiser Siegmund verfügte Erhebung in den Fürstenstand, wurden aber dafür von König Friedrich gefürstet. Sie mussten sich mit Österreich verbünden und, falls sie im Mannesstamme aussterben sollten, konnten die Habsburger in den Herrschaften der Cillier das Erbe antreten, die damit nun wieder in den österreichischen Machtbereich eingebunden waren. Friedrich hatte sich durchgesetzt.[17]

Doch waren die Feindseligkeiten in diesem Raum noch nicht alle beigelegt, vor allem war das Verhältnis des Habsburgers zu Ungarn noch offen. Er hatte den kleinen Ladislaus Postumus, der rechtmäßig zum ungarischen König gekrönt war, noch immer an seinem Hof, war dessen Vormund und daher berechtigt, im Lande einzugreifen. Um die Spannungen zu entschärfen, wurde vorgeschlagen, König Wladislaw und Kardinal Cesarini, der als Legat der Kurie zum Friedensstifter berufen war, sollten zu Pressburg in persönlichen Gesprächen mit Friedrich die Lage bereinigen. Dieser war dazu grundsätzlich bereit, wollte aber, wie er in seiner Antwort von Ende Juli 1443 betonte, noch die anstehenden Probleme im Reich regeln – er gab darüber keine klare Auskunft, dürfte aber das nach wie vor bestehende Schisma als vordringlich erachtet haben, das hauptsächlich auf einem zu dieser Zeit in Nürnberg zusammengetretenen Reichstag behandelt wurde. Friedrich deutete auch an, dass er die Vorbereitungen zum Kampf gegen die Türken nicht behindern, sondern abwarten wolle. Im gleichzeitigen Schreiben an Cesarini wurde er deutlicher und beklagte die andauernden Fehden in dem Raum von Ödenburg, Güns und Rechnitz, die auch er abstellen wolle.[18] So schien es, als ob es gelungen wäre, wenigstens im Südosten des Reichs einer Verständigung nahe zu kommen, und wenn auch noch manches offen war, eine erste Ruhepause zeichnete sich ab, da in einigen Belangen eine Annäherung geglückt war.

Dafür hatten sich die Gegensätze zu den Eidgenossen im Frühjahr 1443 verschärft, da viele Adligen des österreichischen Lagers, in dem Markgraf Wilhelm von Hachberg führend war, einen Ausgleich hintertrieben. Das mag den Ausschlag gegeben haben, dass die Eidgenossen der Stadt Zürich Vertragsbruch vorwarfen und ihr eine Absage zustellten, die hier in der Nacht vom 20. zum 21. Mai 1443 eintraf. Das Lager der Österreicher war bestens vorbereitet. Die Züricher rückten rasch gegen die Schweizer vor, konnten die errungenen Vorteile aber nicht ausnützen und wurden bald wieder zurückgeschlagen. In den ersten größeren Gefechten bei Freienbach und an der Letzi bei Horgen behielten die Eidgenossen die Oberhand. In diesen zunächst wenig bedeutsamen Scharmützeln steigerte sich der Hass beider Parteien in ungewöhnlichem Ausmaß und entlud sich dann im Juli 1443 bei St. Jakob an der Sihl in einem erbitterten Kampf. Die undisziplinierten Verbände der Züricher unterlagen, deren Bürgermeister Rudolf Stüssi fiel, seine Leiche wurde geschändet.[19] Die Feindseligkeit war durch die Ausschreitungen in dieser Schlacht weiter gesteigert und für den gesamten Raum bedrohlich. Verhandlungen zur Beilegung der Feindschaft wurden aufgenommen.[20] Dem Bischof Heinrich von Konstanz war es zu verdanken, dass am 9. August für einige Monate sogar ein Waffenstillstand geschlossen wurde, der für die Österreicher ungünstig, aber annehmbar war. Deren Truppen mussten Zürich verlassen, durften aber frei abziehen. Das war eine Niederlage auch für König Friedrich, doch sie war zu ertragen.

Schwerere Folgen hatte es, dass Hans von Rechberg, einer der wichtigsten Vertreter des österreichischen Lagers, eine Fehde gegen die Stadt Bern begann. Als im Gegenzug Bern mit Hilfe von Solothurn und Basel am 11. August 1443 die österreichische Stadt Laufenburg belagerte, ergab sich für die Eidgenossen, die sich damals abgesehen von den Urkantonen nur auf Luzern, Zug und Glarus verlassen konnten, die Aussicht, Bern und dessen Bundesgenossen ihrem Verband wieder enger einzugliedern. Die Lage war damit für das Haus Österreich gefährlich geworden, doch blieb dem Angriff der Berner der Erfolg versagt. Diese waren nun nicht mehr bereit, ein größeres Risiko einzugehen, und verzichteten darauf, sich mit den Schweizern erneut zu verbünden. So wurden Ende August vermittelnde Gespräche aufgenommen und am 5. Dezember wurde sogar ein Friede ausgehandelt, der einige Monate hielt.[21] Die Gegensätze zwischen den Eidgenossen und der Stadt Zürich waren damit jedoch nicht beigelegt, daher bemühten sich die schwäbischen Adligen des österreichischen Lagers, die weitgehend auf sich allein gestellt waren, wenigstens die Hilfe Burgunds zu gewinnen. Die Sorgen der Herren waren berechtigt, da der Waffenstillstand nicht eingehalten wurde und alle Lager neue Fehden ansagten und in deren Rahmen weitere Händel austrugen. Herzog Philipp, dessen Forderung, mit Luxemburg belehnt zu werden, abermals abgelehnt wurde, glich sich mit den Eidgenossen aus und so verschlechterte sich die Lage Zürichs.[22]

Deren Bürger hatten nach den schweren Niederlagen im Sommer 1443 von Friedrich Hilfe erbeten, die ihnen der König auch am 18. August zusagte.[23] Dieser Zusage entsprechend richteten Friedrich und auf dessen Geheiß auch Herzog Siegmund – er befand sich ja noch am Hofe des Habsburgers – am 21. und 22. August 1443 an König Karl VII. von Frankreich zwei Schreiben mit dem Vorschlag, gegen die Schweizer die Armagnaken, ein undiszipliniertes, im Osten Frankreichs lagerndes Söldnerheer, aufmarschieren zu lassen. Die beachtliche Stärke dieser Truppen ließ ein Übergewicht des österreichischen Lagers und dessen Sieg erwarten.[24] Die heutige Geschichtsforschung nimmt meistens an, dass dieser Bitte entsprochen wurde, da die Armagnaken im August 1444 gegen Basel vorrückten und in einem blutigen Gemetzel in der Nähe der Stadt bei St. Jakob an der Birs am 26. August ein Kontingent von etwa 1300 Eidgenossen brutal niedermachten. Da sie nicht weiter vorstießen, wird vermutet, ihre Verluste hätten sie zur Umkehr bewogen. Der Waffengang wird zuweilen sogar als Kennzeichen der militärischen Stärke der Eidgenossen gepriesen.[25] Diese Sichtweise vermag indes kaum zu überzeugen, da an dem Sieg der Armagnaken nicht zu zweifeln ist und deren Rückzug anders erklärt werden muss. Doch der Hinweis, der zeitliche Ablauf der Ereignisse solle deshalb beachtet werden, wurde bis jetzt kaum aufgegriffen.[26]

Um die turbulenten Ereignisse und ihre kaum zu überschauenden Folgen interpretieren zu können, müssen zunächst die Maßnahmen König Friedrichs überprüft werden. An erster Stelle ist nochmals das bereits erwähnte Schreiben des Habsburgers an den französischen König heranzuziehen, das kaum der zeitgenössischen Diplomatie entsprach. Es enthielt keine klaren Wünsche und brauchbaren Vorschläge, sondern charakterisierte die Schweizer – so werden sie genannt – als Angreifer und Rechtsbrecher. Es ging in erster Linie darum, sie als Feinde bestehender und anerkannter Ordnungen anzuprangern. Das Schriftstück war folglich seinem Inhalt nach eher ein offener Brief, dessen Inhalt nach dem Kanzleivermerk von Kaspar Schlick vorgeschlagen, dessen Text aber von Aeneas Silvius entworfen worden war. Das Schreiben war offensichtlich, ungeachtet des deutlich genannten Empfängers, an das gesamte Abendland gerichtet. Dafür spricht auch die Überlieferung des Stückes, das offenbar gar nicht im Archiv des französischen Königs liegt, sondern in Sammlungen kopial überliefert ist, die hauptsächlich für publizistische Zwecke angelegt wurden. Leider fehlen derzeit noch Forschungen, die den Charakter dieser Handschriften untersuchen. Doch darf schon jetzt festgehalten werden, dass mit diesem Brief der früheste Beleg für den folgenschweren Einsatz des Humanisten als Jurist des Königshofes und Vertreter einer modernen Propaganda vorliegt. Mit ihrer Hilfe sollten die Schweizer nicht mehr dem Fehderecht entsprechend bekämpft, sondern mit einem radikalen modernen Krieg niedergerungen werden. Vielleicht wurde das Schreiben sogar rückdatiert. Die bewaffneten Auseinandersetzungen konnten nämlich Ende 1443 noch einmal beigelegt werden und flammten erst im April 1444 wieder auf. Zu diesem Termin passt Friedrichs Brief besser.[27]

Einwandfrei zeitlich belegt ist die Tatsache, dass für Herzog Albrecht im Frühjahr 1444 eine führende Rolle in den bevorstehenden Kämpfen gegen die Eidgenossen vorgesehen wurde und dass jetzt erst der Einsatz der Armagnaken ernsthafter erwogen wurde. Im Juli war bereits beschlossen, dass der König den nach Nürnberg einberufenen Reichstag besuchen, dort die Eidgenossen anklagen und den Reichskrieg gegen die Feinde eröffnen werde.[28] Hier traf er Anfang August ein, doch war für die Versammelten die Bereinigung des Schismas wichtiger, wie schon im Jahr vorher entschieden worden war. Friedrichs Anliegen wurde daher zunächst nicht aufgegriffen und zurückgestellt. So konnte der Habsburger erst am 30. August die Klage gegen die Schweizer vorbringen, ihnen in zurückhaltender Form

den Krieg erklären – eine Acht wurde noch nicht ausgesprochen –,
Albrecht mit der Führung des Kampfes betrauen und ihm die Herrschaft
am Oberrhein mit den Worten und Wendungen übertragen, wie sie 1439
gefunden worden waren. Schon am Vortag waren dem Herzog für weitere
drei Jahre zwei Fünftel der Einkünfte von Innerösterreich zugesichert
worden. Es dürfte vorgesehen gewesen sein, dass Albrecht auch über die
Armagnaken verfügen konnte. In diesen Tagen waren aber viele dieser
Vereinbarungen vom Gang der Ereignisse längst überholt.[29]

Die Quellen zu diesen Ereignissen sind spärlich. Es ist anzunehmen,
dass jetzt in erster Linie schwäbische Große des österreichischen Lagers
die Propaganda gegen die Schweizer führten, zu den Armagnaken wichtige Kontakte unterhielten, deren Einsatz forderten, deren Aktionen mitbestimmten und vielleicht auch über den Zeitpunkt ihres Vormarschs entschieden. Die französischen Söldner lagerten längere Zeit untätig und
plündernd im Umland von Metz und waren dem Befehl des Dauphin
untergeordnet, der vor allem die Unterwerfung ostfranzösischer Städte
verfolgte. Die Vorstellung, die Armagnaken könnten gegen die Schweizer
im Inneren der Alpen eingesetzt werden, war unter diesen Voraussetzungen wohl nur eine unrealistische Erwartung habsburgischer Höflinge, die
nicht zur Kenntnis nahmen, dass der Dauphin früh Quartier in Altkirch
bezog, im Mittelpunkt des Sundgaus, und so bereits erahnen ließ, dass er
sich im Rahmen der längst verfolgten Expansionspolitik zunächst gegen
die Stadt Basel wenden werde. Sie wurde tatsächlich schon Mitte August
von den Armagnaken bedroht.[30] Zu beachten ist, dass die mächtigen Fürsten des deutsch-französischen Grenzraumes auf diese Aktionen zunächst
nicht reagierten und sich offenbar nicht bedroht fühlten.[31]

Die Eidgenossen sahen sich dagegen mit Recht gefährdet, aber auch
verpflichtet, der gefährdeten Stadt zu helfen. Sie brachen die Belagerung
Zürichs ab und zogen rasch mit größeren Kontingenten in den Raum
Basel. Sie überschätzten die eigene Stärke, griffen unüberlegt die Feinde
am 26. August an und verloren vor Basel die oben bereits kurz geschilderte Schlacht. Die Armagnaken verwerteten diesen Sieg jedoch nicht, verzichteten sogar auf weitere Aktionen und besetzten nur die österreichischen Waldstädte am Rhein. Wenige Tage später wurde im Auftrag des
Dauphin mit den Eidgenossen über einen Waffenstillstand verhandelt, der
mit einer ersten Phase schon am 20. September verkündet wurde.[32] Die
Erwartungen der Habsburger, die sich zu Nürnberg auf einen langen und
gut vorbereiteten Krieg einstellten, erfüllten sich nicht. Hier wurde der
Gang der unvorhergesehenen Ereignisse wohl in den ersten Tagen des
Septembers bekannt, als die wichtigsten Entscheidungen im Reichstag bereits gefasst worden waren. Es wurden daraufhin nur die Kriegsvorbereitungen verbessert und man wartete das weitere Geschehen ab. Mit dem

Rückzug der Armagnaken wurde kaum gerechnet.[33] Herzog Albrecht, der
für die folgenden Aktionen hauptsächlich verantwortlich war, verließ nach
dem 12. September Nürnberg, um sich seiner Aufgabe als Führer des
Reichsheeres zu widmen. Er erfuhr in den ersten Tagen des Oktobers, dass
inzwischen die Hauptmacht der Armagnaken in den Sundgau gezogen war
und diese Landschaft heimsuchte. In den Verhandlungen, die er dann aus
Breisach mit dem Dauphin führte, prangerte er die Ausschreitungen an.
Der Franzose verteidigte sich, dass die Truppen vom Reichsoberhaupt gerufen worden seien und daher im Reichsgebiet versorgt werden müssten.
Damit war für den Dauphin die Angelegenheit erledigt.[34] Albrecht nahm
sich aber weiter der Kämpfe mit den Eidgenossen an und setzte sich dafür
so energisch ein, dass vermutet werden darf, er habe den unglücklichen
Gedanken mit entworfen, die Armagnaken gegen die Schweizer zu mobili-
sieren, und sogar mit Nachdruck unterstützt. Jetzt war er jedenfalls gewillt,
die französischen Söldner, die für ihn eine Hilfe hätten sein sollen, zu bekämpfen. Er konnte aber nur der Stadt Zürich eine Erleichterung bringen.
Er zog sogar im Rahmen dieser Aktionen in die Stadt ein und ließ sich als
Sieger feiern, traf aber keine Anstalten, die Macht in dem ihm zugesprochenen Sundgau zu übernehmen, wo noch immer die Armagnaken
hausten. Er geriet auch bald wieder in größere Schwierigkeiten, als ihm
die Stadt Basel als Verbündete der Eidgenossen im Sommer 1445 die
Fehde ansagte.[35]
    Friedrich, dem das Geschehen völlig entglitten war – er erledigte nur
mehr pflichtbewusst als Oberhaupt des Reichs- und Kammergerichts seine
Aufgaben[36] –, musste auf dem Reichstag eine Wende zur Kenntnis nehmen: Der von ihm organisierte Krieg gegen die Schweizer wurde nebensächlich, die Versammelten waren von den Verwüstungen im Sundgau betroffen und nur mehr bereit, die Abwehr dieser Eindringlinge zu unterstützen. Dafür trat besonders Pfalzgraf Ludwig IV. ein. Er hatte in den
größten Städten des Elsass entscheidenden Einfluss gewonnen, erkannte
besser als andere Fürsten die Gefahr, trat als wichtigster Machthaber der
Region auf und erreichte, dass schon Ende September Aufgebote gegen
die Armagnaken bestellt wurden. König Friedrich ernannte Ludwig am
2. Oktober zum Hauptmann des Reichs im Krieg gegen das fremde
Kriegsvolk. Zu größeren Kämpfen kam es jedoch nicht, da wenig später
König Karl VII. Teile dieser Truppen für sich gewann und in sein Heer einfügte. Die überschüssigen Verbände verliefen sich im Winter 1444/45 und
verschwanden aus dem Raum. So groß der Schrecken war, den sie verursacht hatten, so bald besserten sich wieder die Zustände im Elsass, wo
allerdings nicht vergessen wurde, dass letzten Endes König Friedrich für
die Katastrophe verantwortlich war, deren Folgen noch Jahre spürbar
blieben.[37] Resignierend überließ der König die Initiative im Westen des

Reichs Herzog Albrecht, der in seiner Bedrängnis bemüht war, die bereits angeknüpfte Verbindung zu Herzog Philipp von Burgund zu vertiefen. Mit diesem wurde schon zu Beginn des Jahres 1445 verhandelt, um seinen Wechsel zu den Gegnern der Habsburger zu verhindern. Wichtige Teile dieser Korrespondenz sind erhalten, doch ist daraus wenig zu erfahren. Die Einstellung aller Beteiligten bleibt unter der Versicherung banaler Selbstverständlichkeiten und den üblichen höflichen Formeln verborgen.[38] Charakteristisch für die Undurchsichtigkeit des Geschehens ist etwa das Vorgehen Herzog Ludwigs von Savoyen, der eine gegen Österreich gerichtete Koalition bilden wollte, aber dann die dazu geführten Verhandlungen einfach abbrach.[39] Es wäre durchaus möglich, dass dafür die Haltung des Burgunders ausschlaggebend war, der vielleicht doch dem Herzog Albrecht beistand. Genaueres erzählen die Quellen nicht, es ist nur belegt, dass Albrecht im Frühjahr 1447 von Friedrich zu weiteren Verhandlungen ermächtigt wurde. Als deren Ergebnis wurde dann am 18. Mai 1447 ein Beistandspakt geschlossen, der aber wenig Wirkung hatte.[40] Als sich nämlich der Zwist der von Albrecht gestützten Stadt Freiburg (im Üechtland) mit dem Herzog von Savoyen verschärfte, unterlag die Gemeinde, ohne dass Philipp eingriff. Albrecht konnte nicht verhindern, dass Freiburg einige Jahre später (1452) für Österreich verloren ging.[41]

Friedrich selbst wurde von den unglücklichen Ereignissen im Herbst des Jahres 1444 schwer getroffen. Er war in erster Linie von der mangelnden Hilfsbereitschaft im Reich enttäuscht und konnte nicht begreifen, dass die Fehden der Eidgenossen gegen Zürich für die meisten deutschen Fürsten Nebensächlichkeiten waren, die weder einen ausgedehnten Reichskrieg noch den Einsatz der französischen Armagnaken rechtfertigten. Er fühlte sich für deren Auftreten im Elsass nicht recht verantwortlich und hätte noch vorbringen können, dass er deren Abwehr eingeleitet hatte, dass aber die Eindringlinge bald wieder abzogen. Wegen des frühen Endes der zunächst verheerenden Plünderungen am Rhein hatten die Ausschreitungen nach Friedrichs Ansicht nur lokale Bedeutung. Doch zu allen diesen Problemen bezog er keine Stellung. Vielleicht belastete ihn der Fortbestand der Kirchenspaltung doch stärker und drängte alles andere in den Hintergrund, denn er hatte sich mit dem Niedergang des Konziliarismus Ende 1444 noch nicht abgefunden.

b) Ratlosigkeit und Resignation

Die Christenheit wurde damals von einem schweren Schlag erschüttert: Im Sommer 1444 war es gelungen, ein großes Heer gegen die Türken aufzustellen und eine Offensive gegen die Ungläubigen einzuleiten, die erhoffen ließ, es könne der fällige Beistand für die Ostkirche nun geleistet werden. Ihrer Überlegenheit sicher drangen die Ungarn weit vor und kamen bis an das Schwarze Meer, da sich die Osmanen erst an dessen Küste bei Varna am 10. November 1444 stellten. Entgegen der im Abendland weit verbreiteten Meinung lag ihre Stärke nicht in der Offensive, sondern in der Verteidigung, die sie gut organisierten. Als die Christen, im rasch bewältigten Vormarsch leichtsinnig geworden, ungestüm angriffen, wurden sie zurückgeworfen und vernichtend geschlagen. König Wladislaw und Cesarini fielen. Die Hilfe für Byzanz war missglückt. Auch die Union mit den Griechen, bis dahin von Papst Eugen zum Leitmotiv seines Handelns erhoben, verlor ihre Bedeutung. Inzwischen war der dagegen im Orient erhobene Widerstand im Westen bekannt geworden und die Hoffnung aufgegeben, dass sich die Vereinigung mit den Griechen auf die Reform der abendländischen Christenheit positiv auswirken werde.[42] Für Friedrich hatte diese Niederlage unmittelbare Auswirkungen und zwang ihn, die Westorientierung seiner Politik aufzugeben und sich wieder dem Geschehen im Südosten des Reiches zu widmen. Ungarn hatte seinen König verloren und jetzt erinnerten sich die Großen des Landes, dass Ladislaus Postumus zur Verfügung stand. Sie entschlossen sich, den Knaben als Oberhaupt anzuerkennen, ernannten ihren Wortführer Johannes Hunyadi zum Gubernator und damit auch zum Vormund des Kindes. Friedrich verweigerte die geforderte Auslieferung des Kleinen. Johannes versuchte mit Waffengewalt, seine Wünsche durchzusetzen, fiel in Österreich ein und bedrohte Wiener Neustadt. Neue Vorstöße der Türken zwangen ihn jedoch zum Rückzug und so wurde im Herbst 1450 zu Pressburg ein Friede geschlossen, wonach das Kind bis zu seinem 18. Lebensjahr am Hof des Habsburgers bleiben sollte und Johannes für den Knaben in Ungarn die Regentschaft führen durfte. Die Händel wurden damit nicht gänzlich eingestellt, da eine Opposition, angeführt von den Grafen von Cilli, den Kompromiss ablehnte, die Gegensätze waren aber doch gemildert.[43]

In Deutschland wurde das Geschehen auf dem Balkan kaum recht wahrgenommen und im Bewusstsein der Menschen von den zahlreichen Fehden verdrängt, die seit 1442 in ordentliche Gerichtsverfahren übergeleitet werden sollten. Doch wurden deshalb die Konflikte nicht weniger, sondern dürften sogar unter den nunmehr vereinbarten Bedingungen in manchen Regionen zugenommen haben. Sofern man noch Zeit fand, andere Vorgänge zu verfolgen, war für die Menschen in Mitteleuropa die Entwicklung in Italien interessant, wo Papst Eugen IV., der viele Jahre lang aus Rom verdrängt gewesen war, jetzt seine Residenz wieder beziehen und seine Herrschaft in der Ewigen Stadt festigen konnte. Viele Zweifel an seiner Rechtmäßigkeit waren damit ausgeräumt, doch der Glaube an den Konziliarismus war in Deutschland nicht restlos beseitigt. Unsicherheit und Resignation ergaben sich aus diesen konträren Grundhaltungen und wurden kennzeichnend für diese Jahre. Auch Friedrich spürte als Reichsoberhaupt die Auswirkungen dieses Verfalls, der sich in der Verringerung der im Rahmen seiner Regierungstätigkeit ausgestellten Schriftstücke abzeichnete. Deren Ausstellung hing vom Interesse und von den Ansuchen der Untertanen ab und so kam es, dass 1445 die Anzahl der von Friedrich als Reichsoberhaupt ausgestellten Urkunden um etwa zwei Drittel zurückging.[44] Nur als oberster Richter im Reich wurde der Habsburger weiterhin angerufen. Ungeachtet der 1444 erfolgten Förderung des Kammergerichts wurde im folgenden Jahr nochmals das alte Hofgericht in Wien tätig, das am 28. Mai in 27 Fällen die Acht und in vier Fällen die Aberacht aussprach. Der mit diesen Ächtungen umschriebene Rechtsbereich hatte noch immer das Ausmaß des alten, sich weit nach Norden erstreckenden Imperiums und machte deutlich, dass das Ansehen des Reichsoberhauptes sogar in den Randgebieten noch groß war.[45] Diese Belege lassen vermuten, dass der König wenigstens einen weiteren Verfall des Rechtslebens verhindern wollte.

Sorgen belasteten Friedrich auch in seinen Erblanden, vor allem in Tirol, wo sich die Ende 1444 erlittenen Schlappen besonders auswirkten und der Opposition Auftrieb gaben. Siegmund war 1445 schon 18 Jahre alt und ohne Zweifel reif für die Regierung geworden. Der König verzögerte dessen Auslieferung noch immer, gab aber 1446 endlich nach und entließ den jungen Mann aus der Vormundschaft, der jetzt die Herrschaft in Tirol antreten konnte.[46] Daraus ergaben sich neue Probleme, da inzwischen Herzog Albrecht die Macht jenseits des Arlbergs ausübte und nach wie vor gegen die Eidgenossen die Rückeroberung österreichischer Besitzungen mit Waffengewalt verfolgte.[47] In einem Vertrag vom 6. April 1446 mussten daher die habsburgischen Erblande neuerlich aufgeteilt werden. Siegmunds Herrschaft in Tirol wurde anerkannt, Albrecht durfte weiterhin jenseits des Arlberges und des Fernpasses die Macht ausüben, dem König Friedrich wurden nochmals ausdrücklich die Länder zugesprochen, die sein Vater besessen hatte. In diesem wichtigen Dokument wird aber das Land an der Donau übergangen, das Friedrich auf dem Umweg der Vormundschaft über Ladislaus noch immer beherrschte. Offensichtlich wurde der Machtkomplex der Leopoldiner als noch bestehende Einheit verstanden und dementsprechend behandelt.[48]

Fast gleichzeitig wurde entschieden, dass die Kontakte zu Herzog Philipp weiterhin Herzog Albrecht aufrecht halten sollte, der schon 1444 für die Verhandlungen mit Burgund zuständig gewesen war. Er dürfte sich persönlich schon immer dafür eingesetzt haben, Philipps Unterstützung zu gewinnen, ohne dessen Hilfe die Schweizer kaum niederzuringen waren. Albrecht wurde am 7. April 1446 zu Verhandlungen wegen eines Bündnisses mit dem Burgunder ermächtigt und erhielt am folgendem Tag eine umfangreiche Instruktion, die verrät, welche nur für einen geschulten Juristen erkennbaren, auf den ersten Blick viel zu knappen, aber für die Rechtslage des Herzogs wichtigen Formulierungen zu beachten waren und wie mit geschickten Wortschöpfungen der Einfluss Frankreichs vermieden werden sollte. Es wurde geraten, Verträge in deutscher Sprache zu schließen, doch wurde, sofern Philipp darauf bestand, auch Latein gestattet, sollte aber dem jeweiligen deutschen Text entsprechen, der entscheidend war. Insgesamt sollte ein Verhandlungsweg beschritten werden, der mit seiner Verschrobenheit überrascht. Es wurde allen Ernstes vorgesehen, Philipp solle seine wichtigsten Reichslehen, das Herzogtum Brabant mit den Grafschaften Holland, Seeland und Hennegau, mit denen wenige Tage vorher, nämlich am 3. April der König seinen Bruder Herzog Albrecht VI. von Österreich belehnt hatte (!), von diesem erhalten – kaufen oder eintauschen – und sich damit zufrieden geben. Friedrich wolle diese Übergabe bestätigen und damit wären, so wurde zugegeben, einige Schwierigkeiten umgangen, die nur angedeutet sind. Der König verlangte ausdrücklich, Ansprüche auf die Grafschaft Pfirt im Elsass und im Sundgau energisch zurückzuweisen, Ansprüche, die der Burgunder offensichtlich erhob oder wenigstens erheben könnte. Doch durfte Albrecht, so wurde weiter angeordnet, wenn sich Philipp mit diesem merkwürdigen, das Herzogtum Brabant betreffenden Geschäft nicht zufrieden gab, Forderungen auf Lothringen, Limburg und die Markgrafschaft nach kürzeren, auf Friesland nach längeren Verhandlungen nachkommen. So weit die Vollmacht und die Instruktionen, deren Verschlagenheit kaum mehr zu überbieten war und die heute eben wegen dieser Eigenheiten kaum glaubwürdig scheinen, aber ohne Zweifel tatsächlich erteilt wurden.[49]

Die Voraussetzungen für diese komplizierten Vorgehensweisen hatte Friedrich am 3. April geschaffen, als er Albrecht durch ein entsprechendes Privileg mit dem Herzogtum Brabant und den Grafschaften Holland, Seeland und Hennegau belehnt hatte. Am folgenden Tag hatte er ihn dann noch ermächtigt, diese Fürstentümer zu übergeben, zu verkaufen oder zu vertauschen. Damit wäre es möglich geworden, dass Philipp aus der Hand Albrechts für eine Gegenleistung, die nicht genau vorgeschrieben wurde, seine wichtigsten Territorien als Reichslehen erhielt, ohne dass zur Sprache kam, ob damit dem Reichsrecht entsprochen wurde oder Ansprüche anderer beeinträchtigt waren. Um Einwänden vorzubeugen wurde in den einleitenden Sätzen der Belehnungsurkunde für Albrecht zwar betont, dass dafür der Rat der Reichsfürsten eingeholt worden war, der nach der Rechtslage auch notwendig war. Für die Bildung eines Rates der Fürsten gibt es jedoch kein Anzeichen und den Kanzleiregeln entsprechend wären die anwesenden Machthaber auch in einer Zeugenreihe anzuführen gewesen, die aber fehlt. Von den nunmehr aufgenommenen Verhandlungen wurde kaum etwas bekannt.[50] Es ist unwahrscheinlich, dass der kuriose Vorschlag, Herzog Albrecht solle das für Philipp wichtige Herzogtum Brabant dem Burgunder einfach verkaufen und damit sei dieser schon ein allgemein anerkannter Reichsfürst geworden, ernsthaft diskutiert wurde. Es wurde immerhin erreicht, dass im Mai 1447 das bereits erwähnte Bündnis mit Herzog Philipp geschlossen wurde, das allerdings nicht viel eintrug.[51] Es gelang aber nicht, mit Hilfe einer suspekten Geheimdiplomatie den Burgunder in das Lager des Hauses Österreich zu ziehen. Für Albrecht war es in diesen Monaten wenigstens möglich geworden, eine seinen Vorstellungen entsprechende Politik zu entwickeln und zu verfolgen. Der durch Jahre schwelende Konflikt der Brüder war beigelegt und Albrecht hatte freie Hand im Südwesten, wo er jetzt ungehindert eine Expansionspolitik zugunsten seiner Familie vorantrieb.[52]

Im Herbst des Jahres dürfte sich eine engere Zusammenarbeit mit dem Herzog von Burgund abgezeichnet haben, dessen umfangreichen Besitzansprüchen auf Burgund, Brabant, Lothringen, Friesland und Flandern, um die wichtigsten Besitzungen zu nennen, jetzt entsprochen wurde. In vier großen und prächtigen Privilegien, die mit 20. September 1447 datiert und in das Reichsregister eingetragen wurden, als ob sie schon ausgeliefert wären, belehnte Friedrich als Reichsoberhaupt den Herzog Philipp erstens mit den Herzogtümern Lothringen, Brabant und Limburg und mit den zu Limburg gehörigen Schlössern zwischen Mosel und Rhein, zweitens mit den Grafschaften Holland, Seeland und der Herrschaft Friesland, drittens mit der Grafschaft Hennegau und endlich mit Burgund und Flandern. Es wurde vermieden, Luxemburg zu erwähnen, das Land, das den Wettinern zugestanden worden war. Nach diesen Urkunden war Philipp mit seinen Ländern nicht mehr Lehnsmann des französischen Königs, sondern ein Fürst des Reiches, dessen Bereich bei dieser Gelegenheit auf Flandern ausgedehnt wurde. Die noch ausstehende persönliche Belehnung und die Abnahme des Lehnseides sollte im Namen Friedrichs Herzog Albrecht vornehmen, der sich offenbar auch für die Fertigung dieser Dokumente eingesetzt hatte. Für deren Formulierung war Schlick verantwortlich. Sie entsprachen aber dann doch nicht den Wünschen Philipps, der offensichtlich nicht bereit war, die Taxen in Höhe von 10 000 oder 11 000 Gulden zu entrichten. Da der König darauf bestand, gingen die Schriftstücke an den Hof Friedrichs zurück und es wurde im Reichsregister ausdrücklich vermerkt, dass sie nicht ausgeliefert wurden. Sie wurden durch Einschnitte ungültig gemacht, aber im Archiv verwahrt und liegen heute in Wien.[53] Herzog Albrecht wurde gegen Ende des Jahres zu weiteren Verhandlungen mit dem Burgunder ermächtigt, die ohne ein wesentliches Ergebnis ausklangen. Es darf vermutet werden, dass Philipp eine Standeserhöhung, ja sogar die königliche Würde anstrebte, was Friedrich aber nicht erfüllen wollte, vielleicht auch gar nicht erfüllen konnte. Auch ist nicht auszuschließen, dass der Burgunder Schwierigkeiten mit dem französischen König aus dem Weg gehen wollte. Als einige Jahre später Albrecht in Gegensatz zu seinem Bruder geriet, verstärkte er wieder die Beziehungen zu Philipp, doch blieben auch diese Kontakte ohne Bedeutung.[54]

Friedrich hatte sich inzwischen anderen Verpflichtungen zuwenden und erfahren müssen, dass der Zerfall der Baseler Kirchenversammlung und der Niedergang des Konziliarismus nicht mehr aufzuhalten waren. Bis zum Frühjahr 1445 hatten sich die deutschen Fürsten noch immer für eine weitere Synode eingesetzt, auf der die Kirchenspaltung bereinigt werden sollte, doch jetzt forderte Papst Eugen IV. seine Anerkennung und die Aufhebung der deutschen Neutralität.[55] Am Ende des Jahres gab der König nach längeren, von Aeneas Silvius Piccolomini in Rom geführten Verhandlungen seine Bereitschaft bekannt, den Papst anzuerkennen, betonte aber gleichzeitig, dass er entsprechende Gegenleistungen erwarte.[56] Es gibt klare Beweise, dass nördlich der Alpen auch nach dem Seitenwechsel des Reichsoberhaupts die Grundhaltung noch immer geteilt war und sogar eine gegen die Kurie gerichtete und von den Mainzer und Trierer Erzbischöfen gestützte Gegenbewegung nochmals aufkam. Der Papst glaubte sich jetzt stark genug, deren Widerstand brechen zu können, bannte im Januar 1446 die beiden Kirchenfürsten, die das Baseler Konzil verteidigten, und setzte sie ab. Doch damit förderte er nur eine neue Opposition, die sich in einem Kurverein konsolidierte und von Eugen verlangte, die Absetzungen aufzuheben und Beschlüsse der Konzilien anzuerkennen. Nach zahlreichen und mühsamen Einigungsversuchen wurde eine Lösung gefunden, die Verurteilung der Erzbischöfe aufgehoben und die Beachtung von Entscheidungen des Baseler Konzils versprochen. Friedrich griff in diese Konflikte kaum ein und diese seine Zurückhaltung gab Anlass zu dem Vorwurf, er vernachlässige das Reich. Er sei als Habsburger nur bedacht gewesen, seinem Stammland Vorteile zu sichern, die auch tatsächlich errungen werden konnten.[57]

Um die Ausgangslage beurteilen zu können, müssen die Zustände in der Kirche Österreichs bedacht und in Erinnerung gerufen werden. In Mitteleuropa entsprachen Landes- und Diözesanbereiche in ihrer Ausdehnung oft weitgehend einander. Daraus hatte sich eine Zusammenarbeit geistlicher und weltlicher Gewalt entwickelt, die mitunter, wie etwa in Böhmen, aber nicht zuletzt auch in Ungarn, Vorteile eingetragen hatte und nützlich geworden war. Die habsburgischen Erblande Österreich, Steyr und Kärnten waren den Bistümern Salzburg und Passau integriert, deren Mittelpunkte lagen aber am Rande der habsburgischen Region. Nun versuchten die Habsburger immer wieder, auf die Besetzung dieser Bistümer selbst Einfluss zu nehmen und ihre Parteigänger zu protegieren. Die bayerischen Herzöge als Nachbarn stellten sich oft dagegen und stützten vor allem die Erzdiözese Salzburg, deren Metropolit überdies entgegen dem gültigen Kirchenrecht in den Diözesen Chiemsee, Gurk, Lavant und Seckau die Bischofsstühle nach eigenem Ermessen besetzen durfte. Die Verfügungsgewalt über diese Bistümer war für die weltlichen Landesfürsten besonders erstrebenswert, da wegen der großen Entfernungen von der Stadt Salzburg – das Bistum reichte weit in die ungarische Tiefebene hinein – die kirchliche Verwaltung nicht leicht zu bewältigen war und im engeren Umland von diesen Kirchen getragen wurde. Wegen analoger Voraussetzungen hatten schon im Hochmittelalter die österreichischen Herzöge verlangt, dass wenigstens in Wien ein eigenes Bistum für die Region unter der Enns gegründet werde, für das dann im 14. Jahrhundert das Gotteshaus St. Stephan vergrößert und mit einem Kollegiatkapitel ausgestattet worden war. Die bestens vorbereitete Bistumsgründung wurde aber nicht vollzogen und für die Umgebung Wiens blieb der in Passau residierende Bischof zuständig. Friedrich brachte seit 1440 entsprechende Wünsche vor, die von dem Vorschlag des Baseler Konzils gestützt wurden, den steigenden Personalbedarf der wachsenden Bürokratie auch im weltlichen Bereich mit Kirchenlehen abzudecken, deren Inhaber nicht ausgelastet waren. Damit war der Anspruch Friedrichs gerechtfertigt, ganz allgemein Kirchenlehen und Pfründen seines Herrschaftsbereiches mit seinen Günstlingen besetzen zu dürfen.[58] Der König hatte, worauf schon hingewiesen wurde, bereits 1440 das Recht der Ersten Bitten in zunehmendem Maße geltend gemacht und konnte sich darauf berufen, dass er in Österreich als Vogt der großen Konvente durchweg anerkannt war.[59] Doch konnte sich Friedrich damit nicht zufrieden geben, da er nicht nur die Hilfe der bestehenden Bistümer brauchte, sondern auch eine Veränderung und Modernisierung der Diözesenorganisation anstand. Wenn Österreich als Zentralland des Reichs eingesetzt werden sollte, war eine Angleichung an Verhältnisse anzustreben, wie sie in Böhmen bestanden.

Friedrichs Wunschkatalog, wie er 1445 vorgelegt wurde, ist demnach leicht zu rekonstruieren. Er wurde wohl schon in Basel vorgetragen, aber wegen der zu erwartenden Schwierigkeiten vom Konzil nicht angenommen. Der jähe Abbruch der Verhandlungen Ende 1442 wäre jedenfalls damit gut zu erklären. Der Habsburger forderte gewiss zur Verbesserung der Kirchenorganisation früh die Gründung des Bistums Wien und neuer Diözesen im Osten seines Herrschaftsbereiches, sowie die Verfügungsgewalt über eine größere Zahl frei werdender Pfründen in Kirchen und Klöstern. Allerdings lässt erst der weitere Ablauf der Ereignisse erkennen, dass der Habsburger auf keinen dieser seiner Wünsche verzichtete, dass aber Eugen IV. nicht alle Ansuchen erfüllte oder erfüllen konnte, da die

Kurie, wenn sie dem Wunsch nach Errichtung neuer Bistümer nachkam,
den Widerstand der Salzburger und Passauer Kirchenfürsten erwarten
und daher vorsichtig agieren musste. Eugen fand einen Ausweg: Er versprach zunächst die Kaiserkrönung
zu Rom und konnte alles andere in den Hintergrund rücken. Zu Beginn
des Jahres 1446 billigte der Papst dem König vorerst die Verfügung über
100 Pfründen und das Nominationsrecht in den Bistümern Piben (Pedena), Triest, Gurk, Trient, Brixen und Chur zu und ermächtigte ihn zu
Visitationen in Zisterzienserklöstern.[60] Auf weite Strecken entsprachen
diese Gnaden aber weniger dem traditionellen habsburgischen Wunschkatalog als vielmehr den Vorrechten, wie sie damals weltlichen Machthabern in Konkordaten eingeräumt worden waren mit der Verpflichtung,
die Zustände in ihren Kirchen und Klöstern zu verbessern. Wegen dieser
für die Kurie mitunter peinlichen Zugeständnisse wurden die päpstlichen
Dokumente dieser Zeit oft unklar formuliert, um die Widersprüche zur
traditionellen Rechtslage zu verschleiern. So war etwa das dem König zugestandene Nominationsrecht nur in den Augen eines flüchtigen Lesers
eine Auszeichnung und klare Verfügung, in Wirklichkeit war das Vorschlagsrecht problematisch, da offen gelassen wurde, ob es die Wahl durch
das Domkapitel ausschloss oder für dieses nur eine Empfehlung war. Nebulös waren ferner die zugesprochenen 100 Pfründen, die nicht genauer
definiert wurden. Verwirrend war auch das Friedrich eingeräumte Vorrecht, für Gurk einen Kandidaten nominieren zu dürfen, da dieses Bistum
nach allgemein anerkannter Rechtslage vom Salzburger Erzbischof besetzt werden konnte. War vielleicht bekannt, dass Friedrich und der Metropolit damals gut auskamen und zu hoffen war, der gutwillige Erzbischof
werde der Empfehlung des Königs folgen? 1446 war diese Möglichkeit
denkbar, später dominierten wieder die Gegensätze.[61] Es blieb vieles unklar und offen, doch ist zu vermuten, dass weitere Zugeständnisse besprochen, aber noch nicht festgelegt wurden. Vielleicht sollten sie erst bei der
Kaiserkrönung erledigt werden, deren Vorbereitung wichtiger war. Doch
das alles wurde mit dem Tod Eugens am 23. Februar 1447 vertagt. Der
neue Papst musste Verhandlungen akzeptieren, die schon weit gediehen
waren und im folgenden Jahr abgeschlossen wurden.

Um die nun ausgehandelten Vereinbarungen beurteilen zu können,
müssen wir zunächst den im 19. Jahrhundert geäußerten Vorwurf zurückweisen, Friedrich habe aus kleinlichen österreichischen Egoismus für seine
Besitzungen billige Vorteile errungen. Dagegen ist nochmals festzuhalten,
dass 1440 die Zentrale des Reichs in Friedrichs Erblande verlagert wurde.
Er entsprach damit Richtlinien, wie sie um 1440 weitgehend anerkannt
waren. Zwar wurde auch erwogen, Frankfurt als Mittelpunkt einzurichten,
doch übersah man dabei, dass die finanziellen Belastungen, die der kaiser-

liche Hof verursachte, von einem größeren Territorium getragen werden mussten. Das war für die neuen Aufgaben ausschlaggebend. Die ältere Forschung ignorierte auch die Ansicht des Spätmittelalters, es müsse ein Zentralland für das Reich vorgesehen werden, und das war zunächst Böhmen und dann nach 1440 Österreich.[62] Für die Kirchen- und Pfründenpolitik des Habsburgers war ferner entscheidend, dass wegen der Modernisierung des Gerichtswesens, dessen Verschriftlichung 1442 verfügt und auch durchgesetzt worden war, sich eine rapide Ausweitung der Bürokratie ergab.[63] Diese Entwicklung hatte ihre Auswirkungen auf die Karrieren vieler Höflinge. Das Leben des Silvester Pflieger, Bischofs von Chiemsee, darf hier als charakteristisch herausgehoben werden. Der Bischof war mit seinem Amt keineswegs ausgelastet und konnte daher im Dienste Friedrichs III. als dessen Rat und Diplomat aufgehen. Er war schon am Hofe des Salzburger Erzbischofs als Jurist und Notar tätig gewesen und leitete später nicht nur die Kanzleien des Habsburgers, sondern war auch am Hofgericht und in einigen wichtigen Prozessen bis zu seinem Tode (1453) in führenden Positionen eingesetzt. Den am königlichen Hof sich entwickelnden Humanistenkreis prägte er entscheidend.[64] Sein Einsatz im Rechtswesen war typisch für die Funktion und den Aufgabenbereich des Hofklerus, den der König dank seiner Vorrechte jetzt um sich sammelte und der erst seine Bedeutung einbüßte, als Friedrich später in verstärktem Ausmaß für seinen Dienst besoldete Beamte verpflichtete.

Die durch den Tod Eugens unterbrochenen Verhandlungen des Habsburgers mit der Kurie wurden bald mit dem nachfolgenden Oberhaupt der Kirche, mit Papst Nikolaus V. (1447–1455), wieder aufgenommen. Schon im Sommer 1447 konnten auf einem Fürstentag zu Aschaffenburg das weitere Vorgehen abgesprochen und die Bestimmungen des von König Friedrich im Namen der Deutschen Nation (der „natio Alamannica") mit Nikolaus V. geschlossenen Konkordats festgelegt werden, das dann mit 17. Februar 1448 datiert wurde. Es bildete den Abschluss der Versöhnung des Papsttums mit dem Reichsoberhaupt, das durch Jahrzehnte auf der Seite des Konzils gestanden hatte. Es wurde von späteren Generationen in einer veränderten Welt allerdings kaum mehr richtig verstanden und gründlich erforscht, sondern oft falsch interpretiert. So wurde nicht berücksichtigt, dass im Protokoll des Dokumentes zwar König Friedrich und Papst Nikolaus V. als Aussteller angeführt sind, dass aber nach den entscheidenden Kanzleivermerken einseitig der Habsburger für den Text verantwortlich zeichnete und auch dementsprechend siegelte. Es wurde nicht vom Papst, sondern von dessen Generallegaten Johann von Carvajal mitbesiegelt. Nikolaus V. wiederholte und bestätigte am 19. März 1448 in einer eigenen Urkunde den Wortlaut des Dokumentes und ließ offen, welcher der beiden Texte verbindlich war.[65] Die spätere Forschung stützte sich ohne größere Bedenken auf die Fassung vom Februar, die in der Datierung keine Ortsangabe enthält, aber offensichtlich in Wien ausgehandelt wurde und die daher der Geschichtswissenschaft der Gegenwart als Wiener Konkordat geläufig ist. Der Entstehungsort wurde jedoch absichtlich übergangen, da er erkennen ließ, dass der Papst an der endgültigen Gestaltung des Wortlauts gar nicht beteiligt gewesen war.[66]

Auch dem Inhalt nach war das Schriftstück kein Konkordat, kein zweiseitiger Vertrag zwischen Papst und Reichsoberhaupt, wie in den einleitenden Sätzen betont wurde, da die Rechte des Kaisers, die ja schon von Eugen IV. zwei Jahre früher zugestanden worden waren, gar nicht mehr behandelt wurden. Spätere Generationen lasen aus dem Dokument, das für Jahrhunderte grundlegend für die päpstliche Politik wurde, vor allem jene Sätze heraus, die dem Zentralismus der Kurie dienten. Sie ließen außer Acht, dass 1448 nur beabsichtigt war, mit Hilfe einer gesteigerten Verfügungsgewalt über kirchliche Ämter und Pfründen den Personalbedarf des römischen Hofes zu decken und so, wie es auch dem Reichsoberhaupt zugestanden worden war, dem steigenden Geldbedarf einer wachsenden Bürokratie zu entkommen. Dem entsprach der sehr komplizierte Text, in dem auf weite Strecken immer wieder das geltende Kirchenrecht anerkannt und ausführlich dargelegt wurde, das dann doch wieder mit knappen Bemerkungen aufgehoben wurde. Bezeichnend sind bereits die ersten Bestimmungen des Schriftstückes, wonach alle Ämter von der Kurie neu besetzt werden konnten, wenn der Pfründeninhaber im Umkreis von zwei Tagesreisen außerhalb Roms verstorben war. Dabei wurde vorausgesetzt, dass sich viele auswärtige Pfründeninhaber am päpstlichen Hof aufhielten, und angestrebt, die Vergabe von deren Lehen der Zentrale zu sichern. Wortreich wurde das Wahlrecht von Domkapiteln und Konventen großer Klöster anerkannt, dessen Ergebnis zwar gemeldet werden muss, aber vom Papst hingenommen wird, sofern dieser nicht, wie knapp aber präzise bemerkt wird, eine „würdigere und nützlichere" Person vorschlägt. Umständlich wurde ferner bestimmt, in welchen Monaten den ordentlichen Kollatoren und in welchen Monaten dem Apostolischen Stuhl das Besetzungsrecht für Pfründen zukam. Ausführlich und klar sind die Annaten geregelt, die an die Kurie bei jeder Neubesetzung zu entrichtenden Abgaben. Eher unklar und verschwommen werden die der Deutschen Nation von Papst Eugen IV. gewährten Rechte zugesichert, aber auch ein weiteres Konzil erlaubt, ohne dessen Aufgaben und Funktion zu umschreiben. Diese abschließenden Sätze sind zwar Zugeständnisse an die Deutsche Nation, aber so undeutlich formuliert, dass der Empfänger kaum Vorteile daraus gewinnen konnte. Insgesamt ist der Versuch deutlich, die Maßnahmen des Baseler Konzils aufzuheben und die Macht weiterer derartiger Versammlungen zu bekämpfen.[67]

Die wortreiche Beteuerung, dass die Privilegien der Bistümer und bedeutenden Konvente beizubehalten seien, sofern die Kurie nicht einen würdigeren Kandidaten nennen könne – ein Satz, für den unvoreingenommenen Leser nur eine Randbemerkung, die aber zur entscheidenden Grundlage für den Ausbau des kurialen Zentralismus wurde –, ist besser zu verstehen, wenn wir wichtige Laufbahnen dieser Jahre verfolgen. Als nämlich der Papst führende Persönlichkeiten des Baseler Konzils, die Humanisten Aeneas Silvius Piccolomini und Nikolaus von Kues, für sich gewann, sicherte er ihnen mit Unterstützung des Reichsoberhauptes angesehene Bistümer. Aeneas wurde 1447 in Triest und Nikolaus 1450 in Brixen Bischof. In beiden Fällen hatte das Domkapitel eine Entscheidung schon getroffen, konnte aber nicht leugnen, dass der vom Papst Genannte tatsächlich würdiger als der eigene Kandidat war. So fügte es sich. Beide hatten ihre Residenzen nicht allzu weit von Rom entfernt und konnten der Kurie zur Verfügung stehen. Die im Konkordat genannten päpstlichen Rechte sollten hauptsächlich im Süden Deutschlands wirksam werden. Dennoch ergaben sich die von der Kurie erwarteten Vorteile oft nicht. Nur Aeneas war tatsächlich selten in Triest und stand in erster Linie der Kurie, seit 1456 auch noch als Kardinal, zur Verfügung. Nikolaus entsprach nicht diesen Erwartungen, er nahm seine Aufgabe in Tirol allzu ernst, löste heftige Kämpfe aus und musste sogar als Ordinarius 1458 abgelöst werden. Jetzt erst war er am päpstlichen Hof voll im Einsatz – er war schon 1448 Kardinal geworden – und setzte sich für die von ihm schon immer geförderte Kirchenreform mit Nachdruck ein.[68]

Friedrich hatte sich im Reich als König hauptsächlich diesen Vorgängen zu widmen und stand vielen Fehden wie etwa dem konstanten Streit der in mehrere Linien aufgesplitterten bayerischen Linien eher teilnahmslos gegenüber. Die Auseinandersetzungen klangen erst gegen 1450 nach dem Tod einiger Landesfürsten und dem Erlöschen der Ingolstädter Linien ab.[69] In diese Konflikte war auch Markgraf Albrecht Achilles verwickelt, der früh als kampfbereiter Krieger aufgefallen war und, nachdem er 1440 die Herrschaft des Raumes um Ansbach angetreten hatte, als energischer Landesfürst am Oberlauf des Mains eine expansive Territorialpolitik einleitete. Er hatte schon in den Hussitenkriegen das Reichsoberhaupt unterstützt, suchte und fand auch jetzt das Verständnis Friedrichs, löste aber mit dem Versuch, mit Hilfe des Landgerichts Nürnberg seine Herrschaft auszudehnen, die Feindschaft der Reichsstadt und anderer Städte aus, die sich 1446 unter der Führung von Augsburg und Ulm verbündeten. Friedrich kam in Schwierigkeiten. Er hatte ein gutes Verhältnis zu den Nürnbergern, verstand sich aber auch mit Markgraf Albrecht und bemühte sich redlich, die Gegensätze beizulegen.[70] Dank der von anderen Gemeinden gewährten Hilfe behielten die Nürnberger in dem von 1448 bis 1453 brutal geführten Krieg die Oberhand und Albrecht musste sich mit der Sicherung kleinerer Gebiete begnügen.[71] Auch der Norden des Reichs kam nicht zur Ruhe, wo Erzbischof Dietrich von Köln die weitere Ausdehnung seiner Herrschaft in der bis 1449 währenden Soester Fehde erzwingen wollte, in einem Zwist, der in der Münsterischen Stiftsfehde fortgesetzt wurde. Mitunter griff Friedrich als Reichsoberhaupt und Wahrer des Friedens auch in diese Händel ein, entscheidenden Erfolg hatte er nicht.[72] Dieser Verfall königlicher Macht zeichnete sich auch in Friedrichs Funktion als oberster Richter ab, da die Zahl der von ihm geleiteten Verfahren in diesen Jahren abnahm.[73] In dieser chaotischen Epoche fällt nur positiv auf, dass Herzog Albrecht VI. 1450 mit den Eidgenossen Frieden schloss, der aber von besonderen Umständen erzwungen wurde – Friedrichs Krönung in Rom stand an – und auch nicht lange hielt.[74]

Auch die zur gleichen Zeit geglückte und schon erwähnte Aussöhnung mit Johannes Hunyadi ist wohl darauf zurückzuführen, dass sich die Habsburger allgemein mit ihren Gegnern einigten, um für die bevorstehende Kaiserkrönung freie Hand zu haben, bei der dann alle Vertreter des Hauses Österreich geschlossen auftraten. Es sollte sich allerdings bald herausstellen, dass mit dieser Zeremonie nicht viel gewonnen war, und so war das feierliche und eindrucksvolle Geschehen schon für viele Zeitgenossen ein Formalakt ohne größere Wirkung und wird so bis heute beurteilt. Es ist auch wahrscheinlich, dass Friedrich dem sakralen Charakter der Zeremonie wenig Bedeutung beimaß und nicht mehr überzeugt war, dass er von Gott durch diesen Akt mit übernatürlichen Kräften versehen werde, wie früher geglaubt worden war. Doch dürfte er gehofft haben, wenigstens den Segen Gottes für seine Ehe, für seine Familie und für seine Kinder zu gewinnen. Wahrscheinlich erwartete er, dass die kaiserliche Würde wenigstens seine Umwelt beeindrucken werde und dass er dank dieses Amtes größere Anerkennung finden könne. Daher bemühte er sich nach 1450 mit aller Kraft, die Romfahrt antreten zu können. Eine schwere Aufgabe lag vor ihm, da auch in Italien die Konflikte kein Ende nahmen und mit dem Tode des Filippo Maria, Herzogs von Mailand, (1447) auch noch in dessen Residenzstadt unberechenbare Wirren ausgebrochen waren. Wegen dieser Ereignisse und den sich daraus ergebenden Verpflichtungen war Friedrich gezwungen, bis 1452 seine Aufgaben im Reich verkümmern zu lassen.

Anmerkungen

[1] Beck, Byzantinische Kirche, S. 616 ff. streicht vor allem die Verfallserscheinungen heraus.

[2] Niederstätter, Der Alte Zürichkrieg, S. 145 ff.

[3] Kramml, Reichsstadt Konstanz, S. 80 ff.

[4] Niederstätter, Jahrhundert, S. 321 ff.

[5] Chmel, Regesta Nr. 1232 ff. Kramml, Reichsstadt Konstanz, S. 427 f.

[6] Niederstätter, Jahrhundert, S. 242 ff.

[7] Riedmann, Mittelalter, S. 462. Heinig, Hof, Regierung und Politik, S. 1353 f.

[8] Chmel, Regesta, Nr. 1282 ff.

[9] Riedmann, Mittelalter, S. 459 ff. Baum, Sigmund der Münzreiche, S. 67 ff.

[10] Niederstätter, Jahrhundert, S. 244.

[11] Vgl. etwa Reg. F.III., 12, Nr. 121.

[12] Niederstätter, Jahrhundert, S. 150.

[13] Vgl. die Klagen des Thomas Ebendorfer, Chronica Austrie (MG SS NS. 13), S. 535 ff.

[14] Reg. F.III., 12, Nr. 132. Vgl. dazu auch Baum, Albrecht VI., S. 26, wo allerdings das Dokument nicht richtig wiedergegeben wird, da darin zwar die Beendigung der Feindseligkeiten, aber nicht die Übergabe vorderösterreichischer Besitzungen vereinbart wird.

[15] Fuchs, Josef Schallermann, S. 156 ff. Dazu auch Heinig, Hof, Regierung und Politik, S. 466 f.

[16] Niederstätter, Jahrhundert, S. 183 ff.

[17] Reg. F.III., 12, Nr. 162 ff.

[18] Reg. F.III., 12, Nr. 157 f. Zur Nürnberger Versammlung vgl. RTA 17, S. 148 ff. Die deutschen Fürsten erwarteten nach wie vor auf einem weiteren Konzil einen Ausgleich der Kontrahenten, forderten aber, dass diese Versammlung in den deutschen Landen stattfinden sollte.

[19] Niederstätter, Der Alte Zürichkrieg, S. 197 ff.

[20] Kramml, Heinrich IV. von Hewen, S. 388 ff. Niederstätter, Der Alte Zürichkrieg, S. 235 ff.

[21] Niederstätter, Der Alte Zürichkrieg, S. 237 ff.

[22] Niederstätter, Jahrhundert, S. 330.

[23] Reg. F.III., 6, Nr. 45. Niederstätter, Der Alte Zürichkrieg, S. 380 f., Nr. 32.

[24] Chmel, Regesta, Nr. 1517. Wolkan, Briefwechsel 2, Nr. 35 u.36. Dazu Niederstätter, Der Alte Zürichkrieg, S. 216, Anm. 96. Vgl. dazu auch Enee Silvii Piccolominei, De viris illustribus, S. 67 ff.

[25] Vgl. etwa Schaufelberger, Spätmittelalter, S. 299 f. oder Schmidt, Friedrich III., S. 310 ff.

[26] Vgl. die genaueren Darstellungen von Krieger, Habsburger, S. 183 f. oder Niederstätter, Jahrhundert, S. 130 f.

[27] Vgl. oben Anm. 24, dazu Niederstätter, Der Alte Zürichkrieg, S. 241 ff.

[28] Niederstätter, Der Alte Zürichkrieg, S. 258 ff. und 393 ff., Nr. 38.

[29] RTA 17, S. 277 ff. u. 245 ff., Nr. 208 ff., sowie Reg. F.III., 12, Nr. 245 f. Baum, Vom Oberrhein, S. 155 ff.

[30] Niederstätter, Jahrhundert, S. 323 f.

[31] Thomas, Deutsche Geschichte, S. 454 ff.

[32] Niederstätter, Der Alte Zürichkrieg, S. 269 ff.

[33] Reg. F.III., 12, Nr. 255 ff.

[34] RTA 17, S. 440 ff. Vgl. dazu auch Reg. F.III., 14, Nr. 271 ff.

[35] Baum, Albrecht VI., 1, S. 26 ff. Niederstätter, Der Alte Zürichkrieg, S. 277 ff.

[36] Reg. F.III., 12, Nr. 251 ff. u. 14, Nr. 257 ff.

[37] RTA 17, S. 447 ff, Nr. 219, Reg. F.III., 14, Nr. 277. Dazu Thomas, Deutsche Geschichte, S. 452 ff.

[38] Reg. F.III., 12, Nr. 272 f.

[39] Dazu Niederstätter, Der Alte Zürichkrieg, S. 286 ff.

[40] Reg. F.III., 13, Nr. 13 ff. Dazu Niederstätter, Jahrhundert, S. 331.

[41] Niederstätter, Der Alte Zürichkrieg, S. 297 ff.

[42] Housley, Later Crusades, S. 85 ff. u. 469 ff. Niederstätter, Jahrhundert, S. 361 f.

[43] Reg. F.III., 13, Nr. 181. Dazu Niederstätter, Jahrhundert, S. 348 ff.

[44] Vgl. Chmel, Regesta, Nr. 1886 ff. Die Zahlen beruhen auf den für diese Thematik durchaus verlässlichen Angaben der Reichsregister.

[45] Battenberg, Achtbuch, S. 126 ff. Es fällt das Übergewicht niederdeutscher und niederrheinischer Kläger auf. Vgl. a. a. O. S. 210 ff.

[46] Baum, Sigmund der Münzreiche, S. 78 ff. Riedmann, Mittelalter, S. 459 ff. Niederstätter, Jahrhundert, S. 244 ff.

[47] Baum, Albrecht VI., 1, S. 26 ff.

[48] Reg. F.III., 12, Nr. 319 ff.

[49] Reg. F.III., 12, Nr. 317 f. u. 324 ff.

[50] Vgl. Niederstätter, Der Alte Zürichkrieg, S. 294 ff.

[51] Niederstätter, Der Alte Zürichkrieg, S. 297. Vgl. dazu auch Reg. F.III., 13, Nr. 35, Anm. 9.

[52] Baum, Albrecht VI., 1, S. 30 ff.

[53] Reg. F.III., 13, Nr. 35–38 u. 45a. Dazu Herold, Ringen um den Text, S. 323 ff.

[54] Niederstätter, Jahrhundert, S. 146 ff.

[55] Vgl. RTA. 17, S. 664 ff., Nr. 298 ff.

[56] Reg. F.III., 12, Nr. 305. Vgl. dazu auch RTA 17, Nr. 291 ff., Reg. F.III., 10, Nr. 63 und 13, Nr. 31, sowie Heinig, Die Mainzer Kirche, S. 530 ff.

[57] Vgl. etwa Meuthen, Das 15. Jahrhundert, S. 49 ff.

[58] Flieder, Stephansdom, S. 214 ff.

[59] Schwind-Dopsch, Ausgewählte Urkunden, Nr. 59. Dazu Koller, Grundhaltung, S. 44 ff.

[60] Niederstätter, Jahrhundert, S. 64 u. 184.

[61] Dopsch, Salzburg im 15. Jahrhundert, S. 514 ff. Dazu Zaisberger, Geschichte Salzburgs, S. 58 ff.

[62] Vgl. dazu Koller, Reichsreform, S. 353 ff.

[63] Reg. F.III., 1, S. 13 ff. (Koller) und Koller, Probleme der Schriftlichkeit, S. 104 ff.

[64] Heinig, Hof, Regierung und Politik, S. 581 ff.

[65] Reg. F.III., 13, Nr. 60.

[66] Meyer, Wiener Konkordat, S. 114 ff. behandelt lediglich die Abschnitte, die vor allem die Verfügung über Pfründen und die Annaten berühren, bringt diese mit

dem geltenden Kirchenrecht und den Entschlüssen des Baseler Konzils in Verbindung und bestätigt Verbesserungen, übergeht aber die tragenden und mit Absicht zu knappen Sätze.

[67] Thomas, Deutsche Geschichte, S 457 ff.

[68] Riedmann, Mittelalter, S. 462 ff., Niederstätter, Jahrhundert, S. 194 ff.

[69] Straub, Bayern im Zeichen der Teilungen, S. 264 ff.

[70] Dazu neuerdings Reg. F.III., 19, Nr. 1 ff., 20, 39 ff. Dazu Eibl, Lausitzen, S. 318 ff.

[71] Krieger, Habsburger, S. 203 ff.

[72] Meuthen, Das 15. Jahrhundert, S. 53 ff. Holtz, Friedrich III., S. 368 ff. Das Eingreifen Friedrichs streicht heraus Reinle, Ulrich Riederer, S. 214 ff.

[73] Mitsch, Gerichts- und Schlichtungskommissionen, S. 16 ff.

[74] Niederstätter, Jahrhundert, S. 325.

6. Die Kaiserkrönung

a) Romfahrt

Die Versöhnung König Friedrichs mit dem Papst im Konkordat von 1448 sollte dazu beitragen, dem Reich den Frieden zu bringen, konnte aber kaum die Gegensätze der Fürsten zur Kurie abbauen. Viele deutsche Herrscher verfolgten die steigende Machtentfaltung des Apostolischen Stuhles besorgt und sogar ablehnend. Einer ihrer Wortführer war Erzbischof Dietrich von Mainz, der im Schisma eine Neutralität durchgesetzt hatte. Mit seiner reservierten Haltung gegenüber dem Papsttum förderte er in der von ihm geleiteten Region ein heilloses Gewirr von Mentalitäten und Meinungen. Seine Gegner hatten keine Skrupel, in den Auseinandersetzungen ihre eigenen Vorteile zu wahren. Da die Wirren im Rheinland das gesamte Reich schädigten, rief Friedrich in beschwörenden Appellen 1448 und 1449 zur Eintracht auf, fand aber kaum Gehör.[1] Dabei stand er lokalen Problemen oder Entwicklungen durchaus aufgeschlossen gegenüber, wie die Tatsache beweist, dass er sich über den Fortschritt des Gutenbergschen Bibeldrucks laufend informieren ließ. Mit dieser Glanzleistung moderner Technik wurde eine entscheidende Grundlage für Reformen im kirchlichen Bereich geschaffen, da den Theologen erstmals eine große Zahl verlässlicher und garantiert gleicher Texte der Heiligen Schrift zur Verfügung stand.[2] Doch die Versuche, vor allem die für die Allgemeinheit fühlbaren Zustände im Reich zu verbessern, ermüdeten. Der Reformwille nahm sogar unter dem Eindruck des dauernden und dominanten Gezänks sichtlich ab. Eine lähmende Resignation griff um sich.[3] Für den König wurden andere Aufgaben vordinglich, vor allem der Kampf gegen die Heiden. Auch Mitteleuropa nahm jetzt das Vordringen der Türken zur Kenntnis und dieses Thema wurde schon in den ältesten Druckwerken aufgegriffen und der Allgemeinheit eindrucksvoll präsentiert.

Die Gefahr wurde zwar gesehen, aber in den deutschen Landen unterschätzt. Hier war dagegen vielen bekannt, dass auf der iberischen Halbinsel der Islam konstant und erfolgreich zurückgedrängt wurde und dass sich die Portugiesen schon in Afrika festgesetzt hatten. Sie erkundeten den Seeweg nach Indien, wo es angeblich nicht nur Christen gab, sondern auch andere Religionen. Nach diesen Informationen, die zum erheblichen Teil nur von legendären Berichten gestützt, aber dennoch geglaubt wurden, war die Macht der Ungläubigen auf einen relativ kleinen Raum des Orients beschränkt. Dieser Wissensstand trug dazu bei, dass die Erfolgsmeldungen aus dem Südwesten des Abendlandes bei den deutschen Christen die schweren, auf dem Balkan erlittenen Niederlagen immer wieder aus dem Bewusstsein verdrängten. Unter diesen Voraussetzungen lag es nahe, das Reichsoberhaupt mit der kaiserlichen Würde aufzuwerten und ihm dann einfach den Kampf gegen die Heiden zu überlassen. Es gibt keine klaren Belege, die erkennen lassen, dass Friedrich sich nach 1444, nach der Niederlage bei Varna, auf die nun auch für ihn wichtige Türkenabwehr ernsthaft einstellte. Nur in einem Ereignis könnte man eine Art Vorbereitung auf diese Aufgabe sehen: Als Friedrich wegen der Romfahrt die notwendigen Verhandlungen aufnahm, sah er nämlich vor, sich mit der portugiesischen Prinzessin Eleonore in der Hauptstadt der Christenheit zu vermählen. Die deshalb intensivierten Kontakte zu den Mächten der iberischen Halbinsel könnten durchaus als Beitrag zur Bekämpfung des Islams gewertet worden sein.

Der Habsburger hatte das 30. Lebensjahr überschritten und es wurde Zeit, an den Fortbestand der Dynastie zu denken, für den eine sorgfältige Auswahl der Gemahlin wichtig war. Mehrmals waren schon entsprechende Pläne entwickelt, aber wieder verworfen worden, ohne die entscheidenden Beweggründe anzugeben. Es gibt nur kurze Berichte und knappe Bemerkungen, dass zum Beispiel gegen 1448 die Versippung der Burgunder mit den Habsburgern erwogen und erörtert wurde, Karl, den Sohn Herzog Philipps, mit Elisabeth, der heranwachsenden Tochter des verstorbenen König Albrechts II., zu verloben. Die Verbindung wurde jedoch nicht verwirklicht und auch die Pläne, für Herzog Albrecht VI. oder den kleinen Ladislaus eine Gattin aus der Familie Philipps zu finden, wurden nicht weiter verfolgt. Gesichert ist aber, dass der Burgunder, der selbst mit einer portugiesischen Prinzessin verheiratet war, auf Eleonore verwies, für die sich dann Friedrich entschied.[4] Dessen Beweggründe blieben geheim und so wurden viele Hypothesen zu den Motiven für diese Verbindung entwickelt. Sicherlich spielte mit, dass die Regenten der iberischen Halbinsel in Mitteleuropa höchstes Ansehen genossen und als dem Reichsoberhaupt ebenbürtig eingestuft wurden, wie die Vermählung des Habsburgers Friedrich des Schönen mit Elisabeth von Aragon schon 1314 gezeigt hatte.[5] Es ist daher denkbar, dass auch Friedrich III. als römisch-deutscher König, seinen hochfliegenden imperialen Plänen entsprechend, eine Gattin im spanisch-portugiesischen Sprachraum suchte. Mitunter wurde auch erwogen, dass die Mitgift entscheidend gewesen sei, die ja bei der Vermählung von Dynasten oft den Ausschlag gab, die aber in diesem Falle nicht allzu groß und daher kaum wichtig war. Noch weniger vermag die Vermutung zu überzeugen, der Habsburger hätte sich einfach für eine aus fernen Landen stammende und exotisch anmutende Gattin entschieden.[6] Dagegen sollte stärker in Erwägung gezogen werden, dass in Österreich und vor allem in Wien die Fortschritte der Entdeckungsreisen relativ gut bekannt waren und dass der naturwissenschaftlich interessierte Friedrich vermutlich die in die Portugiesen gesetzten Hoffnungen teilte und sich dafür erwärmen konnte.[7] Belegt ist, dass er technische Errungenschaften den Portugiesen übermittelte.[8] Er hatte demnach starkes persönliches Interesse am Geschehen im Südwesten des Abendlandes. Wenn man dann noch an die von den Christen in diesem Raum erzielten spektakulären Erfolge gegen die Ungläubigen denkt, ist der Entschluss Friedrichs, eine portugiesische Prinzessin als Gattin zu wählen, durchaus nachzuvollziehen und auch mit der nunmehr akut gewordenen Abwehr der Türken im Zusammenhang zu sehen.

Doch muss gefragt werden, weshalb die Hochzeit mit der Kaiserkrönung in Rom verbunden wurde, eine Vorgehensweise, die den Historikern späterer Epochen kaum auffiel, da die „Mitkrönung" der Gattin üblich war. Doch wurden Hochzeit und Krönung im Spätmittelalter sonst immer getrennt, um das aufwendige Zeremoniell beider Vorgänge besser bewältigen zu können. Friedrich scheute sich 1452 nicht, für diesen Anlass Lösungen zu finden, die bis dahin nicht üblich waren. Zusätzlich stand er noch vor der Aufgabe, vor der Zeremonie in Rom die langobardische Krönung in Mailand einzuplanen, die wegen der Turbulenzen in dieser Stadt nicht ohne weiteres zu organisieren war. Deshalb gewann er den Papst dafür, dass dieser die langobardische Krönung in Rom vornahm. In dieses nunmehr vorgesehene Gemenge unterschiedlicher Einzelakte war auch noch die Hochzeitsfeierlichkeit einzubinden, die in diesem Trubel fast unterging. Man könnte argwöhnen, der Habsburger habe die aufwendigen und für ihn wohl eher beschwerlichen Zeremonien und Feierlichkeiten koppeln und rasch hinter sich bringen wollen, doch war ihm seine Vermählung sicherlich so wichtig, dass er sie kaum als nebensächlich bewertete. Eher dürfte er gehofft haben, dass eine vom Papst eingesegnete Ehe der Gnade Gottes sicher sein könne und kinderreich sein werde. Man darf daher annehmen, dass für die politische, dynastisch geprägte Vorstellungswelt Friedrichs – er hatte ja nach Rom auch seine Familie mitgebracht – die Heirat in Rom wichtiger als die Kaiserkrönung war, die ihn zwar wegen ihrer Wertschätzung durch die Zeitgenossen im bevorstehenden Kampf gegen die Heiden stärkte und stützte, ihm aber ansonsten kaum entscheidend half.

Die Vorgeschichte dieser Verehelichung ist gut belegt. Die Chronisten berichten, dass seit etwa 1449 entsprechende Pläne energischer verfolgt wurden, dass die zu erwartende kaiserliche Würde die Portugiesen und nicht zuletzt die Prinzessin beeindruckte, der es nicht an Werbern fehlte.

Das heranwachsende Mädchen war hübsch, gebildet und selbstbewusst und durfte sogar seine eigenen Wünsche vorbringen. Sie soll sich selbst für Friedrich entschieden haben, der in Kürze die höchste Würde des Abendlandes erreichen sollte. So war die Zeit gekommen, erste Informationen auszutauschen. Eine kleine Gesandtschaft unter der Führung Georgs von Volkersdorf und Ulrich Riederers ritt schon 1448/1449 nach Lissabon und wurde von einem Maler begleitet, der für den Habsburger ein Bild der Auserwählten anfertigte. Das Portrait ist leider verloren. Die Verhandlungen wurden geheim gehalten. Die zur Verfügung stehenden Quellen stammen zwar aus zweiter Hand, sind aber glaubhaft.[9] Später erzählte jedenfalls Aeneas, dass die Höflinge Friedrichs freundlich aufgenommen wurden und dann in ihrer Heimat die Portugiesin voll des Lobes schilderten. Sie fasste auch früh Vertrauen zu den Gesandten, wie die Tatsache beweist, dass Georg später ihr Kammermeister wurde.[10] Die Vorverhandlungen für diese für die abendländischen Machtgruppierungen wichtige Ehe lösten eine hektische und in ihren Einzelheiten kaum aufzuklärende Diplomatie aus, in die neben Herzog Philipp von Burgund nicht zuletzt die Kurie, aber auch einige Mächte Südeuropas eingebunden wurden. Es fehlte nicht an Einwänden und Bedenken, Einsprüchen und Intrigen. Die für die Heirat entscheidenden Gespräche wurden dennoch fortgesetzt, zuletzt vom Onkel der Braut, von König Alfons V. von Aragon-Sizilien geführt und zu Neapel abgeschlossen.[11]

Inzwischen hatte Friedrich die Region an der Donau beruhigen können, wo noch immer Fehden ausgetragen wurden, in deren Verlauf die eingesetzten Söldner mit Ausschreitungen die Bevölkerung zusätzlich drangsalierten. Es gelang dem Habsburger, auf einem Landtag zu Krems im Herbst 1449, den Adel des Landes für Gegenmaßnahmen zu gewinnen, der für diese Aufgabe sogar Truppen aufbrachte.[12] Diese Kontingente wurden von Verbänden der Wiener verstärkt und konnten im Frühjahr des folgenden Jahres unter der Führung Graf Ulrichs von Cilli, der jetzt als Helfer des Habsburgers auftrat, die Banden zerschlagen und deren Anführer gefangen nehmen. Demonstrativ wurden am 23. Juni 1450 in Wien mehr als sechzig dieser Übeltäter hingerichtet. Damit war die Hoffnung geweckt, dass der Friede gesichert sei.[13] Da wenig später im schon erwähnten Vertrag von Pressburg auch die Gegensätze zu Johannes Hunyadi ausgeräumt wurden, war zu hoffen, dass Friedrichs Herrschaft auch an der Donau endgültig gesichert war.[14] Doch der Schein trog, allerdings sind die Ursachen für neue Konflikte nicht eindeutig zu ergründen. Es mag sein, dass die Stände mit dem Vertrag unzufrieden waren, in dem der Ungar dem Habsburger die Vormundschaft über Ladislaus bis zu dessen 18. Lebensjahr überließ – in Österreich war er nach geltendem Recht viel früher freizugeben –, es kann aber auch sein, dass die Massenhinrichtung in

Abb. 2: Friedrich III. Gemälde, Hans Burgkmair d. Ä. (1473–1531) zugeschrieben
(akg-images/Erich Lessing).

ihrem Umfang nicht gerechtfertigt war und Kritik wachrief. Wie dem auch
sei, bald entwickelte sich an der Donau wieder eine stärkere Opposition.
Friedrich konnte sich damit kaum abgeben, er musste seine Kaiserkrönung vorbereiten und den Zuständen in Italien seine Aufmerksamkeit
widmen. Ihm kam gelegen, dass der Patriarch von Aquileja 1445 zugunsten der Adriametropole auf die weltliche Herrschaft verzichtete und die
Grafen von Görz, die mächtigsten Herren in diesem Raum, innerhalb
ihrer Familie hoffnungslos zerstritten waren. Sie zogen sich nicht zuletzt
wegen dieses Gezänks, dessen Einzelheiten zur Seite gelassen werden dürfen, aus der Küstenregion der Adria ganz zurück und festigten dafür ihre
Macht in einem relativ bescheidenen Territorium im Osten Tirols mit
Lienz als Residenz. Friedrich konnte in diese Wirren mehrmals eingreifen
und seine eigenen Interessen wahren. Er trat sogar als Herr Istriens auf,
wie die Region nunmehr bezeichnet wurde, dürfte sich aber, sofern die
wenigen Quellen nicht trügen, in dem Raum mit seinen Ansprüchen zu-
rückgehalten haben und daher ein gutes Einvernehmen mit der Stadt
Venedig erreicht haben, deren Wohlwollen für die Reise nach Rom eine
Voraussetzung war.[15] Viele der notwendigen Verhandlungen mit anderen
italienischen Machthabern hatte bereits Kaspar Schlick zu einem glück-
lichen Ende gebracht. Er hatte schon 1433 die Kaiserkrönung des Luxemburgers Siegmund organisiert und wurde jetzt wieder als Kenner der italienischen Verhältnisse wertvoll. Sein Tod im Jahre 1449 hemmte zwar die
Vorbereitungen von Friedrichs Romfahrt, doch wurde mit Aeneas Silvius
Piccolomini ein neuer Vertreter und Gesandter des Habsburgers gefunden, der erfolgreich die Hauptlast diplomatischer Aktivität trug. Friedrich wollte offensichtlich rasch auf kürzestem Weg nach Rom kommen,
suchte deshalb die Unterstützung Venedigs und das Entgegenkommen der
Machthaber im Osten der oberitalienischen Tiefebene. Deren Hilfe wurde
rasch gewonnen. Größere Schwierigkeiten waren in der Ewigen Stadt zu
überwinden, da der Papst auf dem energischen Kampf gegen die Türken
bestand, aber auch ein latentes Misstrauen gegen den Österreicher mitunter manches hemmte. Es war die mit der Krönung gekoppelte Vermählung
Friedrichs zu organisieren und den Schwierigkeiten mit Mailand zu begegnen, dessen Machthaber sich darauf einstellte, vor den Ereignissen in Rom
die langobardische Krönung zu besorgen. Es soll vor allem Aeneas zu verdanken gewesen sein, dass wenigstens die Bedenken der Kurie und des
Papstes ausgeräumt und die Bitten des Habsburger weitgehend erfüllt
wurden.[16]
Mailand war zum Problem geworden, als 1447 Herzog Filippo Maria,
ein Visconti, ohne männlichen Erben gestorben war. Es brachen Unruhen
aus, in die Friedrich als Reichoberhaupt eingriff. Er schickte im Herbst
seine fähigsten Räte in die Lombardei, um dort die Entwicklung der Er-

eignisse in seinem Sinne zu lenken.[17] Die Zusammenhänge sind abermals nicht zu durchschauen. Der König hielt seine Pläne geheim und trug so zur Verunsicherung bei. Vieles spricht aber dafür, dass er die Ansprüche König Alfons V. von Aragon-Sizilien auf Mailand früh anerkannte oder wenigstens wohlwollend zur Kenntnis nahm. Der Verlauf der Ereignisse wurde aber nicht von der Diplomatie des Habsburgers, sondern von der Durchschlagskraft des Schwiegersohnes des verstorbenen Herzogs, des Söldnerführers Francesco Sforza bestimmt, der sich 1450 durchzusetzen konnte und die Stadtherrschaft an sich riss.[18] Als Francesco erfuhr, dass Friedrich seine Romfahrt plane, nützte er die Gelegenheit sofort aus, vom Reichsoberhaupt anerkannt zu werden und seine Herrschaft in Mailand zu festigen. Er schrieb an den König, entschuldigte sich, dass er noch nicht persönlich um seine Belehnung angesucht hatte, betonte seine Zugehörigkeit zum Reich und ernannte am 5. Dezember 1450 Sceva de Curte zu seinem Vertreter bei dem Habsburger. Der Gesandte sollte erreichen, dass Friedrich die Herrschaft des Sforza anerkannte, und sich darüber hinaus für eine enge Zusammenarbeit einsetzen. So verlockend dieses Angebot auch war, so stand doch dagegen, dass Francesco von Venedig nicht hingenommen wurde und deshalb neue Kämpfe zu fürchten waren. Am 10. Jänner 1451 traf der Gesandte bereits in Wiener Neustadt ein und nahm sofort Kontakt zu den königlichen Räten auf, deren Einfluss nach seiner Ansicht entscheidend war. Francesco nahm an, dass der Habsburger, der alten Tradition entsprechend, sich gewiss zunächst in Mailand zum lombardischen König krönen lassen werde und mit diesem Titel versehen dann in Rom Kaiser werden wolle.[19] Damit dass der in Wiener Neustadt residierende Friedrich die kürzeste Route über Ferrara in die Ewige Stadt nehmen und dort die italienische Krönung in vereinfachter Form nachholen könne, rechnete er wohl nicht.[20]

Die langwierigen und umständlichen Verhandlungen von 1451 wurden in langen und widersprüchlichen nach Mailand gelieferten Briefen festgehalten, helfen aber in all ihrer Ausführlichkeit kaum. Sie sind ein Musterbeispiel für verwirrendes Schrifttum, das in erster Linie nur die Unsicherheit der Berichterstatter verrät. Friedrich dürfte dafür persönlich verantwortlich gewesen sein und die Gesandten hingehalten haben. Er könnte längst geplant haben, Mailand zu meiden, könnte aber doch überlegt haben, ob er einige der verlockenden Angebote des Francesco nicht doch annehmen solle. Aber der Sforza war ja erst kurz im Besitz der Macht, die überdies noch gefährdet war, und so war zu befürchten, dass er seine großzügigen Angebote und Zusagen nicht einhalten konnte. Sicher war dagegen, dass eine Zusammenarbeit mit Francesco eine Verstimmung mit Venedig und König Alfons zur Folge haben würde. Von diesen berechtigten Befürchtungen wurde die Haltung des Habsburgers bestimmt. Er zog die Verhandlungen in die Länge und verwies auf Schwierigkeiten, wie etwa auf die Notwendigkeit, die Kurfürsten als Berater beiziehen zu müssen. Er zeigte Unentschlossenheit und Wankelmut, erweckte dann doch wieder Hoffnungen des Sforza, ließ ihn aber insgesamt im Ungewissen und erreichte, dass dieser wenigstens nicht verstimmt war.[21] Damit war die Voraussetzung für eine rasche Romfahrt gegeben, die Francesco nicht mehr verhindern konnte. Friedrich erreichte in wenigen Wochen das erste wichtige Ziel, die Stadt Siena, wo er persönlich mit seiner Baut Eleonore zusammentreffen wollte. Dort war Aeneas 1450 Bischof geworden und in der Lage, alles bestens zu organisieren.[22]

Des Herrschers sich daraus ergebende Abwesenheit bot der Opposition in Österreich Gelegenheit, ihre Lage zu stärken. Friedrich übersah im Vertrauen auf die soeben erzielten Erfolge diese Gefahr und fühlte sich stark genug und berechtigt, im Land alles nach eigenem Ermessen regeln zu können. Am 4. Oktober stellte er eine ansehnliche Gesandtschaft zusammen mit der Aufgabe, die Braut im Hafen von Talamone zu empfangen und nach Siena zu geleiten.[23] Gleichzeitig versammelte er seine Anhänger zu Wien, verkündete seine bevorstehende Reise und versprach für deren Dauer eine Regierung einzusetzen. Ohne längere Verhandlungen bestimmte er selbst seine Verwalter, darunter auch den amtierenden Wiener Bürgermeister Konrad Hölzler, und erregte damit den Unwillen der Untertanen.[24] Einige seiner Feinde versammelten sich schon am 14. Oktober zu Mailberg. Sie forderten unter der Führung des Ulrich von Eitzing die Entlassung des Ladislaus aus der Vormundschaft und verlangten dessen Einsetzung als Landesherrn. Friedrich antwortete der Opposition, dass die Entscheidung über die Vormundschaft auch den böhmischen und ungarischen Adligen zustehe – damit war für ihn die Sache erledigt –, und fuhr Mitte November mit Ladislaus in seiner Begleitung nach Graz, um nun endgültig seine Krönungsreise mit den Repräsentanten des Hauses Österreich anzutreten, mit seinem Bruder Albrecht und eben auch dem zwölfjährigen Ladislaus.[25]

Doch räumte er damit seinen Gegnern freie Hand ein. Sie rotteten sich am 12. Dezember in Wien zusammen, verstanden sich jetzt als Landtag und waren tatsächlich eine beachtenswerte Versammlung, die den zu Mailberg erstellten Bündnisbrief anerkannte, der zunächst nur von einer relativ kleinen Gruppe unterstützt worden war. Jetzt versahen sie dieses Dokument, das für die Meinung im Lande kennzeichnend wurde, mit 254 Siegeln. Diese Haltung hatte Eitzing erreicht. Am Hof, auf dem größten freien Platz der Stadt, war das Volk zusammengelaufen, wo noch die Kanzel stand, auf der wenig früher Johannes von Capestrano mitreißend gepredigt und zur Abwehr der Türken aufgerufen hatte. Dieses Pult bestieg jetzt Ulrich von Eitzing. Er wandte sich von dieser Stelle an die Bürger und forderte mit eindrucksvoller Rede, Ladislaus zu befreien und als Landesherren zu gewinnen. Gleichzeitig präsentierte er dessen Schwester Elisabeth in schäbiger Kleidung der Allgemeinheit, um die Niedertracht und den Geiz Friedrichs zu beweisen. Eitzing beeindruckte, er wurde als Beschützer des Ladislaus gefeiert und als Landeshauptmann und Vertreter des Königs anerkannt. Fast gleichzeitig wurde Konrad Hölzler durch Oswald Reicholf als neuer Bürgermeister ersetzt, unter dem schon am 17. Dezember die Stadt Wien dem König Friedrich die Treue aufsagte.[26] Aus der Opposition war eine Revolte geworden. Um das Recht zu wahren, beeilten sich die Gegner Friedrichs, dem Papst ihre Entscheidungen zu berichten und den König an der Kurie anzuklagen.[27]

Friedrich hatte inzwischen Graz verlassen, war auf dem Weg nach Kärnten, hatte längst die Gunst des Papstes gewonnen und war nicht bereit, nachzugeben. Zwar rieten einige in seiner Umgebung, die aufgetretenen Schwierigkeiten sofort zu bereinigen, doch waren die Vorbereitungen der Reise schon so weit gediehen, dass Verzögerungen nicht mehr zu verantworten waren. Außerdem hatte der König den Ladislaus bei sich und vereitelte schon damit die Absicht seiner Feinde, den Knaben als Landesherrn einzusetzen. Sie mussten sich gedulden und die Rückkehr des Jungen erst einmal abwarten. Der König nützte den Vorteil aus, bewältigte die ersten Etappen schnell und ohne politische Aktivitäten, von einem etwas längeren Aufenthalt in Ferrara vom 17. bis 24. Jänner 1452 abgesehen, dessen Ursache aus den Quellen nicht hervorgeht. Die Fahrt bekam erst ihren feierlichen Charakter, als zu Florenz Anfang Februar 1452 neue Termine für das Treffen mit der Braut vereinbart wurden, deren Reise nicht glatt verlief. Die notwendigen Vorverhandlungen waren dank der schon mehrmals erwähnten Hilfe König Alfons V. von Aragon-Sizilien bereits abgeschlossen. Es war schon früher eine mit entsprechenden Vollmachten versehene und wohl von Christoph Ungnad geführte Gesandtschaft nach Lissabon geschickt worden, wo am 1. August 1451 der Ehebund per procuratorem geschlossen worden war. Der Züricher Pfarrer Jakob Motz hatte dabei Friedrich vertreten.[28] Eleonore trat die Reise nach Italien zu Schiff an, hatte aber Unglück. Die Witterung war schlecht, das Mädchen litt unter einer Seekrankheit. Dazu kam die Angst vor Überfällen durch Piraten und tatsächlich sollen zwei Schiffe der kleinen Flotte verloren gegangen sein. Friedrich, der am 7. Februar in Siena eingetroffen war, musste hier länger warten. Endlich konnte seine Braut in Livorno Land betreten und nach Pisa reisen, wo sie von einer ansehnlichen Gesandtschaft unter Führung des Aeneas Silvius mit den gebührenden Ehrungen empfangen wurde.[29] Die dabei auftretenden Komplikationen wegen Einzelheiten des Zeremoniells demonstrierten bereits die Bedeutung des Geschehens. Analoge Probleme gab es wieder am 24. Februar zu Siena, wo Eleonore zum ersten Mal Friedrich persönlich traf. Dieser soll vom Gebaren und von der Erscheinung seiner schönen Braut beeindruckt, über ihre zarte Gestalt aber auch bestürzt gewesen sein. Der Habsburger dachte in diesen Tagen sicherlich an die Zukunft seiner Familie und mutete der zierlichen Portugiesin nicht ohne weiteres mehrere Kinder zu, die er sich erwartete.[30]

Über Viterbo, wo es einen Zwischenfall gab – die Menge bemächtigte sich des Pferdes und einiger Kleidungsstücke des Königs, wie es angeblich ein alter Brauch gestattete –, kam man am 6. März nach Sutri, wo weitere Einzelheiten der Feierlichkeiten geregelt wurden. Am Abend des 8. März war Friedrich dann vor Rom, wo er am 9. März mit den üblichen Ehrungen empfangen wurde und im Vatikan Quartier nahm.[31] In den folgenden Tagen wurde mit Nikolaus V. einiges besprochen – die Verhandlungen wurden mit der Ausstellung eines päpstlichen Privilegs eingeleitet, mit dem der Habsburger von seinem Beichtvater von allen Sünden befreit werden konnte – [32], der Inhalt der Gespräche zwischen Papst und König blieb jedoch geheim. Sicherlich wurde viel über die Expansion der Türken geredet und auf die Gefahr hingewiesen, in der sich Byzanz bereits befand. Lösungen wurden nicht gefunden. Wahrscheinlich wurde erst jetzt die Frage der lombardischen Krönung geregelt, die Nikolaus selbst entgegen der Tradition in der Ewigen Stadt vornehmen wollte. Längere Gespräche waren auch wegen der Einzelheiten der Kaiserkrönung notwendig. Am 16. März 1452, an einem Donnerstag, wurden dann Friedrich und Eleonore von Papst Nikolaus V. persönlich als Eheleute eingesegnet. Noch am gleichen Tag wurde der Habsburger vom Papst mit der Eisernen Krone – genau genommen mit einem verfügbaren Ersatzsymbol – der Lombarden gekrönt. Der später von den Mailändern vorgetragene Einspruch wurde von Nikolaus zurückgewiesen.[33]

Am 19. März, am Sonntag Laetare, erhielt das Paar durch den Papst die kaiserliche Würde und wurde mit den imperialen Insignien ausgestattet, die aus Nürnberg bereitgestellt worden waren. Friedrich leistete dem Papst anschließend den Marschalldienst – er hielt den Steigbügel und führte das Pferd des Nikolaus einige Schritte – und bekam als Gegenleistung die Würde eines Domherren und einen Ornat, der in seinem Aussehen an bischöflichen Rang erinnerte. Ein feierliches Mahl beendete, dem allgemeinen Brauch entsprechend, die Krönung selbst.[34] Friedrich war zu einem weiteren anstrengenden Zeremoniell verpflichtet, unter anderem musste er 300 Männer bei der Engelsburg zu Rittern schlagen. Diese umfangreichen Feierlichkeiten waren Anlass für eine Prunkentfaltung, von der die Allgemeinheit begeistert war. Der Kaiser nützte die Gelegenheit, den Glanz des Hauses Österreich hervorzuheben, das durch das beeindruckende Auftreten Herzog Albrechts VI., des kaiserlichen Bruders, aber auch des Knaben Ladislaus allen vor Augen geführt wurde.

Friedrich war damit in Rom als Herr der Welt, seine Familie als Träger und
Garant imperialer Macht vorgestellt worden. Umso mehr überrascht es,
dass das Ereignis darüber hinaus kein Anlass für besondere politische Aktivitäten war, wenn man davon absieht, dass die Rechte und Privilegien
der Stadt Nürnberg bestätigt wurden. Das war aber eher der Dank für die
Bereitstellung der Insignien.[35] Den vermutlich abermals erhobenen Wünschen und Anliegen Friedrichs wurde nur mit der Anerkennung des Rech-
tes der Ersten Bitten durch den Papst entsprochen.[36] Unbedeutend sind
ferner die in diesen Tagen ausgestellten Schreiben zu Prozessen. Sogar die
für die Habsburger so wertvolle kaiserliche Bestätigung der österreichischen Freiheitsbriefe – es wird später darauf zurückzukommen sein –
wurde erst mit dem 6. Jänner 1453 datiert. Hatten sich vielleicht Unstimmigkeiten ergeben, die Aeneas später genüsslich erwähnt, aber nicht be-
schreibt? Oder wurde vielleicht schon deutlich, dass dem Kaiser die imperiale Würde und die damit verbundenen Verpflichtungen, vor allem der
Kampf gegen die Heiden, nicht viel bedeuteten und für ihn die durch den
Papst bekräftigte Verehelichung wertvoller war? Seine stets betonte poli-
tisch-dynastische Grundhaltung könnte für eine solche Einstellung verantwortlich gewesen sein, die dem Papst kaum gefiel. Daher unterließ er weitere Gnaden. Es ist jedenfalls nicht zu übersehen, dass Friedrich in Rom
wenig erreichte.

Der Kaiser verließ am 24. März die Ewige Stadt und widmete sich politischen Aufgaben, die er in den letzten Wochen zur Seite gelassen hatte.
Die Reise führte ihn zunächst zu König Alfons nach Neapel, wo er am
29. März eintraf. Seine Gattin folgte wenige Tage später. Der Aufenthalt
war vorerst ein Höflichkeitsbesuch, mit dem der Dank für die Hilfe beim
Abschluss des Ehevertrags ausgedrückt werden sollte. Gesichert ist, dass
hier, angeblich erst auf Drängen des Gastgebers, die Ehe des kaiserlichen
Paares vollzogen wurde.[37] Doch dann kamen zu Neapel die italienischen
Gegensätze zur Sprache. Alfons war ein offener Gegner des neuen Herren
Mailands, des Francesco Sforza, für dessen Sturz er angeblich sogar Pläne
entwickelt hatte. Doch war dieser nicht mehr auszuschalten und wenn
auch der Kaiser derzeit keine besonderen Kontakte zu Mailand unterhielt,
ob er deshalb zu den Feinden der Stadt und des Sforza gezählt werden
darf, ist fraglich.[38] Friedrich bemühte sich, die regen Kontakte, die Alfons
zu anderen italienischen Machthabern unterhielt, auszunützen, und versuchte, unterstützt vom Papst, die Gegensätze abzubauen und sich für den
Frieden einzusetzen. Es entstanden mancherlei Gerüchte, deren Verläss-
lichkeit kaum zu überprüfen ist. Der Kaiser war hauptsächlich an den Zuständen im Nordosten Italiens interessiert, wie es seiner Herkunft aus der
Steiermark entsprach, doch fehlen entsprechende Vorarbeiten, die verraten könnten, was in Neapel erreicht wurde. So ist etwa bekannt, dass der

Kaiser engere Kontakte zu den Gonzaga, den Herrschern in Mantua, unterhielt, doch sind die Urkunden und Briefe des Habsburgers für diese Empfänger noch nicht aufgearbeitet. Friedrich hoffte dank der Verbindungen, die Alfons in Italien hatte, seine Interessen zu wahren, und so blieb er relativ lange, bis zum 20. April in Neapel.[39]

b) Rückkehr und neue Wirren

Abermals trennte sich das frisch vermählte Paar. Eleonore scheute offenbar die beschwerliche Fahrt zu Land und fuhr mit dem Schiff voraus nach Venedig. Der Kaiser ritt nochmals nach Rom, verweilte aber hier nur wenige Tage. Wir wissen wenig von diesem Aufenthalt.[40] Dann ging es ohne besondere Eile weiter nach Siena und Florenz, wo Friedrich etwas länger rastete. Wir werden nicht fehlgehen, wenn wir vermuten, dass hier die Probleme der Türken und Byzantiner zur Sprache kamen und Friedrich erfahren musste, dass die Bürger für einen Abwehrkampf gegen die Osmanen kaum zu begeistern waren. Allzu viel Erfolg dürfte dieser Besuch nicht gehabt haben.[41] Wichtiger waren die Verhandlungen in Ferrara, wo der Kaiser länger blieb und den Herren der Stadt, den Borso von Este, zum Herzog von Modena und Reggio und Grafen von Rovigo und Comacchio erhob. Gleichzeitig ernannte er mehrere von dessen Gefolgsleuten zu kaiserlichen Räten. Der Habsburger erhielt aus diesem Anlass beachtliche Beträge, die angeblich entscheidend für die Gnade des Kaisers waren. Für Friedrich, dem zum Beispiel die Gunst Mailands nur wenig bedeutete, war aber wohl wichtiger, dass er jetzt einen Verbündeten hatte, der wegen der räumlichen Voraussetzungen auch für seine Territorialpolitik in Istrien nützlich sein konnte. Von dieser Landschaft war Ferrara schließlich nicht allzu weit entfernt.[42] Diesen Überlegungen entsprach auch der nächste und für den Kaiser geradezu entscheidende Aufenthalt zu Venedig.

Friedrich kam am 21. Mai in die Stadt und blieb hier länger als eine Woche. Er traf wieder mit Eleonore zusammen und die Anwesenheit des kaiserlichen Paares verpflichtete die Machthaber, einen nicht mehr zu überbietenden Glanz zu entwickeln, der alles andere in den Hintergrund rückte, nicht zuletzt die politischen Gespräche, die daher nicht auffielen und geheim blieben. Aeneas war darüber besser informiert, teilte aber sein Wissen nicht mit. Er bemerkte nur knapp, dass sich der Kaiser bemühte, die Gegensätze zu mildern und Frieden zu stiften, aber zurückgewiesen wurde. Es kam gewiss der Krieg mit Mailand zur Sprache – der notwendige Friede wurde aber erst zwei Jahre später geschlossen, was aber kaum dem Habsburger angelastet werden kann. Der Kaiser hatte vermutlich inzwischen erfahren, dass Graf Ulrich von Cilli sich auf die Seite der Feinde geschlagen hatte, und diese Wendung war für Venedig interessant und wurde wohl auch diskutiert. Im Mittelpunkt der Verhandlungen stand aber sicherlich die Lage in Byzanz, doch wissen wir nur, dass der Kaiser alle enttäuschte, die von ihm energische Maßnahmen erwarteten. Einzelheiten sind nicht überliefert. Gerüchte liefen um, es sei erörtert worden, die Würden von Venezianern zu erhöhen. Entscheidende Beschlüsse, und das wäre wesentlich gewesen, wurden nicht gefasst. Insgesamt konnte der Kaiser auf seiner Rückreise aus Rom seine Bindungen zu den Machthabern des östlichen Oberitalien zwar ein wenig verbessern und festigen, viel war aber nicht gewonnen.[43]

Den letzten Teil der Fahrt im Juni 1452 legte er dann gemeinsam mit seiner jungen Frau zurück, über Portenau – die Herrschaft wurde ihr wenig später zur Sicherstellung ihres Heiratsgutes verpfändet[44] –, Villach, St. Veit, Judenburg und Bruck. Das Paar reiste durch Landschaften, deren Schönheit Eleonore wohl beeindruckten, doch ist fraglich, ob beide die Reise genießen konnten. Denn als sie am 20. Juni in Wiener Neustadt eintrafen, sahen sie sich den unerfreulichen Vorgängen in Österreich gegenübergestellt. Ulrich von Eitzing hatte die Abwesenheit Friedrichs genützt, um den Kreis seiner Anhänger zu erweitern. Er konnte unter den Adligen im Süden Böhmens und Mährens neue Freunde gewinnen, aber nicht erreichen, dass sich Georg von Podiebrad, der sich durch Verträge gebunden fühlte, gegen den Kaiser wandte. Entscheidend wurde es jedoch, dass wahrscheinlich wegen der latenten Spannungen zwischen Hunyadi und dem Grafen von Cilli dieser zu Eitzinger überlief und die Forderung nach einer vorzeitigen Auslieferung von Ladislaus jetzt unterstützte. Dank dieser Verstärkung hatte die Opposition während der Kaiserkrönung in den ersten Tagen des Februars 1452 ihre Anklagen gegen Friedrich beim Papst erneuert.[45] Nikolaus hatte damals längst alle für die Kaiserkrönung notwendigen Vereinbarungen getroffen. Unter diesen Voraussetzungen konnten die Beschwerden Eitzingers und seine Forderung, den zwölfjährigen Ladislaus aus der Vormundschaft zu entlassen, ebenso wenig Gehör finden wie die Behauptung, der Knabe, der gerade als Mitvertreter seiner Dynastie auftrat, werde ungebührlich behandelt. Der Papst verlangte daher die Anerkennung Friedrichs als Vormund und bannte, als diese verweigert wurde, dessen Feinde.[46] Deren überstürztes Vorgehen ist nur zu begreifen, wenn man bedenkt, dass auch Friedrich seine Maßnahmen überraschend fasste und rasch verwirklichte. So hatten seine Gegner keine Zeit, ihre Aktionen zu planen. Eitzinger selbst war zwar ein Meister der Improvisation, wie er in den ersten Dezembertagen in Wien bewiesen hatte, doch seine Eingaben bei der Kurie waren wenig überlegt und von vornherein zum Scheitern verurteilt.

Doch er fand wieder einen Ausweg. Nun beteuerte er, der Streit sei Angelegenheit des Landes, des österreichischen Herzogtums, betreffe nicht das Kaisertum und daher wäre auch der Papst damit nicht zu befassen. Dadurch wurden die Feinde Friedrichs erneut ermutigt. Sie versammelten sich Ende Juli zu Wien und übersandten ihm, dem Landesfürsten, an die 500 Absagebriefe.[47] Die Opposition hatte offenbar die Mehrheit im Herzogtum hinter sich. Der offene Kampf brach aus. Friedrich war dazu bereit und ließ Anfang August seinen Feldhauptmann Rüdiger von Starhemberg gegen Wien vorrücken, um den Aufstand niederzuwerfen. Rüdiger wurde aber vor den Toren der Stadt zurückgeschlagen. Nach manchen Angaben versagten die Söldner, da ihr Sold ausständig war, nach anderen Berichten führte der Einsatz von Kontingenten südböhmischer Adliger die Wende herbei. Bis dahin hatte der Kaiser in Wiener Neustadt verharrt, sich in der Stadt sicher gewogen und war nicht bereit, Ladislaus auszufolgen. Doch die Lage veränderte sich schlagartig. Der Partei Eitzingers stand plötzlich ein größeres Heer zur Verfügung, dem sich 4000 Wiener anschlossen, die eben noch zur Unterwerfung bereit gewesen waren. Dank dieser Verstärkung wurden die Aufständischen offensiv und standen bereits am 29. August vor Wiener Neustadt.[48]

Anmerkungen

[1] Vgl. etwa Reg. F.III.,4, Nr. 137 ff., 156 ff. Dazu Heinig, Die Mainzer Kirche, S. 521 ff. Voss, Dietrich von Erbach, S. 173 ff.

[2] Meuthen, Ein neues frühes Quellenzeugnis, S. 110 ff.

[3] Angermeier, Reichsreform, S. 118 ff.

[4] Zierl, Kaiserin Eleonore, S. 144 ff. Walsh, Deutschsprachige Korrespondenz, S. 405 ff. Maleczek-Pferschy, Eleonore, S. 426 ff.

[5] Lhotsky, Geschichte Österreichs, S. 206 ff. Niederstätter, Herrschaft, S. 117 f. Menzel, Ludwig der Bayer, S. 394 ff.

[6] Vgl. Zierl, Kaiserin Eleonore, S. 145.

[7] Koller, Reformen im Reich, S. 121 ff. Grössing, Naturwissenschaften, S. 249 ff.

[8] Chmel, Regesta, Nr. 5298.

[9] Reinle, Ulrich Riederer, S. 208 ff.

[10] Heinig, Hof, Regierung und Politik, S. 272 ff.

[11] Zierl, Kaiserin Eleonore, S. 146. Reinle, Ulrich Riederer, S. 262 f.

[12] Vgl. Reg. F.III., 13, Nr. 169.

[13] Thomas Ebendorfer, Chronica Austrie (MG SS NS 13), S. 392 f. Opll, Nachrichten, S. 143.

[14] Reg. F.III., 13, Nr. 181.

[15] Niederstätter, Jahrhundert, S. 203 ff. Vgl. dazu auch Reg. F.III., 13, Nr. 153, 175 ff., 183 u. 189.

[16] Heinig, Hof, Regierung und Politik, S. 530 ff. u. 638 ff.

[17] Reg. F.III., 13, Nr. 32 f. u. 41 f.

[18] Reinle, Ulrich Riederer, S. 258 ff.

[19] Reinle, Ulrich Riederer, S. 262 ff.

[20] Heinig, Hof, Regierung und Politik, S. 1361.

[21] Reinle, Ulrich Riederer, S. 273 ff.

[22] Vgl. Reg. F.III., 13, Nr. 223. Heinig, Hof, Regierung und Politik, S. 1362.

[23] Reinle, Ulrich Riederer, S. 272 ff.

[24] Opll, Nachrichten, S. 145 f. Thomas Ebendorfer, Chronica regum Romanorum (MG SS NS 18), S. 612 ff.

[25] Reg. F.III., 13, Nr. 228. Dazu Gutkas, Friedrich III. und die Stände, S. 158 f. Gutkas, Mailberger Bund, S. 53 ff.

[26] Opll, Nachrichten, S. 146. Czendes-Oppl, Wien, S. 154 ff. Niederstätter, Jahrhundert, S. 246 ff.

[27] Chmel, Regesta, Nr. 2760 u. 2771.

[28] Reg. F.III. 13, Nr. 196, doch dürfte bei der Zeremonie selbst dann nur Jakob Motz aufgetreten sein. Vgl. dazu Zierl, Kaiserin Eleonore, S. 146 f.

[29] Zierl, Kaiserin Eleonore, S. 147 f. Schmidt, Friedrich III., S. 314 ff. Maleczek-Pferschy, Eleonore, S. 430 ff.

[30] Hack, Empfangszeremoniell, S. 96 ff.

[31] Heinig, Hof, Regierung und Politik, S. 1362. Hack, Empfangszeremoniell, S. 99 ff.

[32] Chmel, Regesta, Nr. 2766.

[33] Reinle, Ulrich Riederer, S. 286 ff.

[34] Lhotsky, Kaiser Friedrich III., S. 140 f. Krieger, Habsburger, S. 188 ff. Hack, Empfangszeremoniell, S. 136 ff.

[35] Chmel, Regesta, Nr. 2778.

[36] Chmel, Regesta, Nr. 2777.

[37] Reinle, Ulrich Riederer, S. 294 ff.

[38] Reinle, Ulrich Riederer, S. 305 ff.

[39] Heinig, Hof, Regierung und Politik, S. 1362.

[40] Hack, Empfangszeremoniell, S. 186.

[41] Bis jetzt wurden nur die Angaben des Aeneas Silvius Piccolomini bekannt und verwertet. Vgl. dazu Reinle, Ulrich Riederer, S. 294 ff.

[42] Reg. F.III., 13, Nr. 239. Dazu Heinig, Hof, Regierung und Politik, S. 533 ff.

[43] Niederstätter, Jahrhundert, S. 198 ff.

[44] Reg. F.III., 13, Nr. 247 u. 251 f.

[45] Opll, Nachrichten, S. 147.

[46] Gutkas, Mailberger Bund, S. 375 ff.

[47] Oppl, Nachrichten, S. 147 f.

[48] Niederstätter, Jahrhundert, S. 248 f.

7. Familienzwist

a) Die Auslieferung des Ladislaus

Die turbulenten Vorgänge vom Sommer 1452 wurden von den Chronisten verzerrt dargestellt, die fast durchweg für die Feinde des Kaisers Partei ergriffen, aber kaum die vorangegangene und glückliche Bekämpfung der raubenden Söldnerbanden und die damit erreichte Beruhigung beschrieben, die erst Friedrichs Romfahrt ermöglicht hatte. Auch die Behauptung, Friedrich habe Ladislaus nur zur Krönung mitgenommen, um weitere Erfolge seiner Gegner zu vereiteln, kann nicht überzeugen, da der Habsburger in erster Linie mit möglichst vielen Mitgliedern seiner Familie, mit dem ganzen „Haus Österreich", in der Ewigen Stadt auftreten wollte und den Knaben Ladislaus dabei entgegen den Vorwürfen Eitzingers bestens herausgeputzt vorstellte. Der Kaiser dürfte schon wegen dieser gelungenen Demonstration überzeugt gewesen sein, er habe seine Widersacher überspielt. Die massiven regionalen Gegensätze, die Aversion der Wiener und Österreicher gegen die Steyrer, waren indes nicht zu überwinden, wurden von den Berichterstattern auch betont und gaben wohl den Ausschlag, dass sich Ulrich von Eitzing durchsetzen und den Kaiser Ende August entgegen allen Erwartungen in Wiener Neustadt bedrohen konnte. Die Feindschaften zwischen den Landschaften, die damals das Lager der Habsburger entzweiten, sind zu verstehen, wenn man bedenkt, dass damals die Sonderstellung Innerösterreichs bereits beabsichtigt und wohl schon zu erahnen war, die dann am 6. Januar des folgenden Jahres verfügt wurde. Die Menschen an der Donau fühlten sich übergangen.[1]

Es war unter diesen Voraussetzungen für den Eitzinger leicht, als Vertreter Österreichs im Land Anhang zu gewinnen. Außerdem war er in der Lage, Geld aufzutreiben, das dem Kaiser immer wieder ausging. Er verpfändete nämlich schon im Januar 1452, als er als Verweser des Landes anerkannt war, die Einnahmen österreichischer Städte für die kommenden zwei Jahre deren Bürgern. Er stützte und förderte auf diese Weise nicht nur deren Selbstverwaltung, sondern erhielt auch Mittel, die in ihrer Höhe wohl kaum den üblichen Anschlägen entsprachen, aber dafür schneller zur Verfügung standen. Es ist derzeit nicht bekannt, an welche Gemeinden er sich wandte, doch richtete er seine Forderungen sicherlich an zahlreiche Orte. Welche Summen er tatsächlich eintrieb, ist nicht überliefert, doch reichten sie aus, dass seine Handlungsfreiheit zunahm.[2] Es geht auch aus den Quellen nicht hervor, ob sich der Kaiser wirklich in ernster Gefahr befand, als er in Wiener Neustadt bedroht wurde. Es wurde nur berichtet, dass Andreas Baumkircher einen Angriff abwehrte.[3] Ungünstig war die Lage des Habsburgers nicht. Aus den wortreichen, aber dann doch wieder unzureichenden Angaben des Aeneas ist nur zu erfahren, dass der Salzburger Erzbischof Siegmund, ein konsequenten Anhänger des Baseler Konzils, den Ausgleich des Kaisers mit seinen Feinden vermittelte. Exakte Mitteilungen lieferte der Humanist nicht, er war mehr darum bemüht, bei dieser Gelegenheit den Metropoliten, den er gar nicht schätzte, mit erheiternden Sätzen abzuwerten. Das entscheidende Geschehen überging er nach Möglichkeit, es entsprach offenbar nicht seinen Vorstellungen.[4] Doch verraten die wenig später geschlossenen Vereinbarungen, dass es gelang, Graf Ulrich von Cilli für einen Frieden zu gewinnen. Cilli war bereit, einem Waffenstillstand zuzustimmen, anerkannte aber das von Hunyadi gegebene Versprechen nicht, Ladislaus bis zu dessen 18. Lebensjahr am Kaiserhof zu lassen, sondern verlangte dessen Auslieferung. Ob der Kaiser sich mit dem vorzeitigen Einsatz des Knaben als König von Ungarn nur schwer abfand oder ob er voraussah, dass unter seinen Feinden bald ein neuer Streit ausbrechen werde, und hoffte, dann wieder die Initiative an sich reißen zu können, wissen wir nicht. Er durfte auch erwarten, in den weiteren Verhandlungen eine entscheidende Rolle zu spielen. So stimmte er dem Vertrag zu, den als Schiedsleute der Erzbischof von Salzburg, die Bischöfe von Freising und Regensburg und der Markgraf von Baden am 1. September in Wiener Neustadt für den Kaiser und für Graf Ulrich von Cilli schlossen. Demnach war die Belagerung Wiener Neustadts sofort abzubrechen und Ladislaus dem Grafen von Cilli zu übergeben, in dessen Obhut das Kind bis zum 11. November bleiben sollte. An diesem Tag sollten sich dann die österreichischen „Parteien" – später wurden diese Gemeinschaften auch in Österreich als Stände bezeichnet – sowie die Vertreter der Stände aus Böhmen und Ungarn und zusätzlich einige namentlich genannte Reichsfürsten in Wien einfinden, um zu entscheiden, wie Ladislaus einzusetzen sei. Sie sollten auch über die Ansprüche und Schadensforderungen des Kaisers verhandeln. Ferner waren die Versammelten, sofern sie scheiterten, verpflichtet, die Rechte Friedrichs zu wahren. Überdies sollten alle eroberten Burgen und Besitzungen zurückgegeben werden, doch wurde nicht erläutert, welche Burgen und Besitzungen davon betroffen waren.[5]

Dank dieses für den Kaiser nicht ungünstigen Ausgleichs wurde Ladislaus am 4. September dem Ulrich von Cilli übergeben, der mit dem Knaben sofort nach Wien ritt und als dessen Beschützer zwar in der Stadt blieb, aber ihn schon am 6. September an Ulrich von Eitzing übergab. Von diesem wurde der Junge demonstrativ und mit größtem Aufwand empfangen und als rechter Landesfürst geehrt. Eitzinger durfte sich als Sieger und Verweser des Herzogtums gebärden, musste aber hinnehmen, dass Graf Ulrich in Österreich weiterhin als Beschützer des Knaben auftrat, der sich wohl selbst eher als Ungar gefühlt haben dürfte. Bald traf auch eine ansehnliche ungarische Gesandtschaft in der Donaumetropole ein und verlangte die Auslieferung ihres Königs. Die Herren mussten sich gedulden und die vereinbarte Tagung abwarten, zu der die vorgesehenen deutschen Fürsten dann tatsächlich eintrafen. Die entscheidenden Beratungen und geplanten Feierlichkeiten nahmen zum vorgesehenen Termin am 11. November in Gegenwart einer kaiserlichen Gesandtschaft ihren Verlauf. Ladislaus wurde als König von Böhmen und Ungarn angenommen und mit einer Würde ausgezeichnet, die allerdings den Vorstellungen Eitzingers kaum entsprach, der Ladislaus in erster Linie als Landesherr in Österreich haben wollte. Jetzt konnte sich die ungarische Gesandtschaft durchsetzen und erreichen, dass Ladislaus zu Beginn des Jahres 1453 nach Pressburg gebracht wurde, um dort die Treueide der Ungarn im Land selbst entgegenzunehmen. Eitzinger hatte seine führende Rolle eingebüßt.[6]

Er gab aber nicht auf und veranlasste, dass Ladislaus schon im Februar des Jahres 1453 nach Wien zurückkam, wo er allerdings dem Einfluss Ulrichs von Cilli unterworfen war. Vieles blieb in der Schwebe. Nach wie vor wurde die Lage von Händeln und Fehden belastet, die in der Grenzregion zwischen Österreich und Ungarn wegen der Burgen und Besitzungen ausgetragen wurden, die der Kaiser nach dem Vertrag vom 1. September übergeben sollte. Eine brauchbare Entscheidung stand noch immer aus. Der Streit war jetzt, da Ladislaus in Ungarn als König anerkannt war, ein Zank innerhalb des Hauses Österreich geworden. Deshalb wurde Herzog Albrecht VI. als neutraler Vertreter der Familie ermächtigt, sich der Sache anzunehmen. Diesem glückte es, einen Frieden auszuhandeln, der am 26. März 1453 geschlossen und von Friedrich III. auch angenommen wurde, obwohl er die Forderung zu erfüllen hatte, die ungarischen Güter aufzugeben, die er bis dahin immer verteidigt hatte.[7] Die vielen Zwistigkeiten im Grenzgebiet von Österreich und Ungarn waren damit, wenigstens für eine geraume Zeit, gemildert. Völlig beruhigt war die Lage nicht, da inzwischen die Gegensätze zwischen Ulrich von Cilli und dem Hunyadi, der nach wie vor als Verweser Ungarns auftrat, zugenommen hatten. Dies nützte wieder Eitzinger aus, der zu Hunyadi Kontakt aufnahm und jetzt stark genug war, den Grafen von Cilli mit einem Handstreich auszuschalten. In einer Septembernacht drang er mit bewaffneter Macht in die Wiener Burg ein, in der Ladislaus, dessen Schwester und Graf Ulrich schliefen, und zwang den Knaben, den Grafen aller Ämter in Ungarn zu entheben und die Stadt zu verlassen. Die deutschen Fürsten, die noch immer anwesend waren und sich bemühten, die Zwistigkeiten des Kaisers mit seinen Nachbarn beizulegen, gaben sich zufrieden und nahmen hin, dass Ladislaus Ende des Jahres Johannes Hunyadi abermals zum Gubernator Ungarns bestellte.[8] Diese Entscheidungen wurden auch für die Zustände in Böhmen wichtig, wo sich in den Wirren der Jahre 1450/51 Georg von Podiebrad als führende Persönlichkeit durchgesetzt hatte – er soll sogar im Sommer 1452 mit einem Heer unterwegs gewesen sein, um dem in Wiener Neustadt belagerten Kaiser beizustehen. Er wurde im Frühjahr des Jahres 1453 von Friedrich als Gubernator in Böhmen anerkannt. Seinem Wunsch, den Ladislaus nach Böhmen zu überstellen, mussten die Stände Österreichs entsprechen. Der Knabe wurde nach Mähren geführt, dort als Landesherr anerkannt, dann nach Prag gebracht, im Veitsdom am 28. Oktober 1453 feierlich gekrönt und blieb für einige Monate bei Georg, dessen Ansehen mit der Verfügungsgewalt über den unmündigen König gefestigt war.[9] Damit waren die Hoffnungen der österreichischen Stände, Ladislaus in Wien aufzuziehen und als Symbol ihrer Eigenständigkeit vorzuzeigen, weitgehend verspielt. Für den Kaiser war auch nicht viel gewonnen. Auf einem zu Krems zusammengetretenen Tag am 1. November 1453 konstituierte sich ein aus zwölf Männern gebildetes Gremium, das für sich das Recht herausnahm, für Ladislaus bis zu dessen zwanzigstem Lebensjahr die Regierungsgeschäfte im Herzogtum Österreich wahrzunehmen. Friedrich blieb weiterhin ausgeschaltet.[10]

Albrecht VI. widmete sich nach der Rückkehr aus Rom hauptsächlich seinem Territorium, das ihm schon 1439 zugestanden worden war und das allmählich zu jenem Gebilde wurde, das später als Vorderösterreich für Jahrhunderte bestand. Der Habsburger sah jetzt ein, dass die Besitzungen am äußersten Rand seines Machtbereiches kaum zu behaupten waren, wie der um 1450 schon kaum mehr aufzuhaltende Verlust von Freiburg im Üechtland bewies.[11] Diese Schlappen hatten sich früh abgezeichnet und so hatte sich schon Friedrich entschlossen, seine Aktionen auf die Sicherung der Besitzungen im Elsass mit der Grafschaft Pfirt als Schwerpunkt auszurichten. Mit dem Auslaufen der erbitterten Feindschaft zu den Eidgenossen – der Alte Zürichkrieg wurde zwischen 1446 und 1450 beendet – musste noch der Verzicht auf den Aargau hingenommen werden. Dafür konnte sich Albrecht stärker für die Sicherung der Güter am Rande des Schwarzwaldes einsetzen, wie sein Kampf um Rheinfelden bewies.[12] Nachdem schon lange der Erwerb der Landvogtei Schwaben vorbereitet worden war, wurde dem Albrecht vom Kaiser der Anspruch auf dieses Gebiet im Sommer 1452 abermals bestätigt und erweitert.[13] Diesen Plänen entsprachen auch die im gleichen Jahr eingeleiteten Verhandlungen zur Gründung einer Universität zu Freiburg im Breisgau, der Residenz Albrechts, ein untrügliches Anzeichen, dass dieser hier bleiben wollte.[14] Er konnte sich als dominanter Fürst des Raumes fühlen und wollte offensichtlich sein Territorium hauptsächlich nördlich des Bodensees vergrößern. Für die Verwirklichung dieser Hoffnungen waren allerdings enorme Beträge erforderlich, die ihm der Kaiser zu Beginn 1453 zusicherte. Im folgenden Jahr unterstützte Friedrich mit Nachdruck die landesfürstliche Expansionspolitik des Bruders im Elsass. Mit dieser Schwerpunktverlagerung des habsburgischen Einflussgebietes, mit dem Rückzug von dessen äußerster Westgrenze, wurde als Ausgleich die Abrundung der bis dahin weitgehend aufgesplitterten österreichischen Macht im Südwesten des Reichs entscheidend vorangetrieben. Deren Konsolidierung glückte nicht zuletzt durch eine neuerliche Aufteilung der Aufgaben. Albrecht regierte jetzt endgültig westlich des Arlberges, Siegmund in Tirol und Friedrich am Ostrand der Alpen. Die Verstimmungen, die das Haus Österreich lange belastet hatten, schienen der Vergangenheit anzugehören, zumal die Gegensätze an der Donau deutlich gemindert worden waren.[15]

Der Kaiser zog sich jetzt für mehrere Jahre in die Länder zurück, die ihm zustanden, blieb aber die meiste Zeit in Wiener Neustadt und wich nur gelegentlich nach Graz aus.[16] Es war auch für die Zeitgenossen nicht zu erkennen, ob er, als über die Vormundschaft für Ladislaus gerungen wurde, vor der Gewalt seiner Gegner zurückgewichen war oder ob er nicht etwa, angewidert von dem endlosen Zank der Ungarn, Böhmen und Österreicher, eher gern das umstrittene Kind herausgab. Als er nämlich Ende des Sommers in Wiener Neustadt belagert wurde und auf sein Mündel verzichtete, war seine Lage gar nicht so hoffnungslos, wie die Chronisten behaupteten, seine Gegner waren sich keineswegs einig und der vor allem von Ulrich von Eitzing zusammengefügte Bund von Österreichern, Ungarn und den Grafen von Cilli war brüchig, wie sich bald herausstellte und soeben dargestellt wurde. Unter diesen Gegebenheiten widmete sich der Kaiser lieber seiner engeren Heimat, den Herzogtümern Steyr, Kärnten und Krain. Hier hatte er sich noch auf härtere Auseinandersetzungen mit den Grafen von Cilli und den Grafen von Görz einzustellen, eine eher zu bewältigende Aufgabe als der endlose Zank mit den österreichischen Adligen wegen der von König Albrecht II. verursachten Schulden. Diese neue Orientierung auf die innerösterreichischen Lande war gegeben, als Friedrich am 6. Jänner 1453 die österreichischen Freiheitsbriefe, nunmehr als Kaiser, abermals bestätigte, doch fiel diese Maßnahme den Zeitgenossen kaum auf und wurde auch von späteren Generationen einfach mit früheren Verfügungen gleichgesetzt und daher wenig gewürdigt.[17]

Sie wird auch von der Forschung bis heute unterschätzt und meistens wird angenommen, das darüber ausgestellte Diplom sei lediglich die Wiederholung der bereits im Sommer 1442 erfolgten Anerkennung habsburgischer Privilegien mit kaiserlicher Machtvollkommenheit. Dabei wird nicht beachtet, dass sich der Tag der Krönung zu Rom als Termin dazu angeboten hätte, aber von Friedrich nicht genutzt wurde. Vielleicht meinte er, für diese imperiale Bestätigung eigne sich eher ein hoher Festtag wie das Fest der Heiligen Drei Könige, mit dem auch die neue Würde des Habsburgers besser zum Ausdruck gebracht werden könne. Vielleicht brauchte er aber nur Zeit, um den Text des Dokumentes sorgfältig konzipieren zu können. Im Gegensatz zum Vorgehen im Jahre 1442, als die österreichischen Freiheiten nur anerkannt wurden, setzte der Kaiser nämlich jetzt in einem längeren, der eigentlichen Bestätigung vorgeschobenen Abschnitt zusätzlich und wortreich fest, dass die Fürsten des Hauses Österreich, die Steyr, Kärnten und Krain innehaben – aber nur diese –, den Titel eines Erzherzogs führen und das Recht haben sollten, Privilegien auszustellen, Abgaben nach eigenem Ermessen zu erhöhen, geeignete Personen in den Adelsstand zu erheben und darüber hinaus noch Uneheliche zu legitimieren und Juden zu besteuern.[18] Es ging 1453 nicht um eine Bestätigung, sondern um eine ganz wesentliche Erweiterung der österreichischen Freiheitsbriefe. Es ist kennzeichnend für den Stand der Forschung, dass meist nur die Bestimmung angeführt wird, die Würde eines Erzherzogs solle den Inhabern der Herzogtümer Steyr, Kärnten und Krain vorbehalten bleiben.[19]

Es muss allerdings auch eingestanden werden, dass viele Bestimmungen dieses Dokuments nicht ohne weiteres zu verstehen sind und daher noch nicht mit den damaligen Verhältnissen in Einklang gebracht wurden. So vertrat der Kaiser schon in den ersten Abschnitten des Schriftstückes die These, er dürfe „allgemeine und neue Privilegien und große Freiheiten" vergeben. Dieser Satz wird deutlicher, wenn man bedenkt, dass diese Bestätigung nach den einleitenden Worten „in perpetuum" – für alle Ewigkeit – Rechtskraft behalten sollte. Diese Formel wurde aus päpstlichen Privilegien übernommen, doch wurde in diesem Fall keine Vorlage gedankenlos abgeschrieben; wir müssen vielmehr annehmen, dass der Habsburger seinem Dokument von 1453 tatsächlich die Eigenschaft eines allzeit gültigen Gesetzes geben wollte, da er auch im Text selbst mehrmals die unbeschränkte Beständigkeit der Satzungen betonte. Zunächst vermied er diese klare Terminologie, erwähnt am Ende der Bestimmungen des Privilegs aber ein „allgemein kaiserlich geschriebenes Gesetz". Zur eindeutigen Interpretation dieser nicht durchweg übereinstimmenden Formulierungen wären Spezialarbeiten notwendig, die noch nicht vorliegen. Nach diesem wichtigen Abschnitt werden die zu bestätigenden Freiheitsbriefe knapp zitiert, aber nicht in vollem Wortlaut wiedergegeben, und es wird festgehalten, alle Mängel dieser Dokumente – die Art dieser Unzulänglichkeiten bleibt offen – seien für ewige Zeiten aufgehoben. Unverkennbar schwingt hier Friedrichs Vorliebe für Unklarheit wesentlich mit, aber es war ja nicht vorauszusehen, welche Einwände in Zukunft noch erhoben werden könnten.

Wir müssen jetzt nochmals zum Wortlaut der entscheidenden einleitenden Sätze zurückkehren, mit denen die nur für die Inhaber der Fürstentümer Steyr, Kärnten und Krain geltenden Vorrechte festgehalten werden. An erster Stelle wird bestimmt, dass der Erzherzogtitel – der von der Forschung der Gegenwart immer berücksichtigt wurde – den Inhabern dieser Herzogtümer vorbehalten bleiben sollte. Anschließend wird ihnen das bei weitem wichtigere Privileg zugestanden, Aufschläge, Mauten, Zölle und andere Einnahmen nach eigenem Ermessen in ihren Ländern erhöhen und den Zeitpunkt der Ablieferung vorschreiben zu dürfen. Diese Modernisierung des Besteuerungssystems war übrigens zur gleichen Zeit von Martin Mayr zur Diskussion gestellt worden, der damals am habsburgischen Hof weilte.[20] Weiter wird ausführlich verfügt, dass die innerösterreichischen Fürsten neue Adlige in beliebiger Höhe und Rangordnung ernennen dürfen. Da Wappenverleihungen, ein vom Reichsoberhaupt oft gehabtes und daher längst bekanntes Recht waren, wurden diese Sätze kaum beachtet und erst jüngst hervorgehoben.[21] Dieses Recht wurde nämlich von Friedrich, wie erst eine sorgfältige Lektüre erkennen lässt, mit der Absicht ausgeweitet, die personelle Zusammensetzung der Oberschicht formen zu dürfen. Der Landesfürst sollte offensichtlich die Konsolidierung der sich bildenden Stände bestimmen und vorschreiben können, da sich die Macht dieser Gruppen, die neuerdings der Bereitstellung notwendiger Mittel zustimmen durften, damals deutlicher abzeichnete. Die dann folgenden Abschnitte, in denen die Besteuerung der Juden und das Recht, uneheliche Personen zu legitimieren, angeführt werden, sind tatsächlich Ergänzungen von geringer Bedeutung und verdienen nicht, über Gebühr beachtet zu werden. Wegen der auffallenden Verfügung zum Erzherzogstitel wurde von den Historikern richtig erkannt, dass sich die Bestätigung vom 6. Jänner 1453 vor allem gegen Ladislaus und dessen Helfer richtete, doch wäre zu bedenken, ob auf diese Weise der Knabe nicht einfach in den ungarischen Machtbereich abgedrängt werden sollte.

Die Bestätigung und Erweiterung der Privilegien des Hauses Österreich war Anlass, dass Friedrich und Albrecht am 8. Jänner abermals einen Herrschaftsvertrag schlossen. Darin wurde der Kaiser als Landesfürst in Innerösterreich nochmals anerkannt, Albrecht bekam die Besitzungen jenseits des Arlbergs zugewiesen – Schwaben, Elsass und Sundgau wurden wieder an erster Stelle aufgezählt. Der Kaiser versprach Albrecht 108000 Gulden, dafür sollte Albrecht ihm die Städte Freiburg, Breisach, Neuenburg und Ensisheim überlassen. Zwei Tage später ermächtigte Friedrich seinen Bruder, mit Herzog Siegmund von Österreich Verhandlungen aufzunehmen, damit sich dieser an der Auslösung versetzter Herrschaften beteilige. Laut einem weiteren kaiserlichen Brief vom 22. Februar 1453 hatte Albrecht bis dahin von den zugesagten 108000 Gulden nur 64000 Gulden erhalten, sollte aber den ausständigen Restbetrag noch im Laufe des Jahres bekommen. Die Dokumente lassen erkennen, dass die Herrschaft des Jüngeren vor erheblichen Schwierigkeiten stand, dass aber erwartet wurde, es werde deren Bewältigung gelingen, sofern der Kaiser die versprochenen Gelder aufbrachte. Albrecht setzte sich tatsächlich weiterhin mit Nachdruck im Südwesten des Reichs ein und war hier durch einige Jahre eine wertvolle Stütze des Hauses Österreich. Doch geriet er 1455 in neue Fehden und Konflikte, die ihn veranlasst haben könnten, wie vorausgeschickt werden darf, im März 1456 wieder nach Wien auszuweichen.[22]

Der Kaiser blieb seit dem Sommer 1452, von kurzen Reisen nach Graz abgesehen, jahrelang in Wiener Neustadt. Dafür gab es mehrere Gründe. Er mied bis 1458, solange Ladislaus lebte, das Land an der Donau und dessen Hauptstadt Wien, dessen Adel ihm viel Ärger bereitet hatte. Es gab keine Gründe, in den Westen der habsburgischen Besitzungen zu kommen, wo Albrecht eingesetzt war und freie Hand hatte, und endlich war Friedrich auch gezwungen, sich der zu Beginn des Jahres 1453 in Aussicht genommenen Neuorganisation Innerösterreichs zu widmen. Die damit eingeleitete Phase der Unbeweglichkeit Friedrichs fiel längst auf und wurde mit den Schwierigkeiten erklärt, in die der Kaiser geriet. Er soll sich nur in seiner Lieblingsresidenz sicher gefühlt haben, deren Bürger verlässlich waren. Gegen diese These ist vorzubringen, dass Stadt und Burg Wiener Neustadt nicht leicht zu verteidigen waren und sich dafür andere Stützpunkte, wie Graz, weitaus besser eigneten. Außerdem war der Kaiser in den zunehmenden Händeln und Konflikten mit ungarischen Adligen und dem Grafen von Cilli nicht unmittelbar bedroht. Sein auffälliges Ausharren in seiner Residenz war vielmehr auf die Rücksicht und die Sorge um seine Gattin zurückzuführen. Für den dynastisch denkenden und ausgerichteten Habsburger war die Geburt eines Nachfolgers entscheidend und hatte Vorrang gegenüber allen anderen Ereignissen. Auch war wegen der hohen Kindersterblichkeit – das Aussterben von Dynastien war damals fast die Regel – besondere Vorsicht angebracht. Der Kaiser verzichtete hauptsächlich aus diesen Gründen auf Reisen, um zusätzliche Belastungen seiner zarten und kaum sehr widerstandsfähigen Gemahlin zu vermeiden. Wie berechtigt diese Sorgen des Kaisers waren, sieht man schon daran, dass sie im Alter von nur 31 Jahren starb. Wichtig wäre es, mehr von ihren Schwangerschaften zu erfahren. Doch darüber wurde die Allgemeinheit nicht informiert und eine knappe Bemerkung, dass der Kindersegen auf sich warten ließ, verrät zu wenig. Es ist aber bezeichnend, dass der Habsburger 1456 – im November des Vorjahres war ihm der erste Sohn geboren worden – sofort wieder beweglicher wurde. Die Sorgen Friedrichs waren allerdings nicht überwunden, da der Knabe schon nach wenigen Monaten starb. Auf einen Nachfolger musste weiter gewartet werden, der endlich am 22. März 1459 das Licht der Welt erblickte und Maximilian genannt wurde. Er verursachte neue Ängste, da seine Entwicklung vorerst Mängel zeigte, die aber zum Glück im Laufe des körperlichen Wachstums verschwanden.[23]

Die Namen der Kinder entsprachen nicht der Familientradition. Der erste Knabe, der nur wenige Monate lebte, wurde Christoph getauft – ein Name, der für das Rittertum dieser Zeit ein Symbol und Mode war. Friedrich folgte offensichtlich der Grundtendenz der damals üblichen Heiligenverehrung und könnte gehofft haben, der Namenspatron werde dem Kind ein langes Leben sichern. Doch diese Erwartung erfüllte sich nicht. Als wieder ein Junge geboren wurde, fiel die Wahl auf Maximilian, der nach dem Wissensstand des Spätmittelalters Märtyrer und Bischof von Lauriacum (Lorch/Enns) gewesen war und in Passau verehrt wurde. Demnach schätzte der Kaiser, wie auch die spätere Kanonisation Markgraf Leopolds III. von Österreich bewies, vor allem die regionalen Kulte und vertraute diesen. 1460 wurde Eleonore wieder Mutter, doch starb auch dieses Mädchen Helene bald nach der Geburt. Mehr Glück hatten die Eltern dann mit der 1465 geborenen Kunigunde, die überlebte. Unglück brachte dagegen ein Knabe Johannes, der 1466 zur Welt kam und seine Mutter sichtlich schwächte. Eleonore verschied schon im folgenden Jahr und zu ihrem frühen Tod am 3. September 1467 trugen die vielen und wohl auch schweren Geburten gewiss bei.[24]

Die Kaiserin hatte sich das Leben in ihrer Ehe wohl ganz anders vorgestellt. Die Fahrt zur Hochzeit und Krönung in Rom und dann durch Italien nach Wiener Neustadt war von Festen und Unterhaltungen geprägt gewesen, die sie genoss. Nun war sie der Eintönigkeit in Wiener Neustadt ausgeliefert, wo es kein pulsierendes urbanes Leben wie in Lissabon gab. Es fehlten prächtige Bauten und auch die Bürgerhäuser waren nur bescheiden. Alles war vom Hof abhängig, der sich noch hauptsächlich aus gelehrten Klerikern zusammensetzte, die kaum ein für die Kaiserin interessantes Umfeld waren. Auch die Burg selbst, die Residenz des Kaisers, war in der Anlage zwar eindrucksvoll, aber eher noch eine Baustelle als ein prächtiges Haus. Bald wurden die zwischen den Eheleuten erwachsenden Gegensätze deutlich, die von der Umwelt mehr mit Schadenfreude als mit Anteilnahme zur Kenntnis genommen wurden. Die Gelassenheit Friedrichs, mit der dieser auf Schicksalsschläge reagierte, wurde für die impulsive Frau unerträglich. Aus ihren Briefen sind Offenheit und Reichtum an Gefühlen zu erschließen, Eigenschaften, die dem Kaiser eher fremd waren.[25] So kam es auch zum Streit wegen der Sorge um die Kinder. Eleonore bemühte sich, wohlschmeckende Speisen zu beschaffen, Friedrich, der sich in

diesem Fall sehr energisch durchsetzte, war überzeugt, dass nur die her-
kömmliche landesübliche Kost der Gesundheit der Kleinen dienen könne.
Es kam deshalb sogar zu ehelichem Zank. Auch in politischen Belangen
stimmte das Paar wohl nicht immer überein, doch dürfte die Kaiserin
in diesem Bereich kaum allzu aktiv geworden sein, da sie die für den
deutschen Bereich entscheidenden Zustände kaum hinreichend erfassen
konnte.

Zum Rückzug Friedrichs in die Erblande trug auch bei, dass im Reich
ungehemmt die kleinlichen Gegensätze weiterhin mit Fehden ausgefoch-
ten wurden, die der Kaiser kaum entscheidend eindämmen konnte. Alle
diese Konflikte verloren viel ihrer Bedeutung und das in nebensächliche
Unstimmigkeiten verstrickte Abendland wurde aufgeschreckt, als die
Stadt Byzanz, die schon mehrmals von den Osmanen bedroht worden war
– der Kaiser der Griechen hatte auch von Friedrich Hilfe erbeten –, nach
längerer Belagerung am 29. Mai 1453 von den Türken erobert wurde.[26]
Dem Fall war ein längerer Niedergang des griechischen Reiches vorausge-
gangen. Das Oberhaupt der angreifenden Moslems, der Sultan Mehmed II., passte sich dieser Entwicklung an. Er verstand sich nicht nur als
Oberhaupt des Islam, sondern auch als Rechtsnachfolger des byzantinischen Herrschers, des Basileus, der selbst in den Kämpfen gefallen war.
Viele Gläubige der Ostkirche hatten sich längst mit der Überlegenheit der
Osmanen abgefunden und waren bereit, sich zu unterwerfen. Damit wurden die ärgsten Auswüchse des blutigen Geschehens ein wenig gelindert.
Dennoch erregte das Ereignis im Westen viel Aufsehen, wurde indes
unterschiedlich aufgenommen. Für viele lag Konstantinopel weit außerhalb ihres Horizontes. Viele Deutsche wussten zum Beispiel kaum, ob die
Griechen zum befreundeten oder zum feindlichen Ausland zu rechnen
seien. Allenfalls waren Teile des mitteleuropäischen Klerus, sofern sie Spu-
ren eines Reformeifers bewahrt hatten – und dafür gibt es einige Anzeichen –, vom Verfall der byzantinischen Macht betroffen, waren doch dadurch der Schwächezustand und die Anfälligkeit des Christentums ganz
allgemein offenbar geworden.[27] Insgesamt reagierte das Abendland unterschiedlich. Eine Ausnahme bildete Burgund, wo die hochmittelalterliche,
von den Grundsätzen des Rittertums getragene Welt noch immer fortleb-
te, wie der Einsatz des Adels dieses Raums bei den merkwürdigen Kreuz-
zügen des ausgehenden 14. Jahrhunderts bewiesen hatte. Herzog Philipp
war daher einer der wenigen lateinischen Machthaber, die echtes Verständnis für das ansonsten in seiner Stärke sehr unterschiedliche Wehkla-
gen über den Fall von Byzanz aufbrachten und für die Vorgänge im Orient
wahres Interesse zeigten.

Friedrichs Anteilnahme am Schicksal der Griechen war dagegen gering.
Er dürfte bei seinem Aufenthalt im Vorjahr zu Venedig erfahren haben,

wie erbärmlich der Zustand der verfallenden Metropole am Rande der christlichen Welt wirklich war und gab sich den im Abendland verbreiteten Illusionen, die byzantinische Kirche befände sich in bestem Zustand, wohl kaum hin. Er fühlte sich auch nicht unmittelbar bedroht, da die Ungarn in diesen Jahren einige kleinere Vorstöße der Osmanen erfolgreich zurückgeschlagen hatten und sogar einen längeren Waffenstillstand mit dem Sultan aushandeln konnten.[28] Da dessen Hauptkräfte außerdem durch den Kampf um Konstantinopel gebunden waren und sich Belgrad als christliches Bollwerk damals noch bewährte, schien eine unmittelbare Gefahr für den Kaiser nicht zu bestehen. Bestärkt wurde diese Haltung wenige Jahre später, wie vorausgeschickt werden darf, als 1456 der Sultan Mehmed II. eine schwerere Niederlage durch Johannes Hunyadi hinnehmen musste.[29] Ungeachtet des Verlustes von Byzanz war die Bedrohung durch die Türken für viele Christen des Abendlandes kein Anlass für größere Ängste. Der Kampf gegen die Türken wurde vor allem von Aeneas Silvius gefordert, der sich auf diese Weise profilieren und sogar den Grundstein für den Aufstieg zu päpstlicher Würde legen konnte. Es ist freilich kaum festzustellen, wie weit der Ablauf der folgenden Ereignisse von ihm tatsächlich bestimmt wurde. Er verschwieg, dass er im Einverständnis mit dem Kaiser aktiv wurde, der ihm allerdings Handlungsfreiheit einräumte und sogar, sofern wir der Darstellung des Humanisten vertrauen wollen, völlig von dessen Rat abhing. Der Aktivität des Aeneas ist es jedenfalls anzurechnen, dass Papst Nikolaus V. am 30. September 1453 zum Kreuzzug gegen die Türken aufrief.[30]

Auch der Kaiser versprach, Maßnahmen zu ergreifen und einen Kongress einzuberufen, er zeigte sich sogar bereit, die Reichstage zu beleben, die im letzten Jahrzehnt nur selten zusammengekommen waren und kaum etwas erreicht hatten. Sorgfältig wurden neue Tagungen geplant und von Aeneas bestens vorbereitet. Die wichtigsten Potentaten wurden mit Schreiben vom Januar 1454 eingeladen, sich Ende April in Regensburg einzufinden.[31] Der Wille, bei der Versammlung präsent zu sein, wurde zunächst von vielen angekündigt, doch bald wurde offenbar, dass sich die gekrönten Häupter, sofern sie überhaupt reagierten, lieber von Gesandten vertreten ließen. Nur Herzog Philipp von Burgund, der in den ersten Tagen des Mai in Regensburg eintraf, trat als mächtigster Vertreter der Christenheit ernsthaft für den Kampf gegen die Türken ein, doch blieb unklar, ob ihn diese Aufgabe wirklich bewegte – unwahrscheinlich ist das nicht – oder ob er nur die Berechtigung seiner Ansprüche auf Reichsgebiet demonstrieren wollte.[32] Bald stellte sich heraus, dass die deutschen Fürsten zwar über Kreuzzüge gegen die Türken verhandelten, sich aber von anderen Problemen nur zu gern ablenken ließen. Die Reichsreform kam wieder zur Sprache, aber auch die nach wie vor andauernden Feind-

seligkeiten, die den Deutschen Orden und den König von Polen entzweiten, bewegten die Gemüter.[33] Zum erhofften Kongress der Großen des
Abendlandes mit dem Ziel, dem Kampf gegen die Türken eine entscheidende und für die Christenheit glückliche Wende zu geben, wurde die Regensburger Versammlung nicht. Das war für Friedrich Grund genug, Mitte
Mai seine angekündigte persönliche Teilnahme wieder abzusagen.[34] Ob er
ernsthaft erwogen hatte, die geliebte Wiener Neustadt und seine Gattin zu
verlassen, und ob und wie sich diese zu der in Aussicht stehenden weiten
Reise verhalten hatte, ist nicht bekannt. Vielleicht wollte Friedrich aber
nur ein neuerliches Treffen mit Philipp vermeiden.

Die Abwesenheit des Habsburgers war mit seiner kaiserlichen Würde
kaum zu vereinen und sein Fehlen gab nunmehr Anlass zu berechtigter
und harter Kritik. Denn wenn auch Friedrich wusste, dass der Reichstag
sein Ziel, den Kampf gegen die Türken zu organisieren, nicht erreichen
und dass der Krieg gegen die Osmanen in Mitteleuropa keine Unterstützung finden werde, so muss ihm doch vorgeworfen werden, dass er sich
nicht einmal den Aussprachen stellte und als Reichsoberhaupt untätig
blieb. Es ist ihm auch anzulasten, dass die noch immer akute, aber deutlich
erlahmende Reichsreform wenig vorankam. Deren Thematik wurde zwar
stark eingeschränkt, da fast nur mehr über die höchste Gerichtsbarkeit
verhandelt wurde, doch gerade diesen Fragen stand er aufgeschlossen
gegenüber. Denn wenn er auch viele Aufgaben als Reichsoberhaupt ver-
nachlässigt hatte, seine Funktion als oberster Richter hatte er stets wahrgenommen. So wurde sein Fehlen, wenn dieses Thema in Regensburg zur
Sprache kam, besonders deutlich. Sofern die wenigen Quellen nicht trügen, verlor man sich in unfruchtbaren Diskussionen. Es wurde nicht zur
Kenntnis genommen, dass es bereits ein Kammergericht gab, auch wenn es
wenig Aufsehen erregte, und dass dessen Prozesse bereits ordentlich geführt wurden. Dieses Kammergericht nahm damals gerade einen leichten
Aufschwung, der auf dem Reichstag auch nicht gewürdigt wurde. Das trug
dazu bei, dass die Institution bald sogar wieder an Bedeutung verlor.[35]

Die Gelassenheit Friedrichs nach seiner Kaiserkrönung und in der
durch den Fall Konstantinopels eingetretenen Lage bewog die deutschen
Fürsten zu fragen, ob der Habsburger überhaupt als Reichsoberhaupt
tragbar sei oder ob nicht wenigstens neben ihm, dem Kaiser, ein anderer
zum römisch-deutschen König gewählt werden könne. Erzherzog Albrecht
wurde in diesem Zusammenhang erwähnt, doch wurden auch in Georg
von Podiebrad größere Hoffnungen gesetzt. Alle erdenklichen Pläne wurden entwickelt, unter anderem der Vorschlag, das Reich in zwei Vikariate
zu teilen und links des Rheins mit dieser Aufgabe Herzog Philipp von
Burgund zu betrauen und im Osten Georg von Podiebrad einzusetzen.[36]
Es ist kaum zu entscheiden, ob einige dieser Pläne mehr als kuriose Ge-

danken oder leeres Gerede waren. Allmählich setzte sich bei den Beratungen dann doch das Türkenproblem durch. Noch im Herbst 1454 wurde nach Frankfurt ein weiterer Reichstag einberufen, auf dem angeregt wurde, ein Kreuzzugsheer in der Stärke von 30000 Mann und 10000 Reitern zu stellen. Allein diese gigantischen Zahlen zeigen, dass man sich der Schwierigkeiten nicht bewusst war – ein Heer dieser Größe war über die riesigen Entfernungen gar nicht einzusetzen. Doch schon die Aussicht, relativ große Kontingente stellen zu müssen, rief Widerstand hervor.[37] Es setzte sich auch bald die ernüchternde Erkenntnis durch, dass Aktionen gegen die Türken wegen der zu überwindenden Entfernungen kaum im Westen Deutschlands, sondern besser im Osten des Reichs vorbereitet werden müssten. So wurde noch zu Frankfurt beschlossen, sich zu Beginn des Jahres 1455 in Wiener Neustadt auf einem weiteren Reichstag zu versammeln, wo auch sicherlich der Kaiser präsent sein werde und deshalb Fortschritte zu erwarten waren. Friedrich war damit einverstanden.

Abermals erwartete man für diese Versammlung die Anwesenheit der wichtigsten Machthaber, doch ließen sich auch diesmal fast alle vertreten. Von den angesehenen Fürsten des Reichs kamen nur wenige, wie etwa der Trierer Erzbischof Jakob von Sierck und Markgraf Albrecht Achilles, der zu den Parteigängern des Habsburgers zu rechnen war und hauptsächlich wegen dieser persönlichen Einstellung erschien. Bei den Verhandlungen wurde bald offenbar, dass die Städte nicht bereit waren, größere Verpflichtungen zu erfüllen und die notwendigen Mittel aufzubringen. Die Fürsten, die der Erzbischof vertrat, rückten lieber wieder die Reichsreform in den Vordergrund, die der Mainzer Kanzler Martin Mayr mit viel beachteten Vorschlägen präzisierte.[38] Es wurde betont, dass vor allem die häufigen Fehden im Reich kaum eine glückliche Türkenabwehr erhoffen ließen. In diesem Zusammenhang wurden auch die immer noch schwelenden Zwistigkeiten des Kaisers mit den Ungarn kritisiert und es wurde vorgesehen, dass Ladislaus in die Verhandlungen frühzeitig eingebunden werden solle. Der Junge hatte inzwischen des 15. Lebensjahr erreicht, löste sich allmählich aus der Bevormundung und entwickelte sich zur selbständigen Persönlichkeit.

Die Tagung wurde Ende Februar 1455 offiziell eröffnet und verfing sich bald in den nicht mehr zum überschauenden und im Karpatenraum dominierenden Problemen, die der Kaiser nicht zur Sprache bringen wollte, die aber von der an erster Stelle zu besprechenden Organisation der Türkenabwehr nicht zu trennen waren. Wenn nämlich über das wichtigste Anliegen der Tagung beraten wurde, über den Kampf gegen die Heiden, wurden die Versammelten sofort mit der Rivalität der Hunyadi zu dem Grafen von Cilli konfrontiert.[39] Beide Lager wollten sich bei dieser Gelegenheit die Überlegenheit in den künftigen Offensiven sichern und schon waren die Ereignisse in Ungarn in den Vordergrund gerückt und der Türkenkrieg war zurückgedrängt. Als dann im Sommer des Jahres die Versammelten sich auf die Rückreise in die Heimat einstellten, konnte nur für den Streit des Kaisers mit seinen Nachbarn ein Ausweg gefunden und schriftlich vereinbart werden.[40] Die Gegensätze wurden damit nicht aufgehoben, sie bestanden nach wie vor fort, der wichtige Kreuzzugsplan wurde dafür jedoch zurückgestellt und der Versuch, die Abwehr gegen die Türken zu stärken, war wieder einmal gescheitert.

Aeneas gab sich damit nicht zufrieden. Unermüdlich ermahnte er den Kaiser, den Islam zu bekriegen, erinnerte er an dessen Verpflichtung, die Heiden abzuwehren, und war bemüht, den Eindruck zu verwischen, dass die Beratungen zu Wiener Neustadt nicht den ersehnten Erfolg gehabt und nur die Schwächen des Reiches allzu deutlich aufgezeigt hatten. Um dem zu begegnen, schrieben die Kurfürsten für den Herbst 1456 einen weiteren Reichstag nach Nürnberg aus und warfen jetzt Friedrich sogar vor, in der Türkenfrage untätig zu sein. Der Kaiser wies diese Vorwürfe empört zurück.[41] Abermals verursachte seine Abwesenheit massive Kritik. Doch ist zu seiner Entschuldigung anzuführen, dass in diesen Jahren die im Mainzer Raum ausgebrochenen Gegensätze, die in den folgenden Jahren noch beträchtlich zunahmen, positive Maßnahmen hemmten und Deutschland lähmten. Friedrich konnte kaum hoffen, diese nicht mehr zu überschauenden Fehden einzudämmen. Vor allem wegen dieser Händel war er zur Machtlosigkeit verurteilt.[42] Und gerade wegen dieser westdeutschen Wirren wurde er persönlich angegriffen. Um 1455 trat auch Erzherzog Albrecht VI., der über ein Jahrzehnt lang seinem älteren Bruder treu ergeben gewesen war, im Reich für die Feinde des Kaisers ein, wobei unklar bleibt, weshalb er sich der Opposition näherte. Er fand das Vertrauen und die Hilfe einiger deutscher Fürsten. Einzelheiten dieser Vorgänge wurden nicht bekannt, doch könnte man vermuten, dass die in der alemannischen Region eingetretenen Entwicklungen Albrechts Wende verursachten. Es hatten, wie schon erwähnt, die Fehden in diesem Raum ebenfalls zugenommen, und die von dem Erzherzog erhofften Erfolge blieben aus. Entgegen den Erwartungen konnte er zum Beispiel die Landvogtei Schwaben nicht erwerben und das lässt wieder vermuten, dass die von Friedrich versprochenen Mittel ausblieben. Auch gibt es keine Belege, dass der Kaiser seinen Bruder, den er noch im Frühjahr 1454 mit Nachdruck unterstützt hatte, weiterhin förderte. Der Entschluss Friedrichs, in Wiener Neustadt zu bleiben und seine Aktivität auf das engere Umland seiner Residenz zu konzentrieren, könnte auch das bis dahin gute Einvernehmen im Haus Österreich beeinträchtigt haben.[43] Im Lande an der Donau traten neue Schwierigkeiten auf. Wegen Missernten brach die Versorgung zusammen, die Not der Bevölkerung wurde

von einer rapiden Geldinflation gesteigert. Die Silbermünzen waren durch
die Beigaben minderer Metalle fast wertlos geworden und auch dafür
wurde Friedrich zur Verantwortung gezogen. Die Stadt Wien war besonders betroffen und zu Reaktionen gezwungen. Unter diesen Voraussetzungen traten die bis dahin im Herzogtum führenden Landadligen in den
Hintergrund. Das Schwergewicht des politischen Geschehens verlagerte
sich auf die Bürger der Hauptstadt.[44] Der Kaiser hatte dafür wenig Verständnis. Viele Regenten seiner Epoche schätzten die urbane Lebens-
freude und die ungebundenere bürgerliche Welt, deren Vorzüge sie gern
genossen, doch Friedrich war dafür nicht zu gewinnen, und so blieben ihm
die Sorgen der Wiener fremd. Er schätzte als Steyrer die Produktions-
stätten in seiner engeren Heimat, für den Handel und dessen Empfindlich-
keiten zeigte er wenig Interesse. Die Österreicher, deren Eigenwilligkeit
der Kaiser nie hinnahm und bekämpfte, waren schon aus wirtschaftlichen
Gründen genötigt, engere Beziehungen zu Ungarn, aber auch zu Mähren
und Böhmen zu unterhalten und die Entwicklung in diesen Ländern genauer zu verfolgen und zu beachten. Friedrich, der sich zwar bemühte,
Klöster im Inneren der Alpen mit Wein zu versorgen – und damit tat er
nach seiner Ansicht genug für die Wirtschaft –, übersah die Bedeutung
dieser Beziehungen für die Stadt Wien, die vom Donauhandel lebte. Diese
Grundlagen des Geschehens sind bis heute nur schwer zu erfassen, da in
den entscheidenden Berichten die wenig später ausbrechende offene
Feindschaft zwischen den Brüdern einseitig auf deren gegensätzliche
Eigenschaften, auf den aufbrausenden und zu Brutalität neigenden Charakter des Jüngeren und die Gelassenheit des Älteren zurückgeführt
wurde. Die Zeitgenossen fragten nicht, welche Rolle die Sorgen und Wünsche österreichischer Adliger oder der Wiener Bürger hinter den Kulissen
spielten, denen sich Albrecht vielleicht einfach besser anpasste. Deutlich
ist jedenfalls, dass der Jüngere auf die Wünsche der Untertanen öfter einging, Friedrich dagegen jede Verminderung und Beschränkung seiner
Macht verhinderte und zurückwies. In dieser Haltung, die er immer schon
eingenommen hatte, könnte er durch die ihn nunmehr auszeichnende
kaiserliche Würde weiter gestärkt worden sein.[45]

b) Der Kampf der Brüder

Zunächst waren nicht die Entwicklungen in Wien, sondern die Ereignisse im Karpatenraum wichtig für den Ablauf der Ereignisse. Hier artete
die Feindschaft zwischen den Hunyadi und dem Grafen von Cilli in üblen
Gewaltmaßnahmen aus. Ladislaus Hunyadi, der Sohn des kurz vorher ge-
storbenen ungarischen Verwesers, ließ am 9. November 1456 Graf Ulrich

von Cilli heimtückisch ermorden, mit dem die Dynastie ausstarb.[46] Dem Kaiser kam der Vorfall gelegen, zwang ihn aber auch, sich noch stärker dem Geschehen in Kärnten und Krain zu widmen. Er konnte jetzt das Erbe Ulrichs einfordern, doch wurde ein Teil dieser Besitzungen auch von den Grafen von Görz beansprucht, die als Konkurrenten des Habsburgers diesem sogar die Fehde ansagten. Friedrich suchte einen Ausweg: Die Görzer erhielten einige Sonderrechte, sollten aber auch in das Lager der Habsburger stärker eingebunden werden.[47] Der darüber am 5. Februar 1457 geschlossene Vertrag konnte jedoch den Frieden nicht sichern, da die Kämpfe in Ungarn weitergingen, die Görzer abermals in die Konflikte verstrickt wurden und erneut zu den Gegnern Friedrichs neigten. In dieser chaotischen Lage bewies der herangewachsene König Ladislaus überraschende Tatkraft. Er überführte den Ladislaus Hunyadi des Mordes an Graf Ulrich von Cilli und ließ den Beschuldigten hinrichten. Allzu sicher fühlte sich der junge Habsburger jetzt im Karpatenraum nicht mehr. Er wich nach Prag aus, wohin er den Matthias, den Bruder des Hingerichteten, mitnahm und suchte Schutz bei Georg von Podiebrad, der den jungen Mann tatsächlich abermals unter seine Obhut nahm und sogar dessen Hochzeit mit Magdalena, der Tochter König Karls VII. von Frankreich, vorbereitete. Während dieser Verhandlungen starb der junge König am 23. November 1457 ganz unerwartet im Alter von siebzehn Jahren und wurde in Prag beigesetzt. Er war damit am Ende seines kurzen, aber wechselhaften Lebens als Böhme ausgewiesen.[48]

Das Haus Österreich musste jetzt klären, wer die Herrschaft an der Donau ausüben durfte: Friedrich, Albrecht oder Siegmund. Dieses Problem war durch mehr als ein Jahrzehnt von den Habsburgern bei allen Vereinbarungen ausgeklammert worden. Es wurde nicht einmal die Frage gestellt, wer wirklich, um bei der Terminologie der Zeit zu bleiben, der natürliche Herr des Landes nach Ladislaus war. So fühlten sich die Adligen des Herzogtums berufen, initiativ zu werden. Die Großen des Landes ob der Enns bestellten bereits im Dezember ein Kolleg zur Wahrung des Friedens und der Interessen des Herzogtums. Im Januar 1458 konsolidierte sich auch für das Gebiet unter der Enns in Wien ein Landtag, der beschloss, die Entscheidung, wer die Macht ausüben sollte, den habsburgischen Fürsten selbst zu überlassen.[49] Erzherzog Albrecht brach seine Aktivitäten in Vorderösterreich endgültig ab, verließ Freiburg, obwohl er hier gebraucht wurde, da sich seine Universität im Gründungsstadium befand, und kam nach Wien. Er trat hier sofort energisch auf und bewies, dass er die Herrschaft an sich ziehen wollte. Der jahrelang währende und dann endlich beigelegte Gegensatz der Brüder brach wieder auf und war größer denn je zuvor. Albrecht nahm – angeblich mit Hilfe einer List – Ulrich von Eitzing gefangen, den Wortführer des Adels, und schaltete den gefährlichsten Kontrahenten aus. Die Mächtigen des Landes, aber auch die Bürger der Stadt beschlossen Gegenmaßnahmen, konnten sich aber nicht einigen, wurden von dem Erzherzog überspielt und mussten sich schließlich beugen. Der Erzherzog war ungeachtet der gewonnenen Überlegenheit bereit, die gefassten Beschlüsse zu respektieren und die endgültige Entscheidung, wer Herr des Landes sei, den Untertanen und einem von diesen gestellten Kolleg zu überlassen. Er dürfte gehofft haben, dass die Großen ihn wählen würden. Um seine Fähigkeiten und Energie zu beweisen und auch seine Ansprüche auf die Nachfolge nach Ladislaus zu unterstreichen, sicherte er sich zusätzlich die Hilfe der Wiener und ging dank dieser Verstärkung mit seinen Truppen erfolgreich gegen Banden vor, die an der Donau den Handel störten und mitunter sogar unterbanden. Er ließ zwei von deren Stützpunkten bei Hainburg erstürmen, nahm viele gefangen und ließ etwa 300 der Übeltäter öffentlich hinrichten. Damit hatte er seine Macht gezeigt und die Lage beruhigt.[50]

Jetzt war auch Herzog Siegmund bereit, der Einladung zu folgen und nach Wien zu reiten, wo das habsburgische Land, über das Ladislaus verfügt hatte, einen neuen Herrscher erhalten sollte. Friedrich zögerte noch immer, in die Metropole zu kommen. Erst als ihm das Vorrecht, die Verhandlungen zu leiten, zugestanden wurde, reiste er in die Stadt an der Donau, wo er und die anderen Habsburger mit besonderen Ehrungen empfangen wurden.[51] Die sich abzeichnenden Gegensätze waren für die Zeitgenossen schwer zu begreifen. Albrecht und Siegmund hatten ja bereits ihre Territorien, waren dort gebunden und konnten mit dem Besitz im Osten nicht viel anfangen. Es wurde daher vermutet, die beiden wollten auf ihre Rechte nur nicht unentgeltlich verzichten und lediglich höhere Entschädigungen aushandeln, letzten Endes werde sich aber der Kaiser als Landesherr an der Donau durchsetzen. Die entscheidenden Gespräche begannen am 4. Mai, doch zogen sich die Verhandlungen durch Monate hin, da sich im Sommer auch noch Georg von Podiebrad einschaltete, aber nicht persönlich auftrat, sondern seinen Sohn Viktorin vorschob, der mit Truppen bereitstand und anzugreifen drohte. Siegmund war unter diesen Voraussetzungen bald mit der Zusicherung, Beträge aus den Einkünften zu bekommen, abzufinden und schied als Bewerber aus.[52] So zeichnete sich die Lösung ab, das Erbe des Ladislaus, das Herzogtum an der Donau, einfach zu teilen, zumal schon der Adel in den Regionen ober und unter der Enns getrennt aufgetreten war. Nach den Rechtsverhältnissen bildete das österreichische Gebiet an der Donau noch immer eine Einheit, doch dies war bis dahin nur selten betont worden. Ausschlaggebend wurde, dass König Georg von Böhmen zum Lager des Kaisers neigte, sich aber neutral verhielt oder wenigstens Unentschlossenheit vortäuschte, um freie Hand zu behalten. Deshalb musste jetzt sein Sohn Viktorin aktiv werden, der wegen der Einkerkerung des Eitzingers dem Erzherzog Albrecht VI. und dessen Partei am 6. Juli die Fehde ansagte. Kampfhandlungen begann er aber nicht, er ergriff nicht einmal aggressive Maßnahmen und gab nur zu erkennen, dass sein Vater gegen Erzherzog Albrecht und für den Kaiser eintreten wolle.[53] Die Lage war kaum mehr zu überblicken, doch gerade in diesem Chaos genügte der Druck der aufmarschierenden Truppen, dass sich im späteren August Friedrich und Albrecht einigten und das Land an der Donau tatsächlich teilten. Der Kaiser behielt Österreich unter der Enns, Albrecht das Land ober der Enns. Zufrieden waren damit aber beide nicht.[54]

Georg von Podiebrad, der weiterhin sein Heer einsatzbereit hielt, dürfte sich nicht zuletzt wegen Schwierigkeiten im eigenen Land um das Wohlwollen des Kaisers bemüht haben. Wegen dieser Turbulenzen wahrte er auch die Schlagkraft seiner Truppen, die kampfbereit blieben, aber geschont wurden. Sie bildeten nur eine ständige Bedrohung. Georg konnte sich in Böhmen durchsetzen, indem er sich mit dem Rest hussitischer Anhänger ausglich und mit deren Hilfe im März 1458 in Prag zum König gewählt wurde. Damit weckte er allerdings das Misstrauen schlesischer und mährischer Städte, die ihn wegen der Annäherung an die Häretiker nicht anerkennen wollten. Er suchte und fand die Unterstützung der Kurie, die tatsächlich seine Krönung im Mai des Jahres förderte und zum Teil organisierte, bei dieser Gelegenheit ihm aber einen geheimen und noch dazu unklaren Eid abverlangte, dass er gegen Ketzer vorgehen werde. Als Gekrönter wurde er jetzt auch in Schlesien und Mähren akzeptiert.[55] Um zusätzlich die Anerkennung Friedrichs als Reichsoberhaupt zu erreichen, war es ratsam, dessen Partei zu ergreifen. Erzherzog Albrecht erkannte diese Zusammenhänge und war nun seinerseits bereit, die Gegensätze in einem Krieg zu entscheiden. Er sammelte Truppen, marschierte mit bewaffneter Macht nach Norden und blieb in einigen kleineren Gefechten siegreich. Als er aber der Hauptmacht des Königs gegenüberstand, gab er die Offensive auf. Sein Heer war offenbar zu schwach. Jetzt setzte sich Georg durch. Er drang bis Wien vor, traf vor der Stadt den Kaiser und bewies diesem seine Ergebenheit. In den anschließenden Verhandlungen wurde unter anderem vereinbart, dass Friedrich bei seinem Bruder die Auslieferung des noch immer inhaftierten Ulrich von Eitzing durchsetzen werde. Unter dem Druck des Böhmen entsprach Albrecht dieser Forderung. Er gab den Gefangenen heraus und zog sich zurück. Der Kaiser konnte nach dieser dem Eitzinger geleisteten Hilfe, die ihm offensichtlich die Wiener hoch anrechneten, nunmehr uneingeschränkt die Herrschaft in Wien übernehmen.[56]

Dem Jüngeren, dessen Verzicht auf die schwäbischen Gebiete schon den Zeitgenossen unbegreiflich war und auch für uns kaum zu erklären ist, entsprachen die Besitzungen westlich der Enns mit ihrer Ausdehnung und Bedeutung wohl kaum. Doch trug offenbar auch der Kaiser den Verlust dieses Gebietes schwer und suchte einen möglichen Ausweg. Er ernannte am 1. September 1458 seinen Bruder zum kaiserlichen Rat und Kammer- richter mit einem Jahressold von 4000 Pfund Pfennigen. Was beabsichtigte Friedrich? Es ist denkbar, dass Albrecht mit dieser Auszeichnung gelockt werden sollte, nach Freiburg und in die Vorlande zurückzukehren, wo er diese seine neue Funktion viel leichter und besser als im Land ob der Enns erfüllen konnte. Doch dazu war er nicht bereit. Er gab das Amt wenig später ohne weitere Erklärungen an Markgraf Wilhelm von Baden- Hachberg weiter. Stand dahinter vielleicht die Absicht, in dessen Umland, also im Südwesten des Reichs, dem Kammergericht einen neuen Schwer- punkt aufzubauen? Eine Klärung dieser Frage müssen Forschungen in der Zukunft noch versuchen.[57]

Albrecht fand sich mit den neuen Gegebenheiten ab, übernahm die Herrschaft im Land westlich der Enns, richtete Linz als Residenz ein und förderte den Aufschwung der Gemeinde. Seine Beweggründe für diesen Entschluss sind schwer zu fassen. Die Stadt hatte kaum die wirtschaftliche Bedeutung anderer großer Orte der Region wie Wels, Enns oder Steyr, lag aber im Zentrum des neuen Territoriums und das könnte wichtig gewesen sein. Es ist auch nicht auszuschließen, dass der Donauhandel gefördert werden sollte, da er zusätzliche Einnahmen versprach, die Albrechts Lage verbessern konnten. Die Linzer Burg mit ihrer extremen Höhenlage war zudem leicht zu verteidigen und eignete sich für eine moderne Residenz bestens. Albrechts Anordnungen lassen ferner vermuten, dass er das ihm nun zustehende Land besser organisieren und vor allem die Wirtschaft be- leben wollte. Günstig für diese Pläne war, dass er jetzt über ein geschlosse- nes Territorium verfügen konnte. Diese Ausgangslage war im Südwesten des Reichs nicht gegeben gewesen. Doch scheint es schwer genug gewesen zu sein, die Abgaben zu modernisieren und ein neues Besteuerungssystem einzuführen. Es dürfte Albrecht auch im Land ob der Enns nicht geglückt sein, die finanzielle Lage entscheidend zu verbessern.[58]

Für das weitere Geschehen und das Schicksal der Habsburger blieben ohnedies die Vorgänge in den Nachbarländern entscheidend, wo die Machtverhältnisse zunächst noch in der Schwebe waren, doch rasch ge- klärt wurden. In Ungarn wählten nämlich die Magnaten, in deren Be- wusstsein Johannes Hunyadi als vorbildlicher Gubernator in bester Erin- nerung war, bereits im Januar 1458 dessen Sohn Matthias zum König, der damals gerade fünfzehn Jahre alt war. Es ist nicht unwahrscheinlich, dass die Großen sich für den Knaben entschieden, um weiterhin freie Hand zu haben. Der Junge wurde mit Nachdruck gestützt und geschickt geführt von Johannes Vitéz, dem Bischof von Wardein, der jedes Risiko vermied und sich zunächst dem Willen des Adels beugte. Als bedeutender Vertreter des aufsteigenden Humanismus lenkte er wenigstens die menschliche Entwicklung seines Schützlings, weckte dessen Interesse an der Renaissance und förderte dessen Eigenständigkeit. Johannes erreichte auch, dass Matthias seinen Namen latinisierte, sich Corvinus nannte und zu einem führenden Vertreter der neuen Geisteshaltung wurde. Völlige Handlungsfreiheit erlangte der eigenwillige Bischof nicht. Er sah sich gezwungen, die antihabsburgische Politik fortzusetzen, um die Mehrheit der Magnaten für seine Politik gewinnen zu können. Für einen kleineren Teil des Adels war jedoch der junge Matthias – angeblich wegen seiner niederen Abkunft – nicht tragbar. Gegenbewegungen kamen auf, unter denen sich 1459 eine starke Gruppe für Kaiser Friedrich III. als Herrscher im Königreich aussprach und ihn am 17. Februar zu Güssing zum König wählte. Der Habsburger wurde wieder stärker in die ungarischen Zwistigkeiten hineingezogen, war aber darüber nicht glücklich. Er wurde von seinen Wählern kaum hinreichend unterstützt und traf daher keine Anstalten, sich für diese Würde energisch einzusetzen. Er blieb ein seinem Lande verbundener Steyrer.[59]

Er suchte und fand abermals Hilfe bei Georg von Podiebrad und raffte sich sogar auf, nach Mähren zu reisen und Georg in Brünn im Juli 1459 mit Böhmen zu belehnen und als Kaiser dessen Rechte und Privilegien zu bestätigen. Beide schlossen noch ein Bündnis, das wohl gegen den Corvinus gerichtet war, dessen Herrschaft sich allmählich in Ungarn festigte und der angeblich mit Waffengewalt eine Krönung Friedrichs in Stuhlweißenberg verhinderte, sofern diese Zeremonie überhaupt ernsthaft erwogen worden war.[60] Der Kaiser hatte ganz andere Sorgen. Der Streit um das Erbe des Grafen von Cilli, das auch die Görzer beanspruchten, hielt an, die soziale Lage besserte sich nicht und wurde auch in Innerösterreich von der zunehmenden Inflation beeinträchtigt. Die durchweg gesteigerten wirtschaftlichen Schwierigkeiten ließen die Bevölkerung unruhig werden. Es war an der Zeit, die zahlreichen Händel einzudämmen, die in Kärnten und in der Steiermark wegen der kleinen, dem Salzburger Erzbischof unterstehenden Territorien innerhalb der habsburgischen Länder immer wieder ausbrachen, da die Grenzen nicht sauber gezogen und die Ansprüche der Fürsten umstritten waren. Jetzt bewährte sich nochmals das gute Einvernehmen zwischen dem Kaiser und Erzbischof Siegmund. Mit vielen Privilegien Friedrichs und mit zweiseitigen Verträgen wurden im Herbst 1458 und dann 1459 in Kärnten und der Steiermark strittige Rechtsverhältnisse für lokale Bereiche geklärt und wurde gegenseitige Hilfe bei der Bekämpfung der Geldentwertung versprochen. Dabei dürfte der gute Wille Siegmunds den Ausschlag gegeben haben, dass die landesfürstliche Macht des Habsburgers besser abgesichert werden konnte und wenigstens einige der kleinen Auseinandersetzungen nunmehr ausklangen. Damit wurde ein wichtiger Beitrag zur Konsolidierung Innerösterreichs geleistet, wie es sich Friedrich 1453 vorgenommen hatte.[61]

Doch blieb deshalb dem Kaiser nicht die Zeit, die notwendig gewesen wäre, um die Ruhe auch in Wien zu sichern. Abermals trieben vagabundierende Söldner östlich der Stadt ihr Unwesen. Friedrich war nun gewillt, persönlich gegen die Räuber vorzugehen. Doch so erfolgreich wie sein jüngerer Bruder war er nicht. Die zu verkündende Siegesmeldung – 13 Gefangene wurden nach Wien gebracht – ist eher dürftig.[62] Wer den Vergleich zu Albrechts Erfolgen zieht, wird verstehen, dass die Stände unzufrieden waren und sich wieder enger gegen Friedrich zusammenschlossen. Dieser erkannte die Gefahr, untersagte eine vorgesehene Tagung des Adels, konnte aber nicht verhindern, dass die Opposition zunahm. Er kam sogar wieder persönlich nach Wien, setzte Ende Juni eine neue Tagung an, bestätigte am 5. Juli 1460 alle Privilegien der Stadt und überließ dieser sogar einige wichtige Rechte und Einnahmen wohl mit der Erwartung, damit die Treue und Untertänigkeit der Gemeinde gewonnen zu haben.[63] Alle Probleme waren damit nicht bewältigt. Es musste weiter verhandelt werden, doch ein zufrieden stellender Ausgleich wurde nicht erreicht, was zur Folge hatte, dass Mitte August wichtige Vertreter des Landadels abreisten. Der Kaiser versuchte, wenigstens in Wien die Oberhand zu behaupten und setzte durch, dass seine Günstlinge wichtige Ämter der Stadt erhielten. Er erregte damit aber nur weiteren Unwillen. Ende des Jahres zog er sich wieder nach Wiener Neustadt zurück und überließ die Bürger Wiens ihrem Schicksal.[64] Jetzt sah Erzherzog Albrecht seine Zeit gekommen und setzte sich für die Opposition ein. Er fand die Hilfe von Mächtigen in Böhmen und Ungarn – wo es genug Feinde Friedrichs gab –, aber auch die Unterstützung Herzog Ludwigs des Reichen von Bayern und des Grafen von Görz. Gestützt auf diese Verbündeten konnte der Erzherzog eine Mehrheit des österreichischen Adels auf seine Seite ziehen und dazu bewegen, gegen den Kaiser aufzutreten und diesem sogar ihre Treue zu kündigen. 468 Absagebriefe sollen von seinen Parteigängern an Friedrich übergeben worden sein. Am 19. Juni 1461 schickte Albrecht selbst seine Widersage an den Kaiser.[65] Albrecht, der damals noch ob der Enns saß, sammelte sein Heer und griff an. Er war militärisch überlegen. Er überschritt die Enns und stand schon im August vor Wien, wo er auf die Hilfe eines ihm ergebenen Teils der Bürger vertrauen konnte.

Friedrichs Anhänger in Wien, angeführt vom Bürgermeister Christian Prenner, konnten doch eine kleine Söldnertruppe aufstellen und am 19. Juni, als Albrecht die Stadt angriff, den Vorstoß sogar zurückschlagen, obwohl zur gleichen Zeit dessen Anhänger die Macht in der Gemeinde bereits an sich gerissen hatten. Der Kaiser durchschaute die Lage nicht hinreichend. Er überschätzte die Stärke seiner Partei und dankte seinen Anhängern, wie vorausgeschickt werden darf, mit dem dann am 26. September 1462 verliehenen Recht, den imperialen Doppeladler im Wappen zu führen.[66] Der Erfolg veranlasste Friedrich, abermals persönlich nach Wien zu reisen, obwohl sich hier inzwischen seine Feinde unter Führung Wolfgang Holzers durchgesetzt hatten. Dieser war von seiner Gefolgschaft bereits zum Bürgermeister gewählt worden und brachte vollends die Stimmung der Einwohner gegen den Kaiser auf, der am 23. August vor der Stadt stand, aber nicht eingelassen wurde. Erst nach längeren Verhandlungen wurden ihm am 25. August die Tore geöffnet und in einer zum 7. September vom Kaiser einberufenen Versammlung wurde auf dessen Empfehlung Sebastian Ziegelhauser zum neuen Bürgermeister gewählt. Jetzt überstürzten sich die Ereignisse. Friedrich bekam Ärger mit seinen Truppen, die ihren Sold verlangten. Der Kaiser erbat oder forderte – verlässliche Angaben gibt es wieder nicht – Mittel von der Stadt, verschärfte damit jedoch deren Widerstand. Es kam zu Übergriffen der Soldaten und zu Tumulten unter der Bevölkerung. Friedrich wurde gezwungen, Ziegelhauser fallen zu lassen und am 19. September Holzer als Stadtoberhaupt anzuerkennen. Die Auseinandersetzungen gingen jedoch weiter, da sich der Hass der Bürgerschaft gegen den Habsburger noch verstärkte. Als der Ausbruch bewaffneter Feindseligkeiten bereits zu ahnen war, riet Holzer dem Kaiser, die Stadt zu verlassen. Friedrich lehnte dieses Ansinnen ab, zog sich in die Burg zurück und richtete sich zur Verteidigung ein. Daraufhin erhoben sich die Bürger am 5. Oktober endgültig, übersandten am folgenden Tag an Friedrich die Widersage und eröffneten am 17. Oktober die Belagerung des Schlosses. Bald setzten sie Kanonen ein, unter deren Beschuss Teile der Burg zusammenbrachen. Der Kaiser geriet in größte Gefahr.[67]

Das Geschehen wurde allgemein mit Bestürzung wahrgenommen und dem Kaiser vorgeworfen, er sei durch Unvermögen und Untätigkeit in diese Lage gekommen, zumal auch, wie bald bekannt wurde, sogar Kaiserin Eleonore mit Klagen nicht sparte und ihrem Gemahl Unfähigkeit vorwarf. Das Ereignis selbst wurde von den Historiographen relativ ausführlich beschrieben, doch fehlen Hinweise auf die kriegstechnischen Gegebenheiten. So wurde von den Zeitgenossen nicht erwähnt, dass das im 13. Jahrhundert erbaute Schloss zur Zeit Friedrichs veraltet war, für eine solide Verteidigung ungeeignet war und einem Bombardement nicht standhalten konnte. Das musste auch dem Kaiser bekannt gewesen sein und so dürfen wir annehmen, dass er, als er sich dennoch in die Feste zurückzog, einen Beschuss mit Geschützen nicht erwartete. Wie diese dann doch besorgt wurden, wird nicht berichtet. Entscheidend verstärkt wurden die Wiener von Erzherzog Albrecht, der am 2. November in der Stadt aufgenommen wurde und als neuer Herr die Belagerer unterstützte. Er erhob abermals seinen Anspruch auf das Land unter der Enns und bot dem Kaiser nochmals freien Abzug an. Friedrich lehnte wieder ab. Mehr als vier Wochen berannten und beschossen die Wiener daraufhin die Burg ohne entscheidendes Ergebnis. Friedrich war demnach doch nicht allzu schlecht vorbereitet.[68]

Er hatte auch wichtige Teile seines Hofes in Wiener Neustadt gelassen, die den Kaiser vertreten und Gegenmaßnahmen ergreifen konnten. Hilfe war vor allem von Georg von Podiebrad zu erwarten, der schon immer für den Kaiser Partei ergriffen und sich gegen Erzherzog Albrecht gestellt hatte, aber über die turbulente Entwicklung in Wien noch nicht hinreichend informiert worden war. Seine Intervention war zu erwarten Der Söldnerführer Andreas Baumkircher ritt daher schleunigst nach Prag, schilderte die Gefahr, in der sich der Kaiser befand, und veranlasste Georg von Podiebrad, mit einem kleinen, aber schlagkräftigen Heer in Österreich einzurücken. Schon Mitte November war dieser in Korneuburg und konnte viele Adlige des Landes auf seine Seite ziehen. Nach kurzen Verhandlungen wurde schon am 2. Dezember 1462 der von Georg entworfene Friedensvertrag dem Kaiser und dessen Bruder vorgelegt und von beiden angenommen. Der Kaiser war bereit, gegen eine jährliche Abgabe von 4000 Dukaten die Herrschaft im Herzogtum unter der Enns für acht Jahre seinem Bruder zu überlassen und diesen als Landesherr einzusetzen. Dem Vertrag wurde mit den notwendigen symbolischen Akten entsprochen, die beide Brüder persönlich leisteten. Bei dieser Gelegenheit soll Friedrich seinen Hass so deutlich gezeigt haben, dass an eine echte Aussöhnung nicht zu denken war.[69]

Der Kaiser zog zunächst mit König Georg nach Großenzersdorf, trennte sich von diesem nach kurzem Aufenthalt und ritt dann nach Wiener Neustadt. Albrecht zog in Wien ein, verkündete öffentlich den Text des Friedensvertrags, nahm den Bürgern den Treueid ab und bezog in der Burg Quartier. Doch Friedrich war nicht bereit, sich damit abzufinden. Er eröffnete sofort die Feindseligkeiten, als der Bruder mit seinen Verpflichtungen in Verzug geriet. Albrecht war inzwischen in Wien wieder angefeindet worden. Der Kaiser, der diese Konflikte gefördert hatte, nützte die Gelegenheit, um den Bürgermeister Holzer auf seine Seite zu ziehen. Dieser ging auf Friedrichs Vorschläge ein, suchte Helfer und plante, mit einem Handstreich die Macht in der Stadt an sich zu reißen und dem Kaiser zu übergeben. Die Aktion, die Albrecht verraten wurde, scheiterte. Der Erzherzog konnte in den darüber ausbrechenden Tumulten die Oberhand behalten und seine Gegner sogar gefangen nehmen. Der wütende Habsburger ließ die wichtigsten Helfer Holzers enthaupten, diesen selbst in einer Aufsehen erregenden Hinrichtung am 15. April 1463 vierteilen und die

Reste des Körpers demonstrativ in Wien aufhängen. Friedrich verhängte als Gegenmaßnahme die Reichsacht über die Bürgerschaft, war aber nicht imstande, diesen Spruch zu verwirklichen oder dafür auch nur Anhänger zu gewinnen. Die harten Auseinandersetzungen zogen sich unentschieden dahin, wurden aber sinnlos, als am 2. Dezember 1463 Albrecht, dem der Kaiser inzwischen den Erzherzogtitel entzogen hatte, unerwartet starb.[70]

Die spektakulären Vorgänge an der Donau, in die der Kaiser mitunter zu zögernd, bisweilen mit unbedachten Maßnahmen wieder zu rasch eingriff und unnötige Widerstände heraufbeschwor, ließen übersehen, dass der Habsburger sich daneben in Innerösterreich engagierte und hier auch erfolgreich war. Graf Johann von Görz war von Friedrich, der schon 1455 die Rückgabe von Lehen verlangt hatte, angegriffen und wiederholt bekämpft wurden. Er wurde von der kaiserlichen Expansionspolitik hart getroffen, konnte sich aber dank der Unterstützung Venedigs zur Wehr setzen. Als er sich nach dem Aussterben der Cillier um deren Erbe bewarb, unterlag er jedoch und musste 1460 im Frieden von Pusarnitz die Ansprüche des Kaisers anerkennen.[71] Friedrich hatte jetzt freie Hand und konnte das nach wie vor desolate Herzogtum Krain neu organisieren. Er hatte hier zwar nicht so mächtige Gegenspieler wie in Kärnten, wo mehrere geistliche Reichsfürsten die territoriale Integrität ihrer Besitzungen behaupten konnten, doch war die Macht der kleineren weltlichen Herren durchaus gefestigt. Allerdings waren diese nicht imstande, eine geschlossene Gemeinschaft zu entwickeln. So ergab sich für Friedrich die Möglichkeit, mit Hilfe einer geschlossenen kirchlichen Organisation seine Landesherrlichkeit zu stärken. Er schuf 1461 die Grundlagen für die Errichtung einer Diözese mit Sitz in Laibach, in der Stadt, die schon im vorangegangenen Jahrhundert zum Zentrum des Landes aufgestiegen war. Am 6. September 1462 bestätigte Papst Pius II. das Bistum, das 1463 auf Wunsch des Kaisers mit dessen Hofkaplan Siegmund von Lamberg besetzt wurde. Damit war nicht nur der Forderung Friedrichs entsprochen, die Kirche allgemein besser zu organisieren, auch das Herzogtum Krain war als Territorium gefestigt.[72] Der Kaiser konnte zwar die Rückschläge, die er im Raum an der Donau hinnehmen musste, mit den Erfolgen, die er im Süden erzielte, keineswegs ausgleichen, doch muss ihm angerechnet werden, dass er sich den Aufgaben in Kärnten und Krain intensiv gewidmet hat und darüber andere Teile des habsburgischen Machtbereiches vernachlässigen musste. Wer allerdings die nach 1457 auftretenden Konflikte aufmerksam verfolgt, kann sich des Eindrucks nicht erwehren, dass dem Kaiser die Region an der Donau nicht viel bedeutete. Abgesehen von längeren Aufenthalten in Wien hielt er sich dort kaum auf. Er durchquerte die Landschaft überraschend schnell. Vielleicht werden zukünftige Quellenpublikationen etwas über dieses Verhalten verraten und Hinweise dazu geben, wie der

Habsburger mit der Bevölkerung auskam, die heute in Niederösterreich ihre Heimat hat.

Anmerkungen

[1] Niederstätter, Jahrhundert, S. 248 ff. u. 280 ff.

[2] Chmel, Regesta, Nr. 2760 u. 2771. Niederstätter, Jahrhundert, S. 248 ff.

[3] Haller-Reiffenstein, Friedrich III. und Andreas Baumkircher, S. 73.

[4] Dopsch, Salzburg im 15. Jahrhundert, S. 521.

[5] Reg. F.III., 13, Nr. 254.

[6] Reinle, Ulrich Riederer, S. 322 ff. Opll, Nachrichten, S. 148 f. Šmahel, Hussitische Revolution, S. 1830 ff.

[7] Reg. F.III., 13, Nr. 266.

[8] Opll, Nachrichten, S. 150 f.

[9] Seibt, Zeit der Luxemburger, S. 342 ff.

[10] Niederstätter, Jahrhundert, S. 249 ff.

[11] Vgl. Niederstätter, Der Alte Zürichkrieg, S. 297 ff.

[12] Baum, Albrecht VI., S. 32 ff. Niederstätter, Der Alte Zürichkrieg, S. 309 ff. Vgl. Reg. F.III., 13, Nr. 53 ff.

[13] Reg. F.III., 13, Nr. 246 u. 249 ff.

[14] Speck, Freiburg, S. 238 ff.

[15] Reg. F.III., 13, Nr. 259 ff.

[16] Heinig, Hof, Regierung und Politik, S. 1363 f.

[17] Vgl. Niederstätter, Herrschaft, S. 146 ff.

[18] Reg. F.III., 13, Nr. 258.

[19] Lhotsky, Privilegium maius, S. 34 überging – oder übersah? – das wichtige Recht, die Abgaben nach freiem Ermessen erhöhen zu können. Sein Fehler schlich sich in die jüngere Literatur ein, Korrekturen, etwa Gutkas, Friedrich III. und die Stände S. 175, wurden nicht berücksichtigt. Vgl. dazu noch Reg. F.III., 13, Nr. 258, S. 186.

[20] Worstbrock, Mayr, S. 243 ff. Dazu Heinig, Hof, Regierung und Politik, S. 407 ff. Erst von der Aktivität Mayrs wurde die Diskussion über das Finanzwesen belebt. Bis dahin wurde der Ausweg vorgezogen, durch eine neue Pfründenpolitik mehr Personal der wachsenden Bürokratie zur Verfügung zu stellen. In der lateinischen Fassung dieser Bestätigung sind keine Gesetze, sondern nur libertates, graciae et litterae erwähnt.

[21] Niederstätter, Jahrhundert, S. 57 f. u. 280 ff. Rauft, Reichsreform, S. 136 ff. Vgl. dazu auch Reformation Kaiser Siegmunds (MG Staatsschriften 6), S. 252 ff..

[22] Baum, Albrecht VI., 1, S. 31 ff. und 2, S. 33 ff. Vgl. dazu Reg. F.III., 13, Nr. 259–261.

[23] Wiesflecker, Kaiser Maximilian I., Bd. 1, S. 73.

[24] Zierl, Kaiserin Eleonore, S. 149 ff.

[25] Vgl. dazu Walsh, Deutschsprachige Korrespondenz, S. 438 ff.

[26] Für unsere Thematik grundlegend RTA 19, S. 4 ff. Dazu Babinger, Mehmed der Eroberer, S. 67 ff. Ducellier, Byzanz, S. 501 ff. Ducellier, Orthodoxie, S. 22 ff. Vgl. dazu auch Reg. F.III., 4, Nr. 230.

[27] Rapp, Vielfalt, S. 142f. Märtl, Reformgedanke, S. 95ff.

[28] Niederstätter, Jahrhundert, S. 360f. Thumsa, Türkenfrage, S. 60ff.

[29] Werner, Großmacht, S. 290ff.

[30] RTA 19, Nr. 10.

[31] RTA 19, S. 94ff., Nr. 14ff.

[32] RTA 19, S. 223f.

[33] RTA 19, S. 239ff.

[34] RTA19, Nr. 29.

[35] Reinle, Gerichtspraxis, S. 335ff., Heinig, Hof, Regierung und Politik, S. 101f., Mitsch, Gerichts- und Schlichtungskommissionen, S. 17ff. Maurer, Königsgericht, S. 86ff.

[36] Thomas, Deutsche Geschichte, S. 467ff.

[37] Reinle, Riederer, S. 498f.

[38] Reinle, Riederer, S. 500ff. Heinig, Hof, Regierung und Politik, S. 407f.

[39] Reinle, Riederer, S. 502ff.

[40] Reg. F.III., 13, Nr. 331f.

[41] Reg. F.III. 4, Nr. 259.

[42] Vgl. dazu Heinig, Zwischen Kaiser und Konzil, S. 130ff.

[43] Reg. F.III., 13, Nr. 297 (1454 Mai 24) ist der letzte Beleg, dass der Kaiser seinen Bruder unterstützte. Vgl. dazu auch Niederstätter, Jahrhundert, S. 233.

[44] Vgl. Czendes-Opll, Wien, S. 157ff. Dazu Niederstätter, Jahrhundert, S. 87f.

[45] Vgl. Lhotsky, Kaiser Friedrich III., S. 151ff.

[46] Niederstätter, Jahrhundert, S. 201.

[47] Reg. F.III., 13, Nr. 365. Dazu Niederstätter, Jahrhundert, S. 204ff.

[48] Seibt, Zeit der Luxemburger, S. 542ff. Hlaváček, Beziehungen Friedrichs III., S. 292ff.

[49] Niederstätter, Jahrhundert, S. 350ff.

[50] Opll, Nachrichten, S. 158ff.

[51] Thomas Ebendorfer, Chronica Austriae (MG SS NS 13), S. 449ff. Opll, Nachrichten, S. 160ff.

[52] Niederstätter, Jahrhundert, S. 250f.

[53] Opll, Nachrichten, S. 162.

[54] Niederstätter, Jahrhundert, S. 251.

[55] Seibt, Zeit der Luxemburger, S. 543f. Boubin, Ein König, S. 82ff. Šmahel, Hussitische Revolution, S. 1835ff.

[56] Opll, Nachrichten, S. 163.

[57] Heinig, Hof, Regierung und Politik, S. 101 u. 317. Vgl. dazu auch Maurer, Königsgericht, S. 85ff.

[58] Zauner, Erzherzog Albrecht VI., S. 22ff. Mayrhofer-Katzinger, Geschichte der Stadt Linz, 1, S. 57ff.

[59] Nehring, Matthias Corvinus, S. 15ff. Niederstätter, Jahrhundert, S. 351f. Kubinyi, Matthias Corvinus, S. 140ff.

[60] Hlaváček, Beziehungen Friedrichs III., S. 293ff. Opll, Nachrichten, S. 164f.

[61] Reg. F.III, 18, Nr. 10f. u. 46ff. Dazu Dopsch, Salzburg im 15. Jahrhundert, S. 522ff.

[62] Opll, Nachrichten, S. 164. Vgl. dazu das Itinerar des Kaisers, Heinig, Hof, Regierung und Politik, S. 1366.

[63] Tomaschek, Rechte, 2, Nr. 160. Uhlirz, Quellen zur Geschichte 2/3, Nr. 160. Czendes, Rechtsquellen, S. 237 ff., Nr. 64.

[64] Cendes-Opll, Wien, S. 158 ff.

[65] Niederstätter, Jahrhundert, S,251 f.

[66] Czendes, Rechtsquellen, S. 241 ff., Nr. 65. Czendes-Opll, Wien, S. 160 f.

[67] Czendes-Opll, Wien, S. 163 ff.

[68] Haller-Reiffenstein, Kaiser Friedrich III., S. 83 ff. Opll, Nachrichten, S. 182 ff. Thomas Ebendorfer, Chronica regum Romanorum (MG SS NS 18), S. 907 ff.

[69] Thomas Ebendorfer, Chronica Austriae (MG SS NS 13), S. 561 ff. Opll, Nachrichten, S. 174 ff.

[70] Niederstätter, Jahrhundert, S. 253 ff.

[71] Niederstätter, Jahrhundert, S. 154. Die 1461 vom Kaiser verfügte Erhöhung der Abgaben wiesen die Städte zurück, vgl. Sittig, Landstände, S. 28 f.

[72] Niederstätter, Jahrhundert, S. 307.

8. Das Chaos hält an

a) Österreich und seine Nachbarn

Der Zusammenbruch seiner Herrschaft, der Kaiser Friedrich im Herbst des Jahres 1462 drohte, wurde von Georg von Podiebrad verhindert, der den Anschein erweckte, ein neutraler Schiedsmann zu sein, in Wirklichkeit aber immer bereit war, dem Habsburger beizustehen. Dieser war seinerseits nie willens, die Feinde des Böhmen zu unterstützen. Denn wenn dieser auch kaum Skrupel hatte, sich gelegentlich mit der Opposition gegen den Kaiser zu verbünden und im Reich oft den Eindruck erweckte, dessen Kontrahent zu sein, zu einem ernsten Konflikt kam es nie und wenn einmal stärkere Gegensätze auftraten, verhinderte der dem Kaiser oft vorgeworfene Mangel an Energie, dass Kämpfe ausbrachen. Für Georg war Friedrich immer noch das Reichsoberhaupt. Beide verstanden sich, da der eine stets Böhme und der andere immer ein Steyrer blieb. Als Territorialherren hatten sie keine Reibungsflächen.[1] Im Verhältnis zu Ungarn waren die Voraussetzungen weniger günstig, da der Kaiser, der von einer Minderheit in diesem Land sogar zum König gewählt worden war, als Fürst der Steiermark und als benachbarter Machthaber immer wieder in territoriale Grenzstreitigkeiten verwickelt wurde. Er suchte unbedenklich Vorteile, wenn er etwa Baumkircher mit Privilegien auszeichnete, die ungarisches Territorium betrafen, und nützte viele Möglichkeiten, mit kleinlichen Entscheidungen sein Einflussgebiet auszudehnen.[2] Es dürften aber die in Wien so unglücklich verlaufenden Ereignisse Friedrich bewogen haben, in Ungarn nachzugeben. Inzwischen war Matthias Corvinus zum handlungsfähigen Regenten herangewachsen, er hatte das zwanzigste Lebensjahr erreicht und erfolgreich seine Herrschaft gefestigt, und so wurde endlich ein Ausgleich ausgehandelt. Am 19. Juli 1463 wurde zu Wiener Neustadt ein Friede geschlossen, in dem Matthias als König in Ungarn vom Kaiser anerkannt wurde, der sich selbst ebenfalls König von Ungarn titulieren durfte und für den Fall, dass Corvinus ohne legitime Söhne sterben sollte, dessen Nachfolge antreten konnte. Die Stephanskrone, die der Habsburger noch immer verwahrte, war auszuliefern.[3] Damit war nicht nur der Konflikt mit den Ungarn beigelegt, es war auch der banale Streit beendet, wer die Türkenabwehr leiten sollte. Der Kaiser trat Corvinus diese Aufgabe offensichtlich bereitwillig ab, zumal dieser dadurch gebunden war, und ließ ihm Hilfe zuteil werden. Bald konnte Matthias Erfolge vorweisen, die denen seines Vaters kaum nachstanden.[4]

In anderen Regionen belasteten neuerliche Sorgen das Haus Österreich. Ganz unerwartet brach unter anderem in Tirol Streit aus, den Nikolaus von Kues auslöste. Der angesehene Gelehrte war durch das Baseler Konzil aufgestiegen und bekannt geworden, trat aber nach 1438 zum Lager Papst Eugens IV. über, wurde mit Pfründen versorgt und schon 1448 zum Kardinal erhoben. Um den neuen Gefolgsmann hinreichend auszustatten, brachte der Papst die Bestimmungen des Wiener Konkordats zur Anwendung und installierte 1450 mit Hilfe Friedrichs, an dessen Hof Nikolaus als Rat eingesetzt war, den gefeierten Theologen und Philosophen im vakanten Bistum Brixen. Dank des guten Rufes, den Nikolaus hatte, wurde das Eingreifen des Papstes auch vom Domkapitel akzeptiert, das froh sein musste, ein würdiges Oberhaupt zu bekommen. Brixen war wegen der Nähe zu Rom ausgewählt worden, da Nikolaus von hier aus als Kardinal auch der Kurie relativ leicht zur Verfügung stehen konnte. Zunächst wurde er als Legat eingesetzt und trieb die Kirchenreform in Süddeutschland voran. Nach 1452, seit er an den Sitz seines Bistums gekommen war, fühlte er sich verpflichtet, die Beachtung strenger Ordensregeln vor allem in Frauenkonventen seiner Diözese durchzusetzen. Die Klöster widersetzten sich, beriefen sich auf ihre Sonderrechte und lösten einen Kampf aus, der weit über die Grenzen der Diözese hinaus Aufsehen erregte und mit den in der abendländischen Kirche damals üblichen Strafen und Verfolgungen ausartete. Der gelehrte Mann fand auch bald, dass der Tiroler Landesfürst entgegen den Brixner Privilegien, die übrigens auch der Kaiser bestätigt hatte, Rechte erworben und sich Einnahmen gesichert hatte, die der Kardinal beanspruchte. Damit war der Kampf ausgeweitet, in dessen Verlauf der Herzog angeblich sogar die Ermordung des Kardinals geplant haben soll. Friedrich schaltete sich als Kaiser ein, hatte aber kaum Erfolg. Die Auseinandersetzungen nahmen zu und zuletzt wurde Siegmund sogar vom Papst gebannt. Der Streit endete erst, als Nikolaus 1458 Brixen verließ und sein Bistum freigab. Dennoch blieb Siegmund weiterhin von den Auswirkungen dieses Zanks belastet und fand bis zum Tode des Kardinals (1464) kaum Zeit, sich mit den echten Problemen in seinem Land ernsthaft auseinander zu setzen.[5]

Auch Friedrich geriet in neue Schwierigkeiten, als er die Einkünfte aus seinem engeren Machtbereich erhöhen wollte. 1461 und 1462 wurde im Herzogtum Steyr wegen neuer Abgaben verhandelt, 1463 wurden in Österreich neue Steuern vorgeschrieben, die Friedrich mit den Kämpfen um Wien begründete, ohne zu verraten, wie weit diese Maßnahmen von den im Jahre 1453 entworfenen und geforderten landesfürstlichen Vorrechten gestützt wurden.[6] Das alles wurde aber dadurch gehemmt, dass der Kaiser mit der Stadt Wien noch nicht versöhnt war. Das fiel nicht leicht. Erst zu Beginn des Jahres 1464 fand sich eine Abordnung der Bürger am kaiserlichen Hof ein, unterwarf sich und wurde wieder in Gnaden aufgenommen.[7] Als in den weiteren Verhandlungen der Kaiser forderte, seine Anhänger zu entschädigen, brachen alte Gegensätze wieder auf, die Bürger Wiens erhoben sich und es kam abermals zu Unruhen und Tumulten. Der Kaiser konnte nicht erreichen, dass seine Gefolgsleute, von denen viele ihr Hab und Gut verloren hatten, entschädigt wurden. Bezeichnend für diese Vorgänge ist das Geschick Ulrich Riederers, der als wichtiger Berater des Kaisers von den Wienern 1462 im Laufe der Wirren gefangen genommen wurde, als diese den Kaiser in der Burg belagerten, aber aus der Haft entkam und nach Wiener Neustadt flüchten konnte. Doch auch hier war er nicht sicher. Er wurde noch im Dezember 1462 von Unbekannten angegriffen und ermordet. Sein Leichnam wurde grausam verstümmelt und nicht zuletzt wegen dieser Schändung wurde sein Aufsehen erregender Tod mit politischen Motiven erklärt, obwohl der genaue Ablauf des Vorfalls nie bekannt wurde.[8] Das Ereignis trug wohl dazu bei, dass der Kaiser selbst um seine Sicherheit bangte. Er blieb mehr als drei Jahre in Wiener Neustadt und verließ den Ort erst im Sommer 1466, um nach Graz auszuweichen.[9] Er traf Anordnungen, um die vielen Wirren abzustellen, doch konnte er sich nicht durchsetzen. In diesem Chaos versuchten sogar die Stände, der Lage Herr zu werden. Sie luden nach Korneuburg zu einem Tag ein und beschlossen im Sommer 1464 einen Landfrieden, der die Fehden unterbinden sollte und den auch der Kaiser am 30. September mit dem Zusatz verkündete, das Kammergericht solle für dessen Einhaltung sorgen.[10] Allgemein verbreitete sich Unmut wegen des Ausuferns von Gewalt. Die Waffen wurden zwar öfter nur zur Drohung eingesetzt, doch wurden schon davon eine allgemeine Unruhe und Unsicherheit verursacht, die nicht mehr zu ertragen waren.

b) Neue Gegensätze und Kämpfe

In den habsburgischen Landen waren die Fehden auch deshalb nie ganz abzustellen gewesen, da immer wieder bewaffnete Gruppen auf ihren ausständigen Sold warteten und ihren Forderungen mit Übergriffen Nachdruck gaben. Zum erheblichen Teil kamen diese aus slawischen Siedlungsgebieten und wurden wegen ihrer ethnischen Zusammensetzung und Herkunft allzu oft einfach als Anhänger der hussitischen Bewegung charakterisiert, die noch immer Sorgen machte. Wenn es sich in diesen Wirren ergab, wurden einige dieser vagabundierenden Truppen von einem der Machthaber wieder für Kämpfe angeworben und waren dann für eine Zeit

Teil eines anerkannten Heeres. Dann wurden sie oft wieder hastig aus dem
Dienst entlassen, mussten auf ihre Bezahlung warten und fielen der Bevölkerung zur Last. Für die Allgemeinheit, die die Auswirkungen zu
spüren bekam, war die Erklärung, Reste des Hussitismus würden diese
Turbulenzen verursachen, kaum hilfreich. Mehr Verständnis für diese Problematik hätte die Kurie zeigen können, für die aber nach dem Fall von
Konstantinopel der Krieg gegen den Islam vordringlich und zum Leitmotiv des Handelns geworden war. Dieser Aufgabe hatte sich Calixt III. mit
voller Kraft verschrieben und als er 1458 starb, war es für die Kardinäle
vorgegeben, als Nachfolger Aeneas Silvius Piccolomini zu wählen, der sich
als führender Publizist gegen die Türkenkriege profiliert hatte und als
Pius II. die Herrschaft antrat. Er war nicht zuletzt wegen seiner Vergangenheit – er war in seiner Jugend ein eifriger Anhänger des Konziliarismus
gewesen – geradezu gezwungen, seine Ergebenheit gegenüber den nunmehr dominanten Denkmodellen zu beweisen, propagierte den Kreuzzug
besonders energisch und trieb den uneingeschränkten Ausbau päpstlicher
Gewalt voran.

Schon bei seiner Inthronisation verkündete er, er werde auf einem großen abendländischen Kongress die weltlichen Häupter der Christenheit
zum Kampf gegen die Ungläubigen einen. Damit war in erster Linie Kaiser Friedrich angesprochen, der aber zur gleichen Zeit von den Wirren in
Österreich gebunden war. Papst Pius rief die Fürsten für 1459 nach Mantua und könnte gehofft haben, dass allein schon wegen dieses Aufrufs der
Zank der Habsburger beigelegt werde. Doch Friedrich konnte den Konflikt zwar mildern, aber nicht beenden, musste den Papst enttäuschen und
seine Teilnahme absagen.[11] Es trat ein, was der Papst befürchtet hatte: Da
der Kaiser fehlte, waren auch alle anderen Machthaber nicht bereit, nach
Mantua zu kommen. Der Kongress wurde eine herbe Enttäuschung. Zwar
wurde an der Vordringlichkeit der Türkenabwehr festgehalten, doch deren
Organisation gelang nicht. Es wurde nur angeregt, zu einem neuen Tag mit
dieser Aufgabe nach Nürnberg oder dem Ort einzuladen, an dem sich gerade der kaiserliche Hof aufhielt. Pius war gescheitert. In den Quellen
fehlt jeder Hinweis, dass die Zusammenhänge von den Zeitgenossen erfasst wurden. Gemäß dem hochmittelalterlichen Ritterideal, das der Papst
noch immer voraussetzte, sollten die Adligen unentgeltlich für den Kampf
gegen die Heiden zur Verfügung stehen. Aber diese Grundhaltung war
längst aufgegeben. Jetzt musste man für den Krieg Söldner anwerben und
ein System anwenden, aus dem nicht zuletzt wegen konstanter Finanzie-
rungsprobleme immer wieder neues Unheil erwuchs.

Dem Kaiser waren diese Schwierigkeiten längst bekannt und er bemühte sich, in allen wegen der Türkenabwehr geführten Verhandlungen die
notwendigen Mittel einzufordern, doch scheiterte er meist schon in den

Vorgesprächen. Auch wurden viel zu selten die Entfernungen bedacht, die
bei einer Offensive gegen die Türken zu überwinden waren. Allein schon
deswegen war es angebracht, sich am Südostrand des Reichs zu versammeln, wo man den Osmanen näher war. Dementsprechend berief der Kaiser, nachdem im Familienzwist 1459 eine Atempause eingetreten war, im
Frühjahr 1460 die Angehörigen des Reichs zu einer Tagung nach Wien. Er
war hier auch selbst anwesend und erwartete die Teilnehmer.[12] Die Präsenz des Reichsoberhauptes hatte jedoch geringe Wirkung, nur langsam
trafen die Abordnungen ein und so konnte die Versammlung erst am
17. September eröffnet werden. Trotz einer Fristverlängerung blieb der erhoffte Zustrom aus. Kein mächtiger Fürst war persönlich gekommen, Herzog Philipp von Burgund ließ sich wenigstens vertreten, doch nahm sein
Gesandter nur die Gelegenheit wahr, die Kontakte zu Österreich zu vertiefen, und diskutierte einen Krieg gegen die Türken kaum ernsthaft. Von
anderen wurde diese Thematik zwar mit vielen Worten erörtert, brauchbare Vorschläge gab es jedoch nicht. Friedrich ließ verkünden, er wäre bereit, sich persönlich an die Spitze eines Heeres zu stellen, wenn sich in diesem die Fürsten einfänden. Von deren Vertretern konnten entsprechende
Zusagen jedoch nicht gegeben werden und so war auch der Kaiser nicht
gezwungen, sein Versprechen einzulösen oder wenigstens vorzubereiten.
Die Verhandlungen wurden vielmehr nach wenigen Wochen mit der lapi-
daren Feststellung abgebrochen, dass die erforderlichen Mittel nicht aufzubringen seien. Die Kosten hätten vor allem die deutschen Städte aufbringen sollen, deren Vertreter in Wien deutlich erkennen konnten, wie
schlecht die Finanzlage an der Donau war, und dass die Gefahr bestand,
die bewilligten Gelder könnten versickern, ohne entsprechend eingesetzt
zu werden. So stand auch der Legat des Papstes, Kardinal Johannes Bes-
sarion, im Kongress auf verlorenem Posten und konnte nicht helfen. Der
Wiener Tag musste ohne Ergebnis abgebrochen werden und war ebenfalls
gescheitert.

Im kommenden Jahr verschärften sich wieder die Gegensätze zwischen
dem Kaiser und seinem Bruder und lähmten Verhandlungen für den
Kampf gegen die Türken.[13] Pius gab jedoch deshalb nicht auf. Er konzentrierte seine Aktionen jetzt auf Italien und erreichte, dass die Ausrüstung
einer Flotte angeregt wurde. Der Kampf zur See erhielt Vorrang gegenüber dem Krieg zu Lande auf dem Balkan. Um diese seine Maßnahmen zu
unterstützen, mühte sich der Papst, wenigstens die Kämpfe im Inneren der
abendländischen Christenheit abzustellen, Kämpfe, die vor allem im östlichen Mitteleuropa ausgetragen wurden und oft allzu einfach als Auswirkungen des Hussitismus erklärt wurden. Um Händel und Konflikte beizulegen, war Papst Pius II. genötigt, seine Macht als Oberhaupt der Kirche
zu stärken, den kurialen Zentralismus zu fördern und im Rahmen dieser

Grundhaltung alle Sonderentwicklungen zu unterbinden. Diese Zusammenhänge sind zwar in den schriftlichen Unterlagen kaum fassbar, dürfen aber doch aus diversen Erscheinungen geschlossen werden. Gesichert ist, dass der Papst jetzt konsequent den Konziliarismus untersagte. Bewiesen ist auch, dass er energisch gegen die Reste des Hussitismus vorging, was immer man darunter verstand. Türkenabwehr, Kampf gegen die Ketzer und Aufwertung päpstlicher Macht waren Parallelerscheinungen, die zwar gesondert verfolgt wurden, aber doch ein Konglomerat einheitlicher kurialer Politik bildeten.

Die Grundlagen für diese Politik waren unter Papst Eugen IV. geschaffen wurden. Schon 1448 entschloss sich der Kardinallegat Juan Carvajal zur radikalen Bekämpfung der Kompaktaten und ließ sich zu bedenklichen Mitteln hinreißen. Er versuchte nämlich, als er in Prag weilte, das Originaldokument dieser Vereinbarungen einfach zu entwenden, und hoffte, damit die Grundlage für weitere Forderungen der Böhmen zerstören zu können. Er löste aber nur massive Erbitterung und Gegenwehr aus, musste zurückweichen und das Dokument wieder herausgeben.[14] Er förderte dennoch mit Nachdruck den uneingeschränkten Ausbau päpstlicher Macht und die Bekämpfung von Sonderentwicklungen. Pius II. untersagte dann mit einer Bulle vom 18. Januar 1460 Appellationen an ein Konzil und entzog damit dem Konziliarismus die Grundlage.[15] Er war auch verantwortlich gewesen, dass Georg von Podiebrad nach dem Tode des Ladislaus Postumus verpflichtet wurde, in Böhmen gegen Reste des Hussitismus vorzugehen. Damit wurde eine Entwicklung eingeleitet, die auch für das Geschick Kaiser Friedrichs III. entscheidend wurde.

Der gesteigerte Machtanspruch des Papsttums wirkte sich jetzt auch in Deutschland aus, wo der führende Metropolit, der Erzbischof Dietrich von Mainz, als prominenter Vertreter der deutschen Neutralität und Kritiker des kurialen Zentralismus das Misstrauen der Kurie geweckt hatte. Als er 1459 starb, fiel es nicht leicht, einen geeigneten Nachfolger zu finden. Nach längeren Verhandlungen entschied sich eine knappe Mehrheit des Domkapitels am 18. Juni des Jahres für Dieter von Isenburg, der die Tradition seines Vorgängers fortführen wollte. Er konnte sich ungeachtet des fehlenden Rückhalts aus Rom im Diözesanklerus durchsetzen, wurde aber bald in die lokalen Händel verstrickt, in die seine Sippe eingebunden war. Diese Fehden waren ein weiterer Anlass, dass das deutsche Geschehen in Rom aufmerksam verfolgt wurde. In diesen Kämpfen unterlag der Isenburger und musste die Unterstützung eines gegen den Kaiser feindlich eingestellten Lagers suchen, das Pfalzgraf Friedrich anführte. Dieter dürfte schon immer ein Anhänger des Konziliarismus gewesen sein, wurde aber jetzt sogar zum Exponent einer Richtung, die wegen der anwachsenden und vom Papst vehement verteidigten Abgaben an die Kurie neuen

Zulauf fand und mit ihrer Einstellung an das Baseler Konzil erinnerte. Kaiser Friedrich dürfte Verständnis für die päpstlichen Forderungen aufgebracht haben und mit diesem Rückhalt konnte es Papst Pius II. wagen, am 21. April 1461 Dieter abzusetzen. Wenig später wurde von dessen Feinden Adolf II. von Nassau als Gegenkandidat gewählt – die Nassauer waren Konkurrenten der Isenburger – und auch vom Kaiser anerkannt und unterstützt. Die damit angeheizten Händel verliefen zunächst ohne Entscheidung. Doch dann konnten die Anhänger Adolfs mit einem überraschenden Überfall im Herbst 1462 die Stadt Mainz erobern, die von dem siegreichen Metropoliten verwüstet wurde. Die Bürger dürften, wie diese Rache verrät, auf der Seite Dieters gestanden sein, der ein Jahr später auf das Erzbistum verzichtete, das ihm aber, wie vorausgeschickt werden darf, nach dem Tode seines Gegners (1475) wieder zuerkannt wurde.[16]

Erzbischof Adolf war noch Jahre von den anhaltenden lokalen Auseinandersetzungen gebunden und vorerst nicht in der Lage, im Reich eine entscheidende Rolle zu spielen. Auch der Kaiser blieb erfolglos. Es ist kennzeichnend, dass sich die Stadt Frankfurt in diesen Jahren wiederholt mit Klagen an Friedrich wandte und dass dieser versuchte, mit Befehlen und Anordnungen die Auswüchse der Fehden abzustellen, aber wenig erreichte.[17] Wegen dieser endlosen Konflikte war die Kurie gegenüber den Zuständen in Mitteleuropa sensibel geworden und verfolgte vor allem das Vorgehen König Georgs von Böhmen, der entsprechend den Zusagen, die er bei seiner Krönung gemacht hatte, den Hussitismus bekämpfte, aber dann doch die gemäßigten Anhänger dieser Richtung tolerierte, von denen schwer zu sagen war, ob sie noch eine Gefahr darstellten. Georg hatte als vorsichtiger und vorausschauender Regent inzwischen seine Position gestärkt, er hatte 1461 seine Tochter Katharina dem Matthias Corvinus zur Frau gegeben und war dessen Verbündeter geworden. Rivalität und Glaubenskämpfe unter den zerstrittenen böhmischen Lagern des Christentums waren damit zwar nicht beendet, aber doch zurückgedrängt. Um die deshalb noch schwelenden Probleme zu überdecken, war der König 1462 sogar bereit, den Kampf gegen die Türken mit Nachdruck zu unterstützen, erbat aber gleichzeitig die Bestätigung der zu Basel ausgehandelten Kompaktaten, durch die das Abendmahl in zweierlei Gestalt, in Brot und Wein, zugestanden worden war. Papst Pius war dafür nicht zu gewinnen. Er fällte eine klare Entscheidung: Am 31. März 1462 wurden die Kompaktaten aufgehoben und deren Anhänger zu Ketzern erklärt.[18]

Georg war nicht gewillt und wohl auch nicht imstande, die päpstliche Entscheidung in seinem Land umzusetzen. Auf einem Hoftag im August regte er an, dass alle Untertanen für den Fortbestand des Baseler Kompromisses eintreten sollten, doch verweigerten die Katholiken die Gefolgschaft. Der Ausweg, das Problem abermals auf einem Konzil zu behan-

deln, war wegen der kurz zuvor erlassenen Ablehnung des Konziliarismus
durch die Kurie nicht mehr gangbar und so entwarf König Georg einen
anderen Plan: Die Regenten Europas sollten sich für die Türkenabwehr in
einem Frieden vereinigen, ihre Feindschaften abstellen und gemeinsam
gegen den Islam vorgehen. Es ist nicht zu übersehen, dass der Böhme be-
stechende Pläne für eine Neuorganisation der Türkenkriege vorlegte, aber
doch für eine veränderte Neuauflage des Konziliarismus eintrat. Der Vorschlag fand Beachtung, in Frankreich sogar Zustimmung. Der Kaiser verhielt sich zurückhaltend, versuchte aber zu vermitteln.[19] Der Papst, der
diese Absichten durchschaute, war von seinem Entschluss, die Kompaktaten aufzuheben, nicht abzubringen und behauptete, Georg suche nur Ausflüchte. Dieser Vorwurf war wohl berechtigt, doch muss auch betont werden, dass sich Pius mit theologischen Problemen gar nicht auseinander
setzte und sich als Jurist einfach für Klarheit und Einheitlichkeit des religiösen Lebens im Abendland entschied. Er schuf damit eine wichtige
Grundlage für die Haltung des Papsttums im folgenden Jahrhundert. Auch
König Georg blieb hart. Er betonte am 12. August, die Kompaktaten zu
verteidigen selbst auf die Gefahr hin, als Ketzer angeklagt zu werden. Die
Gegensätze wuchsen, da sie von einer rapid wachsenden Publizistik aufgegriffen und verschärft wurden. Der Papst entschloss sich zu einem folgenschweren Schritt: Er klagte Georg als Ketzer an und zitierte ihn am
14. Juni 1464 vor sein Gericht. Wenige Wochen später starb Pius II. Der
Prozess wurde verschleppt, aber dann doch, da der König nicht in Rom
erschien, von Papst Paul II. am 23. Dezember 1466 mit dem Bann abgeschlossen, durch den Georg auch als Herrscher Böhmens abgesetzt wurde.
Damit war, da Vermittlungsversuche scheiterten, eine chaotische Lage
heraufbeschworen, in die auch der Kaiser verwickelt war.[20]

Friedrich hielt sich in diesem Streit zurück, da er nicht als offener Feind
Georgs auftreten wollte, wie oben dargelegt wurde. Er dürfte in diesem
Fall für die Einstellung des Böhmen Verständnis aufgebracht haben, da er
wusste, wie stark die Gegensätze und Unstimmigkeiten in den Österreich
benachbarten Regionen noch waren. Auch er, Friedrich, musste ja die Zustände in seinen Ländern verbessern, deren Kirchenorganisation im Argen
lag. Diese Aufgabe zwang wieder den Kaiser, den Papst nicht zu vergrä-
men. Dank dessen Hilfe war bereits das Bistum Laibach geschaffen worden, doch war das Ringen um die Diözesen Wien und Wiener Neustadt
noch immer in der Schwebe und wurde von dem Habsburger weiter verfolgt. Zu dieser Zeit waren in Graz wichtige Bauten fertig geworden. Der
Habsburger hatte schon bei Regierungsantritt den Auftrag erteilt, die Hofkirche auszubauen. Das imposante Ausmaß der dreischiffigen, gotischen
Kirche, die ein viel kleineres und bescheidenes Gotteshaus ersetzte, fiel
längst auf und sollte, so wurde vermutet, mit seiner Ausdehnung Friedrichs

imperiale Macht demonstrieren. Das Gotteshaus war gegen 1460 als Rohbau fertig.[21] Viele Daten sind zu dessen Entstehung nicht überliefert. Die Deutung des Bauwerks ist daher nicht leicht. Es ist wahrscheinlich, dass neben Wiener Neustadt die Hauptkirche der Stadt Graz, der zweiten wichtigen Residenz des Kaisers, einen besonderen Rang erhalten sollte. Das Herzogtum Steyr hatte noch keinen kirchlichen Mittelpunkt, da der Bistumssitz Seckau auf einem Territorium lag, das damals zu Salzburg gehörte. Es ist unter diesen Voraussetzungen nicht abwegig, zu vermuten, dass Friedrich mit dem Gedanken spielte, in Graz einen Dom zu bauen.[22] Diese Pläne dürften erst aufgegeben worden sein, als der Kaiser nach 1470 den Schwerpunkt seiner Tätigkeit in den Westen des Reichs verlagerte. Nach diesem Zeitpunkt kam er – und das war wohl kein Zufall – kaum mehr nach Graz und sein Interesse an der Stadt ging zurück.[23] Vorher hatte er schon das Schloss ausgebaut, das jedoch wegen der natürlichen Gegebenheiten – der Rücken des Burgberges war für eine ansehnliche Anlage zu klein – nicht allzu eindrucksvoll war. So war Friedrich gezwungen, vorerst durch Klostergründungen das Ansehen von Graz heben. Mit dieser hektischen Bautätigkeit in den Residenzen sollte offenbar die Verbesserung und Neuordnung der Kirchenorganisation im Ostalpenraum vorbereitet werden.[24]

Ungeachtet der Spannungen, die in Wien immer wieder auftraten, konnte der Kaiser auch hier in diesen Jahren als Bauherr von Kirchen Fortschritte erzielen. Doch ist kaum zu erkennen, wie weit diese dem Habsburger oder den Bürgern angerechnet werden dürfen. Auf seine Initiative wurde zwar die Burgkapelle neu gestaltet, aber dann wurden die Wiener verpflichtet, die Burg zu erhalten und nach dem Beschuss im Jahre 1462 zu restaurieren.[25] Die schon im 14. Jahrhundert vorgenommene Errichtung eines Domkapitels zu St. Stephan war mit der Vergrößerung des Gotteshauses verbunden worden, doch kam der Ausbau des Domes ins Stocken. Gearbeitet wurde nur am Südturm – wohl eher mit Hilfe der Bürger, die sich mit dieser Pracht auswiesen. Um 1450 wurde die Bautätigkeit wieder energischer vorangetrieben und erreichte um 1460 einen ersten und erfolgreichen Abschluss.[26] Belegt sind zahlreiche Maßnahmen, mit denen der Kaiser die Klöster der Hauptstadt auszeichnete und deren Bauten förderte, doch wurden viele dieser Leistungen durch spätere Umbauten wieder verdeckt oder ganz zerstört. Friedrich demonstrierte seine Macht auch in Wien wiederholt mit der Vergrößerung und Verbesserung von Gotteshäusern und strich damit zugleich seine Gläubigkeit heraus.[27]

In diesem Rahmen förderte er auch die Heiligenverehrung und bewies dabei Verständnis für regional-nationales Verhalten. Er belebte nämlich den Kult von Personen, die im Lande geboren waren. Dementsprechend taufte er seinen Sohn auf den Namen Maximilian, nach dem Heiligen, der seiner Meinung nach Bischof von Lorch (Enns) gewesen war. Aufgewertet wurden auch die Verehrung des Heiligen Florian und des Heiligen Koloman, die beide an der Donau gewirkt hatten. Besondere Verdienste erwarb sich Friedrich um die Kanonisation des Markgrafen Leopold III. (1095–1136), der das Kloster Heiligenkreuz gegründet und das Stift Klosterneuburg großzügig ausgestattet hatte. Hier war er auch beigesetzt worden und wurde später von beiden Konventen als Stifter verehrt. Mehrere seiner Nachfolger wurden ebenfalls in diesen Klöstern bestattet. Vor allem wegen dieser Grablegen bestanden enge Kontakte zu Friedrich. Die Heiligsprechung des österreichischen Landesfürsten Leopold durch den Papst förderte das Ansehen des Herzogtums, war aber auch für die Gründung eines Bistums mit Sitz in Wien wichtig. Eine Kanonisation Leopolds wurde daher in Rom schon im 14. Jahrhundert angeregt, aber nicht weiter verfolgt. Kaiser Friedrich griff das Anliegen früh auf, doch sind seine ersten Anregungen nicht dokumentiert. Bekannt ist nur, dass 1466 endlich der notwendige Prozess eingeleitet, aber erst am 6. Jänner 1485 positiv abgeschlossen wurde. Diese Aufwertung Leopolds war mit einer intensiven Propaganda verbunden, die wir nicht weiter verfolgen müssen.[28]

Der Kaiser musste die Ausrichtung seiner Politik auf Österreich wieder zurückstellen, als Papst Paul II. Ende des Jahres 1466 über König Georg von Böhmen den Bann aussprach und ihn absetzte. Die Reaktion der wichtigsten Machthaber des Abendlandes auf diese Entscheidung war allgemein eher zurückhaltend, war doch zu erwarten, dass damit die Gegensätze in der Christenheit, die man zu schlichten versucht hatte, nur verstärkt wurden. Matthias Corvinus war eher für die päpstlichen Maßnahmen zu gewinnen. Er hatte schon 1465 zugesagt, gegen die Ketzer vorzugehen, aber nicht angegeben, ob er sich gegen Georg wenden wollte, der bereits unter päpstlicher Anklage stand, oder ob er die als Ketzer klassifizierten Söldnerscharen bekriegen wollte, die im Norden Ungarns ihr Unwesen trieben. Als Georg vom Papst abgesetzt war, nützte Corvinus die Möglichkeit, seine Macht auszuweiten. Auf einer Versammlung der ungarischen Großen konnte er mit eindrucksvollen Ansprachen seine Untertanen überzeugen, dass der Kampf gegen die Ketzer wichtiger als die Abwehr der Türken sei. Er setzte in seinem Land einen Frontwechsel durch und eröffnete den Krieg gegen Georg von Podiebrad. Die Einstellung der Christenheit war damit grundsätzlich verändert und auch der Kaiser hatte sich neu zu orientieren.[29]

Anmerkungen

1 Hlaváček, Beziehungen Friedrichs III., S. 290 ff. Niederstätter, Jahrhundert, S. 351 ff. Boubin, Ein König, S. 86 ff.

2 Haller-Reiffenstein, Friedrich III. und Andreas Baumkircher, S. 67 ff.

3 Nehring, Matthias Corvinus, S. 20 ff. Hoensch, Matthias Corvinus, S. 89 ff. Reg. F.III., 18, Nr. 326.

4 Werner, Großmacht, S. 290 ff. Fügedi, Königreich Ungarn, S. 22 ff. Vgl. dazu Reg. F.III., 18, Nr. 331.

5 Riedmann, Mittelalter, S. 462 ff. Niederstätter, Jahrhundert, S. 194 ff. Heinig, Hof, Regierung und Politik, S. 480. Schmidt-Biggemann, Nikolaus von Kues, S. 13 ff.

6 Sittig, Landstände und Landesfürstentum, S. 28 ff. Reg. F.III., 18, Nr. 307 ff.

7 Opll, Nachrichten, S. 199 ff. Niederstätter, Jahrhundert, S. 253 ff.

8 Reinle, Ulrich Riederer, S. 524 ff. Zu den Wirren wegen der geforderten Entschädigungen vgl. Oppl, Nachrichten, S. 200 f.

9 Heinig, Hof, Regierung und Politik, S. 1368.

10 Vgl. dazu Niederstätter, Jahrhundert, S. 54 ff.

11 Reinle, Ulrich Riederer, S. 513 ff.

12 Reinle, Ulrich Riederer, S. 325 ff. Vgl. dazu auch Reg. F.III., 4, Nr. 287 u. 296 ff.

13 Opll, Nachrichten, S. 173 ff.

14 Seibt, Zeit der Luxemburger, S. 541.

15 Wünsch, Konziliarismus, S. 382.

16 Heinig, Die Mainzer Kirche, S. 530 ff.

17 Vgl. dazu Reg. F.III., 4, Nr. 288, 315, 318 f., 321 f. etc.

18 Kloczowski, Erbe des Jan Hus, S. 464 ff. Boubin, Ein König, S. 84 ff.

19 Šmahel, Pax externa, S. 265 ff.

20 Seibt, Zeit der Luxemburger, S. 546 ff. Niederstätter, Jahrhundert, S. 352 f.

21 Popelka, Graz, 1, S. 63 ff. Sutter, Residenzen Friedrichs III., S. 135 ff.

22 Vgl. dazu Niederstätter, Jahrhundert, S. 306 ff.

23 Heinig, Hof, Regierung und Politik, S. 1373 ff.

24 Popelka, Graz, 1, S. 274 ff. Sutter, Residenzen Friedrichs III., S. 137 ff.

25 Opll, Nachrichten, S. 199 ff.

26 Perger, St. Stephan und die Wiener, S. 41.

27 Neumüller, Sanctus Maximilianus, S. 33 ff.

28 Röhrig, Leopold III., der Heilige, S. 143 ff. Niederstätter, Jahrhundert, S. 310 ff. Zöllner, Märtyrer und Realpolitiker, S. 365 ff.

29 Hoensch, Matthias Corvinus, S. 98 ff.

9. Eine neue Zeit

a) Der Aufbruch

Die überraschende Tatsache, dass Kaiser Friedrich III., der mit nicht zu erschütternder Hartnäckigkeit lange Zeit in Österreich blieb und das Reich aus Wiener Neustadt regierte, um 1470 seine Erblande doch verließ und wieder Deutschland aufsuchte, wurde lange kaum beachtet.[1] Es war schwer zu begreifen, dass der seiner Heimat Steiermark eng verbundene Habsburger nunmehr sein Hauptaugenmerk dem Westen und dem Herzogtum Burgund zuwendete und sich den geliebten Residenzen in Wiener Neustadt und Graz kaum mehr widmete. Eine neue Grundhaltung war auch schwer zu erkennen, da Friedrich der traditionellen Kunstrichtung der Gotik bis an sein Lebensende verbunden blieb und der Renaissance, die von Matthias Corvinus, seinem Gegenspieler, entscheidend gefördert wurde, nichts abgewinnen konnte.[2] Dabei setzte sich Friedrich seit 1467 für die neuerlich auflebende Reformbewegung von Kirche und Reich mit Nachdruck ein, strich aber durchgesetzte Neuerungen abermals nicht heraus und so wurden sie übersehen und waren bald vergessen. Mit den Schlagworten Aufbruch des Humanismus oder Durchbruch der Renaissance können wir daher die letzte Regierungsphase des Kaisers nicht charakterisieren und erfassen. Wir müssen auf diese Terminologien verzichten, aber dennoch die Leitmotive aufspüren, die für das Handeln des Habsburgers in seinen späteren Lebensjahren bestimmend wurden.

Ein entscheidendes Phänomen wurde bereits gestreift, die Neubelebung der Reichsversammlungen, die um 1470 wieder bedeutend wurden. Doch dem in diesen Jahren gegebenen Impuls fehlte der Wille, epochale Modernisierungen durchzuziehen, die sich bereits abzeichneten, aber erst 1495, nach dem Tode Friedrichs, auf dem Wormser Reichstag glückten und mit Recht die Aufmerksamkeit der Historiker auf sich ziehen. Diese Zäsur ist längst erfasst, aber noch nicht erklärt.[3] Doch ist schon jetzt deutlich, dass sich der alternde Kaiser 1486, als sein Sohn Maximilian zum römisch-deutschen Kaiser gewählt und gekrönt wurde, zu den anstehenden Veränderungen, wie der Reform seines Kammergerichts, nicht mehr durchdringen konnte. So blieb etwa in bester Erinnerung, dass Maximilian I. zu Worms die Fehde untersagte und damit eine für die Neuzeit grundlegende Haltung bestimmte, doch blieb unbeachtet, dass Kaiser Friedrich III. ein entsprechendes Verbot schon 1467 erlassen hatte, das allerdings in einigen

Abb. 3: Standbild Friedrichs III. am Grabmal Maximilians I. (Ausschnitt);
Bronzeskulptur, 1523/24
(picture-alliance/akg-images/Erich Lessing).

Bestimmungen noch älteren Vorbildern folgte, die dann der jüngere Habsburger zur Seite ließ. Dieser entscheidende Erlass Friedrichs datiert zeitgleich mit dem Regierungsbeginn Karls des Kühnen in Burgund, der seine bis dahin in viele Teile aufgesplitterten und zerrissenen Territorien zu einem einheitlichen Staat neu organisieren wollte und dabei unbedenklich Waffen einsetzte. Karl schuf als Vertreter eines modernen Fürstentums einen imponierenden Machtblock, der auch den Kaiser faszinierte und nicht zuletzt dessen Hinwendung nach dem Westen Europas auslöste.

Für die allgemeine Entwicklung in diesen Jahren wurde es charakteristisch, dass in der lateinischen Kirche die Konzilien, die Versammlungen der gesamten Kirche, die im frühen 15. Jahrhundert dominiert hatten, endgültig ihr Gewicht verloren und dass der Papst zum monarchischen Herrscher über die Kirche aufstieg. Gegen diese großen Tagungen hatte sich schon Eugen IV. (1431–1447) gewandt, doch wurde erst Pius II. (1458–1464) zum Wegbereiter päpstlicher Allmacht. Er lehnte den Konziliarismus ab, der noch regionale Zustände toleriert und Zugeständnisse entwickelt hatte, und forderte die Vereinheitlichung der Kirche. Für ihn war jede Abweichung eine Irrlehre. Der Papst, der selbst gar kein Theologe, sondern Publizist und allenfalls noch Jurist war, bekämpfte hauptsächlich die Sonderentwicklung in Böhmen und prangerte 1464 König Georg von Böhmen als Ketzer an. Während jener noch einen Ausgleich anstrebte, machte Pius II. keine Zugeständnisse. Mit seiner Haltung leitete er den Glaubenskrieg der Neuzeit ein, den dann Papst Paul II. auf die Spitze trieb, als er 1466 Georg bannte und absetzte.

Mit dieser Entscheidung reagierte die Kurie auf die in Mitteleuropa allgemein zunehmenden Turbulenzen, die auch den Kaiser bewogen, im Herbst 1465 für Februar 1466 nach Ulm zu einem Reichstag und zu weiteren Gesprächen zur Bekämpfung der Türken einzuladen. Doch kamen seiner Bitte nur wenige Fürsten nach, der Kongress verlief fast ohne Ergebnis, und der Versuch des Kaisers, der sich nunmehr mit Matthias Corvinus besser verstand, für dessen Türkenabwehr Hilfe im Reich zu finden, blieb ohne Wirkung.[4] Wie in Österreich war man auch in Deutschland nicht mehr bereit, sich mit der Masse von Fehden und Konflikten abzufinden. Allgemein wurde ein klares Verbot dieser Auseinandersetzungen gefordert und dafür wurden auf einer in Nürnberg zusammengetretenen Versammlung entsprechende Bestimmungen entworfen und dem Kaiser vorgelegt. Friedrich entsprach diesen Wünschen und entschloss sich, am 20. August 1467 in Wiener Neustadt einen Landfrieden anzuordnen. In den entscheidende Abschnitten, die jetzt die Fehden grundsätzlich untersagten, folgte der Kaiser wohl dem Willen der Fürsten, in manchen Einzelheiten dürfte der Wortlaut erst am habsburgischen Hofe entworfen worden sein. Es ist nicht dokumentiert, wie der Text entstand.

Das Dokument sollte nur eine relativ kurze Zeit, nämlich für fünf Jahre gelten, wie es bis dahin für diese Textgattung üblich gewesen war, und hielt damit an der Überzeugung fest, dass ein dauernder Friede gar nicht möglich sei. Mit dieser Skepsis ist aber nicht zu vereinen, dass jetzt die bis dahin für eine Fehde verbindlichen Bestimmungen der Goldenen Bulle und der Reformatio Friderici von 1442 ausdrücklich aufgehoben wurden und verfügt wurde, dass jeder sein Recht vor Gericht suchen müsse. Dieser knappe Satz wurde nur durch eine weitere Bestimmung erhärtet: Jeder Friedensbruch sollte nämlich nicht nur als Verstoß gegen geltendes Recht, sondern als „crimen laesae maiestatis" geahndet werden. Der Kaiser wurde damit zum Inbegriff staatlicher Ordnung, die durch jeden Friedensbruch gefährdet war. Dieser Landfriede von 1467 wurde von Friedrich später unter Wiederholung vorangegangener Texte mehrmals erneuert, das Majestätsverbrechen aber in den Neufassungen von den Fürsten nicht mehr hingenommen, die von der Endredaktion des Textes in Wiener Neustadt ausgeschlossen waren. Der Kaiser verlieh, sofern er nach eigenem Ermessen den Wortlaut seiner Urkunden gestalten konnte, wiederholt dem Majestätsverbrechen seine Geltung. Dessen grundsätzlicher Einsatz ist ein klarer Beleg, dass Friedrich damals den kaiserlichen Herrschaftsanspruch zur uneingeschränkten Machtvollkommenheit ausweitete, wie sie auch von den Päpsten erhoben wurde.[5]

Der Landfriede wurde nicht zuletzt wegen seiner kurzen Gültigkeit von den Zeitgenossen wenig beachtet und hatte nur geringe Wirkung. Erst der jüngeren Forschung fiel er wegen des Hinweises auf das Majestätsverbrechen auf.[6] Doch ist seit kurzem bekannt, dass schon Thomas Ebendorfer in seiner um 1450 geschriebenen Chronik der Römischen Könige mehrmals die Bedeutung des „crimen laesae maiestatis" betont hatte und dass dieses Verbrechen in Privilegien Friedrichs bereits 1466 herausgehoben war, für deren Text der kaiserliche Kanzler, Bischof Ulrich von Passau, in seiner Eigenschaft als Kammerrichter verantwortlich war. Die Aufwertung kaiserlicher Macht, womit das massive Fehdeverbot gestützt wurde, war demnach lange und gründlich vorbereitet.[7] Doch der Befehl, alle Ansprüche und Klagen vor einem Gericht zu erheben und durchzusetzen, ging in der 1467 vorliegenden, allzu knappen Form an der Realität vorbei. Es gab keine brauchbaren Angaben, welche Stellen anzurufen seien. Der Kaiser könnte zwar erwogen haben, dass sein Kammergericht für alle diese Fälle zuständig sei, doch wurde darauf weder verwiesen noch wurden notwendige Verbesserungen dieser Institution vorgenommen. Völlig übergangen wurde ferner die Tatsache, dass mit dem Verbot der Fehden alle kriegerischen Aktionen jetzt den wenigen Fürsten und deren Staaten vorbehalten waren, die wegen der Verbesserung der Kriegstechnik und der zu dieser Zeit entscheidend weiterentwickelten Feuerwaffen nur mehr die dafür nötigen enormen Mittel aufbringen konnten.[8] Dem Wunsch nach Sicherung des Friedens konnte das erlassene Gesetz unter diesen Bedingungen nicht entsprechen und so wurde mit Recht kritisiert, dass „eine akzeptable Ordnung für die Durchsetzung dieser Normen" fehlte.[9] Der Kaiser selbst dürfte von diesem seinen Landfrieden ebenfalls nicht viel erwartet haben, der auf weite Strecken doch nur alte und überholte Verordnungen aufgriff.

Der Wandel von Friedrichs Regierungsform wurde auch von seinen familiären Verhältnissen verursacht. Nach dem Tod seiner Gattin im Herbst 1467 galt alle seine Sorge seinen Kindern. Der einzige Sohn Maximilian wuchs heran und hatte ein Alter erreicht, mit dem er zu einem wichtigen Träger der habsburgischen Dynastie geworden war. Er wurde bereits als Herzog von Österreich tituliert, war mit einem kleinen Hof ausgestattet und als wichtiger Faktor des politischen Lebens anerkannt. Er war jetzt reif, im diplomatischen Ränkespiel der Mächtigen eingesetzt zu werden. Damit war eine weitere Voraussetzung gegeben, die Kontakte zu dem überragenden Herzog von Burgund zu vertiefen, dessen Gunst eine Aufwertung des Hauses Österreich versprach.[10] Für das Geschick des Landes an der Donau hatte das Leben des landesfürstlichen Erben, den die Stände übrigens früh als Landesherren anerkennen wollten, zunächst wenig Bedeutung. Abermals wurden die Vorgänge in den benachbarten Königreichen entscheidend. Der von Matthias Corvinus angekündigte Einsatz in Böhmen musste zunächst zurückgestellt werden, da die Türken abermals Ungarn bedrohten, der König sein Heer reformieren und die Feinde abwehren musste.[11] Trotzdem wurden von der Kurie Gespräche und Verhandlungen eingeleitet, da Böhmen nach päpstlicher Auffassung herrenlos und für das Land ein neuer Regent zu suchen war. Neue Konflikte wurden heraufbeschworen und vor allem die Interessen der in Polen regierenden Jagiellonen geweckt, die seit dem Tode Kaiser Siegmunds (1437) immer wieder dessen Nachfolge in Ungarn und Böhmen mit wechselnden Ergebnissen beansprucht hatten und jetzt die Herrschaft nach Georg antreten sollten. Für einen Kreuzzug und Glaubenskrieg gegen diesen konnte der Papst sie indes nicht gewinnen.

Zu Beginn des Jahres 1468 verschärfte sich die Lage, als die ständigen Grenzhändel, deren Gründe kaum zu erkennen waren, an der Donau und im Karpatenraum zunahmen. In Österreich hatten Adlige unter der Führung Jörgs von Stein und Wilhelms von Puchheim dem Kaiser sogar die Fehde angesagt. Sie wurden aus unbekannten Gründen von Georg von Podiebrad unterstützt, der zwar selbst nicht tätig wurde, sondern seinen Sohn Viktorin mit Truppen im Norden des Landes einrücken ließ. Es scheint, zunächst sei nur beabsichtigt gewesen, dass Viktorin in lokal begrenzte Händel eingreifen sollte, in die aber das Königreich Böhmen selbst nicht hineingezogen werden sollte. Friedrich geriet in Bedrängnis und bat König Matthias um Hilfe, der sich in ähnlicher Lage befand, denn auch im Norden Ungarns trieben Heerhaufen unter dem Söldnerführer Johann Jiskra ihr Unwesen. Nach ungarischer Darstellung sollen es hussitische Horden gewesen sein.[12] Es wurde schon knapp umrissen, dass Matthias in einem beeindruckenden Auftritt den ungarischen Adel zu überzeugen vermochte, nicht die Osmanen, sondern diese Ketzer seien die gefährlichsten Feinde der Christenheit. Im Frühjahr 1468 eröffnete er daher energisch den gegen König Georg gerichteten Krieg, der mit dem päpstlichen Kreuzzugsaufruf gerechtfertigt wurde.[13] Die Kampfhandlungen erinnerten noch immer an Fehden traditioneller Art, mieden blutige Gefechte und erschöpften sich in den üblichen Verwüstungen und Zerstörungen, wurden allerdings von regionalen und wohl auch nationalen Gegensätzen aufgeheizt, die Matthias bedenkenlos ausnützte. Er spielte Schlesier gegen Böhmen, Deutsche gegen Tschechen aus. Er selbst zeigte immer wieder die Bereitschaft zum Frieden und hatte wenig Mühe, in Mähren und in den Städten an der Oder Anhänger zu finden, die mit seiner Herrschaft durchaus zufrieden waren. Er unterbrach dann seine Expansion und legte Ruhepausen ein. Über diesen mitunter kampflosen Phasen darf jedoch nicht übersehen werden, dass Matthias sich mit diesen Erfolgen nie begnügte, sondern seinen Krieg offiziell bis zum Tode Georgs von Podiebrad (1471) führte, dann aber nicht zu einem echten Ausgleich bereit war. Er ließ den Kampf, der nach wie vor von lokalen Fehden verschärft wurde, später in massive Auseinandersetzungen mit dem Kaiser übergehen. Denn wenn sich auch Corvinus als Wahrer des Christentums gebärdete, mit seinen expansiven Aktionen war er doch nur ein rücksichtsloser Machthaber in der Donauregion, der mit seiner Konsequenz und Härte dem Vorgehen des Burgunders Karl des Kühnen entsprach, der im Westen des Abendlandes mit analogen Maßnahmen die Unruhe steigerte.[14]

Friedrich war als Kaiser und Oberhaupt des Imperiums gezwungen, auf die Expansion beider zu reagieren. Wegen der großen Entfernungen konnte er selbst immer nur einem der beiden entgegentreten und musste die Abwehr gegen den anderen vernachlässigen. Seine Situation war erschwert, da beide Machthaber über solide wirtschaftliche Grundlagen verfügten. Karl stand der Reichtum der niederrheinischen Städte zur Verfügung, Matthias konnte auf den Ertrag der slowakischen Bergstädte bauen.[15] Eine vergleichbare ökonomische Basis hatte der Habsburger nicht. Vorteile trug ihm aber ein, dass Katharina, die Gattin des ungarischen Königs, 1464 starb, ohne einem Erben das Leben geschenkt zu haben. Der Corvinus blieb dann bis 1476 Witwer. Seine vor der neuen Verehelichung geborenen Kinder waren illegitim und hatten keinen Anspruch auf die ungarische Königskrone. So durfte der Kaiser hoffen, nach dem Wortlaut der bestehenden Verträge diese Würde dereinst zu erben. Er konnte die Expansion des Matthias vorerst auf sich beruhen lassen, obwohl dieser 1468/69 Mähren und Schlesien behaupten konnte und hier sogar zum König Böhmens gewählt wurde. Friedrich war damit nicht unmittelbar bedroht und hoffte wohl, dass dank seines Langmuts dem Expansionswillen des Ungarn hinreichend entsprochen war.[16]

Neue Komplikationen ergaben sich, als Matthias einen Ausgleich mit den Osmanen erzielte. Abermals sind die Zusammenhänge nicht zu durchschauen, da ein dauerhafter Friede nicht zustande kam. Der Kaiser selbst war mit der Expansion der Türken erst konfrontiert, als sie, nachdem sie 1463 Bosnien erobert hatten, erstmals 1469 auf österreichisches Gebiet vorstießen. Friedrich wurde davon wohl überrascht, da der ungarische König in Kroatien eine stark ausgebaute Abwehrfront eingerichtet hatte, die Angriffe der Osmanen nach Ungarn und Österreich aufhalten sollte. Ob diese Stützpunktkette des Corvinus doch unzulänglich war oder ob vielleicht deren Besatzungen ihrer Verpflichtung zur Verteidigung nicht nachkommen wollten, ist nicht mehr festzustellen. Tatsache ist, dass die Osmanen, wenn sie im Südosten des Reichs einfielen, ungarisches Territorium überqueren mussten und hier nicht mit Nachdruck bekämpft wurden.[17] Wegen dieser Gegebenheiten ist zu vermuten, dass Matthias selbst die Überfälle der Türken mit entsprechenden Anordnungen ermöglichte oder sogar anregte.[18] Der Kaiser war gezwungen, sich stärker für deren Abwehr einzusetzen, die er bis dahin dem Corvinus überlassen hatte. Nach den Erfahrungen der Hussitenkriege schien es geboten, die Bauern besser zu bewaffnen und einzusetzen, da diese sich in der Region nördlich der Donau nach 1420 mitunter bewährt hatten. Es kamen daher Gerüchte auf, der Kaiser habe persönlich die bäuerlichen Untertanen in Kärnten und Krain zu den Waffen gerufen, nach anderen Quellen verzichtete er jedoch auf deren Hilfe. Gesichert ist nur, dass sie sich tatsächlich verteidigten, ihre Abwehr aber zusammenbrach und sich dieses Aufgebot nicht bewährte.[19] Unter dem Eindruck dieser Niederlagen musste der Kampf gegen die Ungläubigen in Krain und Kärnten besser organisiert werden.

Jetzt erinnerte sich der Kaiser, dass gegen den Islam das abendländische Rittertum seit Jahrhunderten eingesetzt war und dessen Adelsideale nur neu zu beleben wären. Als Grundlage für diese Pläne bot sich der Reichtum des Klosters Millstatt in Kärnten an, das unter Personalmangel litt und wegen seiner Schwächen schon von den monastischen Erneuerungsbewegungen in der ersten Hälfte des 15. Jahrhunderts nicht mehr erfasst wurde. Es vegetierte in Erinnerung an seine hochmittelalterliche Blüte dahin, es war nicht verwahrlost, doch wurden seine umfangreichen Besitzungen kaum verwertet. Unter diesen Gegebenheiten entschloss sich Friedrich, der als Vogt des Konventes zu dessen Reform berechtigt, ja sogar verpflichtet war, die Güter der Abtei der Türkenabwehr zur Verfügung zu stellen. Er hob 1467 das Kloster wegen seiner Mängel auf und übertrug den Besitz der Abtei einer nach hochmittelalterlichen Vorbildern ausgerichteten Ritterorganisation, deren Bedeutung er in den folgenden Jahren herausstrich. Sie bekam ein alten Vorbildern entsprechendes Wappen, ein rotes Kreuz auf silbernem Grund, das bei allen Gelegenheiten deutlich sichtbar vorgewiesen wurde und den Eindruck erwecken sollte, dass die Gemeinschaft, die St. Georgs-Ritterorden genannt wurde, für die imperiale Macht fundamentale Bedeutung hätte. Aus diesen Begleitumständen ergibt sich, dass die Ordensgründung ein Teil der Reformmaßnahmen war, die mit dem Landfrieden dieses Jahres gestützt wurden, dessen Fehdeverbot ja auch die Abwehr gegen die Türken stärken sollte.[20]

Friedrichs Pläne für eine Ordensgründung dürften wohl von Erfahrungen dieser Jahre angeregt worden sein, als in Burgund der Orden vom Goldenen Vlies zur tragenden Institution der Herrschaft Karls des Kühnen wurde. Doch unterschied sich diese Gemeinschaft in ihren Funktionen und Aufgaben von der nunmehr vom Kaiser gestifteten Einrichtung, der sich jetzt mühte, für seine Gründung die notwendige Zustimmung des Papstes zu erhalten, der auch noch die Aufhebung des Klosters genehmigen musste. Bald zeigte es sich, dass von der Kurie keine Bedenken gegen die kaiserliche Vorgehensweise erhoben wurden; Paul II. war sogar bereit, demonstrativ die Ordensgründung selbst mit entsprechendem Glanz vorzunehmen. Gerade diese intensive Propaganda zwingt zu fragen, ob Friedrich nicht vielleicht in erster Linie in der Öffentlichkeit als vorbildlicher Kaiser und Verteidiger der Christenheit auftreten, selbst aber kaum die Verteidigung gegen die Türken führen wollte, für die er sich persönlich später nie einsetzte. Es kam sogar so weit, dass der Salzburger Erzbischof seine Güter von Matthias Corvinus gegen die Osmanen verteidigen ließ.

Der bei der Gründung des St. Georgs-Ritterordens entfaltete Aufwand zeigt, dass diese der entscheidende Anlass für Friedrichs zweite Romreise war, über die schon von den Zeitgenossen viel gerätselt wurde. Sie war mit ihren Vorbereitungen abermals geheim gehalten worden und war, so wurde vermutet, von Friedrich gelobt worden, als er sich in Wien in größter Gefahr befand. Nach anderen Versionen soll der Tod der Gemahlin die Fahrt ausgelöst haben.[21] Überzeugen können diese Beweggründe nicht, da der Habsburger bei dieser Gelegenheit viele Anliegen beim Papst durchdrücken konnte, die weitaus mehr den Besuch in Rom rechtfertigten. Der Kaiser trat im November 1468 die Reise überraschend an, beeilte sich und unterbrach, abgesehen von einem bemerkenswerten Aufenthalt zu Ferrara, die Fahrt kaum.[22] Die genaue Reiseroute wurde nicht einmal zeitgerecht der Kurie gemeldet und so war es für diese nicht leicht, den erforderlichen Empfang in der Ewigen Stadt den Regeln entsprechend zu besorgen. Ungeachtet aller Schwierigkeiten – es war bereits dunkel, als

Friedrich am 24. Dezember 1468 hier eintraf – konnten aber die notwendigen Zeremonien abgewickelt werden.[23] Wie die entscheidenden Gespräche dann verliefen, ist nicht überliefert, doch dürften sich der Papst und der Kaiser ungeachtet mancher Übereinstimmungen kaum allzu gut verstanden haben. Für den eher schlichten und verschlossenen Habsburger mit seinem Sinn für Einzelheiten war der großzügige und prunkliebende Papst Paul II. (1464–1471) kein idealer Verhandlungspartner, hatte aber Verständnis für Friedrich und ging auf dessen Wünsche ein. Deren Verwirklichung überließ er aber dann einfach seinen Höflingen und Behörden und seiner bedächtigen Bürokratie. Das für die Öffentlichkeit wichtigste Geschehen, die Gründung des vorgesehenen Ritterordens, wurde in einem würdigen Akt vollzogen. Am 1. Jänner 1469 wurde der St. Georgs-Ritterorden in Anwesenheit des Kaisers durch den Papst mit einer aufwendigen Zeremonie bestätigt, anschließend wurde im Lateran Johann Siebenhirter vom Papst als erster Hochmeister investiert und vom Kaiser zum Ritter geschlagen.[24] Dieser Vorgang, der auch in Bildern für die Nachwelt festgehalten wurde, drängte andere Maßnahmen in den Hintergrund, so die vom Papst verfügte Gründung neuer Bistümer in Wien und Wiener Neustadt. Die entscheidenden Bullen für die jungen Diözesen wurden jedoch erst mit dem 18. Januar 1469 datiert, als der Kaiser längst Rom verlassen hatte. Die Verwirklichung dieser Erlasse fiel nicht leicht. Erst 1476 wurde ein Bischof in Wiener Neustadt eingesetzt, 1480 begann das Bistum Wien zu leben.[25] Es gab nämlich aus Salzburg und Passau Einwände, die nur zu überwinden waren, indem man sich einigte, die neuen Diözesen auf das engere Umland der Bischofssitze zu beschränken. Solche Schwierigkeiten und Verzögerung wurden offenbar von der Kurie vorausgesehen, die sich schon mit der Ausfertigung der entscheidenden Urkunden ein wenig Zeit gelassen hatte. Mit den päpstlichen Bullen war somit noch längst nicht alles gewonnen. Unter diesen Voraussetzungen gab Friedrich weitere Pläne dieser Art, etwa eine Rangerhöhung von Graz, nunmehr auf. Die für die Kirchenorganisation in Österreich errungenen Verbesserungen waren wegen dieser Komplikationen für die Zeitgenossen kaum zu erkennen. Es blieb weitgehend verborgen, dass sich der Habsburger redlich bemüht hatte, die Zustände und Organisation der Kirche in seiner Heimat zu verbessern, und so sahen die Menschen kaum einen Grund, die Romfahrt des Kaisers als positives Ereignis in Erinnerung zu behalten.

Abermals war nämlich während der Abwesenheit Friedrichs in den Erblanden ein Aufstand ausgebrochen, den der Söldnerführer Andreas Baumkircher ausgelöst hatte. Dieser war, dank Friedrichs Gunst mit Gnaden überhäuft, im Juni 1463 hauptsächlich wegen der im Vorjahr dem Kaiser geleisteten Hilfe in den Herrenstand aufgenommen worden und mittlerweile zum mächtigsten Mann der Region aufgestiegen. Nach seinen bei dieser Gelegenheit übertragenen Funktionen in Pressburg und Ödenburg war Baumkircher eigentlich eher dem König von Ungarn verpflichtet, doch war er nur selten in diesen Orten. Als Hauptsitz hatte er sich die Burg Schlaining ausgebaut, die unmittelbar an der Westgrenze Ungarns lag und von Friedrich noch zum Herzogtum Steyr gerechnet wurde, wie die Privilegien verrieten, die der Habsburger für diesen Stützpunkt ausstellte. Baumkircher fühlte sich selbst auch als Steyrer und unterhielt wichtige familiäre und persönliche Kontakte zum Adel des Herzogtums. Sofern die Quellen nicht trügen, erhöhte der Kaiser in dieser Region um 1465 massiv die Abgaben. Dagegen wurde 1467 Widerstand geleistet, dem sich Baumkircher anschloss.[26] Der Konflikt verschärfte sich, als 1468 der ungarische König gegen Georg von Podiebrad sein Heer mobilisierte.[27] Jetzt war Baumkircher zur Hilfe verpflichtet und als dann im folgenden Jahr Matthias in Mähren und Schlesien einfiel, wurde er von Baumkircher massiv unterstützt.[28]

Dieser durfte wegen dieser Hilfeleistung den Corvinus zu seinen verlässlichen Verbündeten zählen und steigerte dank dieses Rückhalts die Opposition gegen den Kaiser, der Mitte November 1468 die Fahrt nach Rom angetreten hatte. Baumkircher nützte die Abwesenheit Friedrichs und sammelte einen Anhang, der sogar für einen bewaffneten Widerstand gewonnen werden konnte und darauf vorbereitet wurde. Der Habsburger erfuhr davon und erhob noch während seiner Reise nach Rom schwere Klagen gegen Baumkircher, der mit seinem Vorgehen nicht zuletzt auch gegen den jüngst erlassenen Landfrieden verstieß. Ungeachtet dieser Rechtslage wurden von den Aufständischen zahlreiche dem Fehderecht entsprechenden Absagebriefe geschrieben, die am 1. Februar 1469 – der Kaiser befand sich gerade in Ferrara – in Wiener Neustadt eintrafen. Schon in den folgenden Tagen wurden die Kampfhandlungen aufgenommen, in deren Verlauf Baumkircher die wichtigsten Städte in der Oststeiermark besetzen konnte. Seine Erfolge verloren aber ihre Wirkung, als der Kaiser, der am 1. März nach St. Veit an der Glan kam, in Kärnten Anhänger sammeln und Gegenmaßnahmen ergreifen konnte. Im Mai war er wieder in Graz, doch zogen sich die Konflikte unentschieden dahin, da die Kaiserlichen in einem größeren Gefecht bei Fürstenfeld in der Oststeiermark wieder zurückgeschlagen wurden.[29]

Jetzt schaltete sich Matthias ein. Er war sogar bereit, sich mit Friedrich endgültig auszusöhnen und zu verbünden. Zum Beweis seines ehrlichen Willens kam er im Frühjahr 1470 persönlich nach Wien, wo er mit dem Habsburger zusammentraf und um die Hand der Kunigunde anhielt, der Tochter des Kaisers, die sich damals im fünften Lebensjahr befand. Als Mitgift, so schlug Matthias vor, sollte sie westungarische Besitzungen erhalten, die Friedrich noch in der Hand hatte. Es fällt schwer, an die Aufrichtigkeit dieses Werbens zu glauben, zumal der Corvinus fast gleichzeitig auch in Polen den Wunsch vorgetragen hatte, sich mit den Jagiellonen zu verschwägern, aber zurückgewiesen wurde. Das Alter Kunigundes rückte überdies die Verwirklichung der vom ungarischen König gemachten Vorschläge in eine relativ ferne und daher unabsehbare Zukunft, währenddessen der Kaiser gebunden gewesen wäre. Auch war zu argwöhnen, ob bei dieser Gelegenheit nicht vor allem die Grenzstreitigkeiten zugunsten des Ungarn beendet werden sollten. Friedrich war vom Ansinnen des Ungarn betroffen – er vermutete wohl nicht zu Unrecht, dass ihn Matthias an Verschlagenheit noch weit übertraf –, lehnte ab und erreichte, dass der Ungar die Gespräche abbrach, überstürzt abreiste und fortan dem Habsburger als erklärter Feind gegenüberstand.[30]

Die Fehde in Innerösterreich wurde wegen dieser Verhandlungen aber nicht unterbrochen und war nicht mehr zu durchschauen, da mehrere der zankenden Herren unerwartet das Lager wechselten. Daneben liefen, wie es üblich war, zähe Verhandlungen, die im Sommer 1470 mit einer vorläufigen Einigung endeten. Dem Baumkircher wurde eine beachtliche Entschädigung zugestanden und damit schien ein Friede erreichbar zu sein. Die Kämpfe wurden aber bald wieder aufgenommen, da die ausgehandelte Zahlung nicht zu den festgesetzten Terminen erfolgte. Gleichzeitig wurde über die Einstellung der Fehde verhandelt. Es wurde vorgeschlagen, in einer persönlichen Aussprache des Kaisers mit dem Baumkircher in Graz einen Ausgleich zu suchen. Friedrich war einverstanden und sicherte dem Baumkircher das verlangte freie Geleit zu, der tatsächlich mit kleinem Gefolge am 23. April 1471 in der Stadt eintraf. Begleitet wurde er von Hans von Stubenberg, seinem Schwiegersohn, und von Andreas Greisenegg, einem seiner wichtigsten Vertrauten. Der Verlauf der Gespräche ist nicht bekannt. Wir erfahren lediglich, dass die drei Männer nach wenigen Stunden gefangen genommen und dass noch am gleichen Tag Baumkircher und Greisenegg ohne Prozess, allenfalls mit dem Hinweis auf das 1467 erlassene und nicht beachtete Fehdeverbot, enthauptet wurden.[31] Der Gewaltakt erregte Aufsehen und steht auch heute noch zur Diskussion. Es gibt keinen Zweifel, dass der Kaiser freies Geleit zugesagt und also das Recht gebrochen hatte. Es ist schwer zu begreifen, dass Friedrich, der ansonsten überstürzte Aktionen mied, in diesem Falle so kurz entschlossen entschied und dass Baumkircher so unvorsichtig war, sich in die kaiserliche Residenz zu begeben. Es waren viele Gerüchte im Umlauf, etwa dass der Söldnerführer selbst einen Handstreich gegen den Habsburger geplant hätte. Ob dieses Gerede eine tatsächliche Grundlage hatte und zum überstürzten Vorgehen des Habsburgers beitrug, ist nicht zu klären. Auch wird nie zu erfahren sein, ob Friedrich seine Maßnahmen nach genauem Plan heimtückisch eingefädelt hatte oder ob ihn vielleicht erst die persönlichen Aussprachen so erzürnten oder ängstigten, dass er rasch handelte. Insgesamt wirft das Ereignis kein gutes Licht auf Friedrich, da er sich auch zu wenig der Dienste erinnerte, die Baumkircher ihm geleistet hatte.

Die Ereignisse in Böhmen und Ungarn, wo sich Georg und Matthias hart bekämpften, dürften das überstürzte Handeln des Kaisers mit verursacht haben. In dieser verworrenen Situation konnte Baumkircher besonders gefährlich werden und wurde daher brutal ausgeschaltet. Die Turbulenzen bewogen sogar die Kurie, sich für einen Frieden einzusetzen. In dieser kaum mehr zu überschauenden Lage festigte der Böhme das Bündnis mit Polen und entschied, dass nicht einer seiner Söhne, sondern der Jagiellone Wladislaw seine Nachfolge in Böhmen antreten sollte. Damit löste er ein Gewirr diplomatischer Verhandlungen aus, die noch liefen, als Georg von Podiebrad im 51. Lebensjahr am 23. März 1471 überraschend starb. Der von diesem nominierte Wladislaw wurde tatsächlich von einem großen Teil des böhmischen Adels akzeptiert, zu Kuttenberg am 26. Mai zum König gewählt und konnte sich im Land weitgehend durchsetzen.[32] Corvinus fand sich damit nicht ab, trat gegen die Polen an und führte, gestützt von einer kleinen, von Matthias unbeirrt geförderten Opposition, den Kampf weiter. Die Auseinandersetzungen wurden verschärft, als im Frühjahr 1472 Papst Sixtus IV. gegen die Jagiellonen abermals den Vorwurf erhob, die Ketzer zu unterstützen, und die Könige Kasimir IV. von Polen und Wladislaw II. von Böhmen exkommunizierte. Dessen ungeachtet verbündete sich der Kaiser 1476 mit Wladislaw und handelte sich damit den Vorwurf des Corvinus ein, ein Freund der Häresie zu sein. Matthias verschärfte damit nicht nur den Glaubenskrieg, sondern fühlte sich sogar seit 1477 berechtigt, in die habsburgischen Länder einzufallen. Er führte dann ununterbrochen bis zu seinem Tod gegen Friedrich Krieg.[33] In dieser letzten Phase der Kämpfe war der Kaiser aber durch die Ereignisse in Burgund gebunden, der Ostalpenraum war für ihn zweitrangig geworden und so fand er nur wenig Zeit, sich dem Geschehen an der Donau zu widmen.[34]

b) Karl der Kühne

Die Herzöge von Burgund, deren Residenz in Dijon lag, erwarben im späten 14. Jahrhundert die Grafschaft Flandern und wenig später weitere Territorien im Nordwesten Frankreichs. Herzog Philipp (der Gute) (1419–1467) gewann dann um 1430 die Herzogtümer Brabant und Limburg dazu und beanspruchte gleichzeitig noch das Herzogtum Luxemburg, wo er sich, als Friedrich III. die Herrschaft im Imperium antrat, ebenfalls

durchsetzen konnte. Damit war eine auf die Region am Rhein ausgerichtete Expansionspolitik eingeleitet, durch die der Burgunder zu einem Herzog des Reichs geworden war, so dass Friedrich schon 1446 planen durfte,
Philipp wie einen deutschen Fürsten zu belehnen.[35] Dessen Energie nahm
jedoch in seinen späteren Lebensjahren ab und darunter litten auch die
Beziehungen zu den Habsburgern. Die Interessen des Hauses Österreich
wahrte nur noch Aeneas Silvius Piccolomini, der dann als Papst schon
1463 zu überlegen gab, Philipps Enkelin Maria als Braut für Maximilian,
den damals vierjährigen Sohn des Kaisers vorzusehen.[36] Die Hoffnung,
dass beide Dynastien sich gegenseitig stützen könnten, wurde demnach
ungeachtet aller Schwierigkeiten nicht aufgegeben und sollte auch von
Herzog Siegmund von Österreich/Tirol gewahrt werden, der jedoch von
den Konflikten mit Nikolaus Cusanus gebunden war. In diese Auseinandersetzungen hatten die Eidgenossen eingegriffen und Kämpfe aufgelöst, die im Frieden von Konstanz 1461 für kürzere Zeit beigelegt worden waren. Damals verzichtete Herzog Siegmund auf den Thurgau.[37] Neue
Fehden brachen wegen Frauenfeld und Diessenhofen aus, in deren Verlauf
die Schweizer diese Städte besetzten und nicht mehr herausgaben. Unter
dem Eindruck dieser Niederlagen machte Herzog Siegmund weitere Zugeständnisse und versprach 1468 im Waldshuter Frieden, 10 000 Gulden als
Kriegsentschädigung zu entrichten.[38]

Der Kaiser, der sich in diesen Jahren mit seinem Vetter gut verstand,
griff in den Streit ein, konnte aber wenig erreichen. Er dürfte auch resigniert haben, da er erkennen musste, dass der lebenslustige Herzog mit
der Aufgabe, das Erbe Albrechts VI. zu wahren, überfordert war. Der vom
Breisgau bis weit ins Elsass reichende zersplitterte habsburgische Machtbereich sollte von Siegmund zu einem geschlossenen Territorium verfestigt werden, war aber nur mit Waffengewalt zu behaupten, über die
der Habsburger nicht verfügte. Inzwischen hatte 1467 Karl der Kühne die
Nachfolge in Burgund angetreten. Er griff die Expansionspolitik seines
Vaters Philipp wieder auf und plante, seinen Machtbereich nach Süden
auszudehnen, da nach der Erwerbung Luxemburgs über Lothringen eine
Landbrücke zum Stammland Burgund aufgebaut werden konnte. Auch die
Erweiterung des Besitzes nach Osten bot sich an, wo relativ schwache
geistliche Fürstentümer zur Okkupation geradezu einluden. Die von Karl
eingeleitete und weit ausgreifende Politik verursachte jedoch erhebliche
nationale Spannungen. Neben dem flandrisch-niederländischen Gebiet
verfügte Karl jetzt über Teile des deutschen Sprachraums, doch behielt das
französische Element ein Übergewicht, gegen das sich die anderen Regionen bald energisch stemmten. So sah sich Karl genötigt, seine Ansprüche
mit Waffengewalt durchzusetzen.

Als Herzog Siegmund von Österreich/Tirol kampfkräftige Verbündete

suchte, wandte er sich zunächst 1467 an Karl den Kühnen, der gerade die
Herrschaft angetreten hatte und die notwendigen Truppen besaß, aber
nicht zu gewinnen war. 1468 richtet der Habsburger daher die Bitte, ihm
beizustehen, an den französischen König, wurde jedoch wieder schroff abgewiesen, da dieser zur gleichen Zeit einen Ausgleich mit dem Burgunder
suchte, dabei aber ebenfalls scheiterte.[39] Die Gegensätze zwischen Frankreich und Burgund waren nicht mehr zu überwinden. Unter diesen Umständen war der Burgunder doch bereit, Herzog Siegmund entgegenzukommen. Dem waren vermutlich die einstmals von Erzherzog Albrecht
beherrschen Gebiete im Elsass eher lästig und um Karl zu gewinnen, wollte er wohl nicht ungern auf sie verzichten. Schon zu Beginn der 1469 eingeleiteten Gespräche sollte der Burgunder zu einem Bündnis gegen die
Eidgenossen gewonnen werden und so wurden ihm die Grafschaft Pfirt
und die anderen österreichischen Besitzungen im Elsass in Aussicht gestellt. Der Kaiser, der gut informiert war, dürfte mit dem Verlust der einstmals von Herzog Albrecht VI. beherrschten Gebiete einverstanden gewesen sein. Für Karl war es verlockend, dank dieser Besitzungen bis in den
Raum um Basel vordringen zu können. Doch war zu bedenken, dass der
Herr dieser Gebiete sich fast automatisch die Eidgenossen als Konkurrenten einhandelte. Das dürfte den Argwohn des Burgunders geweckt haben,
der nur vorsichtig auf die Vorschläge einging. Am 9. Mai 1469 wurde dann
zwischen Karl und Siegmund zu Saint-Omer ein Vertrag geschlossen, in
dem das Oberelsass, der Sundgau und die Städte Rheinfelden, Laufenburg, Waldshut und Breisach dem Burgunder um 50 000 Gulden verpfändet wurden. Es wurde auch festgelegt, dass Karl diese Güter nur gegen
einen Angriff der Eidgenossen verteidigen musste, für eine Expansion
gegen diese indes nicht zur Verfügung stand. Diese Probleme wurden
allerdings etwas in den Hintergrund gedrängt, da jetzt auch wieder besprochen wurde, Karls erbberechtigte Tochter Maria dem Maximilian,
dem Sohn des Kaisers, zur Frau zu geben. Damit war die Übergabe habsburgischen Besitzes zusätzlich gerechtfertigt.[40]
Jetzt war es Karl möglich, weitere Wünsche vorzubringen. Er ließ erkennen, dass er im gesamten Raum westlich des Rheins verstärkten Einfluss
gewinnen wolle und forderte die königliche Würde. Man erwog sogar, ihn
zum römisch-deutschen König zu wählen, da diese Würde nach Friedrichs
Kaiserkrönung vakant war. Das bereits weit entwickelte Heiratsvorhaben
– die Kinder waren zehn und zwölf Jahre, ihre Hochzeit lag in relativ
naher Zukunft – stützte viele dieser Pläne und bedingte ihre sorgfältige
Erörterung. Dabei ergaben sich weitere Komplikationen, die zwangen,
vieles auf zukünftige Tagungen zu verschieben. Auch hatte sich die Lage
verändert. Karls Aussichten, am Niederrhein erfolgreich zu sein, besserten
sich wesentlich und so zeigte er plötzlich wenig Interesse am Elsass. Her-

zog Siegmund konnte kaum mehr hoffen, die erbetene Waffenhilfe zu bekommen, könnte aber in Wirklichkeit nur an der Pfandsumme interessiert
gewesen sein. Es ist kaum zu erkennen, wie der Kaiser alle diese Verträge
und Verhandlungen einschätzte. Er verfolgte in den nächsten Jahren
hauptsächlich das Heiratsprojekt mit Nachdruck und könnte schon damals
geplant haben, seinem zehnjährigen Sohn vor allem das burgundische
Erbe zu sichern.[41] Karl der Kühne erhob jetzt, gestützt auf seine Herrschaft im Elsass, Ansprüche auf Lothringen und Geldern, räumte dann
dem Erwerb Gelderns wegen besserer Aussichten den Vorrang ein und
weckte damit den Widerstand der benachbarten deutschen Fürsten am
Niederrhein. In die Konflikte wurde auch der Kaiser einbezogen, der offenbar unzureichend informiert war und nur gelegentlich Wünschen nachgab, wenn sie von einer ihm genehmen Stelle vorgetragen worden waren.[42]
Wichtiger als der Verlauf dieser Wirren war das in ihrem Verlauf wesentlich gestärkte deutsche Nationalbewusstsein, mit dem die deutsche Gemeinschaft als Menschen mit deutscher Zunge charakterisiert wurde. Das
Element der Sprache war für die Ausformung der Nationen schon auf den
Konzilien wichtig gewesen, blieb jedoch im Rahmen der von den großen
geographischen Regionen vorgezeichneten Aufgliederungssysteme der
Kirchenversammlung – die deutsche Nation umfasste damals auch Skandi-
navien und das gesamte östliche Mitteleuropa – nur zweitrangig. Jetzt
wurde mit diesen Denkmodellen und mit deren Betonung der deutschen
Sprache aus dem römischen Reich ein Reich deutscher Nation, eine deutsche Sprachgemeinschaft, die nun in Mitteleuropa für die Konsolidierung
der Gesellschaft entscheidend war.[43]

Als Karl der Kühne sich in Geldern engagierte, ernannte er den energischen Peter von Hagenbach zum Landvogt im Elsass, der sein volles Vertrauen genoss, rücksichtslos alle erdenklichen Ansprüche erhob und versuchte, diese gegen die lokalen Widerstände durchzusetzen. Neue Fehden
brachen aus, in deren Verlauf die Eidgenossen auch Gebiete Herzog Siegmunds angriffen. Dieser bewog den Kaiser, die Schweizer am 31. August
1469 zu ächten. Die erhoffte Unterstützung aus Burgund blieb aus. Peter
von Hagenbach versicherte zwar Herzog Siegmund, gegen die Eidgenossen zur Verfügung zu stehen, befehdete aber nur die Herren und Städte im
Elsass. Dabei kam es zu den üblichen Ausschreitungen der welschen Söldner und der Landvogt soll sogar persönlich an diesen Übergriffen beteiligt
gewesen sein. Zur Bekämpfung dieser chaotischen Zustände formierte
sich im Südwesten des Reichs ein Bund, dem sich auch Siegmund anschloss und der bald ein Übergewicht bekam. Die Beseitigung der burgundischen Herrschaft wurde erwogen und die Möglichkeit erörtert, die
Pfandsumme aufzutreiben und das Land auszulösen. Auch der Kaiser
wurde in diese Vorgespräche einbezogen. Ehe aber entscheidende Schritte

unternommen werden konnten, wurde Peter von Hagenbach von seinen Truppen im Stich gelassen. Herzog Siegmund kündigte daraufhin am 6. April 1474 den Vertrag von Saint-Omer und schloss wenig später am 11. Juni mit den Eidgenossen Frieden, der in der sogenannten Ewigen Richtung die Feindschaft für längere Zeit wirklich aufhob.[44] Der Landvogt wurde von seinen Gegnern gefangen genommen, vor ein bunt zusammengewürfeltes Gericht gestellt, zum Tode verurteilt und am 9. Mai 1474 hingerichtet, als sich der Vertrag von Saint-Omer zum fünften Mal jährte. Der Herzog von Burgund nahm die Vorgänge ohne Gegenwehr hin und auch der Kaiser fügte sich dem in der Ewigen Richtung festgelegten Verzicht auf ehemals habsburgische Güter.[45]

Inzwischen hatte Erzbischof Adolf von Mainz Zeit und Gelegenheit gefunden, im Reich und vor allem im Rheinland beruhigend zu wirken. Er konnte 1469 ein besseres Einvernehmen mit Karl dem Kühnen herstellen.[46] 1470 festigte er aber auch seine Bindung zum Kaiser. Er fuhr nach Völkermarkt in das ferne Kärnten, wo gerade ein gut besuchter Landtag zusammengetreten war, und erlangte, abgesehen von der Erledigung der Wünsche von Familie und Freunden, die er nie vergaß, im Mai die Belehnung mit den Regalien und die Bestätigung der Stiftsprivilegien.[47] Von den bei dieser Gelegenheit geführten und für die Geschicke des Reiches entscheidenden Gesprächen drang nichts in die Öffentlichkeit, da die Baumkircher Fehde die Aufmerksamkeit aller erregte und fesselte. Es muss aber neben der in Kärnten vordringlichen Türkenabwehr bereits die Reichsreform im Mittelpunkt der Verhandlungen gestanden und den Kaiser veranlasst haben, seine auf die Erblande ausgerichtete Politik endgültig aufzugeben, sich dem Westen des Reichs zuzuwenden und dem Mainzer Erzbischof die in den letzten Jahrzehnten verloren gegangene Rolle des wichtigsten und entscheidenden Kurfürsten wieder zuzubilligen. Adolf wurde wieder das Sprachrohr und der Führer der Mächtigen Deutschlands. Es ist zu vermuten, dass in diesem Zusammenhang auch das Thema Burgund zur Sprache kam und Adolf in die Kontakte Friedrichs zu Karl dem Kühnen eingebunden wurde. Die vorhandenen, aber leider eher dürftigen Unterlagen lassen nur klar erkennen, dass der Erzbischof den Kaiser überzeugen konnte, ein Ausbau der nach wie vor zu primitiven „Verwaltung" des Reichs sei nicht mehr zu umgehen und müsste, wenn diese Modernisierungen erfolgreich sein sollten, auf den Raum am unteren Main ausgerichtet werden.

Kennzeichnend für die neuen Zustände wurde die Reform des Kammergerichtes, dessen Leitung 1470 dem Erzbischof anvertraut wurde und das er bis zu seinem Ableben 1475 innehatte.[48] Adolfs Wirken war für die Entwicklung der Institution wegweisend, wurde aber wegen der relativ kurzen Dauer von vier Jahren nur wenig beachtet. Die einschlägigen

Werke begnügen sich meistens, die Verbesserungen herauszustreichen, die dann unter Kaiser Maximilian I. gelangen. Die Missachtung in der Forschung wurde auch dadurch verursacht, dass Adolfs Politik mit seinem Tode zusammenbrach. Sein Nachfolger Dieter (1475–1482) verstand sich mit dem Kaiser gar nicht, der schon immer für Adolf Partei ergriffen hatte.[49] Nicht nur die Erneuerung des kaiserlichen Gerichtswesens wurde dem Nassauer anvertraut, 1471 wurde ihm auch die Reichskanzlei verpachtet, die Friedrich allerdings schon einige Jahre früher aus der Hand gegeben hatte.[50] Die ältere Forschung kritisierte diese Maßnahmen scharf und sah darin einen Beweis für die Trägheit und Unfähigkeit des Habsburgers. Sie wusste noch nicht, dass die Behörde noch im frühen 15. Jahrhundert gute Einnahmen gehabt hatte, da für die aufwendig geschriebenen Privilegien hohe Taxen zu entrichten waren, die jedoch um 1450 stark zurückgingen, seit die Bestätigungen der Rechte deutlich abnahmen. Dafür schwoll der im Rahmen von Prozessen notwendige Schriftverkehr an, der zwar von den Parteien zu tragen war, aber weitaus weniger einbrachte, da auf ansehnliche Schriftstücke verzichtet wurde und die Schreibgebühren für diese Dokumente gering waren. Die Kanzlei entwickelte sich daher von einem einträglichen Amt zu einer kostspieligen Behörde. Der Kaiser war unter diesen Gegebenheiten froh, die Kosten für die Bürokratie dem Mainzer Erzbischof übertragen zu können. Die Koppelung von Kammergericht und Kanzlei war unter den neuen Bedingungen, die durch die im Oktober 1471 herausgebrachte Neuordnung des Kammergerichts festgelegt wurden, ohnehin notwendig geworden. Nach den erhaltenen Unterlagen wurde dadurch der Einfluss des Kaisers auf beide Behörden verringert, doch hatte er jetzt wenigstens sichere Einnahmen, wenn sie auch kaum ins Gewicht fielen.[51]

Im Vertrauen auf die Unterstützung des Mainzers griff der Kaiser jetzt energisch den Zank um die Landvogtei Elsass auf und setzte in diese Funktion den Grafen von Veldenz ein, gegen den Pfalzgraf Friedrich der Siegreiche sofort mit Waffengewalt vorging. Diese Kämpfe, aber auch die Fortdauer der Türkenkriege nötigten Friedrich, für das Frühjahr 1471 einen Reichstag nach Regensburg einzuberufen und nach Deutschland zu kommen. Unter dem Jubel der Bevölkerung ritt er am 16. Juni in der Stadt ein und nahm durch mehr als zwei Monate an den Beratungen teil. Der Kampf gegen die Osmanen wurde zum wichtigsten Anliegen, doch wurden für deren Abwehr Truppen in einem Ausmaß bewilligt, das eine Offensive nicht zuließ und daher nicht befriedigen konnte. Die Reichsreform kam wieder zur Sprache und von neuen Besteuerungssystemen wurde geredet, zu brauchbaren Vorschlägen rang man sich aber wieder nicht durch.[52] Man gab sich zufrieden, am 24. Juli ein abermaliges Friedensgebot zu erlassen, das auf weite Strecken den Landfrieden von 1467 wiederholte und auch nur für vier Jahre gelten sollte. Wegen der Türkengefahr wurde das Fehdeverbot erneuert, aber diesmal darauf verzichtet, den Friedensbruch als Delikt des Majestätsverbrechens zu ahnden.[53]

Für das weitere Geschehen im Reich wurde die Erwerbung des Herzogtums Geldern durch Karl den Kühnen wichtiger. Der Burgunder fühlte sich, nachdem er seine Ansprüche auf das Territorium dargelegt hatte, schon als dessen Inhaber und trat wie ein deutscher Fürst auf. Nicht zuletzt wegen seiner französischen Muttersprache wurde er aber im Reich als Fremder und Eindringling empfunden, sein weiteres Vorgehen wurde argwöhnisch verfolgt. Es gelang ihm, sich ungeachtet dieser Ablehnung 1473 unter rücksichtslosem Einsatz der Waffen durchzusetzen.[54] Jetzt verfügte er über ein Herrschaftsgebiet, das über den Rhein hinweg weit in den deutschen Sprachraum reichte. Diese Expansion wäre wohl noch hingenommen worden. Er gab sich aber damit nicht zufrieden und machte Anstalten, auch im Fürstentum Köln einzugreifen, wo sich Erzbischof und Domkapitel gegenüberstanden und in ihre Kämpfe die Bürger hineinzogen. Wiederholt wurde daher von den Parteien das Kammergericht angerufen und der Kaiser um seinen Beistand gebeten.[55] Friedrich hatte schon immer rege Kontakte zur Metropole am Rhein unterhalten und war bereit, als Reichsoberhaupt in diesem Chaos den Frieden zu wahren. Es wurde erörtert, dass in einem persönlichen Treffen Friedrichs und Karls mit einem offenen Gespräch ein Ausgleich zu finden wäre. Die Mächtigen des Rheinlandes erhofften sich davon die Beendigung der Kämpfe und die Sicherung des Friedens für die Zukunft. Dem Kaiser und dem Herzog waren die Absprachen und Zusagen wegen einer Verbindung beider Dynastien wichtiger, da ihre erbberechtigten Kinder das sechzehnte und vierzehnte Lebensjahr erreicht hatten. Weitere Nachkommen waren weder für Friedrich noch für Karl zu erwarten und so standen schon bald die Hochzeitstermine an. Da die Ehen zwischen Fürstenhäusern zum ersehnten Frieden beitragen konnten, musste man sich auf ein umfangreiches Programm einstellen, das gewiss nicht leicht zu bewältigen war. Es gelang ohne allzu große Mühe, die beiden Herrscher zu bewegen, einer Zusammenkunft zuzustimmen. Schwieriger war es schon, diese entsprechend zu gestalten und zu verwirklichen. Zunächst war Metz für ein Treffen vorgesehen, doch dann wurde Trier als Tagungsort gewählt. Kaiser und Herzog fühlten sich verpflichtet, bei dieser Gelegenheit ihre Macht zu demonstrieren und trafen die notwendigen Vorbereitungen. Karl der Kühne wollte mit einem großen Heer auftreten, bot dafür eine Truppe von etwa 15 000 Mann auf und kleidete seinen Hof mit immensem Aufwand ein. Der Kaiser, der davon erfuhr, wollte gleichziehen. Er überwand seine Sparsamkeit und stürzte sich sogar in Schulden, um bestehen zu können. So wurde die Aussprache der beiden Machthaber zu einem Spektakel, das die Öffent

lichkeit mit größtem Interesse verfolgte und das für sie mehr eine Augen-
weide als ein politisches Geschehen war.[56]
   Der Kaiser ließ das Ereignis genau protokollieren, doch so sorgfältig die
einzelnen Stationen angeführt wurden, von den entscheidenden Gesprächen gibt es keine brauchbaren Unterlagen. Es ist nur dokumentiert, dass
Friedrich mit seinem Sohn Maximilian am 28. September 1473 eintraf und
Karl damals seinen zukünftigen Schwiegersohn zum ersten Mal sah. Der
junge Mann dürfte einen guten Eindruck hinterlassen haben. Die Heirats-
pläne wurden sofort aufgegriffen, blieben im Vordergrund und machten
die weiteren Wünsche des Burgunders verständlich. An erster Stelle forderte er königliche Würde und regte abermals an, in Aachen zum römisch-
deutschen König gekrönt zu werden. Damit wäre nicht nur Karls Nachfolge im Reich, sondern auch der Besitz seiner deutschen Fürstentümer
gesichert gewesen. Der Burgunder wusste wohl, dass dafür eine vom
Mainzer Erzbischof geleitete Wahl und die Zustimmung der Kurfürsten
notwendig waren, könnte aber angenommen haben, dass diese Voraussetzungen ohne weiteres zu erfüllen waren. Die bei einer Krönung in Aachen
zu beachtenden Vorschriften unterschätzte er wohl ebenfalls. Er war in
seiner impulsiven Art auch kaum bereit, sich schon vorher über alles genauer zu informieren. In Anwesenheit der deutschen Fürsten ließ er sich
aber doch die Schwierigkeiten erklären und sich umstimmen. Jetzt regte er
an, für ihn ein Königreich einzurichten, da schon vor Jahrhunderten Herrscher in dem Raum westlich des Rheins königliche Würde gehabt hätten.
Nach längeren Diskussionen kam man überein, dass diesen Bedingungen
die Herzogtümer Geldern und Lothringen und die geistlichen Fürstentümer Lüttich, Utrecht, Toul und Verdun entsprachen. Vorzusehen war
darüber hinaus noch die Oberhoheit Karls über Savoyen. Friedrich akzeptierte angeblich alle diese Wünsche, obwohl sie über den tatsächlichen
Machtbereich Karls weit hinausgingen. Doch musste der Kaiser zugeben,
dass bei allen diesen Verhandlungen auch der zukünftige Machtbereich
seines Sohnes ausgehandelt wurde, und war schon dadurch zur Zustimmung genötigt. Auch sollten alle diese Ziele nicht sofort erzwungen, sondern allmählich erreicht werden, wodurch Friedrich wohl beruhigt war.[57]
Ein erster Schritt wurde endlich am 6. November getan. Karl wurde vom
Kaiser in einer eindrucksvollen Zeremonie mit Geldern belehnt.[58] Am
18. November sollte der Burgunder zum König gekrönt werden – die
dafür benötigten Insignien, vor allem die Krone, lagen schon bereit. Doch
es gab zuletzt wieder Komplikationen, deren Ursachen nicht bekannt wurden. Die Zeremonie wurde auf den 21. November verschoben, konnte
aber auch an diesem Tag nicht gefeiert werden. Weitere Unstimmigkeiten
kamen auf, die den Kaiser so verärgerten, dass er am 25. November überstürzt und überraschend die Stadt verließ. Der wichtigste Teil der für Karl

ausgehandelten Auszeichnungen wurde nicht verwirklicht, das Treffen war damit letzten Endes gescheitert.

Die Öffentlichkeit war geschockt. Große Hoffnungen waren in diese Aussprachen gesetzt worden, von deren genauem Verlauf allerdings nur wenig überliefert ist. Friedrich beklagte die stets wechselnden Forderungen Karls, dem offensichtlich, wie aus wenigen Randbemerkungen erschlossen werden kann, die Zustände und Rechtslage im Reich kaum hinreichend bekannt waren. Dem sprunghaften Burgunder entging auch, dass er wegen der Belehnung mit Geldern Untertan des Habsburgers geworden war. Mit dieser Einordnung und Unterordnung fand sich Karl offenbar nie ab, der schon mit seinem Auftreten einen dem Kaiser entsprechenden Rang beansprucht hatte, außerdem immer wieder – und damit war er dann wieder gleichrangig – auch für die Rechte seines Schwiegersohnes eintrat. Das aber wollte Friedrich nicht einsehen, für den Maximilian noch ein minderjähriges Kind war, dessen Rechte nur der Vater vertreten konnte. Karls undeutliche Vorstellungen von der Zukunft verursachten wohl zusätzlich manchen Ärger Friedrichs. Beide Herrscher waren als Persönlichkeiten wie auch von ihrem Lebensalter her zu unterschiedlich – der Herzog war zwei Jahrzehnte jünger als der Habsburger, wollte sich mit dem behutsamen Vorgehen der älteren Generation nicht mehr abfinden und suchte überstürzt neue Richtungen. Kaiser und Herzog trennten sich daher verbittert und doch waren sie, wie sich zeigen sollte, aufeinander angewiesen. Denn selbst wenn sie sich bald in offenen Kriegen gegenüberstanden, hielten sie am Plan fest, beide Dynastien zu vereinen, um sich gegenseitig helfen zu können.

Anmerkungen

[1] Koller, Neuere Forschungen, S. 45 ff.

[2] Balogh, Kunst der Renaissance, S. 83 ff. Vgl. dazu auch Seibt, Zeit der Luxemburger, S. 550 ff. Nehring, Ungarn in Europa, S. 33 ff.

[3] Vgl. etwa Duchhardt, Deutsche Verfassungsgeschichte, S. 13 ff.

[4] Angermeier, Reichsreform, S. 118 ff. Dazu Reg. F. III., 4, Nr. 411, 422 ff., 428, 451 u. 452

[5] Reg. F. III., 4, Nr. 451. Vgl. dazu Paravicini, Karl der Kühne, S. 58 ff., Paravicini, Schlichtheit und Pracht, S. 63 f.

[6] Most, Reichslandfriede, S. 195 ff. Dazu Buschmann, Landfriede, S. 115 ff. Schubert, Landfrieden, S. 150 ff. Reg. F. III., 4, Nr. 451.

[7] Reg. F. III., 17, Nr. 184. Thomas Ebendorfer, Chronica regum Romanorum (MG SS NS 18), S. 454, 769, 914. Reg. F. III., 4, Nr. 451.

[8] Schmidtchen, Kriegswesen, S. 193 ff. Meuthen, 15. Jahrhundert, S. 38 ff.

[9] Angermeier, Reichsreform, S. 119.

[10] Wiesflecker, Kaiser Maximilian I., 1, S. 85 ff. Vgl. dazu auch Wiesflecker, Friedrich III. und der junge Maximilian, S. 49 ff.

[11] Fügedi, Königreich Ungarn, S. 22 ff.

[12] Niederstätter, Jahrhundert, S. 353.

[13] Seibt, Zeit der Luxemburger, S. 551 ff. Nehring, Matthias Corvinus, S. 29 ff. Nehring, Ungarn in Europa, S. 33. Hoensch, Matthias Corvinus, S. 97 ff.

[14] Nehring, Matthias Corvinus, S. 35 ff. Kubinyi, Wiener Regierung, S. 204 ff.

[15] Niederstätter, Jahrhundert, S. 332 ff. Kubinyi, König und Volk, S. 23 ff.

[16] Csaky, Ungarn und die Länder der Habsburger, S. 45 ff.

[17] Stangler, Matthias Corvinus und Niederösterreich, S. 263 und Taf. 11. Kubinyi, Die südlichen Grenzfestungen, S. 192 ff.

[18] Fräss-Ehrfeld, Geschichte Kärntens, 1, S. 594 ff.

[19] Jakob Unrest, Österreichische Chronik (MG SS NS 11), S. 93. Vgl. dazu Koller, Eigenhändige Briefe, S. 121 f. Doch ist noch immer unklar, welche Briefe wirklich existierten. Sie wurden noch nicht gefunden, von Unrest aber wohl falsch interpretiert.

[20] Weinzierl-Fischer, Geschichte Millstatts, S. 38 f. u. 46 f. Dazu Koller, Princeps in ecclesia, S. 47 ff. Niederstätter, Jahrhundert, S. 204 ff.

[21] Vgl. etwa Schmidt, Friedrich III., S. 318 f.

[22] Heinig, Hof, Regierung und Politik, S. 1371.

[23] Hack, Empfangszeremoniell, S. 239 ff.

[24] Gerhartl, Der St. Georgs-Ritterorden, S. 368 ff. Ritterorden und Adelsgesellschaften, S. 407 ff. Niederstätter, Jahrhundert, S. 310 ff. Vgl. dazu auch Stubenvoll, Hanns Siebenhirter, S. 172 ff. Heinig, Hof, Regierung und Politik, S. 142 ff.

[25] Niederstätter, Jahrhundert, S. 306 ff.

[26] Niederstätter, Jahrhundert, S. 255 ff.

[27] Gutkas, Friedrich III. und die Stände, S. 163 f. Seibt, Zeit der Luxemburger, S. 550 ff.

[28] Kubinyi, Kriegslasten, S. 174 ff.

[29] Haller-Reiffenstein, Friedrich III., S. 88 ff.

[30] Nehring, Matthias Corvinus, S. 40 ff. Opll-Perger, Kaiser Friedrich III. und die Wiener, S. 13 f. Opll, Nachrichten, S. 205 f.

[31] Schäffer, Baumkircher Fehde, S. 165 ff.

[32] Niederstätter, Jahrhundert, S. 355.

[33] Kubinyi, Wiener Regierung, S. 203 ff.

[34] Opll-Perger, Kaiser Friedrich III. und die Wiener, S. 14 ff. Vgl. dazu auch Heinig, Hof, Regierung und Politik, S. 1382.

[35] Maleczek, Österreich-Frankreich-Burgund, S. 121 ff. Kintzinger, Westbindungen, S. 335 f. Vgl. auch Reg. F.III., 13, Nr. 45

[36] Niederstätter, Jahrhundert, S. 165.

[37] Niederstätter, Jahrhundert, S. 325.

[38] Baum, Siegmund der Münzreiche, S. 294 ff. Vgl. dazu Reg. F.III., 6, Nr. 105 f.

[39] Baum, Siegmund der Münzreiche, S. 306 ff.

[40] Paravicini, Karl der Kühne, Sigmund von Tirol, S. 588 ff. Niederstätter, Jahrhundert, S. 165 f. Paravicini, Hagenbachs Hochzeit, S. 26 ff.

[41] Thomas, Deutsche Geschichte, S. 477 ff.

42 Paravicini, Karl der Kühne, S. 85 ff. Vgl. dazu Reg. F.III., 7, Nr. 257 ff. u. 287 ff.

43 Die Identifizierung des Reichs mit der deutschen Nation – vgl. Reg. F.III, 7, Nr. 403, 479, 503 ff, 513 ff. – ist für den Sprachgebrauch der Reichskanzlei typisch, doch standen diese Belege der umfangreichen einschlägigen Literatur noch nicht zur Verfügung

44 Sieber-Lehmann, Spätmittelalterlicher Nationalismus, S. 45 ff. Niederstätter, Jahrhundert, S. 166 ff.

45 Niederstätter, Jahrhundert, S. 325 f.

46 Heinig, Hof, Regierung und Politik, S. 658 ff. Heinig, Mainzer Kirche, S. 531 ff.

47 Jakob Unrest, Österreichische Chronik (MG SS NS 11), S. 29 ff. Reg. F.III., 8, Nr. 301 f.

48 Heinig, Hof, Regierung und Politik, S. 102 ff. Maurer, Königsgericht, S. 85 ff.

49 Vgl. etwa Reg. F.III., 4, Nr. 676.

50 Heinig, Hof, Regierung und Politik, S. 570 ff.

51 Heinig-Grund, Taxregister, S. IX ff., ferner Heinig, Preis der Gnade, S. 149 ff.

52 RTA 22, S. 482 ff.

53 Reg. F.III., 15, Nr. 267.

54 Paravicini, Kleve, Geldern und Burgund, S. 627 ff. Sieber-Lehmann, Spätmittelalterlicher Nationalismus, S. 178 ff. Ehm, Burgund und das Reich, S. 46 ff.

55 Jansen, Verzicht des Erzbischofs Ruprecht, S. 662 ff. Reg. F.III. 7, Nr. 373 ff.

56 Schmidt, Friedrich III., S. 323 ff. Niederstätter, Jahrhundert, S. 165 ff. Ehm, ... und begeret ein kunig zu werden, S. 245 ff. Heinig, Friedrich III., S. 503 f.

57 Wiesflecker, Kaiser Maximilian I., 1, S. 80 ff. Ehm, Burgund und das Reich, S. 65 ff.

58 Niederstätter, Jahrhundert, S. 165 f. Dazu auch Reg. F. III., 15, Nr. 300.

10. Kriege

a) Die Kriege Karls des Kühnen

Das Treffen des Kaisers mit Karl dem Kühnen in Trier wurde von Krisen überschattet, die im Erzstift Köln ausgebrochen waren und die das Rheinland zu einem das gesamte Reich bedrohenden neuen Unruheherd machten. Ausgelöst wurden die Wirren von finanziellen Schwierigkeiten, in die das Kurfürstentum schon einige Jahre früher geraten war. Um Verbesserungen zu erreichen, hatte Erzbischof Ruprecht (1463–1478), ein Wittelsbacher und Bruder Pfalzgraf Friedrichs des Siegreichen, energisch versucht, die notwendigen Mittel einzutreiben. Als er die darüber ausbrechenden Widerstände mit brutaler Gewalt brechen wollte, widersetzte sich das Domkapitel, das auch für die Interessen der in erster Linie von diesen Maßnahmen betroffenen Kölner Bürger eintrat, und wählte im März 1473 den Landgraf Hermann von Hessen zum „Hauptmann und Beschirmer" des Erzstifts, der genug Macht besaß, dem Metropoliten entgegenzutreten. Das Vorgehen der Domkapitulare entsprach keineswegs den Normen des Kirchenrechts, das die unüblichen Funktionen Hermanns nicht vorsah, war aber verständlich, da Ruprecht kein vorbildlicher Erzbischof war. Er schätzte die Freuden des Lebens und war ein energischer, sehr weltlicher Fürst, der seine familiären Bindungen nie abbrach und deshalb auch gegen Karl den Kühnen aufgetreten war. Als er aber in größere Schwierigkeiten geriet, hatte er keine Bedenken, den kriegstüchtigen Burgunder um Unterstützung zu bitten, und bestellte diesen in einer persönlichen Begegnung im Sommer 1473 sogar zum Erbvogt der Kölner Kirche.[1] Der Konflikt hatte damit einen ersten Höhepunkt erreicht, war aber noch immer eine lokal begrenzte Auseinandersetzung, die im Rahmen einer Fehde auszutragen war. Die drohenden Gefahren sollten durch die üblichen und von verschiedenen Seiten eingeleiteten Vermittlungsverfahren abgewendet werden. In diesen Verhandlungen wurde aber keine Einigung erzielt. Jetzt war der Kaiser, der gerade in Trier verhandelte, gefordert, den Frieden zu wahren. Rasch ritt er Ende November nach Köln – seine überstürzte Abreise könnte auch durch diese Wirren ausgelöst worden sein. Doch seine Anwesenheit konnte kaum zur Beruhigung beitragen. Eine von Friedrich nach Aachen eiligst einberufene Beratung mit den Mächtigen des Raums brachte ebenfalls kein Ergebnis. Der Kaiser feierte dann noch in der Stadt am Rhein das Weihnachtsfest, das Fest des Friedens, aber auch bei dieser Gelegenheit konnten die Feinde nicht versöhnt werden.[2] Inzwischen hatte sich der Kaiser von der Rechtmäßigkeit der bürgerlichen Anliegen überzeugt und sich für die Stadt sogar bei Papst Sixtus IV. eingesetzt.[3] Erzbischof Ruprecht begab sich daraufhin nach Dijon und festigte zu Beginn des Jahres 1474 sein Bündnis mit Karl dem Kühnen. Damit waren die Fronten verhärtet und der Habsburger in eine Koalition eingebunden, die gegen den Burgunder gerichtet war. Es ist nicht zu erkennen, wieweit Friedrich gegen seinen Willen in diesen Konflikt geriet. Er hatte zwar dem Wittelsbacher Ruprecht schon immer wegen dessen familiärer Herkunft ablehnend gegenübergestanden und sich kurz zuvor noch mit Karl dem Kühnen zerstritten, einen offenen und blutigen Kampf wollte Friedrich aber gewiss nicht führen. Den Waffengang selbst brach der Erzbischof vom Zaun.

Für einen derartigen Einsatz war der Kaiser gar nicht gerüstet, dessen Sorgen in den Erbländern zugenommen hatten. Die vom Papst verfügten Gründungen der Bistümer Wien und Wiener Neustadt hatten die Gegenwehr des Erzbischofs von Salzburg und des Bischofs von Passau ausgelöst. Die Kurie, die für diesen Konflikt zuständig war, konnte und wollte diesen nicht beenden und suchte Ausflüchte. Der Papst gab einmal der einen und dann wieder der anderen Seite Recht, rang sich aber zu keiner klaren Entscheidung durch. Die geistlichen Fürsten suchten daher andere Unterstützung und fanden sie bei Matthias Corvinus, der zum gefährlichen, aber zunächst noch zurückhaltenden Gegner des Habsburgers geworden war. Der Gegensatz trat vorerst noch nicht offen zu Tage, da Matthias nach dem Tode Georgs von Podiebrad (1471) in Mähren festgehalten war und sich auf die Verteidigung dieses Landes einstellte, auf das er nicht verzichten wollte.[4] Er zeigte aber Verständnis für die Gegenwehr der geistlichen Fürsten und mobilisierte die Hilfe der bayrischen Herzöge, die sich auf die Seite der Bischöfe schlugen. Die Gegner des Kaisers hatten an der Donau das Übergewicht gewonnen. Die Bayern mieden indes eine Entscheidung der Waffen. Sie könnten auch der vielen und inzwischen verbotenen Fehden überdrüssig geworden sein. So kam es im Rahmen der Feindseligkeiten nur zu einigen kleineren Geplänkeln, die kaum Wirkung zeigten. Dennoch behielt und betonte Matthias seine Rolle als Beschützer dieser Bistümer und erweckte wenigstens den Anschein, deren treuer Verbündeter zu sein. Der Kaiser stellte dagegen seine Ansprüche auf die Vogtei dieser Diözesen heraus und unterstrich sein Recht, in den Bistümern seinen Einfluss wahren zu dürfen. Er nahm die vielen kleinen Schlappen, die ihm im Südosten des Reichs zugefügt wurden, gelassen hin und widmete sich 1475 voll den Kämpfen in Köln.[5]

Erzbischof Ruprecht hatte inzwischen wichtige Teile seiner Anhängerschaft verloren. Unter anderem wandte sich die Stadt Neuss dem Domkapitel zu, auf die der Metropolit auf keinen Fall verzichten wollte. Er stärkte seinen Anhang unter den städtischen Bürgern, die uneinig waren, und löste Unruhen aus. In diesen Wirren unterlag jedoch Ruprechts Gefolgschaft, die ihm ergebenen Männer wurden hingerichtet. Das war für den Erzbischof Grund genug, bewaffnete Hilfe Karls des Kühnen anzufordern. Die Fehde war damit zu einem mit Waffen ausgetragenen blutigen Krieg ausgeweitet. Der Burgunder rückte mit einem starken Heer an, um die Bürger zu demütigen. Am 29. Juli 1474 stand er vor den Mauern, wohl mit dem Endziel, nicht nur die Stadt, sondern das gesamte Land des Kölner Stiftes zu unterwerfen, wie er es in Lüttich schon getan hatte und in anderen geistlichen Besitzungen noch plante. Er stieß auf unerwartete Gegenwehr, die nicht zuletzt von einem regional-nationalen Verteidigungswillen getragen wurde.[6] Landgraf Hermann von Hessen konnte die Abwehr so gut organisieren, dass dem Burgunder ein rascher Erfolg versagt blieb. Karl hatte offenbar weit ausgreifende Eroberungen vorgesehen, sich wegen seiner hoch gesteckten Ziele auf größere Kampfhandlungen eingestellt und dementsprechend umfangreiche Truppen angeworben. Wegen der Größe des burgundischen Heeres wurde jedoch dessen Versorgung schwierig und musste bald aus dem nahen Umland organisiert werden, das darunter enorm litt. Mehr noch als die militärische Expansion Karls erregten die zu Verpflegungszwecken vorgenommenen Übergriffe der Truppen Widerstand. Ihre Herkunft – es waren kaum Deutsche darunter – verärgerte die Bevölkerung zusätzlich und weckte nationale deutsche Emotionen. Rasch erstarkte ein entsprechend ausgerichteter Verteidigungswille und es kam zu einem Umschwung im Verhalten der Menschen. Einige Mächtige und nicht zuletzt die Bürger im Westen des Imperiums waren jetzt bereit, Mittel für größer angelegte militärische Aktionen aufzubringen. Der Habsburger hatte eine solche Haltung in Österreich nie erlebt und war bis dahin in seiner Heimat stets schon am Beginn aller Kampfmaßnahmen an den aufkommenden finanziellen Schwierigkeiten gescheitert. Nun konnte Friedrich im Rheinland dank der von den Untertanen zur Verfügung gestellten Mittel plötzlich Kriege nach modernen Richtlinien führen. Er wurde sogar zum Heerführer.

Der Kaiser muss diese Entwicklung sofort begriffen und das Schicksal des Burgunders vorausgeahnt haben, das tatsächlich abzusehen war. Friedrich hatte nämlich unter dem Eindruck drohender Gefahren schon im Frühjahr 1474 zu einem Reichstag nach Augsburg eingeladen, hatte sich hier sogar persönlich eingefunden und am 14. Mai das wenige Jahre früher zu Regensburg wegen der Türkenkriege erlassene Friedensgebot mit dem grundsätzlichen Verbot der Fehde für weitere sechs Jahre verlängert.[7] Bei dieser Gelegenheit wurde auch das Verfahren gegen Pfalzgraf Friedrich den Siegreichen eingeleitet, der sich als Repräsentant des Lagers der Wittelsbacher im Rheinland gegen den Kaiser gestellt und dessen Anhänger befehdet hatte. Friedrich erhob gegen den Kurfürst die Anklage wegen Bruch des Landesfriedens, aber auch wegen des Majestätsverbrechens und begann einen Prozess, der mit der Verurteilung und Ächtung des Beklagten am 27. Mai abgeschlossen wurde.[8] Dieses Verfahren war aber hauptsächlich gegen den Kölner Erzbischof gerichtet, dessen Verbündeter, der Herzog von Burgund, zur gleichen Zeit bereits seine Truppen sammelte. Ungeachtet des Prozesses, der viel Beachtung fand und auch von Friedrich herausgestrichen wurde, ergriff dieser gegen den Kurfürst jedoch keine Maßnahmen, die sich aber auch erübrigten, da der Pfalzgraf wenig später starb.

Der Kaiser war in erster Linie damit befasst, am Rhein eine Verteidigung gegen den Burgunder zu organisieren und forderte bereits Ende Juni von den Großen des Kölner Raumes eine entschlossene Abwehr.[9] Als Feldherren sollten sich Albrecht Achilles von Brandenburg und Albrecht von Sachsen bewähren, doch entwickelte Friedrich selbst eine überraschende Aktivität. Er forderte persönlich die Bereitstellung von Truppen, er überwachte deren Aufmarsch und sicherte dem Unternehmen sogar die Hilfe des französischen Königs, die allerdings kaum etwas brachte. Da Karl bereits vor Neuss stand, wurde den Anordnungen des Kaisers Ende August bereitwillig und weitgehend entsprochen.[10] Das hatte er noch nie erlebt. Sogar die Eidgenossen stellten sich zur Verfügung, und wenn auch deren Einsatz als Ausklang der Kämpfe gegen Peter von Hagenbach zu verstehen war, so war deren Bereitschaft doch ein Beleg für die Geschlossenheit der Front, die Friedrich gegen Karl aufgebaut hatte. Dessen Truppen wurden schon von den ersten Rückschlägen zermürbt. Dem Kaiser blieb Zeit, während eines längeren Aufenthalts in Frankfurt den Einsatz seiner Truppen gründlich vorzubereiten. Verhandlungen für eine friedliche Lösung wurden eingeleitet, wie es bei Fehden üblich war, hatten aber keinen Erfolg, da diesmal Friedrich auf die burgundischen Vorschläge nicht einging. Er feierte das Weihnachtsfest wieder in Köln, ritt dann nach Andernach, um hier endgültig sein Heer zu sammeln, klagte am 7. Januar 1475 Karl an, sich gegen das Reich vergangen zu haben und verkündete offiziell die Abwehr. Das Schriftstück hebt sich deutlich von den Ächtungen ab, wie sie bis dahin gegen Feinde ergangen waren. Jetzt war das Dokument bereits eher eine Kriegserklärung in modernem Sinn.[11] Die Kämpfe gegen den Burgunder selbst konnten noch nicht aufgenommen werden, da die kaiserlichen Truppen zunächst die Stadt Linz am Rhein bezwingen mussten, die noch zu Kurfürst Ruprecht hielt. Erst im März – Friedrich war inzwischen wieder nach Köln gefahren und sammelte jetzt hier seine Getreuen – war das Reichsheer stark genug und einsatzbereit. Zwar waren noch immer nicht alle Verbände in befohlener Stärke eingetroffen und manche trafen sogar Anstalten, gleich wieder abzuziehen, doch der Kaiser, der es verstand, den Hass zu nützen, den Karl der Kühne erregt hatte, konnte einen Zerfall des Aufgebotes verhindern. Anfang Mai rückten die kaiserlichen Truppen langsam gegen Neuss vor. Am 24. Mai suchte der Burgunder eine Entscheidung und griff das Reichsheer an. Der Kaiser war gerade nach Köln geritten.[12] Die ersten Gefechte gewann zwar Karl, er wurde aber wieder zurückgeschlagen und verlor den Glauben an seine Überlegenheit, zumal inzwischen die Eidgenossen in kleineren Kämpfen in der Region am Oberrhein siegreich geblieben waren. Ungeachtet der Scharmützel wurden daher Verhandlungen geführt und bereits am 24./29. Mai 1475 wurde ein Waffenstillstand geschlossen, der dem Herzog einige, allerdings nicht sehr schwere Bedingungen auferlegte und der, von kleineren Übergriffen abgesehen, auch gehalten wurde. Karl sollte frei abziehen können, durfte aber in Köln nicht mehr eingreifen und musste die Schlichtung des Streits zwischen dem Erzbischof und dessen Domkapitel dem Papst und dem Kaiser überlassen. Eine engere Zusammenarbeit mit dem König von Ungarn wurde ihm untersagt. Ein endgültiger Friede, in den auch der französische König einzubeziehen war, sollte in Zukunft geschlossen werden. Eine Einigung auf diese Bedingungen kam erst nach Wochen mit Hilfe des päpstlichen Legaten zustande. Erst am 27. Juni rückte der Burgunder ab, dann zog sich auch das Reichsheer zurück.[13]

Der Krieg wurde demnach nicht mit den Waffen entschieden, sondern in Verhandlungen beendet, trug aber doch dem Kaiser einen beachtlichen Erfolg ein. Friedrich hatte an Ansehen stark gewonnen und zeichnete die Stadt Neuss jetzt mit besonderen Gnaden aus. Diese hatte ja mit ihrer entschlossenen Verteidigung zu einer Entwicklung beigetragen, die den Kaiser am Ende als Sieger erscheinen ließ.[14] Karl der Kühne beharrte auch nicht auf seinen Expansionsplänen, sondern suchte eine echte Verständigung und ließ durchblicken, dass er die Hoffnung nicht aufgegeben habe, seine Tochter könne die Gattin Maximilians werden. Er gab zu erkennen, dass er nach wie vor eine königliche Würde anstrebe und ein gutes Einvernehmen zu den Habsburgern erhoffe. Inzwischen hatte sich Herzog René von Lothringen Karls Feinden angeschlossen und diesem sogar den Kampf angesagt, der für den Burgunder jetzt vordringlich wurde. Lothringen war nicht nur die prädestinierte Landbrücke zu den Besitzungen Karls im Süden und daher für dessen territoriale Expansion wichtig, es genoss wegen seiner weit zurückreichenden Tradition auch besonderes Ansehen und bot seinem Besitzer eine gute Grundlage, eine Königskrone einzufordern. Karl richtete daher seine Expansion und seine Offensive jetzt gegen dieses Land, sammelte noch 1475 ein neues Heer und stieß nach Lothringen vor. Der Kaiser war als Reichsoberhaupt abermals verpflichtet, einzugreifen, da der Herzog wieder die Waffen eingesetzt und den Frieden gebrochen hatte, und begann mit der üblichen, zeitraubenden Umständlichkeit gegen den Burgunder ein Heer zu sammeln. Er befahl einigen Machthabern der zuständigen Region, sich mit Truppen einzufinden.[15] Er war aber offensichtlich nicht bereit, in diese Auseinandersetzungen wirklich energisch einzugreifen. Auch die Großen des Reichs verhielten sich zurückhaltend. Abermals wurden Verhandlungen aufgenommen, der Kaiser war bereit, einzulenken und einen Frieden zu vermitteln. Ehe aber dessen Forderungen beraten werden konnten, war eine Entscheidung gefallen. Karl hatte Nancy eingenommen und sich hier als Landesherr feiern lassen. Damit waren alle weiteren Maßnahmen hinfällig geworden.

Inzwischen hatte der Kaiser – besser gesagt sein Vertreter – Mitte November ein Abkommen mit Karl geschlossen, der darin abermals versprach, seine Tochter dem Maximilian zur Frau zu geben. Friedrich war wieder zum Verbündeten des Burgunders geworden, der wohl im Vertrauen auf den damit gewonnenen Rückhalt den Kampf mit den Eidgenossen im Februar 1476 aufnahm. Am 2. März 1476 wurde er bei Grandson zurückgeschlagen, stellte sich aber nochmals am 22. Juni bei Murten den Schweizern, wo er eine vernichtende Niederlage hinnehmen und fluchtartig das Schlachtfeld verlassen musste.[16] Damit war es Herzog René von Lothringen möglich geworden, ohne größere Anstrengungen sein Land wieder zu besetzen und Nancy zurückzuerobern. Nach diesen Rückschlägen war für Karl die Unterstützung des Kaisers besonders wertvoll, der jetzt dem Unterlegenen tatsächlich Hilfe zusagte. Eine weitere Zusammenarbeit wurde vereinbart. Der Herzog verpflichtete sich bei dieser Gelegenheit vertraglich, das wiederholt aufgegriffene Eheprojekt zwischen Maria und Maximilian möglichst bald zu verwirklichen, zumal die vom Papst einzuholende Dispens wegen zu naher Verwandtschaft schon erteilt worden war. In diesen Monaten dürfte sich der Herzog ernsthaft mit dem Gedanken getragen haben, seinen zukünftigen Schwiegersohn sofort nach Burgund zu holen und hier einzusetzen, da er sogar in den von seinem Vater ererbten Stammlanden in größere Schwierigkeiten geraten war. Seine Kriege hatten die finanzielle Lage in seinem Machtbereich zerrüttet. Eine Sanierung war eingeleitet worden, griff aber noch nicht. Das Land verfiel. Weite Teile des Abendlandes registrierten den Verfall nicht, zu rasch war er eingetreten, von den fast pausenlos geführten Kämpfen verursacht. Für viele war es unvorstellbar, dass das reiche Burgund seine Bedeutung verloren hatte. Des Herzogs Tochter Maria suchte wenig später, wie vorweggenommen werden kann, die Unterstützung ihres Bräutigams, den sie als tatkräftigen jungen Mann schätzte und von dem sie hoffte, er werde die Situation meistern können.[17]

Dem Kaiser blieben diese Schwierigkeiten weitgehend verborgen. Nachrichten von den Rückschlägen Karls in Lothringen haben ihn wohl nur selten erreicht und er konnte die Bedeutung dieser Vorgänge wegen mangelnder Ortskenntnisse sicherlich nicht richtig beurteilen. So war er, zufrieden mit den vor Neuss errungenen Erfolgen, die ihm eine längere Ruhepause eintrugen, in seine Erblande geritten und fand jetzt Zeit, sich den Zuständen in Österreich zu widmen, wo der rührige Matthias Corvinus die Abneigung des Salzburger Erzbischofs Bernhard von Rohr gegen den Kaiser förderte. Der Metropolit hatte mit dem Streit um die Errichtung des Bistums Wiener Neustadt eine schwere Aufgabe übernommen. Dazu kam, dass Naturkatastrophen seine Diözese heimsuchten, die zudem noch unter den Folgen der Baumkircher Fehde litt. Bernhard hatte sich unter diesen Umständen bewegen lassen, den Schutz seiner Besitzungen am Rande der Ostalpen dem Matthias Corvinus anzuvertrauen und hatte damit den Gegensatz zum Kaiser zusätzlich verstärkt. Jetzt trug er sich, gequält von den endlosen Händeln, mit dem Gedanken, alles aufzugeben und zurückzutreten. Friedrich wäre damit zu versöhnen gewesen, da er in diesem Fall die Aussicht gehabt hätte, bei einer Neubesetzung des Erzbistums entscheidend eingreifen zu können. Die Rücktrittsabsichten, die schon 1470 geäußert worden waren, zogen sich aber endlos dahin und wurden nicht verwirklicht.

Da ergab sich plötzlich eine neue Lage: Johann Beckenschlager, Erzbischof von Gran und Primas von Ungarn, hatte schon vor Jahren im Dienste des Kaisers gestanden, sich dann aber dem König von Ungarn nützlich erwiesen und wurde jetzt von diesem mit Ämtern und Würden überhäuft. Er war ein tüchtiger und erfolgreicher, aber auch skrupelloser Mann, der 1476 vom Kaiser gewonnen wurde und ganz überraschend mit seinem eigenem Vermögen und mit einem beachtlichen Teil des erzbischöflichen Schatzes zu diesem überlief. Friedrich nahm ihn sofort in seinen Schutz und ließ bald erkennen, er wolle alles unternehmen, um dem Johann das Erzbistum Salzburg zuzuspielen. Damit löste er neuen und von den Untertanen dieses Landes getragenen Widerstand aus, die sich mit guten Gründen gegen den ehrgeizigen und charakterlosen Kirchenfürsten wandten. Es wurde nicht bekannt, wieweit Friedrich dessen Flucht aus Gran inszeniert hatte und nur der Anschein erweckt wurde, Spannungen in Ungarn hätten Beckenschlagers Frontwechsel ausgelöst. Von vielen wurde vermutet, der Kaiser habe sich nur wegen des vielen Geldes, das Johann mitgebracht hatte, für diesen eingesetzt. Unbekümmert von diesen Vorwürfen betrieb der Habsburger den Rücktritt Bernhards, der für Beckenschlager Platz machen sollte und selbst zum Verzicht durchaus bereit war, aber daran vom Domkapitel und Adel des Landes gehindert wurde. Die Gegensätze wurden zwar von der unschlüssigen Haltung Bernhards gemildert, die immer wieder die Hoffnung aufkommen ließ, es werde sich eine Lösung ergeben, sie belasteten aber doch die Region.[18]

Bald musste sich der Kaiser wieder den Ereignissen im Westen des Reichs zuwenden, da Karl der Kühne seine Absichten, Lothringen zu erobern, keineswegs aufgegeben hatte und seine bewaffnete Expansion ohne Bedenken fortsetzte. Die Zeitgenossen gewannen über diesen Ereignissen allmählich den Eindruck, dass der Herzog nicht mehr Herr seiner Sinne war. Das mag eine Vermutung sein, wie sie die Menschen zu allen Zeiten leicht entwickelt haben, wenn ihnen ein Verständnis für die Zusammenhänge des Geschehens abging. Doch war sie in diesem Falle nicht ganz von der Hand zu weisen, da Karls militärischen Operationen schon seit 1474 klare und einleuchtende Pläne fehlten. Sein Kampf um Neuss war bereits schlecht organisiert gewesen, sein anschließender Krieg gegen die Eidgenossen wurde ohne zwingende Gründe heraufbeschworen und führte zu voraussehbaren Niederlagen. Dann suchte er die Hilfe des Kaisers, der im Osten gebunden war und ihm kaum beistehen konnte, und nun ging er überstürzt gegen den Herzog von Lothringen vor. Dieser hatte sich – und das könnte eine Fehleinschätzung der Lage verursacht haben – zunächst als unfähiger Feldherr erwiesen und könnte damit Karl 1476 veranlasst haben, abermals in Lothringen einzufallen, obwohl sein Heer diesmal schlecht vorbereitet und für größere Operationen zu klein war. Er stieß gegen Nancy vor, konnte jedoch die Stadt nicht im Handstreich nehmen. Ende 1476 begann er die Belagerung. Er erlitt erhebliche Verluste und das unter der Winterkälte leidende Heer verlor seine Schlagkraft. Herzog René war jetzt besser auf eine Entscheidung vorbereitet, er hatte ein gut ausgerüstetes Heer auf die Beine gestellt und rückte zum Entsatz seiner Residenz heran. Karl war nicht bereit, die Überlegenheit der Feinde anzuerkennen und stellte sich am 5. Jänner 1477 zum Kampf, der zu einem unübersichtlichen Schlachten ausartete und mit einem eindeutigen Sieg des Lothringers endete. Der Herzog von Burgund wurde vermisst. Erst zwei Tage später wurde ein verstümmelter Gefallener gefunden, der nur mit Mühe als Leichnam Karls identifiziert werden konnte. Die Begleitumstände seines Hinscheidens blieben verborgen. Es war nie zu erfahren, ob er etwa in einem Zweikampf gefallen war oder ob er vielleicht sogar seinen Tod gesucht hatte. Doch waren jetzt die Verträge zu erfüllen, wonach seine Erbtochter Maria den Maximilian, den Sohn des Kaisers, heiraten sollte.[19]

b) Die Hochzeit

Diese Hochzeit, mit der die Voraussetzung für den Erwerb Burgunds und den Aufstieg des Hauses Österreich gegeben war, wurde von späteren Generationen als Zufall, durch den Tod Karls des Kühnen bedingt, interpretiert und als Beweis dafür angeführt, dass die Habsburger dank friedlicher und glücklicher Ehen, aber nie mit kriegerischen Aktionen ihr gewaltiges Reich erwarben.[20] Die lange und beharrlich verfolgten Bemühungen um diese Verehelichung waren bald vergessen und es entschwand aus der Erinnerung, dass die Versuche des Herzogs, seine in ihrem Charakter so gegensätzlichen Lande zu einem modernen Staat umzuformen, heftigen Widerstand ausgelöst und seine Kriege die Finanzen zerrüttet hatten. Nur in den Augen der Nachwelt brachte Maria als eine Art Mitgift ihrem Gatten eine reiche und gesegnete Landschaft in die Ehe. In Wirklichkeit stand sie nach dem Tod ihres Vaters vor einem Chaos, vor schweren Aufgaben, die sie – davon war sie überzeugt – nur mit Hilfe ihres Bräutigams bewältigen konnte.[21] Sie wusste sicherlich manches von den Wirren, die es im Bereich der Alpen gegeben hatte und die zu überwinden gewesen waren, und es war ihr bekannt, dass in diesem Raum letzten Endes dann doch alle Rückschläge von den Habsburgern gemeistert wurden. Das gab ihr die Hoffnung, dass sich ein Herzog aus Österreich auch in Burgund durchsetzen könne. Auch war der Kaiser in den vorangegangenen Jahren, die sie selbst erlebt hatte, ein erfolgreiches Reichsoberhaupt gewesen, dessen nach 1444 erlittene Niederlagen in den Landen am Niederrhein kaum bekannt geworden und längst vergessen waren. Friedrich war für sie das vor Neuss siegreich gebliebene Reichsoberhaupt und diese Erfahrungen trugen ihre Erwartungen.

Der Tod Karls des Kühnen wurde am kaiserlichen Hof, der sich gerade in Wien aufhielt, noch im Januar 1477 bekannt und verursachte hektische Aufregung.[22] Herzog Maximilian, damals im 18. Lebensjahr, sollte jetzt Verpflichtungen übernehmen, auf die er kaum vorbereitet war. Es war wohl geplant worden, dass er noch zu Lebzeiten Karls vor der Hochzeit längere Zeit in dessen Gefolge hätte verbringen sollen, doch das war nun nicht mehr möglich. In den zeitgenössischen Berichten werden die ersten Reaktionen, die Karls Tod in Österreich hervorrief, kaum erwähnt und so sind wir auch heute über die 1477 ablaufenden Vorgänge unzulänglich informiert. Maximilian strich später in den Berichten von seiner Jugend seine Eigenständigkeit und seine Leistungen heraus und betonte, dass er schon im August 1479 bei Guinegate im ersten entscheidenden Treffen die Franzosen besiegte. Die damit verbundenen Ereignisse blieben im Bewusstsein.[23] Darüber wird verschwiegen, dass zunächst fast für ein Jahr der Kaiser noch das Geschehen lenkte und weitgehend entschied. Der Junge, der für sein Alter gereift und energischer als sein Vater war, konnte sich zwar bald in Burgund bestens bewähren, doch war er zunächst noch nicht in der Lage, alles allein zu regeln, da hier mit dem Tod des Regenten die regionalen Feindschaften und Gegensätze sofort aufbrachen, die das Reichsoberhaupt unterbinden sollte.

Karl hatte mit Mecheln als Zentrum seine nördlichen Besitzungen vereinheitlichen und neu organisieren wollen. Diese Maßnahmen wurden jetzt kritisiert und weitgehend abgelehnt. Nur Marias Erbrecht und ihre Herrschaft über die einzelnen Länder wurden von den Ständen anerkannt mit der Absicht, eine Regentin zu fördern, der die Wünsche des Adels aufgezwungen werden konnten. Das war auch bald erreicht, da Maria schon am 11. Februar 1477 in einem Privileg den Vertretern der Territorien die Autonomie zurückgeben musste.[24] In dieser kritischen Situation gelang es Maria aber doch, über ihre geplante Ehe zu entscheiden und ihr war es wohl in erster Linie zu verdanken, dass die mit dem Haus Österreich geschlossenen Verträge anerkannt und erfüllt wurden. Es bestärkte Maria in ihrer Haltung, dass bereits im Januar 1477 Ludwig XI. als König von Frankreich die Absicht erkennen ließ, Karls Reich zu zerschlagen, das im Norden mit der Grafschaft Holland und dem Herzogtum Geldern sich nördlich der Rheinmündung erstreckte, im Westen bis in die Picardie und im Süden mit der Grafschaft Charolais bis in die Region um Lyon reichte. Ludwig konnte erhebliche Gebietsansprüche stellen, da einige Landstriche französisches Lehen waren, und ließ seine Truppen vorrücken, die sich zunächst mit ihren Operationen auf diese Gebiete beschränkten. Vor allem das Kernland selbst, das Herzogtum Burgund um Dijon, war ein Teil Frankreichs. Die Expansion des französischen Königs rief den Abwehrwillen lokaler Kräfte wach, da die Grenzen dieser Restaurationspolitik nicht mitgeteilt wurden. Jetzt reagierte der habsburgische Hof. Maximilian schrieb an Maria – wohl von seinem Vater veranlasst –, dass er zu ihr stehe und die Verpflichtungen einhalten werde, die für eine Eheschließung vereinbart worden waren. Den französischen Ansprüchen hielt der Kaiser entgegen, dass er für Gebiete des Burgunders Urkunden ausgestellt hatte und dass vor allem Geldern, ein Land Karls des Kühnen, ohne Zweifel ein Teil des Imperiums sei. Daher befahl Friedrich am 12. Februar den burgundischen Landen, der Herzogin Maria und deren Verlobten gehorsam zu sein, er versprach, dass er den Schutz des Reiches veranlassen werde, und warnte den französischen König, Gewalt anzuwenden.[25] Gleichzeitig schrieb er den Reichsuntertanen, sich für einen bewaffneten Einsatz bereitzuhalten, und bestätigte die Ansprüche der Wettiner auf Luxemburg, um sich deren Hilfe zu sichern.[26] In dieser zunächst völlig unklaren Situation stellten sich der Kaiser wie der König von Frankreich darauf ein, wenigstens theoretisch das gesamte Gebiet Karls übernehmen zu können.

Entscheidend wurde jedoch, dass Ludwig seine Truppen auch in Flandern vorrücken ließ und diese zurückgeschlagen wurden, da die Untertanen Karls ihre Selbständigkeit wahren wollten.

Maria konnte jetzt die Lage bestimmen und bewerkstelligte, dass ihre Ehe mit Maximilian am 21. April in Brügge „per procuratorem" geschlossen wurde. Der Habsburger kam dann im Sommer selbst in die burgundischen Lande, wo das Paar am 19. August 1477 zu Gent getraut wurde.[27] Die Hochzeit wurde zu einem überschäumenden Fest. Die beiden Eheleute fanden leicht zueinander. Maria war eine schöne Frau, Maximilian ein kräftiger, hübscher Mann, der in vielem seiner Mutter nachgeraten war. Im Gegensatz zu seinem Vater war er ein agiler Mensch, der sich für ritterliche Spiele und gefährliche Jagd begeisterte, und so fand er auch am Kriegshandwerk Gefallen. Maria schätzte ebenfalls das Waidwerk und war eine gute Reiterin. Beide verstanden sich bestens und die junge Frau war bald überzeugt, dass der tatkräftige Gemahl ihre beste Hilfe sei, obwohl er vom Adel des Landes als Fremder empfunden und daher nicht anerkannt wurde. Das Paar wusste einen Ausweg. Sie stellten ihre Urkunden gemeinsam aus, nannten sich Herzöge von Österreich und Burgund und verschafften damit ihren Dokumenten die notwendige Anerkennung. Der Kaiser gab sich vorerst damit zufrieden und blieb zurückhaltend, da auch der König von Frankreich zunächst seine kriegerischen Aktionen kaum ausweitete. Erst am 19. April 1478 entschloss sich Friedrich zu einem entscheidenden Schritt. Er belehnte Maximilian und dessen Gemahlin mit dem Herzogtum Geldern und mit den anderen (aber nicht namentlich genannten) Fürstentümern und Ländern des verstorbenen Karl von Burgund. Damit war das Problem umgangen, welche dieser Territorien Teile des Imperiums wären. Zur gleichen Zeit forderte er jedoch den französischen König auf, die Expansion gegen die Besitzungen der Bistümer Cambrai und Verdun einzustellen, da diese zum Reich gehörten, und kündigte energisches Vorgehen der deutschen Fürsten an, falls diesem Befehl nicht entsprochen werde.[28] Bei dieser Gelegenheit bezeichnete der Kaiser seinen Sohn Maximilian als Erzherzog von Österreich und Burgund (!) und gab ihm auf diese Weise Gelegenheit, den burgundischen Machtbereich nach Grundsätzen neu zu organisieren, wie sie in den österreichischen Freiheitsbriefen festgelegt waren.[29]

Friedrich hatte Ende des Jahres 1477 mit Matthias Corvinus einen Waffenstillstand und dann sogar Frieden geschlossen und konnte sich auf eine Auseinandersetzung mit Frankreich einstellen.[30] Er sammelte unter den Fürsten seinen Anhang und versprach, ins Reich zu kommen und das Vorgehen gegen König Ludwig persönlich zu leiten.[31] Doch unerwartet fielen zur gleichen Zeit die Türken in Krain und Kärnten ein, wo ihnen zwar bisweilen die Bauern entgegentraten, sich mitunter aber auch mit den Heiden verbündeten, um der Steuerlast zu entgehen. Die habsburgischen Lande im Südosten versanken im Chaos und die Türkenabwehr wurde wieder zur wichtigsten Aufgabe des Kaisers.[32] Maximilian durfte unter diesen Voraussetzungen kaum mehr wirksame Hilfe des Reichs erwarten und war auf die Unterstützung seiner Untertanen angewiesen, die bereit waren, sich gegen die Franzosen zu verteidigen. Der Habsburger behielt den Titel eines Herzogs von Burgund, doch zeichnete sich ab, dass sein Herrschaftsbereich auf ein Gebiet schrumpfte, das die Bindungen an den Raum um Dijon immer mehr einbüßte und mit Mecheln als Mittelpunkt zu einem Territorium wurde, das dann später als Niederlande bezeichnet wurde. Den Kaiser mag es enttäuscht haben, dass sein Sohn seine österreichische Herkunft in Burgund nicht herausstrich. Dessen Siege dürften ihn dann doch wieder beruhigt haben, ebenso der Umstand, dass Maria von Burgund bereits 1478 einen Knaben zur Welt brachte und damit den Fortbestand der Dynastie sicherte. Das Kind wurde Philipp getauft und hatte demnach die Tradition seiner mütterlichen Ahnen, nicht die der Habsburger zu wahren. Das alles trug dazu bei, dass Friedrich seine Aufgaben im Westen des Reichs zurückstellte und die Türkenabwehr wieder in den Vordergrund rückte. Er kehrte in seine Erblande zurück und blieb für Jahre, von ganz kurzen anderen Aufenthalten abgesehen, in seinen Residenzen Graz und Wien. Nach 1480 bevorzugte er dann deutlich die Stadt an der Donau. Damals könnte auch entschieden worden sein, dass hier sein Grab errichtet werden sollte.[33]

Als Friedrich im Sommer 1477 von den Ereignissen in Burgund gebunden war, hatte der ungarische König Matthias Corvinus, der es nie verzieh, dass er 1470 vom Kaiser zurückgewiesen worden war, seine Feindschaft gegen den Habsburger nicht aufgegeben, aber auch nicht herausgestrichen. Friedrich hatte sich bereits 1467 mit König Wladislaw von Böhmen verbündet und belehnte ihn am 10. Juni 1477 mit diesem Königreich. Matthias Corvinus, der diesen Rang ebenfalls angestrebt hatte und sich mit der Herrschaft über Mähren zufrieden geben musste, war jetzt auch im Kampf um die von ihm heiß begehrte Kurwürde eindeutig unterlegen und sagte am 12. Juli 1477 dem Kaiser ab.[34] Der Termin dieser Kampfansage lässt vermuten, dass weniger die Anerkennung Wladislaws als vielmehr die jetzt für den Kaiser gegebene Verpflichtung, seinem Sohn beizustehen, Matthias veranlasste, einen offenen Kampf zu beginnen. Er hatte kein großes, aber ein gut ausgerüstetes und einsatzbereites Heer zur Verfügung und fiel sofort in Österreich ein. Friedrich floh nach Krems, fühlte sich aber auch hier nicht sicher und wich nach Gmunden aus.[35] Das schnelle ungarische Heer stieß ihm nach, doch entschloss sich Matthias, von einer weiteren Verfolgung abzusehen und Wien zu belagern. Es wurde deutlich, dass Corvinus seine Offensive gegen das Land an der Donau richtete und die Auseinandersetzungen auf dessen Metropole konzentrierte. Er griff Ende August die Stadt an, wurde aber von den Bürgern ohne größere Anstrengungen zurückgeschlagen. Es gab zwar hier bald Schwierigkeiten bei der Versorgung, ernsthaft konnten die Bewohner aber nicht bedroht werden.[36] Inzwischen waren Verhandlungen eingeleitet worden, die einen Friedensvertrag zur Folge hatten, der im Dezember zu Gmunden und Korneuburg geschlossen wurde, wo sich Friedrich und Matthias gerade aufhielten. Der Habsburger verpflichtete sich, Matthias als König von Böhmen anzuerkennen und 100000 Gulden als Kriegsentschädigung zu zahlen, der Ungar gab die Belagerung Wiens auf.[37] Wladislaw hatte sich schon im Sommer 1477 aus den Kämpfen zurückgezogen. Corvinus schloss mit ihm am 21. Juli 1478 in Olmütz Frieden. Nach diesem Vertrag durften sich beide als König von Böhmen bezeichnen, Wladislaw sollte in Böhmen, Matthias in Mähren die Herrschaft ausüben. Corvinus hatte mit seinem Krieg und seinen Raubzügen zwar die Landbevölkerung des Donaugebietes heimgesucht und in Angst und Schrecken versetzt, die Stadt Wien aber nicht ernsthaft gefährden können, da deren Verteidigungsanlagen in den Hussitenkriegen modernisiert worden waren und den ungarischen Angriffen ohne weiteres widerstanden.[38] Der Kaiser hatte erfahren, dass die Verteidigung gut gesicherter fester Plätze nach wie vor relativ leicht möglich war.

Dauerhaft war der Friede aber auch in diesen Jahren nicht. Zur gleichen Zeit war, wie schon bemerkt wurde, dem zu Friedrich übergelaufenen Johann Beckenschlager das Erzbistum Salzburg in Aussicht gestellt worden, aber Domkapitel und Adel des Landes stellten sich gegen ihn. Unter dem Eindruck dieses Widerstandes verbündete sich Erzbischof Bernhard am 3. Oktober 1479 mit dem Corvinus, der zusagte, die Besitzungen des Erzstifts gegen die Türken und alle anderen Angreifer zu schützen. Obwohl der Kaiser in diesem Dokument nicht genannt wurde, war es sicherlich in erster Linie gegen ihn gerichtet, da der ungarische König sofort Salzburger Stützpunkte in der südlichen Steiermark in seine Hand brachte, Friedrich dagegen Güter des Erzstifts in der oberen Steiermark besetzte. Dieser merkwürdige Kleinkrieg, in dem beide Parteien nur kleine Vorteile errangen, wurde 1480 verschärft und auch nach Kärnten getragen, wo die Türken jetzt als dritte Kraft auftraten und das Chaos vergrößerten.[39] Eine weitere für den Habsburger gefährliche Front hatte sich zur gleichen Zeit in Passau gebildet, wo nach dem Tode Bischof Ulrichs (1479) der Kaiser seinen Kanzler Georg Hessler als Nachfolger nominierte, der auf Bitte Friedrichs auch noch zum Kardinal erhoben wurde. Das Domkapitel wählte jedoch Friedrich Mauerkircher zum Bischof, den Kanzler Georgs von Bayern-Landshut, der sich mit Matthias Corvinus verbündete. Dessen Truppen besetzten auf Wunsch des Kirchenfürsten die Städte St. Pölten und Mautern, die Passau unterstanden. Da die Gegenwehr des Kaisers in allen diesen Wirren gering war – es ist nicht mehr zu klären, ob ihm die militärischen Kräfte fehlten oder ob es ihm günstiger schien, in Verhandlungen sein Recht zu behaupten –, nahm die Bereitschaft des Adels zu, sich einfach dem Überlegenen zu unterwerfen. Auch Erzbischof Bernhard wollte sich dem Kaiser nicht länger widersetzen. Er willigte im Herbst 1481 ein, Beckenschlager als Administrator und Nachfolger für Salzburg anzuerkennen, und wurde dafür 1482 Administrator für Wien. Doch zeigte er für diese Funktion wenig Interesse. Da er sich weiterhin Erzbischof von Salzburg nennen durfte, zog er sich, zusätzlich versorgt mit einer Rente von 4000 Dukaten, nach Tittmonig zurück, verbrachte dort, sofern wir den Chronisten vertrauen dürfen, einen nicht unerfreulichen Lebensabend und segnete erst am 21. März 1487 das Zeitliche.[40]

Alle dafür notwendigen Vereinbarungen wurden nach diesem Todesfall in einem umfangreichen Vertragswerk festgehalten, in das auch der Kaiser eingebunden wurde und das er bestätigte. Dafür hatte Beckenschlager, der jetzt auch als Salzburger Erzbischof allgemein anerkannt wurde, die Ansprüche und Rechte Friedrichs zu garantieren. Damit war wenigstens in Salzburg ein für den Kaiser lästiges Kapitel glücklich abgeschlossen und dieser konnte in den folgenden Jahren den Metropoliten in erster Linie als Diplomat einsetzen. Der Kaiser berief 1481 einen Reichstag nach Nürnberg, wo er zum Kampf gegen die Türken, aber auch zum Krieg gegen Corvinus aufrief. Er erreichte tatsächlich, dass viele von dessen Anhängern den Ungarn verließen.[41] Das bewog diesen wiederum, dem Friedrich im April 1482 neuerlich den Kampf anzusagen und ihm vorzuwerfen, er habe die vertraglich festgelegte Entschädigung in der Höhe von 100 000 Gulden nicht geleistet. Corvinus fiel wieder in Österreich ein, hatte jetzt ein größeres Heer zur Verfügung und war auf längere Belagerungen vorbereitet. Er stieß nach Westen vor und belagerte die Stadt Haiburg, die im November kapitulierte. Friedrich blieb in Wien und stellte sich auf eine Verteidigung ein, die zunächst gar nicht notwendig war. Die ungarischen Truppen drangen nämlich nur bis Baden vor, zu schwereren Kampfhandlungen kam es nicht und ohne weiteren Erfolg zog sich Matthias Corvinus zu Ende des Jahres 1482 wieder zurück. Es war aber vorauszusehen, dass ein Entscheidungskampf zwischen dem Kaiser und dem Corvinus bevorstand und dass dabei der Besitz Wiens ausschlaggebend sein würde.[42]

Anmerkungen

[1] Wiesflecker, Kaiser Maximilian I., 1, S. 96 ff. Paravicini, Karl der Kühne, S. 87 ff. Thomas, Deutsche Geschichte, S. 479 ff. Jansen, Verzicht, S. 683.

[2] Heinig, Hof, Regierung und Politik, S. 1378. Heinig, Friedrich III., Maximilian I. und Burgund, S. 63 ff.

[3] Reg. F.III., 7, Nr. 383 ff. Ehm, Burgund und das Reich, S. 202 f.

[4] Niederstätter, Jahrhundert, S. 353 f.

[5] Dopsch, Salzburg im 15. Jahrhundert, S. 536 ff. Kristanz, Kaiser Friedrich III., S. 81 ff.

[6] Jansen, Verzicht, S. 683 ff. Vgl. auch Sieber-Lehmann, Spätmittelalterlicher Nationalismus, S. 333 ff.

[7] Thomas, Deutsche Geschichte, S. 484 f. Reg. F.III., 4, Nr. 625. Brüning, Reaktion der Reichsstände, S. 177 ff.

[8] Krieger, Prozeß gegen Pfalzgraf Friedrich, S. 257 ff. Reg. F.III., 4, Nr. 29.

[9] Reg. F.III., 7, Nr. 389a ff.

[10] Reg. F.III., 4, Nr. 7, Nr. 406 ff.

[11] Reg. F.III., 4, Nr. 671. Vgl. dazu auch Reg. F.III., 15, Nr. 303.

[12] Heinig, Hof, Regierung und Politik, S. 1380.

[13] Thomas, Deutsche Geschichte, S. 484 ff.

[14] Reg. F.III., 7, Nr. 504 ff.

[15] Reg. F.III, 4, Nr. 742 ff.

[16] Niederstätter, Jahrhundert, S. 168. Ehm, Burgund und das Reich, S. 202 ff.

[17] Paravicini, Karl der Kühne, Sigmund von Tirol, S. 594 ff.

[18] Dopsch, Salzburg im 15. Jahrhundert, S. 545 ff. Heinig, Hof, Regierung und Politik, S. 449 ff. Zaisberger, Geschichte Salzburgs, S. 58 ff.

[19] Paravicini, Karl der Kühne, S. 110 ff.

[20] Niederstätter, Jahrhundert, S. 174 ff. Dazu Klecker, Bella gerant alii, S. 35 ff.

[21] Niederstätter, Jahrhundert, S. 163 ff. Ehm, Burgund und das Reich, S. 204 ff.

[22] Oppl, Nachrichten, S. 206 f.

[23] Wiesflecker, Friedrich III., S. 53 ff. Paravicini, Ritterlich-höfische Kultur, s. 108 ff. Lutter, Maximilian I., S. 521 ff.

[24] Wiesflecker, Kaiser Maximilian I., 1, S. 118 ff.

[25] Wiesflecker, Kaiser Maximilian I., 1, S. 124. Krieger, Habsburger, S. 219 f. Ehm, Burgund und das Reich, S. 46 ff.

[26] Reg. F.III., 4, Nr. 772 und 6, Nr. 131 und 7, Nr. 599 und 11, Nr. 479. Dazu auch Heimann, Auswärtige Politik, S. 214.

[27] Lhotsky, Maximilian I., S. 267 ff. Niederstätter, Jahrhundert, S. 169. Lutter, Maximilian I., S. 528 f.

[28] Reg. F.III., 4, Nr. 792; 7, Nr. 624 f.; 10, Nr. 440.

[29] Reg. F.III., 7, Nr. 624. Vgl. dazu auch Nr. 625, 637. In Nr. 653 (1482) wird auf den Erzherzogtitel wieder verzichtet.

[30] Jakob Unrest, Österreichische Chronik (MG SS NS 11), S. 83. Opll, Nachrichten, S. 207.

[31] Reg. F.III., 10, Nr. 441 ff.

[32] Jakob Unrest, Österreichische Chronik (MG SS NS 11), S. 90 ff.

[33] Heinig, Hof, Regierung und Politik, S. 1382. Opll, Nachrichten, S. 208 f.

[34] Nehring, Matthias Corvinus, S. 85 ff. Opll-Perger, Kaiser Friedrich III., S. 14.

[35] Heinig, Hof, Regierung und Politik, S. 1381.

[36] Opll, Nachrichten, S. 207.

[37] Nehring, Matthias Corvinus, S. 87 ff. Opll-Perger, Kaiser Friedrich III., S. 15.

[38] Vgl. auch Niederstätter, Jahrhundert, S. 355.

[39] Dopsch, Salzburg im 15. Jahrhundert, S. 549 ff. Heinig, Hof, Regierung und Politik, S. 449 ff.

[40] Zaisberger, Geschichte Salzburgs, S. 60 ff. Zu Hessler vgl. auch Heinig, Hof, Regierung und Politik, S. 709 ff.

[41] Thomas Deutsche Geschichte, S. 497 f.

[42] Opll, Nachrichten, S. 208.

11. Maximilian

a) Maximilians Einsatz im Reich

Als im Jahre 1482 die Abwehr des ungarischen Einfalls glückte und Kaiser Friedrich gegen Matthias Corvinus erfolgreich gewesen war, wurde das Haus Österreich von einem schweren Schicksalsschlag getroffen. Es war bis dahin Maria, der Herzogin von Burgund, zu verdanken gewesen, dass ihr Gatte, der Habsburger Maximilian, als Regent der Länder Karls des Kühnen allmählich anerkannt wurde und Ruhe einkehrte. Das alles war wieder in Frage gestellt, als Maria im März des Jahres auf der Jagd tödlich verunglückte. Sofort erhob sich die Opposition, verbündete sich mit dem französischen König, der seine alten Ansprüche erneuerte und weite Teil des südlichen Machtbereichs Karls ohne größere Gegenwehr besetzen konnte. Wertvolle Besitzungen gingen verloren. Die Gegner Maximilians, die vor allem Flandern kontrollierten, wandten sich gegen den Habsburger und verfochten die Theorie, dass der kleine Philipp und nicht dessen Vater jetzt der rechtmäßige Regent sei. Sie bemächtigten sich des Knaben und lieferten auch Margarethe, die 1480 geborene Tochter Maximilians und Marias, an König Ludwig XI. aus. Sie sollte Gattin des Dauphins werden. Maximilian musste einlenken und war zu Zugeständnissen bereit. Den Franzosen wurden die bereits okkupierten Gebiete überlassen und sie rückten daher nicht weiter vor. Philipp musste in der Gewalt der Stände bleiben, sein Vater war damit ausgeschaltet. Unter diesen Bedingungen wurde im Dezember 1482 zu Arras ein Waffenstillstand vereinbart, mit dem sich Maximilian aber nicht abfand, da dadurch die Opposition in Flandern erheblich gestärkt war. In diesem Raum setzte sich ein starker Regionalismus durch, unter dessen Dominanz die Eigenständigkeit kleiner Regionen und einzelner Städte sich voll entwickelte. Dank dieser Mentalität wurde oft der Expansion des französischen Königs Widerstand geleistet, dessen Hilfe aber unbedenklich wieder angenommen, wenn ein burgundischer Zentralismus zu bekämpfen war, den Maximilian vertrat. In diesen Wirren war es schwer, die notwendigen und richtigen Entscheidungen zu treffen. Ein dauerhafter Friede war in naher Zukunft nicht zu erwarten. Um Zeit zu gewinnen, akzeptierte der Habsburger am 1. März 1483 dann doch die Artikel des Vertrages von Arras.[1]

Die bewaffneten Auseinandersetzungen waren damit nicht beendet. Die verschiedenen Parteien und Richtungen im Inneren Burgunds bekämpften sich weiterhin gnadenlos in schweren Ausschreitungen, die Maximilian dann doch wieder die Möglichkeit gaben, einzugreifen und seine Rechte und Ansprüche zu vertreten. In blutigen Gefechten überwand er, der jetzt auch als Erzherzog von Österreich auftrat, seine Feinde, konnte aber erst 1485 Gent und Brügge unterwerfen und Philipp in die väterliche Obhut zurückgewinnen. Damit war seine Herrschaft am Niederrhein wieder etwas gesichert. Beruhigt war der Raum damit noch lange nicht. Die Konflikte hatten mit dem Machtwechsel in Frankreich zugenommen, als König Karl VIII. (1483–1498) die Herrschaft angetreten hatte. Er war ein Verfechter zügelloser Expansionspolitik, deren Schwerpunkt allerdings in Italien lag. Doch war davon auch Maximilian betroffen, nachdem er, wie vorweggenommen werden muss, 1486 zum römisch-deutschen König gekrönt worden und daher auch für die Gegend südlich der Alpen zuständig geworden war. Karls hoch gesteckte Ziele verursachten unter diesen Gegebenheiten immer neue Konfrontationen mit dem Habsburger. Die Kriege wurden zwar 1489 und 1493 eine Zeit lang beigelegt, ein dauernder Friede glückte aber nicht, die Gegensätze verhärteten sich sogar in einer letzten Endes konstanten deutsch-französischen Feindschaft.[2]

Der Kaiser reagierte zunächst kaum auf die Ereignisse, die 1482 eingetreten waren. Es fällt nur auf, dass er seinen Sohn in dieser Zeit nicht als Erzherzog, sondern nur mehr als Herzog ansprach, aber diesen Titel mit einer Landesbezeichnung nicht präzisierte.[3] War Maximilian vielleicht in den Augen des Vaters nur Fürst von Geldern oder gab es dafür andere Gründe? Es ist durchaus möglich, dass Friedrich die Politik seines Sohnes missfiel, der den Ständen in schwierigen Lagen entgegenkam. Der Kaiser war ein unnachgiebiger Verfechter unbeschränkter monarchischer Prinzipien. Er hatte sich durch viele Jahre bemüht, den reichen Machtkomplex Burgund seiner Dynastie zu sichern, und wenn ihm auch Fehler unterliefen, die Zähigkeit und Ausdauer, mit der er die freundschaftlichen Kontakte zu den Herzögen Philipp und Karl unterhalten hatte und sich allen Rückschlägen zum Trotz mit diesen immer wieder verbündete, muss gewürdigt werden. Als jedoch, nachdem das Haus Österreich Burgund erworben hatte, Maximilians Machtkomplex nicht der wertvollste Teil der habsburgischen Besitzungen geworden war, wie der Vater erwartet hatte, sondern zunächst eigene Wege suchte und jetzt gar ins Chaos schlitterte, dürfte Friedrich resigniert haben.

Der alternde Kaiser hatte außerdem ganz andere Sorgen. Er hatte erkannt, dass Matthias Corvinus sich mit dem Besitz Mährens nicht zufrieden gab und seine Expansion auf das Land an der Donau ausrichtete. Die Herrschaft in Österreich und die Eroberung Wiens hatte sich der Ungar zum Ziel gesetzt. Friedrich blieb daher seit 1480 durch mehrere Jahre ständig in der Stadt und bekundete damit seine Verbundenheit mit deren Bürgern. Seine Anwesenheit in Wien genügte zunächst, um seine Herrschaft gegen Matthias zu verteidigen, dem die Eroberung Hainburgs und der Vorstoß bis Baden im Jahre 1482 wenig eintrugen. Er musste sich wieder zurückziehen.[4] Er konnte allerdings mit den Türken eine Waffenruhe vereinbaren, gewann damit Handlungsfreiheit und stellte sich auf weitere Kämpfe mit dem Kaiser ein. Friedrich ließ sich offenbar von den Erfahrungen leiten, die er im Kampf um Neuss gewonnen hatte, als sich die deutschen Bürger dieser Stadt erfolgreich gegen Karl verteidigt hatten, der als Franzose aufgetreten war und damit nationale Emotionen geweckt hatte. Dies hatte den Abwehrwillen der Bevölkerung wesentlich gestärkt. Der Habsburger charakterisierte daher den expandierenden Matthias als Ungarn und Feind der deutschen Nation, um eine solche Abwehrhaltung auch an der Donau aufzubauen.

Der Kaiser klagte den König auf Reichstagen als Angreifer an, beschuldigte ihn mit guten Gründen der Zusammenarbeit mit den Türken und forderte den Kampf gegen den Eindringling.[5] Er verschwieg, dass er selbst Matthias längst als König von Böhmen und als Landesherr Mährens und Schlesiens anerkannt hatte. Es war ihm auch vermutlich gar nicht bewusst, dass Corvinus in diesen Gebieten eine behutsame und den Wünschen der Bevölkerung entsprechende Herrschaft eingerichtet hatte. Er war nicht als Ungar aufgetreten, sondern hatte sich in diesen Regionen als Reichsfürst gegeben und Sympathien gewonnen. Friedrich konnte mit seinen Beschuldigungen dennoch Anhänger gewinnen, aber nicht verhindern, dass Matthias als Deutscher auftrat, dem Habsburger vorwarf, sich mit Ketzern zu verbünden, und wenigstens in Bayern und Salzburg Anklang fand, wo Friedrich gerade seinen Kandidaten Beckenschlager durchdrückte.[6] Allmählich zeichnete sich ab, dass in diesem Kampf entscheidend wurde, wer die Bevölkerung auf seine Seite ziehen konnte. Friedrich erkannte dies und versuchte, sogar in Ungarn Anhang zu gewinnen, scheiterte aber. Dem Corvinus dürfte es dagegen gelungen sein, in der Region an der Donau und vor allem in Wien Parteigänger zu gewinnen. Dafür glückte es dem Kaiser, wie sich bald herausstellen sollte, sich in Krems und anderen Städten im Westen Österreichs als Landesherr zu behaupten. Wie es dazu kam, ist derzeit noch nicht bekannt, da die Chronisten die Vorgänge nicht durchschauten und die urkundlichen Quellen noch nicht aufgearbeitet sind.

Friedrich begriff diese Verschiebung des Kräfteverhältnisses, erfasste das Schwinden seiner Macht und wich im Frühjahr 1483 nach Wiener Neustadt aus, da er seine Sicherheit in Wien gefährdet sah. Wenig später, bereits im Sommer bedrohten die Truppen des Corvinus die Stadt, wurden aber nochmals abgewehrt.[7] Der Ungar war klug genug, auf weitere Gewalt zu verzichten, die den Widerstandswillen nur stärken konnte. Er brach seinen Angriff ab, demonstrierte Entgegenkommen und stimmte gegen Entgelt einem siebenwöchigen Waffenstillstand zu, um den Wienern die Weinernte zu ermöglichen, deren Gegenwehr erlahmte. Der Druck auf den Kaiser wurde stärker, der sich nach Graz und später nach Linz zurückzog, in Städte, deren Burgen auf steileren Höhen leicht zu verteidigen waren. Die Wiener verlangten nunmehr wirksame Hilfe von Friedrich, der aber nur zur Verteidigung aufrief und nichts weiter unternahm. Er vertraute der Stärke der Befestigungsanlagen, die vor nicht allzu langer Zeit modernisiert worden waren, und erwartete, dass sich die Bürger selbst entschlossen wehren würden. Um die für eine Abwehr notwendigen Truppen aufzustellen, fehlte dem Habsburger das Geld, das in erster Linie wieder von den Wienern aufzubringen gewesen wäre.[8]

Friedrich hatte zudem andere Sorgen. Schwierigkeiten waren in Tirol aufgetreten, wo dem regierenden Herzog Siegmund allmählich die Herrschaft entglitt. Der lebenshungrige und verschwenderische Fürst – die Kosten für seine Bauten und seine zahlreichen unehelichen Kinder waren kaum mehr zu begleichen – war schon 1478 in drückende Finanznot geraten, die er mit Verpfändungen und Anleihen von Herzog Albrecht IV. von Bayern-München auszugleichen suchte, aber nicht restlos beseitigen konnte. Er wurde wegen weiterer Geldschwierigkeiten immer stärker von den bayerischen Herzögen abhängig, die abermals mit größeren Summen aushalfen, so dass bald das Gerücht auftauchte, der Habsburger wolle sein Land überhaupt den Wittelsbachern zuspielen, die damals als Verbündete des Corvinus einzustufen waren. Die Lage schien sich zu bessern, als Siegmund 1484 eine zweite Ehe mit Katharina von Sachsen einging und bereit war, Reformen zuzustimmen. Im folgenden Jahr wurde für das Land Tirol eine Regierungsordnung beschlossen, mit der die Missstände, so war zu hoffen, zu überwinden waren. Doch war dafür die Hilfe des Kaisers und dessen Präsenz notwendig, der auch die Bereitschaft andeutete, in das gefährdete Land zu kommen.[9]

Seine Anwesenheit war auch im Reich wieder notwendig geworden, da Maximilian in Burgund zwar die größten Gefahren überwunden hatte, aber noch immer in Bedrängnis war und Hilfe im Reich suchte, wo die Gegensätze nur langsam abklangen. Die zermürbenden Kämpfe am Mittelrhein nahmen mit dem Tod Erzbischofs Adolfs von Mainz und der 1475 erfolgten Anerkennung Dieters von Isenburg ab, konnten aber nicht restlos beigelegt werden, da der Kurfürst als Wittelsbacher dem Reichsoberhaupt nach wie vor Schwierigkeiten machte. Er vermied ernste Konflikte, war aber für eine engere Zusammenarbeit nicht zu gewinnen.[10] Das gute Verhältnis zum Kaiser, das Adolf angebahnt hatte, wurde aufgegeben und dessen Anhänger sogar weiter verfolgt. Ein echter Ausgleich war erst nach dem Tode Dieters (1482) möglich.[11] Die Zustände waren nach wie vor so zerrüttet, dass es dem Domkapitel erst 1484 gelang, einen Nachfolger zu finden und Berthold von Henneberg zum Metropoliten zu wählen. Dieser stammte aus einer Familie, die schon immer Friedrich und die Habsburger unterstützt hatte, und so besaß der neue Erzbischof wohl das Vertrauen des Kaisers.[12] Berthold griff die traditionelle Reichspolitik sofort wieder auf und wurde bald zur wichtigsten Stütze Friedrichs, ohne allerdings zu diesem engere Kontakte zu knüpfen. Er blieb späteren Generationen als entscheidender Berater Maximilians im Bewusstsein, war jedoch schon bei dessen Wahl im Jahre 1486 zum römisch-deutschen König dank seiner Funktion als Kurfürst die treibende Kraft gewesen und wurde nicht zuletzt wegen dieses Einsatzes für das weitere Geschick des Hauses Österreich entscheidend.[13]

Dieses wichtige Geschehen war aber in manchen Belangen und Einzelheiten rätselhaft und rief nicht nur Spekulationen der Zeitgenossen hervor, sondern regte auch spätere Generationen zu Hypothesen an.[14] So fiel etwa auf, dass Berthold am kaiserlichen Hof zwischen 1486 und 1493 kaum eingesetzt war. Das ist mit seiner entscheidenden Rolle bei der Wahl Maximilians nur schwer in Einklang zu bringen.[15] Man könnte vermuten, dass zwar der Kurfürst die königliche Würde des jungen Habsburgers begrüßte, dass dieser von seinem Vater aber kaum gestützt wurde. Die Forschung hat betont, es gebe kaum Beweise, dass sich Friedrich für seinen Sohn energisch eingesetzt hätte, und daran erinnert, dass sich der Kaiser nach seiner Krönung in Rom konsequent und vehement gegen die Wahl eines römisch-deutschen Königs gestellt hatte. Möglicherweise habe er eben diese Haltung beibehalten und wegen seiner grundsätzlichen Einstellung Maximilian kaum gefördert.[16] Auch fiel auf, dass die Nachfolge Maximilians im Reich, die ja kaum Schwierigkeiten bereitete, relativ spät in Aussicht genommen wurde. Dagegen ist allerdings einzuwenden, dass Maximilian nach 1477 für die königliche Würde zu jung und überdies bis 1485 von den Turbulenzen in Burgund gebunden war und auch die Zustände in Mainz eine Königswahl vor 1484 erschwerten, vielleicht sogar verhinderten. Auch lässt sich der Umstand, dass keine Aktivität Friedrichs für die Rangerhöhung des Sohnes belegt ist, ebenso gut durch die Tendenz des Vaters erklären, alles geheim zu halten. So mag er auch jede Unterstützung verschwiegen haben, die er als Kaiser seinem Sohn für dessen Wahl zukommen ließ. Wenn auch alle diese Überlegungen und Einwände zu widerlegen sind, ist doch die Tatsache herauszustreichen, dass Berthold nach der Wahl Maximilians kaum in Erscheinung trat. Das könnte aus dem Ablauf der Ereignisse erklärt werden, da die Reichsreform unter Friedrich, wie vorweggenommen werden darf, offensichtlich nicht den Vorstellungen Bertholds entsprach. Verfolgen wir also zunächst das Geschehen weiter.

Der Kaiser trat im Sommer 1485 die Fahrt nach Frankfurt an, reiste aber entgegen seinen sonstigen Gewohnheiten langsam und machte weite und nur schwer verständliche Umwege. Er hatte, nachdem er sich im Oktober 1484 nach Linz zurückgezogen hatte, unter dem Eindruck des ungarischen Angriffs auf Wien die Linzer Befestigungen eiligst verstärkt, sich aber dennoch auf die bevorstehende Königswahl seines Sohnes eingestellt und schon für den kommenden Januar einen Tag nach Frankfurt einberufen. Diesen Termin konnte er selbst nicht einhalten, da er in Tirol unabkömmlich war.[17] Die hier notwendigen Verhandlungen hatten sich verzögert. Die Stände des Landes hatten nicht nur Reformen gefordert, denen Friedrich zustimmte, sie verlangten auch einen Ausgleich mit den Herzögen von Bayern, der wohl nicht ohne weiteres zu erreichen war. Der Kaiser hatte seine schöne Tochter Kunigunde mitgebracht – sie war gerade 20 Jahre alt geworden –, um deren Hand nun sein gefährlichster Widersacher, Herzog Albrecht IV. von Bayern-München, anhielt. Die Lage wurde damit peinlich. Da die Habsburgerin ein gewinnendes Wesen hatte und Albrecht ein überdurchschnittlich gebildeter und angesehener Wittelsbacher war, könnten die beiden aneinander Gefallen gefunden haben. Die Widerstände waren jedenfalls zu überwinden und beide wurden verlobt. Friedrich ließ Kunigunde in Innsbruck zurück, wo sie die Interessen des Hauses Österreich und nicht zuletzt die Neutralität der Wittelsbacher bewahren sollte. Der Kaiser war überzeugt, die größte Gefahr bewältigt zu haben, da er wichtige Verbündete des Corvinus auf seine Seite gezogen hatte.[18]

Die anschließende umständliche und lange Reise über den Bodensee, das Elsass, die schwäbischen Reichsstädte nach Nürnberg und dann wieder nach Augsburg, Frankfurt und Köln fiel wegen ihrer Dauer und Route längst auf, doch erfahren wir wenig über den Sinn dieser ungewöhnlichen Fahrt. Die meisten der gewählten Aufenthalte lassen vermuten, dass die Reise der Vorbereitung zur Gründung eines Schwäbischen Bundes diente, der bald zur entscheidenden Stütze imperialer Macht werden sollte.[19] Gleichzeitig lud Friedrich zu Tagungen ein, auf denen der Kampf gegen die Ungarn und die Wahl Maximilians zur Sprache kommen sollten, verlegte diese Versammlungen aber dann wieder und ließ nie erkennen, welches Gewicht diese Themen für ihn wirklich hatten. Ebenso wenig wurde erwähnt, in welche Schwierigkeiten Maximilian gerade in Burgund geraten war, die wohl auch ausschlaggebend für den Zeitplan des Kaisers waren.[20] Zu Ende des Jahres 1485 wurde dann im Einvernehmen mit den geistlichen Kurfürsten die Entscheidung gefällt, dass sich schon im kommenden Januar zu Frankfurt ein Reichstag versammeln sollte, auf dem der König gewählt werden, aber auch die Friedenswahrung zur Sprache kommen sollte, die wahrscheinlich, so darf man wohl die dürren Quellen interpretieren, ein Anliegen der Fürsten war.[21] Der Kaiser ritt zusammen mit seinem Sohn am 30. Jänner 1486 in Frankfurt ein, wo dann am 16. Februar die einstimmige Wahl Maximilians zum römisch-deutschen König erfolgte. Sie war schon seit einem Jahr diskutiert worden, aber nur schwer vorangekommen, da der Kandidat für die gewünschten Aussprachen nicht zur Verfügung gestanden hatte. Nun durfte Friedrich triumphieren. Er hatte nicht nur seine Nachfolge geregelt, auch sein Programm, die Würde eines Reichsoberhauptes für seine Dynastie zu sichern, war hingenommen worden, ein Vorrecht, das schon den Luxemburgern zugestanden worden war und jetzt auch den Habsburgern zugebilligt wurde. Kaum wurde bedacht, dass für den Rang des Reichsoberhaupts lange Zeit der Besitz der böhmischen Krone Voraussetzung gewesen war. Die Freude über den Erfolg, dass die Zukunft des Imperiums gesichert war, überwog alles.[22]

Damit waren die Erwartungen geweckt, dass jetzt auch die notwendigen Verbesserungen im Reich beschlossen werden könnten. Diese Hoffnungen gaben den Ausschlag, dass der Reichstag – und das war lange Zeit für Versammlungen dieser Art nicht üblich gewesen – endlich wieder gut besucht war und die notwendigen Gespräche bald aufgenommen wurden. Die reichen und gründlich aufgearbeiteten Unterlagen lassen erkennen, dass zwar die wichtigsten Probleme aufgegriffen, aber die meisten Verhandlungen ohne endgültiges Ergebnis abgebrochen wurden.[23] So wurde erörtert, das Kammergericht zu reformieren und in Speyer zu installieren, ein entsprechender Beschluss gelang indes nicht. Auch das Finanzproblem wurde aufgegriffen, aber nicht bewältigt. Nach relativ kurzen Beratungen wurde nur das Fehdeverbot erneuert und am 17. März ein Friedensgebot erlassen, das wie die seit 1467 ergangenen Landfrieden befristet war und für zehn Jahre gelten sollte.[24] Meistens wird angenommen, dass der alternde Kaiser die neue Lage nicht zur Kenntnis nahm, alles bremste und nur daran dachte, eine Schmälerung seiner Macht zu verhindern. Er habe deshalb darauf bestanden, in erster Linie traditionelle Bestimmungen zu wiederholen und so seien die wichtigen Entscheidungen verschoben worden.[25] Dennoch muss beachtet werden – und das stützt die These, dass schon mit dem Reichstag von 1486 eine neue Reformwelle einsetzt –, dass dieser Landfriede inhaltlich die bis dahin erlassenen Friedensgebote weit übertraf, auf weite Strecken von dem am 7. August 1495 zu Worms gegebenen Landfrieden wiederholt wurde und also in seiner Formulierung späteren Vorstellungen bereits entsprach. Aus diesem Grund wird das zu Frankfurt beschlossene Schriftstück, für das Maximilian mitverantwortlich zeichnete, schon als Reichsreformgesetz moderner Art interpretiert.

Doch so sehr die Kongruenz der wichtigsten Teile beider Schriftstücke beeindruckt, die Ergebnisse der Reichstage unterschieden sich erheblich. Der Landfriede von 1486 war zwar in vielen Abschnitten wie ein modernes Gesetz bestimmend und rigoros formuliert, aber doch auf zehn Jahre befristet, während der Landfriede von 1495 ewig gelten sollte. Friedrichs Verordnung war ungeachtet neuer Ansätze noch ein Landfriede alten Stils, Maximilians zu Worms erlassene Vorschriften waren bereits ein allgemein anerkanntes und verbindliches modernes Reichsgesetz. Die Beratungen in Frankfurt wurden überdies nur mit einem verbesserten Landfrieden abgeschlossen, in Worms wurde dagegen die Reichsreform insgesamt energisch angegangen und im Anschluss an das Friedensgebot wurden noch am gleichen Tag grundlegende Gesetze erlassen, wie etwa die Neuordnung des Kammergerichts und der Reichssteuern. Darüber hinaus wurde 1495 eine ganze Reihe weiterer Verfügungen getroffen, die insgesamt die Grundlage einer modernen Reichsverfassung bildeten. Ungeachtet mancher Übereinstimmungen ist festzuhalten, dass erst in Worms die neue und für Jahrhunderte entscheidende Entwicklung einsetzte.[26] Die Hypothese, dass sich der Kaiser nicht durchringen konnte, für diese Modernisierung einzutreten, hat viel für sich, taugt aber kaum als alleinige Erklärung. Für Friedrich war jetzt vordringlich, die anstehende Krönung des Sohnes in Aachen durchzuziehen und alles andere auf einen späteren Zeitpunkt zu verschieben. Wichtiger waren auch die 1486 gegen den Corvinus gefällten Beschlüsse, der im Sommer 1485 Wien eingenommen hatte. Für umfangreichere Beratungen über eine grundlegende Reichsreform fehlte unter diesen Gegebenheiten die Zeit und das gab den Ausschlag. Dennoch darf nicht verschwiegen und übergangen werden, dass dann 1495 die Fürsten entscheidend mitsprachen und die Basis für eine neue Reichsverfassung erarbeiteten, dass Friedrich jedoch für eine Zusammenarbeit mit diesen kaum zu gewinnen war. Er war immer bestrebt gewesen, die Zwietracht der Mächtigen zu fördern und auszunützen und so zu verhindern, dass sie ihm als Einheit und geschlossener Stand entgegentraten. Ihm genügte es, dass er in Frankfurt für den Kampf gegen Corvinus Unterstützung fand und Maximilian als römisch-deutscher König anerkannt war.

Die Habsburger verließen am 28. März Frankfurt und reisten gemeinsam nach Aachen, wo Maximilian am 9. April in Gegenwart Friedrichs mit dem entsprechenden Prunk und den üblichen Feierlichkeiten die ersehnte Königskrone empfing.[27] Der imperiale Glanz des Hauses Österreich erstrahlte neu und ließ vergessen, dass die Familie im Osten schwere Rückschläge ertragen musste. Friedrich war davon kaum allzu schwer getroffen. Er widmete sich nämlich sofort wieder den Zuständen in Burgund und ließ den Kampf gegen den Corvinus zur Seite. Seine Beweggründe sind nicht zu erkennen. Es wäre denkbar, dass der Kaiser in erster Linie an den Fortbestand der Dynastie dachte und seinen Enkel umsorgen wollte. Doch gibt es dafür keine Beweise. Belegt sind Wirren in dieser Region, doch ist deren Ausmaß kaum einzuschätzen und es ist ungewiss, ob sie tatsächlich die Anwesenheit des Kaisers erforderten.[28] Friedrich blieb jedenfalls nach der Aachener Königskrönung lange in Köln, demonstrierte hier seine Macht als Reichsoberhaupt und bereitete wahrscheinlich seine Reise nach Burgund vor. Deren Ziel ließ er jedoch abermals nicht erkennen.[29] Er ritt zunächst nach Brüssel, wo er gemeinsam mit Maximilian auftrat und sich als Repräsentant des Kaisertums feiern ließ. Er besuchte noch Brügge, Gent, Antwerpen und Mecheln und trat überall als Reichsoberhaupt auf.[30] Die Reise des Habsburgers beweist, dass er, der durch Jahrzehnte seiner steyrischen Heimat eng verbunden war, sich im Alter offensichtlich für Burgund begeistern konnte. Darüber hinaus fällt auf, dass er als Kaiser in den großen Städten Flanderns auftrat, in einer Region, die Lehen des französischen Königs war. Damit leitete er eine überraschende, bis jetzt kaum beachtete Expansionspolitik ein, die noch der Erklärung bedarf. Derzeit wissen wir nur, dass Friedrich drei Monate in Flandern blieb und erst im Herbst 1486 ins Rheinland zurückkam, wo er nun endlich den Kampf gegen Matthias Corvinus vorbereitete.[31]

Dieser hatte die Abwesenheit Friedrichs ausgenützt, um wichtige Teile des habsburgischen Machtbereiches zu besetzen, und früh erkennen lassen, dass er in erster Linie die Stadt Wien einnehmen wolle. Eiligst wurden abermals deren Bollwerke erneuert und die Vorbefestigungen verstärkt, die so weit vorgeschoben waren, dass eine Bombardierung der Residenz schwer möglich war. Deren Eroberung schien daher nur nach einem massiven Einsatz von Kanonen und einer langwierigen Belagerung möglich.[32] Doch darauf hatte sich Matthias, als er 1484 wieder in Österreich einmarschiert war, gar nicht eingelassen. Er hatte damals nur ein relativ kleines Heer zur Verfügung und behinderte die Versorgung Wiens, erstürmte im April 1484 die unbedeutende Burg auf dem Kahlenberg (heute Leopoldsberg) und berannte die schlecht gesicherte Stadt Korneuburg, die Ende des Jahres dann tatsächlich zur Kapitulation bereit war und in den ersten Dezembertagen 1484 dem Ungarn übergeben wurde.[33] Doch war damit Wien selbst nicht ernsthaft bedroht. Die ungarischen Truppen waren für eine längere Belagerung zu schwach. Es ist allerdings nicht ausgeschlossen, dass Matthias seine militärische Stärke zunächst geheim hielt, seine Gegner täuschte und auf diese Weise die Verteidigungsbereitschaft der Wiener beeinträchtigte.

Im folgenden Winter dürfte Matthias den Kreis seiner Parteigänger in Österreich mit geschickten Verhandlungen ausgeweitet und auch in Wien größeren Anhang gefunden haben. Die für den Kaiser günstige Stimmung in der Stadt verschlechterte sich. Friedrich suchte Hilfe im Reich, doch wurde bald offenbar, dass sich die Mehrzahl der deutschen Fürsten und Machthaber auf Kämpfe im Westen einstellte und nur wenige für Auseinandersetzungen im Osten zu gewinnen waren. Unter diesen Gegebenheiten konnte Friedrich allenfalls mit der Unterstützung durch die Wettiner rechnen. Er hatte schon 1483 dem Herzog Albrecht von Sachsen Ansprüche auf die Herzogtümer Jülich und Berg eingeräumt und diesen in seinen Kriegen im Westen des Reichs einsetzen können.[34] Damals wurde wohl schon erwogen, diesem den Kampf gegen den Corvinus anzuvertrauen, der jetzt gefährlich wurde und im Frühjahr 1485 tatsächlich ein größeres Heer zusammengezogen hatte. Die Bürger Wiens forderten abermals von Friedrich wirksame Unterstützung, doch der Kaiser musste in diesen Tagen die Reise zur Wahl seines Sohnes vorbereiten und war kaum in der Lage, geeignete Gegenmaßnahmen zu ergreifen. Er bestand auf einer energischen Verteidigung und versprach, dass Maximilian bald mit einem Reichsheer Entsatz bringen werde. Die Bürger fürchteten, dass Friedrich sie mit leeren Versprechungen hinhalten wolle. Zwar glückten bescheidene Erfolge: Ein kleiner Verband kaiserlicher Reiter konnte sich, aus Wiener Neustadt kommend, im März in die Stadt durchschlagen und etwas Hoffnung wecken. Noch im April wurden kleinere Angriffe abgewehrt.[35] Im Mai konnte Corvinus jedoch einige Vorwerke einnehmen, den Beschuss der Stadt beginnen und die Versorgung Wiens endgültig unterbrechen. Die Bürger waren uneins und unentschlossen. Nur wenige waren bereit, sich bis zum Letzten zu verteidigen. Die Mehrheit verlangte, mit Matthias einen Ausgleich zu finden und Frieden zu schließen, da bald deutlich wurde, dass eine Kapitulation in durchaus erträglicher Weise ablaufen werde.

Schon nach kurzen Verhandlungen waren daher die Bürger Wiens zur Übergabe bereit, die dann auch, wie erwartet wurde, mehr ein Propagandaspektakel als ein kriegerischer Akt war. König Matthias rückte am 1. Juni 1485 als gnädiger Sieger in Wien ein und inszenierte ein Schauspiel, das jede Erinnerung an die jahrelangen bewaffneten Auseinandersetzungen tilgte. Zunächst fuhren 32 Wagen ein, mit Lebensmitteln für die Wiener beladen, dann erst folgte das Heer, dessen Glanz durch die Präsenz von 24 Bischöfen samt Gefolge verstärkt war. Anschließend kam der König mit Schatz und reich geschmückten Reitern. Zusätzlich wurden 24 Kamele mitgeführt. Den Abschluss bildeten tausend Ochsen, um den Hunger in der Stadt zu bekämpfen. Corvinus feierte auf diese Weise zwar seinen Sieg als Feldherr, doch beweist die Zeremonie, dass nicht die militärische Überlegenheit den Ausschlag gegeben hatte. Auch wenn dem Ungarn durchaus ein kluges militärisches Vorgehen zugestanden werden muss, waren doch eine geschickte Diplomatie und erfolgreiche Verhandlungen die Grundlage für seinen Erfolg.[36] Corvinus blieb in den kommenden Jahren in Wien, um Friedrichs Machtlosigkeit und militärische Unfähigkeit zu demonstrieren. Der Ungar erwarb sich damals hauptsächlich mit seiner entgegenkommenden Haltung als Landesherr – er nannte sich

Herzog von Österreich und trat als solcher auf – die Gunst vieler Wiener und konnte darüber hinaus weite Teile des Donauraumes behaupten, da sich auch die Städte Feldsberg, Laa, Retz und Eggenburg ergaben. Dieser Erfolg wurde dadurch bedingt, dass die Herrschaft des Corvinus in Mähren weitgehend anerkannt war. Viele waren auch hier mit seinem milden Regiment zufrieden. Der Kaiser machte jetzt die Stadt Krems, deren Bürger sich weiterhin erfolgreich gegen Matthias verteidigten, zum Zentrum der Abwehr gegen den Ungarn.[37]

Für den Habsburger blieb Matthias ein Eindringling im Reich. Für viele Reichsuntertanen war er nicht zuletzt wegen des ständigen Aufenthaltes in Wien schon ein „Österreicher" und kein Ungar, wie es Friedrich immer wieder betonte. Da sich der Kaiser auch König von Ungarn nennen durfte, hatte der Hader der beiden Machthaber für viele Reichsuntertanen den Anschein eines sehr persönlichen, lokal orientierten Zwistes, dessen Begleitumstände verwirrend waren. Blieb doch Matthias in seinen letzten Lebensjahren hauptsächlich und lange unangefochten in Wien und Österreich, während der Kaiser sich zur gleichen Zeit in Burgund engagierte. Friedrichs Haltung war unter diesen Voraussetzungen für die Zeitgenossen kaum zu durchschauen. Er hatte, als er sich dem Westen des Reichs widmete, einen energischen Widerstand der Wiener gegen den Ungarn erwartet, der aber ausblieb, da ihn Matthias als Diplomat überspielte. Der Habsburger verzieh diese Schlappe den Wienern nie und betrat deren Stadt nicht mehr.[38] Kennzeichnend für die verwirrende Lage war es auch, dass auf dem Reichstag zu Frankfurt noch im Mai 1486 dem Kaiser ein Heer in der Stärke von 34 000 Mann zugestanden wurde, das nach Ungarn zu entsenden war. Doch blieb offen, ob damit nicht die Abwehr gegen die Türken gestärkt werden sollte, die im Reich ja immer als vordringlich herausgestrichen worden war.[39] Um für den Kampf gegen Matthias in Deutschland Anhänger zu finden, trug Friedrich persönlich im Februar 1487 auf einem Tag in Speyer nochmals seine Klagen gegen Corvinus vor und lud für den 18. März zu einem Reichstag nach Nürnberg ein.[40] Zum angegebenen Zeitpunkt war er selbst in der Stadt, fand aber nicht die für sein Anliegen notwendige Unterstützung, da Matthias beteuerte, sein Kampf richte sich gar nicht gegen den Kaiser, es gehe nur um den Besitz Österreichs. Dem Habsburger kam gelegen, dass Corvinus nunmehr versuchte, seine Macht weiter auszudehnen, um die Geschlossenheit seiner Herrschaft in Österreich zu beweisen. Er bedrohte Wiener Neustadt, die wichtige kaiserliche Residenz, deren Bürger noch immer zu Friedrich hielten. Die Stadt hatte kaum militärische Bedeutung und so war die Einstellung ihrer Einwohner zunächst gar nicht beachtet worden. Jetzt standen sie plötzlich im Zentrum des Interesses. Der Kampf um den Ort wurde sogar entscheidend. Erst jetzt wurde den Reichsfürsten bewusst, dass

Friedrich am Schicksal Österreichs wirklich Anteil nahm, und sie waren bereit, sein Anliegen zu unterstützen. Er konnte 23. Juli 1487 Herzog Albrecht von Sachsen zum Obersten Reichshauptmann ernennen und genaue Anweisungen für den Einsatz im Donauraum geben. Er betonte, dass es Städte in Österreich gab, wie etwa Krems, die dem Corvinus noch widerstanden, und entkräftete dessen Argument, er sei bereits im Besitz des Landes. Damit war der Zank um Österreich nach dem Willen des Kaisers nun doch zum Reichskrieg gegen den König von Ungarn geworden.

Herzog Albrecht war nicht gewillt, den Kampf energisch zu führen. Er übersandte zwar am 9. August 1487 seine persönliche Absage an Matthias, beteuerte aber gleichzeitig seine Bereitschaft, zu verhandeln und einen Ausgleich zu finden.[41] Der Kaiser dagegen beschwor den Wettiner, vor allem Wiener Neustadt mit Nachdruck zu verteidigen, eine Residenz, die für Friedrich noch immer das Symbol seiner Herrschaft war.[42] Die vom Kaiser erwarteten schweren Kämpfe blieben jedoch aus, die Befestigungen der Stadt waren für die Gegenwehr ungeeignet und Corvinus konnte schon am 17. August die Übergabe erzwingen.[43] Der Krieg war damit bereits entschieden, Friedrich aber noch nicht willens aufzugeben. In den ersten Oktobertagen forderte er aus Nürnberg von vielen Reichsuntertanen, die er alle persönlich anschrieb, sich mit ihrem Kontingent am 23. April des kommenden Jahres auf einem Reichstag in Augsburg einzufinden, auf dem ein weiterer Krieg gegen Matthias beginnen sollte. Aus den Briefen ist zu erschließen, dass der Kaiser ein gestärktes Reichsbewusstsein erwartete, das wohl, wie der Versammlungsort verrät, nicht zuletzt von dem sich konsolidierenden Schwäbischen Bund getragen wurde.[44] Die Kämpfe in Österreich wurden dennoch schon im November von einem Waffenstillstand unterbrochen und im September 1488 ganz eingestellt, als Friedrich damals von den Ereignissen im Westen gebunden war. Doch zu diesem Zeitpunkt hatte Matthias Corvinus seinen Tatendrang und seine Aktivität längst eingebüßt. Wahrscheinlich erzwangen damals bereits Krankheiten und körperlicher Verfall des Matthias die Friedfertigkeit des Ungarn. der aber weiterhin in Österreich blieb und allein mit seinem Aufenthalt demonstrierte, dass er nach wie vor Herr des Landes und Reichsfürst sei, und so war er wegen dieses seines Ausharrens in Wien bis zu seinem Tode in den Augen der Zeitgenossen der überlegene Sieger.[45]

b) Die letzten Wirren und Kämpfe

Der Kaiser konnte Österreich nicht selbst gegen den König von Ungarn verteidigen, da er sich dem Geschehen im süddeutschen Raum und vor allem dem Schicksal der Wittelsbacher widmen musste. Bei diesen hatte

Herzog Albrecht IV. von Bayern/München (1465/67–1508) eine führende Rolle eingenommen und sich zum Ziel gesetzt, das zwischen mehreren Linien aufgeteilte bayerische Herzogtum in seiner Hand zu vereinen. Der ehrgeizige Fürst weckte damit den Widerstand in der eigenen Familie, fand aber die Unterstützung des Kaisers, der ihn um 1470 als Rat und Gefolgsmann aufgenommen hatte. Albrecht war es wohl zu verdanken, dass der wachsende bayerische Einfluss auf den Innsbrucker Hof von Friedrich lange Zeit ohne größere Gegenwehr hingenommen wurde.[46] Das gute Einvernehmen war jedoch erschüttert, als Albrecht im Zuge seiner Territorialpolitik versuchte, die Reichsstadt Regensburg seinem Landesfürstentum einzugliedern. Das wichtige Handelszentrum hatte seine Wirtschaftskraft nie voll entfalten können, da es, der jeweiligen Lage entsprechend, den Kaiser, aber mitunter auch den Bischof und dann wieder einen Herzog von Bayern als Herrn erdulden musste, die alle zusammen den Wohlstand der Gemeinde gefährdeten. Friedrich bildete in diesem verwirrenden Kräftespiel keine Ausnahme. Er hatte als Reichsoberhaupt von der Judengemeinde beträchtliche Abgaben verlangt, die kaum aufzubringen waren und daher nicht geleistet wurden. Der Kaiser bestand auf seinen Forderungen und verursachte harte Maßnahmen der Stadt gegen die Juden, die er dann doch wieder schützte.[47] Die Bürger, von diesen verwirrenden und widersprüchlichen Maßnahmen verunsichert, suchten die Hilfe Herzog Albrechts und waren sogar bereit, dessen Herrschaft hinzunehmen. Die ersten, im Rahmen dieser Politik ergriffenen Maßnahmen des Wittelsbachers wurden schon 1476 vom Kaiser bekämpft, waren aber noch kein Anlass für schwerere Verstimmungen.[48]

Wenig später änderte Friedrich seine Haltung, betonte die Reichsunmittelbarkeit der Gemeinde und seine Rechte als Reichsoberhaupt, verbot neue Belastungen und forderte die Anerkennung der städtischen Privilegien. Albrecht wich kurze Zeit etwas zurück. Der Kaiser bekam offenbar die geforderten Mittel und so glückte es, wie schon erwähnt, im Sommer 1485 zu Innsbruck die zwischen Habsburgern und Wittelsbachern aufgekommenen Spannungen abzubauen.[49] Der Friede war aber nach wie vor gefährdet, da sich schwäbische Machthaber von Albrecht bedroht fühlten und sich gegen ihn stellten.[50] Neue Konflikte brachen aus, als sich Regensburg im Herbst 1486 dem Schutz Albrechts endgültig unterwarf.[51] Die sich daraus ergebenden Gegensätze wurden auf den Reichstagen dieser Zeit immer wieder vorgetragen und wurden auch für den Kaiser akut. Die bis dahin in Tirol dominierende Partei, die für Reformen eingetreten war, unterlag nämlich 1486 und wurde von einer Opposition abgelöst, die nicht nur die im Vorjahr beschlossene Landesordnung aufhob, sondern auch wieder eine gegen den Kaiser gerichtete und von Wittelsbachern getragene Politik einleitete. Unter dem Einfluss dieser neuen Ratgeber trat Herzog

Siegmund von Österreich/Tirol im Herbst 1486 die Markgrafschaft Burgau an Herzog Georg von Bayern/Landshut ab. Da zur gleichen Zeit Herzog Albrecht IV. von Bayern/München entgegen den Anordnungen des Kaisers Regensburg tatsächlich seiner Herrschaft einverleibte, waren die alten Gegensätze in vollem Ausmaß wieder erwacht. Friedrich distanzierte sich jetzt von der Absicht, seine Tochter dem Wittelsbacher zur Frau zu geben.[52] Abermals sind die Zusammenhänge kaum zu durchschauen. Der Wittelsbacher und Kunigunde könnten sich ineinander verliebt haben und entschlossen sich jedenfalls, zu heiraten. Ohne das Einverständnis des Kaisers einzuholen, vermählte sich Albrecht zu Beginn des Jahres 1487 in Innsbruck mit Kunigunde und war nun Friedrichs Schwiegersohn geworden.[53]

Es ist nicht unwahrscheinlich, dass sich Herzog Siegmund vor allem unter dem Eindruck dieser Ereignisse noch 1487 entschloss, die österreichischen Vorlande den Herzögen Georg von Bayern/Landshut und Albrecht von Bayern/München um den geringen Preis von 50 000 Gulden zu verkaufen. Wer nur diese Summe und den Wert der Besitzungen berücksichtigt, dem drängt sich der Verdacht auf, dass der Habsburger einen schlechten Handel abgeschlossen hatte, der wohl – das wurde wenigstens wenig später behauptet – von üblen Räten empfohlen worden war. Es ist aber nicht auszuschließen, dass sich auch der Wittelsbacher Albrecht und der Habsburger Siegmund gut verstanden und eine engere Zusammenarbeit vorhatten, die auf eine Konsolidierung eines mächtigen südwestdeutschen Territoriums hinausgelaufen wäre. Die Aktionen der beiden Fürsten blieben undurchsichtig. Dagegen wurde bald deutlich, dass die Machthaber der alemannischen Region massiven Widerstand leisteten und eine entscheidende Gegenbewegung entwickelten. Die südwestdeutschen Adligen und Städte vereinigten sich zum Schwäbischen Bund und traten geschlossen gegen die Wittelsbacher auf. Als dann noch das Gerücht aufkam, Herzog Siegmund wolle sein Land überhaupt den Bayern zuspielen, schlug die Stimmung auch in Tirol um und jene Gruppen konnten zurückgedrängt werden, die sich für eine engere Zusammenarbeit mit den Wittelsbachern eingesetzt hatten. Es ist nicht zu erkennen, wieweit der Kaiser selbst initiativ war, doch unterstützte er auf dem gerade während Nürnberger Reichstag dann offensichtlich den Schwäbischen Bund. Dessen Stärke könnte für Friedrich ausschlaggebend gewesen sein, der sich jetzt auch gegen Albrecht wandte.[54] Wichtige Entscheidungen wurden auf dieser Versammlung nicht gefällt, sondern abermals aufgeschoben. Erst als der Kreis der Versammelten geschrumpft war, konnte sich der Kaiser im Sommer 1487 durchsetzen und die oben behandelten Beschlüsse gegen den Corvinus erreichen.[55]

Friedrich wandte sich jetzt noch immer nicht seinen Erblanden zu. Er blieb für Monate in der Stadt Nürnberg, in der er sich offensichtlich wohl fühlte.[56] Er deponierte Gegenstände, die für ihn besonderen Wert hatten – Reliquien und Kleinodien – in der Burg und richtete sich für einen längeren Aufenthalt ein. Es könnte auch persönliche Gründe dafür gegeben haben; es ging nämlich das Gerücht um, er hätte hier eine illegitime Tochter gehabt.[57] Alles spricht dafür, dass Nürnberg für den alternden Habsburger zum wichtigen Wohnsitz und zur Hauptstadt des Reiches geworden war. Zur Ruhe kam er indes nicht, da schon im Sommer 1487 nach dem soeben erwähnten Umschwung in Tirol ein Landtag einberufen worden war, auf dem die Maßnahmen der letzten Monate, die Übergabe wichtiger Gebiete an die Wittelsbacher, vehement abgelehnt wurden. Ein größerer Konflikt wurde aber zunächst vermieden. Die verantwortlichen Fürsten wurden geschont und es wurde behauptet, die nunmehr verurteilten Entscheidungen seien unter dem Einfluss böser Räte gefällt worden. Sie sollten dem Herzog Siegmund vorgeschwindelt haben, Friedrich wolle ihn absetzen oder gar vergiften lassen. Mit diesen Verleumdungen sollten sie erreicht haben, dass ihnen der Landesfürst freie Hand ließ und sie die nunmehr angeprangerte Verschleuderung wertvoller Besitzungen einleiten konnten. Jetzt wurden sie aber entlarvt – das wurde behauptet –, abgesetzt und durch eine ständische Regierung ersetzt. Auf einer weiteren Versammlung am 1. November erhielt dieser Landtag volle Herrschaftsgewalt und wurde Herzog Siegmund entmachtet. Für seinen persönlichen Bedarf wurde ihm nur noch ein wöchentlich auszuzahlender Betrag zugestanden.[58] Friedrichs persönliches Eingreifen war jetzt abermals notwendig geworden. Überstürzt verließ er Nürnberg und ritt eiligst nach Innsbruck, wo seine Anwesenheit genügte, dass Siegmund endgültig nachgab und sich dem Willen des Onkels fügte. Am 8. Januar 1488 wurden vom Kaiser die „bösen Räte" des Verbrechens der Majestätsbeleidigung für schuldig befunden und geächtet. Auf Anordnung Friedrichs sollten sie ergriffen, gefoltert und an den Kaiser ausgeliefert werden.[59]

Ehe diese Maßnahmen umgesetzt werden konnten, musste Friedrich überstürzt nach Burgund reiten. Dort waren die Kämpfe mit dem König von Frankreich ausgebrochen und Maximilian hatte einige Schlappen hinnehmen müssen. Als Folge dieser Niederlagen wuchs wieder die Opposition in den flandrischen Bürgergemeinden und gewann in Gent die Oberhand. Als in Brügge ein Aufstand zu befürchten war, begab sich Maximilian in diese Stadt, um eine Revolte abzuwenden und die Lage mit persönlichem Einsatz zu meistern. Er rief die Bevölkerung zur Ruhe auf – er dürfte sich auf die Hilfe des Adels verlassen haben – und stellte sich den Vorwürfen. Kritisiert wurden auch hier hauptsächlich die Maßnahmen seiner Ratgeber, außerdem das Verhalten deutscher Söldner. Der Erzherzog gab nach und entließ die meisten Söldner, die aus der Stadt abzogen. Doch war mit diesem Entgegenkommen der Friede nicht zu gewinnen und die Masse der Zünfte und Handwerker nicht zu besänftigen. Am 1. Februar 1488 brachen heftige Unruhen aus, tobende Teile der Bevölkerung rissen die Macht an sich und erreichten, dass am 5. Februar der König gefangen genommen wurde. Der Pöbel übte, wie er dem Kaiser schrieb, ungehemmt die Herrschaft aus. Maximilian war ohne seine Truppen völlig hilflos und wurde sogar gezwungen, den Ausschreitungen zuzusehen. Seine Räte, gegen die sich jetzt der ganze Hass richtete, wurden öffentlich gefoltert und hingerichtet, dem König selbst wurde die Ermordung angedroht. Maximilian konnte nur ein verzweifeltes Schreiben an seinen Vater aus dem Gefängnis schmuggeln, seine Not beschreiben und flehentlich um Hilfe bitten. Das Geschehen selbst fand in Burgund wenig Zustimmung, rief eher Entsetzen hervor und trug dazu bei, dass sich die Anhänger des Gefangenen bald sammelten und eine Gegenwehr organisierten.[60]

Am 6. März 1488 erfuhr der Kaiser in Innsbruck von den Vorgängen in Burgund und begann sofort, ein Heer zu sammeln.[61] Am 16. März wurden die Reichsstände aufgefordert, Truppen beizustellen und die nach Augsburg angeworbenen Söldner, die gegen den Corvinus eingesetzt werden sollten, sofort nach Köln in Marsch zu setzen.[62] Am 19. März verließ Friedrich Innsbruck, ritt rasch nach Köln und traf hier am 15. April ein.[63] In publikumswirksamen Briefen wurde die Gefahr geschildert, in der sich der römisch-deutsche König befand, und abermals ein nationaler Verteidigungswille der Deutschen geweckt, die auch diesmal zum Krieg bereit waren. Unter dem Eindruck dieses Geschehens beschlossen die Reichsstände, weitere Truppen zu sammeln, entschloss sich auch der Bund in Schwaben, die notwendige Hilfe zu leisten.[64] Die Anhänger Maximilians in Burgund schlugen vor, da dieser als Gefangener nicht aktiv werden konnte, es solle dessen zehnjähriges Söhnchen Philipp die Herrschaft übernehmen und zur Befreiung des Vaters beitragen. Es wurde sogar erörtert, dem Kind das Reichsheer zur Verfügung zu stellen. Doch Friedrich blieb entgegen seiner sonst kennzeichnenden Langmut selbst initiativ und damit erübrigten sich alle diese Überlegungen. Anfang Mai hatte er bereits in Köln hinreichende und einsatzbereite Truppen versammelt, zu denen bald noch weitere Verbände stießen. Eindrucksvoll wurde hier die Acht über die Aufständischen verkündet und damit war der Reichskrieg gerechtfertigt und angesagt. Doch wurde bei dieser Gelegenheit nicht nur die Unbotmäßigkeit und der Rechtsbruch der Rebellen betont, es wurde vor allem deren Brutalität herausgestrichen. Es war demnach nicht nur die Ordnung zu wahren, es sollten auch Menschenleben gerettet werden.[65]

Noch im Mai rückte sein Heer gegen Flandern vor und war schon am 24. Mai in Löwen. Unter dem Eindruck dieses eindrucksvollen Vormarsches gaben die Aufständischen auf, deren Führung inzwischen Herzog

Philipp von Kleve-Ravenstein übernommen hatte. Dieser ließ sich auf bewaffnete Auseinandersetzungen gar nicht mehr ein. Schon am 12. Mai wurde Maximilian von den Aufständischen als rechtmäßiger Herr wieder anerkannt, blieb aber noch in der Gewalt seiner Gegner. Unter deren Druck musste er versprechen, auf fremdes Kriegsvolk zu verzichten, Flandern aufzugeben, seinen Sohn Philipp dem Adel auszuliefern und sich mit dem französischen König zu versöhnen. Er wurde gezwungen, diese Verpflichtungen zu beeiden.[66] Es ist schwer zu entscheiden, ob der König vor den Bürgern zurückwich, um sein Leben nicht aufs Spiel zu setzen, oder ob er vielleicht hoffte, mit einem frühen Entgegenkommen unnötige und für die Zukunft belastende Kämpfe vermeiden zu können, wie er später durchblicken ließ. Nachdem er die geforderten Eide geleistet hatte, wurde er entlassen und traf am 16. Mai im Heerlager des Kaisers ein. Es gab kein fröhliches und befreiendes Wiedersehen. Friedrich mag sich erinnert haben, dass er selbst, als er in Wien in höchste Gefahr gekommen war, sich nicht unterworfen, sondern unbeugsam seinen Standpunkt vertreten hatte. Er vergaß aber, dass er sich damals hinter schützenden Mauern befunden hatte und somit keiner unmittelbaren Todesgefahr ausgesetzt gewesen war. Er war wohl auch verärgert, dass er jetzt ein starkes Heer zur Verfügung hatte, das zwar seine Überlegenheit sicherte, aber nicht den Sieg erfechten konnte, der sich schon abzeichnete.[67]

Der Kaiser verbarg seinen Unmut nicht und war auch nicht bereit, zu gestatten, dass die ausgehandelten Bedingungen eingehalten wurden. Sie waren seiner Meinung nach erpresst worden und wurden daher für nichtig erklärt. Die Aufständischen wurden geächtet und sollten für ihr Vergehen schwer bestraft werden, konnten aber zum größten Teil fliehen und sich der Bestrafung entziehen. Die Absicht Friedrichs, die Ausschreitungen massiv zu vergelten, wurde auch nicht von allen jenen gutgeheißen, die sich noch für die Befreiung Maximilians eingesetzt hatten. Jetzt wurde betont – Erzbischof Berthold von Mainz zählte zu den Kritikern –, dass der Krieg überhastet eingeleitet und schlecht organisiert war und überdies mit der Freilassung Maximilians bereits beendet sei. Der Kaiser brachte dagegen vor, es sei nicht nur Maximilian, sondern das Reich insgesamt bekämpft und geschädigt worden und vordringlich sei es, dessen Ansehen zu wahren, doch präzisierte er nicht, ob er für die Rückeroberung von Reichsgebiet eintreten oder sich ganz allgemein für eine Erneuerung des Kaisertums einsetzen wolle. Vorerst wurden weitere Kampfhandlungen und die Fortsetzung des Reichskriegs vorbereitet, für den Albrecht von Sachsen zum Befehlshaber ernannt wurde.[68] Die nationale Begeisterung hielt an, der größte Teil des Heeres folgte mit seinen Fürsten und Herren dem Kaiser, der jetzt gegen Gent zog, wo der Kern des Widerstandes gegen das Reich vermutet wurde.[69]

Friedrich stand Mitte Juni vor der Stadt und richtete sich auf eine Belagerung ein. Maximilian ergriff flankierende Maßnahmen, unterwarf einige kleincre Städte in Flandern, konnte aber keine Entscheidung erzwingen. Schon nach wenigen Wochen erlahmte der Angriffsgeist des kaiserlichen Heeres, die Versorgung stockte, Söldner liefen davon und auch manche Fürsten zogen ab. Mitte Juli wurde die Belagerung abgebrochen. Friedrich verließ das Feldlager und übergab die weiteren militärischen Aktionen Herzog Albrecht, trat aber in Mecheln und Antwerpen abermals als Reichsoberhaupt und Sieger auf. Hier wurden auch Verhandlungen wegen eines Friedens aufgenommen, in den der König von Frankreich einzubinden war. Eine Einigung gelang jedoch nicht. Die Kämpfe wurden fortgeführt. Blutige Gefechte wurden gemieden, das offene Land aber grausam zerstört. Der Handel der Städte Gent und Brügge litt unter diesen Ausschreitungen, die Bürger mussten sich daher Maximilian unterwerfen und auf ihre bis dahin beanspruchte Sonderstellung verzichten. Nach vielen Mühen wurde endlich auf einem Tag zu Frankfurt Ende Juli 1489 ein Waffenstillstand ausgehandelt.[70] Die Quellen lassen nicht erkennen, wer für das weitere Geschehen verantwortlich war. Der Kaiser, der noch 1488 als Reichsoberhaupt überaus aktiv geworden war, blieb jetzt im Hintergrund. So hatte es für die Umwelt den Anschein, dass der alte Herr allmählich seinem Sohn die Entscheidungen und die Initiative überließ. Doch manches spricht dafür, dass Friedrich auch nach den Ereignissen in Brügge die Entscheidungsgewalt nicht aus der Hand gab und der Junge mehr denn je die von dem Vater gegebenen Richtlinien einhielt. Unter diesen Voraussetzungen ritten beide zu Ende des Jahres 1489 nach Österreich, wo noch viel zu regeln war.

Anmerkungen

[1] Wiesflecker, Kaiser Maximilian I., 1, S. 165 ff. Wiesflecker, Maximilian I., S. 336 ff. Lutter, Maximilian I., S. 530 ff.

[2] Wiesflecker, Kaiser Maximilian I., 1, S. 176 ff.

[3] Reg. F.III., 7, Nr. 645, 653.

[4] Opll, Nachrichten, S. 208. Heinig, Hof, Regierung und Politik, S. 1382. Hoensch, Matthias Corvinus, S. 187 ff.

[5] Niederstätter, Jahrhundert, S. 363 ff. Hoensch, Matthias Corvinus, S. 173 ff. Vgl. dazu auch Thomas, Deutsche Geschichte, S. 497 f. Ferner Reg. F.III., 11, Nr. 512 ff., 524 ff., 543, 548 ff.

[6] Heinig, Hof, Regierung und Politik, S. 449 ff. Opll, Nachrichten, S. 209.

[7] Nehring, Matthias Corvinus, S. 110 ff. Niederstätter, Jahrhundert, S. 355.

[8] Opll, Nachrichten, S. 209.

[9] Riedmann, Mittelalter, S. 475 ff. Niederstätter, Jahrhundert, S. 336 ff.

[10] Reg. F.III., 4, Nr. 676, 811a, 816a ff.

[11] Heinig, Orientierungsversuche, S. 550 ff. Seibrich, Träger der Reformversuche, S. 773 ff.

[12] Heinig, Hof, Regierung und Politik, S. 510 ff.

[13] Noflatscher, Räte und Herrscher, S. 75 ff.

[14] Vgl. etwa Jakob Unrest, Österreichische Chronik (MG SS NS 11), S. 196 ff.

[15] Vgl. Heinig, Hof, Regierung und Politik, S. 730.

[16] Thomas, Deutsche Geschichte, S. 500 ff. Wiesflecker, Zeitalter Maximilians, S. 343 ff.

[17] Reg. F.III., 4, Nr. 878. Mayrhofer, Katzinger, Geschichte Linz 1, S. 60 f.

[18] Unrest, Österreichische Chronik, S. 157. Dazu Niederstätter, Jahrhundert, S. 258.

[19] Hesslinger, Anfänge des Schwäbischen Bundes, S. 34 ff., Heinig, Friedrich III., S. 507. Dazu RTA MR 1, S. 840 ff., Nr. 883 ff.

[20] Seyboth, Reichstage, S. 522 ff.

[21] Reg. F.III., 4, Nr. 888 ff. u. 16, Nr. 179 f. Dazu RTA MR 1, Nr. 46 ff.

[22] Thomas, Deutsche Geschichte, S. 499 ff. RTA MR 1, S. 30 ff. u. 173 ff.

[23] Seyboth, Reichstage, S. 529 ff.

[24] RTA MR 1, Nr. 171 u. 175 ff. Dazu Reg. F.III., 4, Nr. 915, 9, Nr. 366, 17, Nr. 322.

[25] Zuletzt Heinig, Friedrich III., S. 506 f.

[26] Wiesflecker, Regesten Maximilian I., 1, Nr. 2251. Dazu etwa Duchhart, Verfassungsgeschichte, S. 18 ff.

[27] Wiesflecker, Kaiser Maximilian I., 1, S. 182 ff. Heinig, Aachener Krönungen, S. 564 ff.

[28] Wiesflecker, Kaiser Maximilian I., 1, S. 204 ff.

[29] Reg. F.III., 7, Nr. 692 ff.

[30] Wiesflecker, Kaiser Maximilian I., 1, S. 202.

[31] Vgl. Reg. F.III., 4, Nr. 938 ff. Dazu Opll-Perger, Kaiser Friedrich und die Wiener, Reg. Nr. 25 ff.

[32] Opll, Nachrichten, S. 208 f. Czendes-Opll, die Stadt Wien, S. 190 f.

[33] Opll, Nachrichten, S. 210 ff.

[34] Reg. F.III., 11, Nr. 536. Vgl. dazu auch Nr. 544 ff. und Heinig, Hof, Regierung und Politik, S. 435 ff.

[35] Opll, Nachrichten, S. 214 f.

[36] Heinig, Hof, Regierung und Politik, S. 1382.

[37] Niederstätter, Jahrhundert, S. 355 f.

[38] Heinig, Hof, Regierung und Politik, S. 1382.

[39] RTA MR 1, S. 313 ff. Dazu Schmid, Gemeiner Pfennig, S. 52 ff.

[40] Reg. F.III., 4, Nr. 938 u. 11, Nr. 565 f.

[41] Reg. F.III., 11, Nr. 570 u. 590. RTA MR 2, Nr. 426.

[42] RTA MR 2, Nr. 109.

[43] Reg. F.III, 11, Nr. 584, 586, 589.

[44] Reg. F.III., 4, Nr. 963, 7, Nr. 726, 10, Nr. 546 ff., 11, Nr. 509, 15, Nr. 406 f., 16, Nr. 197 ff., RTA MR 2, Nr. 502.

[45] Opll, Nachrichten, S. 226 ff. Dazu Perger, Herrschaft über Wien, S. 83 ff. Kubinyi, Wiener Regierung, S. 208 ff.

[46] Heinig, Hof, Regierung und Politik, S. 392 ff.

[47] Reg. F.III., 15, Nr. 292ff, 296ff., 350 u. 391. Vgl. dazu auch Wenninger, Man bedarf keiner Juden mehr, S. 165ff. Zuletzt Reg. F.III., 343ff., 366 u. 370.

[48] Reg. F.III., 15, Nr. 322ff., 328 u. 384.

[49] Niederstätter, Jahrhundert, S. 337f.

[50] Hasslinger, Anfänge des Schwäbischen Bundes, S. 47ff., sowie RTA MR 3, Nr. 73ff.

[51] Reg. F.III., 15, Nr. 397.

[52] Niederstätter, Jahrhundert, S. 336f.

[53] Riedmann, Mittelalter, S. 477f.

[54] Heinig, Hof, Regierung und Politik, S. 1386.

[55] Reg. F.III., 15, Nr. 406. Dazu Hoensch, Matthias Corvinus, S. 182ff. Quartal, Vorderösterreich, S. 37f.

[56] Perger, Friedrich III. und Katharina Pfinzing, S. 90ff.

[57] Riedmann, Mittelalter, S. 478ff. Niederstätter, Jahrhundert, S. 256ff. Heinig, Friedrich III., S. 507ff.

[58] Niederstätter, Jahrhundert, S. 336ff.

[59] Niederstätter, Jahrhundert, S. 258f.

[60] Reg. F.III., 11, Nr. 621.

[61] Wiesflecker, Kaiser Maximilian I., 1, S. 207f. Lutter, Maximilian I., S. 531.

[62] Ref. F.III., 15, Nr. 408. Dazu Heinig, Familientreffen, S. 188.

[63] Reg. F.III., 4, Nr. 975, 6, Nr. 163ff., 7, Nr. 745, 15, Nr. 408.

[64] Vgl. Reg. F.III., 7, Nr. 749. Heinig, Hof, Regierung und Politik, S. 1387.

[65] Vgl. die in Anm. 61–63 zitierten Briefe.

[66] Vgl. dazu auch Reg. F.III., 8, Nr. 479ff.

[67] RTA MR 3, S. 68f, Wiesflecker, Kaiser Maximilian I., 1, S. 217ff. Vgl. dazu Reg. F.III., 4, Nr. 981ff.

[68] Wiesflecker, Kaiser Maximilian I., 1, S. 214ff. Heinig, Familientreffen, S. 190ff.

[69] Dazu RTA MR 3, S. 220ff.

[70] RTA MR 3, Nr. 292ff.

12. Ausklang

Der Krieg in Flandern wurde nach Meinung vieler Zeitgenossen nur zur Rettung des römisch-deutschen Königs Maximilian geführt, für den alternden Kaiser Friedrich war er jedoch eine weit nach Westen ausgreifende Offensive, die in erster Linie seinen politischen Plänen gewidmet war und eine letzte Gelegenheit bot, noch einmal imperiale Macht zu demonstrieren. Es war offenbar geworden, dass sich das Reich zu gemeinsamem Handeln aufraffen und sein Heer sogar über die Grenzen vorstoßen konnte. Der Habsburger fühlte sich bestätigt. Die Belagerung von Gent hatte zwar wenig eingetragen, aber der Kaiser durfte sich auf der Heimreise in Aachen, Köln, Mainz und Ulm feiern lassen und strahlte Sicherheit und Ruhe aus.[1] Er hatte in Burgund Albrecht von Sachsen zurückgelassen, der zunächst einige Rückschläge erlitt, aber zuletzt wichtige Gebiete zurückgewinnen und behaupten konnte. Damit war die Bedrohung durch den französischen König abgewehrt, eine Bedrohung, von der niemand genau sagen konnte, wieweit sie überhaupt ernst zu nehmen war. Jetzt konnte man sich sicher fühlen.[2] Inzwischen hatte Friedrich erfahren, dass sich der Gesundheitszustand seines Gegenspielers, des Corvinus, erheblich verschlechterte. Er konnte sich kaum noch bewegen und musste sich in einer Sänfte tragen lassen. Es war für ihn an der Zeit, sich um die Nachfolge ernsthaft zu bemühen. Ungeachtet der absehbaren Gegenwehr wollte er seinem illegitimen Sohn Johannes die Herrschaft sichern. Es ist wahrscheinlich, dass Matthias hoffte, diese seine Wünsche in Österreich leichter verwirklichen zu können, wo das Erbrecht mehr Gewicht hatte, und dass er daher den jungen Mann vor allem in Wien im Rahmen zahlreicher Feierlichkeiten der Öffentlichkeit vorstellte. Er strich dessen Fähigkeiten heraus, ließ ihn an Turnieren teilnehmen und erreichte, dass er von den höchsten Kreisen des Adels akzeptiert wurde.[3]

Friedrich konnte sich jetzt uneingeschränkt wieder der Lage in Tirol zuwenden. Er war schon in den letzten Tagen des Jahres 1488 nach Innsbruck gekommen, blieb nun fast ein halbes Jahr im Land und nützte die Zeit, um das habsburgische Territorium im Südwesten Deutschlands zu restaurieren.[4] Dabei kam ihm der schwäbische Bund zu Hilfe, dessen militärische Schlagkraft gefürchtet war. Sie könnte erwirkt haben, dass sich Herzog Georg von Bayern-Landshut zu Beginn des Jahres 1489 mit Friedrich aussöhnte und auf Burgau verzichtete. Als Folge dieses Ausgleichs war noch die beträchtliche Pfandsumme aufzubringen, die Erzherzog

Siegmund bekommen hatte. Dieser hatte aber das Geld längst verbraucht, war unfähig, die notwendigen Mittel zu beschaffen und so musste wieder der Kaiser einspringen.[5] Nach wie vor schwelte aber der Gegensatz zu Herzog Albrecht IV. von Bayern-München, dem Friedrich nicht ohne weiteres verzeihen wollte. Der Kaiser ließ nie klar erkennen, ob er mehr wegen der Okkupation Regensburgs oder wegen der voreiligen Hochzeit in Innsbruck grollte. Die unversöhnliche Haltung Friedrichs, von vielen Zeitgenossen als altersbedingter Starrsinn angeprangert – im Gegensatz dazu war Maximilian dann bereit, den Gegnern entgegenzukommen –, ist besser zu verstehen, wenn wir uns der Erfolge erinnern, die der Kaiser in den letzten Jahren errungen hatte, und berücksichtigen, dass sich die Lage in Burgund wesentlich gebessert hatte. Der alte Herr durfte erwarten, die bestehenden Schwierigkeiten jetzt durchweg zu überwinden. Er konnte auf die Hilfe des Schwäbischen Bundes vertrauen, der aber nicht zuletzt seine eigenen Interessen wahrte und Friedrich vermutlich manche Einstellung aufzwang, was geheim blieb.[6]

Der Kaiser rief aus Innsbruck am 9. Mai 1489 die Großen des Reichs für das kommende Frühjahr nach Frankfurt zu einem Reichstag, den er nicht persönlich besuchen wollte – er wurde ja weiterhin in Tirol gebraucht –, wo aber Maximilian auftreten und sich für den Kampf gegen den König von Frankreich und den König von Ungarn einsetzen sollte. Den Zweifrontenkrieg, den der Kaiser immer gescheut hatte, wollte er, sofern wir seinen in den Einberufungen geäußerten Absichten glauben dürfen, nun doch wagen.[7] Friedrich war wohl überzeugt, den Streit im Westen dem Sohn überlassen zu dürfen, dem auch die entsprechenden Vollmachten übertragen wurden. Maximilian folgte jedoch nicht den Wünschen des Vaters und verzichtete auf bewaffnete Konflikte. Er trat König Karl VIII. von Frankreich nicht in Feindschaft gegenüber, sondern söhnte sich mit ihm am 22. Juli aus. Dieser verlangte die Begnadigung des geächteten Philipp von Kleve, die auch zugestanden wurde, versprach aber dem Habsburger als Gegenleistung eine enorme Kriegsentschädigung und die Verfolgung der Rebellen. Es ist nicht zu erkennen, ob ihn die Erfolge Albrechts von Sachsen zum Einlenken bewogen oder ob dieser Waffenstillstand nicht eher von der Kurie erzwungen worden war, die abermals die Völker des Abendlandes zu einem Kreuzzug verpflichten wollte.[8] An eine dauernde Ruhe dachten beide Kontrahenten kaum. Entscheidend wurde es, wie wir vorwegnehmen können, dass Maximilian seine Einkreisungspolitik gegen Frankreich fortsetzte, seine Kontakte zu Herzog Franz II. von der Bretagne intensivierte und nach dessen Tod im Herbst 1487 die bereits vorher abgesprochene Heirat mit Anna, der Erbin von Franz, im Frühjahr 1490 vorbereitete. Am 19. Dezember dieses Jahres wurde dann zu Rennes die Ehe mit Wolfgang von Pollheim als Stellvertreter geschlossen und der

Krieg gegen Frankreich erneut heraufbeschworen, aber von Friedrich
kaum mehr beachtet.[9]

Der Kaiser hatte diesem Frieden vom Sommer 1489 nie zugestimmt,
dürfte indes den Waffenstillstand im Westen hingenommen haben. Er widmete sich weiterhin dem Land Tirol, ritt im Juni nach Brixen und Trient,
wo dank beharrlich der von Friedrich verfolgter Personalpolitik Bischöfe des
habsburgischen Lagers regierten.[10] Sie wurden nochmals auf den Kaiser
verpflichtet, der über Verona und Pordenone weiter nach Istrien reiste, wo
er offenbar die Front gegen die Ungarn stärken wollte. König Matthias
lenkte jedoch ein, er wollte nur das Land an der Donau (heute Niederösterreich) behaupten und verzichtete auf alle anderen Eroberungen. Er bat
sogar um die Hilfe des Kaisers, als dieser im September in Laibach weilte.
Es ging hier unter anderem um die Versorgung des Johannes, des illegitimen Sohnes des Corvinus, und es wurde erörtert, ihm die Herrschaft in
Kroatien und Bosnien zu sichern. Diese Vorschläge wurden von Maximilian mitgetragen, der sich zur gleichen Zeit in Linz aufhielt und entgegen
den Vorstellungen seines Vaters Kontakte zu dem Ungarn aufnahm. Doch
dieses überzogene diplomatische Spiel erregte das Misstrauen aller Beteiligten, die Fronten versteiften sich und die Verhandlungen verliefen im
Sand.[11] Der Kaiser verließ Krain und reiste nach Altötting, um die Hilfe
der Gottesmutter zu erflehen. Deren Beistand hatte er nötig, da er wie
sein Gegenspieler Matthias schon unter den Beschwerden des Alters litt
und kaum noch gehen konnte. Es wird zwar berichtet, er sei noch im Oktober auf einer Jagd gewesen, doch ist kaum anzunehmen, dass er viel zur
Strecke brachte. Großes Vergnügen hatte ihm das Waidwerk nie gemacht
und so veranstaltete er dieses spektakuläre Ereignis eher, um mit den befreundeten Fürsten in Ruhe sprechen zu können. Es ist unbekannt, ob
dabei etwas erreicht wurde. Wenig später, im November 1489, kam er wieder nach Linz und verließ die Stadt nicht mehr.[12] Die Burg war gut ausgebaut und bot mit ihrer Höhenlage ausreichenden Schutz. Der Kaiser
war hier dem Corvinus nahe genug, die Lage der Stadt an der Donau ermöglichte überdies gute Verbindungen zum Reich und nach Nürnberg und
einladende Bürgerhäuser sicherten ein angenehmes Leben. Das alles
begünstigte den vierjährigen Aufenthalt Friedrichs in der Stadt.[13]

In den ersten Wochen des Jahres 1490 war in erster Linie eine endgültige Lösung in Tirol zu finden. Die Lage Erzherzog Siegmunds, dem man
längst alle Macht genommen hatte, war untragbar geworden, da seine
finanziellen Sorgen noch immer fortbestanden. Der Kaiser war wegen seiner körperlichen Hinfälligkeit nicht mehr in der Lage, im südwestdeutschen Raum persönlich nach dem Rechten zu sehen. Er musste diese Aufgabe seinem Sohn Maximilian übertragen, der aber zur gleichen Zeit, obwohl er sich wenige Monate vorher mit dem König von Frankreich

ausgesöhnt hatte, gegen diesen das Herzogtum Bretagne ausspielte. Wegen dieser Aktionen konnte er die Verhandlungen in Tirol wohl nur halbherzig führen.[14] Es war wohl alles noch vom Vater geregelt und festgelegt worden, obwohl nach dem Text der entscheidenden Schriftstücke vieles erst von Maximilian ausgehandelt worden war. Wichtige Einzelheiten sind nicht überliefert. Belegt ist, dass der Kaiser am 14. Februar seinen Sohn ermächtigte, die endgültige Abdankung Erzherzog Siegmunds zu erwirken.[15] Dieser verzichtete in einem am 16. März ausgefertigten Schriftstück auf die Herrschaft gegen eine Jahresrente von 52 000 Rheinischen Gulden und übertrug seine Länder dem Haus Österreich und Maximilian, der jetzt den gesamten habsburgischen Besitz zum Teil schon unmittelbar in seiner Hand hatte und den Rest nach dem Tode des Vaters übernehmen konnte. Damit war der Partikularismus der habsburgischen Lande überwunden. Dieses Dokument war für viele ein zusätzlicher Beweis für die Trägheit Friedrichs, aber auch für die These, dass der alternde Kaiser die Initiative längst seinem Sohn überlassen hatte.[16]

Doch wurde kaum bedacht, dass in erster Linie die Rente zu zahlen war, die nun Maximilian als Inhaber Tirols aufbringen musste. Es ist nicht ausgeschlossen, dass Friedrich in seiner Verschlagenheit erwirkte, dass Maximilian für die Umwelt jetzt Landesfürst in Tirol war und deshalb die dem Siegmund zugestandene Summe aufbringen musste. Friedrich könnte diese Sorge wohl überlegt dem Sohn überlassen und sich einfach zurückgezogen haben, um den Zahlungen zu entkommen. Auch wird übergangen, dass das von dem abgedankten Herzog übergebene Territorium kaum uneingeschränkt in dessen Hand war, aber in dem Dokument mit seinem denkbar größten Ausmaß umschrieben ist. Die einzelnen Besitzungen werden genau angeführt, beginnend mit den „Grafschaften und Fürstentümern Elsaß, Sundgau, Breisgau mit der Grafschaft Pfirt". Erwähnt werden anschließend der Schwarzwald und die zahlreichen kleineren habsburgischen Güter des Raumes, und erst am Ende dieser Reihe werden die Länder an Etsch und Inn und die Grafschaft Tirol genannt. Es wird damit der Eindruck erweckt, dass der wichtigste Teil von Siegmunds Territorium das Fürstentum Elsass, Sundgau und Breisgau war, ein Komplex, über den dieser bis dahin nicht verfügen konnte und der nur den Rang einer Landvogtei, allenfalls einer Landgrafschaft gehabt hatte, aber nie ein eigenes Fürstentum gewesen war. Es darf in diesem Zusammenhang nicht übergangen werden, dass Maximilian in diesem Dokument nur gelegentlich als Römischer König, aber dafür mehrmals als Herzog von Burgund, Brabant, Geldern und als Graf von Flandern tituliert wird. Es ging demnach weniger um Tirol als um einen von der Etsch bis nach Geldern und Flandern sich erstreckenden Machtbereich, der jetzt die Basis von Maximilians Herrschaft war und in dem das Elsass einen wichtigen Ansatz für eine

Landbrücke von Innsbruck nach Mecheln bildete.[17] Der Forschungsstand
dazu ist unbefriedigend. Es ist nur bekannt, dass Friedrich sich nach 1440
Landgraf von Elsass nannte, aber dann die Vorherrschaft in dieser Region
dem Pfalzgrafen als Landvogtei Elsass überließ. Nach 1444 erwartete der
Kaiser, wie bereits betont wurde, dass sein Bruder Albrecht das Gebiet
Sundgau/Breisgau als geschlossenes und einheitliches Land strukturieren
könne. Friedrich selbst hat nach 1470 seine Macht am Rhein als Reichsoberhaupt gefestigt. Die Quellen dazu sind aber noch nicht aufgearbeitet.[18] Bestens ist nur bekannt, dass Maximilian später seine Macht auf die
Region von Innsbruck bis nach Mecheln stützte, wobei kaum beachtet
wurde, dass der Besitz des 1490 erwähnten Fürstentums Elsass eine wichtige Voraussetzung für seine Politik bildete. Wegen der Vorgeschichte des
Geschehens in diesem Jahr muss aber angenommen werden, dass der Umfang von Maximilians Machtbereich vom Kaiser noch vor 1490 angeregt
worden war. Friedrich könnte zu dieser Zeit sogar das Programm für die
Politik seines Sohnes vorgegeben haben.

Doch dieser konnte die Pläne vorerst nicht verfolgen, da überraschend
Matthias Corvinus am 4. April in Wien zusammenbrach und am 6. des Monats starb. Die Wiener beschlossen, ihm die Ehren eines Landesfürsten zukommen zu lassen, stimmten aber dann doch zu, dass der Leichnam möglichst rasch nach Ungarn gebracht und schon am 13. April zu Stuhlweißenberg in der Königsgruft mit entsprechenden Feierlichkeiten beigesetzt
wurde.[19] Maximilian, der die notwendigen Kontakte zu dem ungarischen
König nach wie vor unterhielt, wurde jetzt von seinem Vater ermächtigt,
die Rechte des Hauses Österreich im östlichen Mitteleuropa zu wahren.
Sie beruhten darauf, dass sich Friedrich seit dem Vertrag von Wiener Neustadt (1463) König von Ungarn nennen durfte, ohne allerdings eine entsprechende Herrschaft ausgeübt zu haben. Nun war zu entscheiden, ob der
Kaiser selbst seine Rechte geltend machen solle oder ob, den Vereinbarungen entsprechend, Maximilian die Nachfolge des Corvinus in dessen
Königreich antreten könne. Der Kaiser ließ erkennen, dass er sich wegen
seines Alters nicht mehr einsetzen wolle, und diese Entschuldigung wurde
hingenommen und wird bis heute geglaubt, obwohl sich Friedrich in seinen letzten Lebensjahren durchaus energisch in Burgund, aber eben nicht
in Ungarn eingesetzt hatte. Im Gegensatz dazu engagierte sich Maximilian
jetzt mit aller Kraft im Karpatenraum und erinnert damit an König Albrecht II., der 1438 Böhmen, Österreich und Ungarn in seiner Hand ver-
einigt hatte. Wie dem auch sei, schon am 8. April 1490, als er in Linz vom
Tode des Corvinus erfuhr, befahl Friedrich den Reichsständen, sofort gut
ausgerüstete Truppen nach Linz zu schicken, die unter der Führung Maximilians die verlorenen Gebiete Österreichs und das Königreich Ungarn
zurückerobern sollten.[20]

Maximilian wandte sich selbst bereits Mitte April noch von Innsbruck aus an den ungarischen Adel, erhob seine Ansprüche auf die vakante Königswürde und entwickelte die notwendige Propaganda. Im Karpatenraum brachen die alten Gegensätze auf, der Zank um die Herrschaft begann. Johannes bemühte sich um die Königswürde, fand aber wenig Anhang und unterlag bald. Besser waren die Aussichten der Witwe des Corvinus, die sogar selbst die Herrschaft übernehmen wollte und auch von mehreren Kandidaten umworben wurde, die hofften, als deren Gemahl zum König gewählt zu werden. Auch dem Maximilian wurde als Ausweg zugemutet, die Witwe zu heiraten. Er suchte jedoch andere Möglichkeiten und bewährte sich als Diplomat. Er nahm zu den Wittelsbachern Verbindung auf und ritt sogar persönlich nach Bayern, um sich mit den Herzögen auszusöhnen. Sie versprachen tatkräftige Unterstützung. Solcherart gestärkt zog er in die Steiermark, restaurierte in dieser Region die habsburgische Herrschaft und sammelte in Graz ein starkes Heer.[21] Inzwischen war aber eine wichtige Entscheidung gefallen. Die Mehrheit des Adels hatte sich im Juli 1490 für den Jagiellonen König Wladislaw von Böhmen entschieden und wies die Ansprüche der Habsburger zurück. Jetzt wurde befürchtet, Maximilian könne in Ungarn einfallen.

Für den König war es zunächst wichtiger, das Land an der Donau zu besetzen, wo die Stadt Wien über Jahre hinweg Matthias als König anerkannt hatte. Hier waren noch immer ungarische Truppen einquartiert, deren Schlagkraft aber nach dem Tod des Corvinus rasch abnahm. Die Bürger konnten daher über ihr Geschick selbst entscheiden, wurden allerdings von dem Gerücht aufgeschreckt, dass König Wladislaw schon gegen Wien vorrücke. Wie die Lage wirklich war, wusste in der Stadt niemand. Bald erfuhr man, dass Maximilian mit einem starken Heer – es bestand aus etwa 4000 Mann – aus Graz rasch nach Wiener Neustadt marschierte. Der König schickte Gesandte zu den Wienern, die eiligst bereit waren, den Habsburger anzuerkennen, und ihn am 19. August in der Stadt mit allen Ehren empfingen. Die Szene erinnerte ein wenig an den Einritt des Corvinus vor wenigen Jahren. Die Wiener leisteten Maximilian wie auch seinem Vater, der noch in Linz war, am 23. des Monats den Treueid und versicherten, dass sie froh seien, ihre Freiheit wiederzubekommen. Die ungarische Besatzung, die sich in die Burg zurückgezogen hatte – insgesamt waren es nur mehr 124 Verteidiger –, kapitulierte nach einem kurzen Beschuss mit Kanonen am 29. August und wurde eingekerkert. Das gleiche Schicksal widerfuhr den wenigen ungarischen Truppen in anderen Städten Niederösterreichs. Das Land war damit wieder fest im Besitz des Habsburgers, Maximilian konnte sich als Held und Sieger feiern lassen.[22]

Kaiser Friedrich wandte sich jetzt gegen den Jagiellonen, schrieb im September den Reichsuntertanen, dass Wladislaw kein rechtmäßiger

König und zu bekämpfen sei, und erneuerte seine Bitte um Waffenhilfe.[23] Diesem Wunsch entsprachen neben den bayerischen Herzögen, die zu Maximilian stießen, auch andere Reichsfürsten und Reichsstände, da versprochen wurde, Ungarn dem Reich einzuverleiben.[24] Der Habsburger konnte im Oktober ein mächtiges Heer sammeln, mit dem er im Königreich einmarschierte. Manche der Magnaten liefen zu Maximilian über, andere verhielten sich wohlwollend und so waren bald westliche Teile Ungarns von dem Habsburger besetzt. Am 17. November 1490 wurde die Krönungsstadt Stuhlweißenburg erstürmt, von den Söldnern und Landsknechten gleichzeitig verwüstet und geplündert. Viele Bewohner wurden ermordet, ohne dass klar wurde, wie es zu diesen Ausschreitungen kam. Vielleicht war die Plünderung den Truppen erlaubt worden, da wieder einmal die Besoldung ausgeblieben war, vielleicht wurden die Übergriffe von Gegensätzen verursacht, die uns die Quellen verschweigen. Doch verschärfte sich jetzt der Widerstand in Ungarn. Ein harter Wintereinbruch und die Meuterei von Söldnern erzwangen den vorzeitigen Abbruch des Unternehmens.[25]

Der Kaiser war davon kaum beeindruckt, er verlangte von den Reichsuntertanen Ende November weitere Unterstützung für den Krieg in Ungarn, mit dessen Führung er abermals Maximilian betraute.[26] Doch die Hoffnungen auf eine Eroberung von ganz Ungarn erfüllten sich nicht. Bald stellten sich Rückschläge ein. Im Februar 1491 fielen französische Truppen in der Bretagne ein und drangen unaufhaltsam vor. Wieder erhoben sich flandrische Städte. Ein von Maximilian zu Hilfe geschickter Truppenverband war viel zu schwach, um eine Wende herbeizuführen, und auch Albrecht von Sachsen wurde neuerlich zurückgedrängt. In dieser bedrängten Lage zogen sich die Reichsstände zurück und verlangten erneut eine Reichsreform, zu der sich zwar Maximilian, nicht aber Friedrich bekannte. Der Konflikt zwischen Vater und Sohn weitete sich aus und hatte zur Folge, dass die Fürsten des Reichs überhaupt jede weitere Unterstützung versagten.[27] Auch in Ungarn gab es Rückschläge. Wladislaw wurde von den Magnaten anerkannt, konnte die verlorenen ungarischen Gebiete zurückgewinnen und bis an die Grenzen Österreichs vorstoßen. In dieser Bedrängnis nahm Maximilian zu Wladislaw Kontakt auf, um wenigstens diesen Gegner zu neutralisieren. Der Kaiser sah darin eine Eigenmächtigkeit des Sohnes und war von diesem wieder enttäuscht. Maximilian war indes zu einer friedlichen Lösung bereit, die zu Pressburg am 7. November 1491 glückte: Wladislaw wurde als König und Herrscher Ungarns anerkannt, der Titel eines Königs von Ungarn sollte aber Friedrich und Maximilian zustehen und beiden wurde auch das Erbrecht der Stephanskrone eingeräumt. Damit war wenigstens für diese Region ein Friede gefunden.[28]

Der Zustand des Kaisers verschlechterte sich 1492 dann deutlich. Er konnte kaum mehr gehen, er war unbeweglich geworden, nahm aber am

Geschehen regen Anteil. Er konzentrierte sein Interesse auf die Vorgänge im engeren Umkreis. Hier war der Zwist mit Herzog Albrecht IV. von Bayern noch nicht beigelegt. Der Kaiser nahm nicht hin, dass der Wittelsbacher noch immer Regensburg besetzt hielt, und war über die Haltung der Bürger erbost, die sich mit dessen Herrschaft abfanden. Er hatte die Rückkehr in die Reichsunmittelbarkeit gefordert, vor seinem Kammergericht Anklage erheben und einen Prozess führen lassen, der am 1. Oktober 1491 mit Ächtung der Stadt abgeschlossen wurde.[29] Dem Schwäbischen Bund, dem wichtigsten Gegner Albrechts, wurde es jetzt möglich, diesen zu bekriegen, zumal der Kaiser am 23. Januar 1492 auch noch die Acht erneuerte.[30] Doch Maximilian konnte weniger denn je auf die bayerische Hilfe verzichten, schaltete sich ein und erreichte, dass im Mai die Gegensätze beigelegt wurden und die Ächtung aufgehoben wurde. Albrecht wurde als Schwiegersohn akzeptiert und durfte sogar den Kaiser besuchen. Regensburg wurde wieder Reichsstadt. Friedrich hatte sich durchgesetzt.[31] Jetzt war der Kaiser sogar bereit, sich nochmals gegen den König von Frankreich für seinen Sohn einzusetzen, da dieser gegen die Türken rüstete und jetzt den Wünschen des Vaters entsprach.[32]

Diese letzten und eher bescheidenen Erfolge wurden bereits von der schweren Erkrankung Friedrichs überschattet. Sein linkes Bein war vom Altersbrand befallen und bis zum Knie schwarz geworden. Die Ärzte, die in ansehnlicher Zahl befragt wurden, entschieden sich übereinstimmend für eine Amputation. Diese vorbildliche Betreuung war wohl weniger auf die kaiserliche Würde des Habsburgers zurückzuführen als darauf, dass Friedrich das medizinische Studium entscheidend gefördert hatte. Als nämlich die Universität Köln nach italienischen Vorbildern die Anatomie modernisieren wollte, hatte der Kaiser schon 1479 den Bürgern befohlen, jährlich zwei Leichname von Hingerichteten für die medizinische Fakultät der Hohen Schule zur Verfügung zu stellen.[33] Diese Anordnung entsprach gewiss eher dem Interesse Friedrichs für naturwissenschaftliche Fragen als dem Wunsch, etwa zum eigenen Nutzen das Fach der Medizin zu fördern.[34] Der Habsburger war jetzt selbst in die Lage versetzt, deren modernste Methoden zu erfahren, was er vielleicht gar nicht erwartet hatte. Die bevorstehende Operation erregte viel Aufsehen, wurde dann genau verfolgt und gut dokumentiert, da sie ein Markstein in der Entwicklung der Amputationen war. Wenn auch die Begleitumstände kaum bekannt sind, darf man doch vermuten, dass die Ärzte Gelegenheit hatten, in den letzten Jahren vor 1493 ihre anatomischen Kenntnisse entscheidend zu verbessern und auch erfolgreich anzuwenden.[35]

Am 8. Juni wurde das Bein amputiert. Friedrich überstand den Eingriff gut. Er konnte den abgetrennten Fuß persönlich bewundern und fand dazu noch einige satirische Bemerkungen. Nach einigen Wochen hatte sich

die Wunde erwartungsgemäß geschlossen. Der Kaiser konnte seinen Verpflichtungen wieder nachkommen und einige Urkunden zu Gerichtspro-
zessen ausstellen lassen. Diese Aufgaben wurden zwar insgesamt von Notaren erledigt, doch den Auftrag musste der Herrscher erteilen.[36] Mitte
August war zu hoffen, dass die Besserung anhalten werde. Friedrich befahl
sogar, ein politisch wichtiges Verfahren einzuleiten, das er offensichtlich
auch weiter verfolgen wollte.[37] Er fastete dann noch am Festtag Mariä
Himmelfahrt, am 15. August 1493, in der gewohnten Weise, doch soll er
damit einen Rückschlag ausgelöst haben, der überraschend gekommen
sein dürfte. Am 18. August gab sein Zustand bereits Anlass zur Sorge. Die
Linzer Bürger beteten für das Leben und das Seelenheil des Kaisers. Doch
schon am folgenden Tag wurden ihm die Sterbesakramente gereicht und
in den Mittagsstunden verschied er. Die Gründe seines Ablebens sind unbekannt. Wie es in diesen Jahrhunderten üblich war, nannten die Zeitgenossen den Genuss von Melonen als Todesursache. Doch könnte allenfalls
überlegt werden, ob vielleicht ein heftiger und akuter Durchfall ein Anzeichen für sein Lebensende war, das unmittelbar wohl nicht von der
Beinamputation selbst verursacht wurde.[38]

　　Den Bräuchen entsprechend wurde der Tote zunächst in der Linzer Burg
aufgebahrt, wo die Bürger von ihrem Kaiser Abschied nehmen konnten. Dann wurden dem Körper die Eingeweide entnommen, er wurde ein-
balsamiert. Die Weichteile wurden auf Anordnung Maximilians, der in
Innsbruck war, in der Linzer Pfarrkirche, wahrscheinlich am 24. August, mit
feierlichen Exequien beigesetzt. Der Leichnam wurde in einem festen Sarg
samt dem amputierten Bein zu Schiff am 27. August nach Wien gebracht
und unter Anteilnahme der Wiener Bevölkerung unter dem Geleit von
Klerus und Adel in den Stephansdom überführt, wo nach abermaligen
Exequien der Tote in der Herzogsgruft am 28. August vorläufig beigesetzt
wurde. Anschließend beteten die Domherren 32 Tage lang ununterbrochen. Dann musste noch die Ankunft Maximilians abgewartet werden, die
sich wegen neuerlicher Türkeneinfälle verzögerte. Erst am 6. und 7. Dezember war der römisch-deutsche König in Wien für die demonstrative
Beisetzungsfeier zugegen, die an diesen Tagen begangen wurde und für die
Diplomaten des Abendlandes zugleich Anlass für viele Verhandlungen,
aber auch für die üblichen Rangstreitigkeiten war.[39]

　　Es ist nicht bekannt, wann und von wem entschieden wurde, dass der
Kaiser in Wien beizusetzen sei. Lange Zeit war als Grablege wohl die
St. Georgskirche in Wiener Neustadt vorgesehen. Doch wenn Friedrich
dies so geplant und gewollt hätte, dann hätte er sich nach dem Tode des
Matthias Corvinus in diese seine Lieblingsresidenz begeben. Dazu entschloss er sich aber nicht. Es ist auch kennzeichnend, dass er nach 1475,
wenn er in die Region kam, Wien als Aufenthaltsort vor Wiener Neustadt

Abb. 4: Grabmal Kaiser Friedrichs III. im Stephansdom zu Wien,
Holzstich
(akg-images).

bevorzugte, wo er zuletzt 1483 kurz weilte.[40] Er fand sich mit der Tatsache ab, dass die Stadt an der Donau, die er kaum besonders schätzte, am besten den Glanz seiner Dynastie vermitteln konnte, und akzeptierte ihren Symbolwert für das Haus Österreich. Dessen Ansprüche sollte auch sein Epitaph erkennen lassen, das zu Friedrichs Lebzeiten auf seine Anordnung geschaffen worden war und mit seinem wichtigsten Teil, der Deckplatte, zur Zeit des Todes bereits fertig war. Der Kaiser selbst dürfte sich vor 1480 damit abgefunden haben, in Wien beigesetzt zu werden, erteilte aber kaum die notwendigen Weisungen. Ihm könnte vorgeschwebt haben, dass er, wie es in seiner Zeit üblich war, in der Mitte des Domes beigesetzt werde, ein Wunsch, dem kaum nachzukommen war, da sich hier das Chorgestühl der Domherren befand. Die Lösung, die dann gefunden wurde, ist wohl erst auf die Initiative Maximilians zurückzuführen, der entschied, den Apostelchor des Südschiffes von St. Stephan für das Kaisergrab zu adaptieren. Hier waren seit dem ausgehenden 14. Jahrhundert die Würdenträger und Professoren der Universität Wien beigesetzt worden. Doch um 1500 hatte dieser Teil des Gotteshauses seine Wertschätzung eingebüßt und auch die Hohe Schule hatte nicht mehr das Ansehen, das sie zweihundert Jahre früher gehabt hatte. So war es nicht allzu schwer, diese Stelle für das Grabmal Friedrichs frei zu machen. Auch das war nicht rasch getan, denn erst im November 1513 konnte Kaiser Maximilian die Umbettung der Gebeine des Vaters vornehmen. Vieles spricht dafür, dass große Teile des Grabmonumentes – die frühesten Nachrichten über Arbeiten an dem Denkmal werden ja nur auf den Tumbadeckel bezogen – relativ spät hergestellt wurden.[41] Seit dieser Zeit ruht Kaiser Friedrich III. an jener Stelle, die im Zweiten Weltkrieg von einem massiven Holzbau geschützt wurde. Seine letzte Ruhestätte überstand fast unversehrt die Katastrophe des Dombrandes im Jahre 1945. Heute wird die Masse der Besucher, aber auch aufwendiger religiöser Kult von dem roten Marmordenkmal ferngehalten, das unter normalen Gegebenheiten nur von weitem zu sehen ist. Das ist wohl dem Toten durchaus recht, der auch zu seinen Lebzeiten die Menschen gern von sich fern hielt.

Anmerkungen

[1] Wiesflecker, Maximilian I., 1, S. 221 ff. RTA MR, 3, S. 1347 ff. Heinig, Hof, Regierung und Politik, S. 1386 ff.

[2] Lutter, Maximilian I., S. 531 ff.

[3] Opll, Nachrichten, S. 225 ff. Hoensch, Matthias Corvinus, S. 231 ff.

[4] Baum, Sigmund der Münzreiche, S. 498 ff.

[5] Niederstätter, Jahrhundert, S. 257 ff.

[6] RTA MR, 3, S. 1406 ff. Niederstätter, Jahrhundert, S. 338.

7 Reg. F.III., 4, Nr. 990 ff., 15, Nr. 415, 17, Nr. 344.
8 Wiesflecker, Maximilian I., 1, S. 224. RTA MR, 3, S. 1131 ff., Nr. 292aff. Der Waffenstillstand wurde am 30. Oktober 1489 in Montils-les-Tours erneuert.
9 Lutter, Maximilian I., S. 531 ff.
10 Riedmann, Mittelalter, S. 479 f. Heinig, Hof, Regierung und Politik, S. 1388 f.
11 Hoensch, Matthias Corvinus, S. 223 u. 231 ff.
12 Mayrhofer u. Katzinger, Geschichte der Stadt Linz 1, S. 60 ff.
13 Gröber, Kaiser Friedrich III., S. 15 ff. Mayrhofer, Ein Kaiser stirbt, S. 20 ff.
14 Niederstätter, Jahrhundert, S. 333.
15 Niederstätter, Jahrhundert, S. 148.
16 Vgl. etwa Zöllner, Geschichte Österreichs, S. 154.
17 Schwind-Dopsch, Ausgewählte Urkunden, S. 418 ff., Nr. 227.
18 Vgl. etwa Vogeler, Die Elsässische Dekapolis, S. 25 ff.
19 Opll, Nachrichten, S. 226 ff. Hoensch, Matthias Corvinus, S. 227 ff.
20 Reg. F.III., 4, Nr. 1010, 15, Nr. 419.
21 Wiesflecker, Maximilian I., 1, S. 225 ff. Wiesflecker-Friedlhuber, Maximilian I., S. 227 ff.
22 Opll, Nachrichten, S. 227 ff.
23 Reg. F.III., 4, Nr. 1013; 15, Nr. 423; 17, Nr. 348.
24 Niederstätter, Jahrhundert, S. 357 ff.
25 Thomas, Deutsche Geschichte, S. 514 ff. Dazu Schmid, Der Gemeine Pfennig, S. 52 ff.
26 Reg. F.III., 15, Nr. 425 f.
27 Wiesflecker, Maximilian I., 1, S. 294 ff. Thomas, Deutsche Geschichte, S. 511 ff.
28 Niederstätter, Jahrhundert, S. 358 f.
29 Reg. F.III., 15, Nr. 428 ff.
30 Reg. F.III., 15, Nr. 438.
31 Niederstätter, Jahrhundert, S. 338 f. Dazu Reg. F.III., 15, Nr. 449.
32 Niederstätter, Jahrhundert, S. 363.
33 Reg. F. III., 7, Nr. 627.
34 Vgl. dazu Grössing, Naturwissenschaften, S. 249 ff.
35 Skopec, Beinamputation, S. 10 ff. Gröber, Kaiser Friedrich III., S. 15 ff.
36 Reg. F. III., 17, Nr. 379 f.
37 Reg. F. III., 20, Nr. 334.
38 Mayrhofer, Ein Kaiser stirbt, S. 20 ff. Meyer, Königs- und Kaiserbegräbnisse, S. 175 ff.
39 Meyer, Königs- und Kaiserbegräbnisse, S. 179 ff.
40 Heinig, Hof, Regierung und Politik, S. 1382 ff.
41 Meyer, Königs- und Kaiserbegräbnisse, S. 186 ff.

13. Rückblick

Die Eigenschaften Kaiser Friedrichs III., wie sie von Thomas Ebendorfer und Aeneas Silvius Piccolomini beschrieben wurden, waren für die Historiker späterer Zeiten die Grundlage für die Darstellung und Deutung des Lebens des Habsburgers. Selten wurde beachtet, dass der Herrscher in der Epoche der Gotik aufgewachsen war, aber schon die ersten Anzeichen von deren Niedergang erlebte und sein wichtigster Gegenspieler, der ungarische König Matthias Corvinus, als Vertreter einer neuen Zeit und Förderer der Renaissance gelten konnte. Friedrich stand dieser Richtung keineswegs ablehnend gegenüber und verpflichtete einen ihrer führenden Vertreter, den oft genannten Piccolomini, früh in seine Dienste und an seinen Hof, doch trennte er sich innerlich nicht von den Idealen seiner Jugend, von der Gotik. Dem Zeitenumbruch konnte er sich indes nicht entziehen und so wurde sein Geschick letztlich weniger von seinen persönlichen Eigenschaften als von dem Geschehen seiner Epoche bestimmt. In deren Turbulenzen erlitt er viele Schlappen und Niederlagen, doch erkannte er durchaus die Möglichkeiten, Vorteile zu erringen, und hatte auch Erfolge, was seine Kritiker überraschte. Diese verfolgten hauptsächlich die Rückschläge im Donauraum, wo Friedrich vor den Forderungen des Adels zurückweichen musste und wo sich später Corvinus durchsetzen konnte. Damit schien die Geringschätzung des Kaisers gerechtfertigt. Entscheidende Vorgänge im Westen wurden einfach übergangen, etwa die Tatsache, dass Friedrichs Stehvermögen und seine zielsichere Politik für das Haus Österreich 1477 den Erwerb des Machtbereiches Burgund einbrachten, der wieder zum Markstein im Aufstieg der Dynastie wurde. Man übersah, dass der Kaiser gar nicht ernsthaft daran dachte, den in Wien als Herzog von Österreich regierenden Corvinus zu bekämpfen, und sich vielmehr bemühte, als Reichsoberhaupt den Besitz Flanderns zu sichern.

Nach dem Urteil vieler Zeitgenossen war Friedrich träge und indolent, feig und willensschwach, unfreundlich und unnahbar. Anerkannt wurde, dass er ein konsequenter Verfechter der Ansprüche und Sonderstellung Österreichs und ein Repräsentant uneingeschränkter kaiserlicher Macht war. Diese Einstellung bewies er immer wieder und sie musste von der Umwelt hingenommen werden. Nicht zu übersehen, aber dennoch zu wenig gewürdigt war seine Verschlossenheit. Daraus ergab sich sein übertriebener Hang zur Geheimhaltung, der seiner Umwelt oft entging und

der mit weiteren Eigenschaften verbunden war: Friedrich war heimtückisch und verschlagen, unzuverlässig und unberechenbar. Er war nicht
träge, aber kaum zu durchschauen. Er ließ Bittsteller warten, um seine
Macht auszukosten, und er erweckte gern den Anschein, von seinen Beratern abhängig zu sein, um umso leichter dann seinen eignen Willen durchsetzen zu können. Es kann unter diesen Gegebenheiten nicht überraschen,
dass es keinem Historiographen seiner Zeit gelang, das Wesen des Kaisers
zu erfassen.

Er war keine überragende Persönlichkeit, stand nicht über den Dingen,
hatte auch nicht die Fähigkeit, seine Umwelt zu begeistern. Das imponie-
rende Auftreten, mit dem seine Gegenspieler wie Georg von Podiebrad
oder Matthias Corvinus ihr Gefolge beeindruckten, fehlte ihm. Er war
eifrig und emsig und wurde kaum von Skrupeln geplagt. Einen treffenden
Beweis für diese Eigenschaften lieferte er mit der zweifachen und unterschiedlichen Bestätigung der den Habsburgern zustehenden Rechte am
25. Juli und am 10. August 1442, die in erster Linie die österreichischen
Freiheitsbriefe bekräftigen sollte. Diese mussten nach den damals gültigen
Regeln gar nicht ausdrücklich genannt werden, es genügte die Feststellung, dass alle Privilegien akzeptiert wurden. So war es möglich, dass diese
unklare Bekräftigung mit Wissen und Zustimmung der Kurfürsten publiziert wurde. Das Exemplar vom 25. Juli folgte diesem allgemein üblichen
Formular, wurde diesen auch vorgelegt und zusätzlich unter Wiederholung
des vollen Wortlauts von jedem Kurfürsten einzeln transumiert. Das zweite vom 10. August, in dem das erste wortwörtlich wiederholt wurde, führte
die Aussteller der wichtigsten Dokumente der österreichischen Freiheitsbriefe auf und nannte ausdrücklich die Urkunden der „Kaiser" Julius
(Cäsar) und Nero, aber auch fünf weitere zwischen 1058 und 1283 ausgestellte kaiserliche Diplome, deren Fassungen im 14. Jahrhundert erweitert
und verfälscht wurden. Diese sollten nun auch bestätigt werden. Der Hinweis auf Privilegien der „Kaiser" Julius und Nero, die als Falsifikate schon
im 14. Jahrhundert erkannt und beanstandet worden waren, war aber nur
mit Zustimmung von Friedrich selbst möglich, dem wohl auch bekannt
war, dass diese antiken Herrscher für Österreich nie Urkunden ausgestellt
hatten. Nach dem Wortlaut der Fassung vom 10. August soll auch dieser
Text den Kurfürsten gezeigt worden sein. Doch dafür gibt es keinen Beleg.
Dieses Exemplar wurde nur im Archiv des Kaisers deponiert, der gehofft
haben dürfte, es irgendwann verwerten zu können. Letztlich bleibt offen,
weshalb diese unsaubere Tat überhaupt unternommen wurde.

In den eigenhändigen Unterlagen Friedrichs vermissen wir Anzeichen
von persönlicher Anteilnahme oder Freude, wohl aber finden wir Äußerungen, die Ärger und Verdrossenheit verraten. Friedrich war reizbar und
nachtragend, wahrscheinlich auch gefühlsarm und eher hartherzig. Er

regte wohl selbst an, dass in den Arengen seiner Urkunden der Glanz des Kaisertums betont und die glorreiche Vergangenheit seiner Dynastie herausgestrichen wurde. Die in diesen Unterlagen oft zum Ausdruck gebrachte Abneigung gegen das gemeine Volk, gegen den Pöbel dürfte auf Friedrich persönlich zurückzuführen sein. Für die Massen, für breitere Schichten, zu denen er die unbedeutenden Ritter und kleinen Adligen, aber auch die Eidgenossen zählte, hatte er kein Verständnis, sogar ein Corvinus, ein Sforza waren in seinen Augen – und wohl nicht nur in seiner Propaganda – Emporkömmlinge, die nicht gleichberechtigt waren. Er schätzte nur die traditionsbewusste Hocharistokratie. Ungeachtet dieser Einstellung hielt er selbst von adeliger Lebensführung nicht viel. Er war bescheiden, vielleicht sogar anspruchslos. Das ist relativ leicht verständlich, wenn man bedenkt, welcher Art die Vorzüge waren, die die höchsten Kreise genossen. Sie durften sich an geschätzten Spezialitäten erfreuen, wie etwa Pfauen und Schwänen, die den einfachen Menschen vorenthalten wurden, aber kaum vorzüglich schmeckten. Bekömmlich speisten die Adligen im Spätmittelalter wohl selten. Wer wohlhabend war, konnte die Speisen stark würzen, doch wurden sie deshalb für den Gaumen kaum köstlicher. Um die Kochkunst war es noch schlecht bestellt und so lebten die Bauern im Vergleich zu den Oberschichten gar nicht so übel. Der Adel aß viel Fleisch und trank Unmengen Wein. Wer sich dafür nicht begeistern konnte, erschien der Umwelt genügsam. So lebte der Habsburger, was Essen und Trinken angeht, wie ein Mönch. Das fiel allgemein auf, machte ihn aber noch nicht zum Heiligen. Er fastete oft und nahm sich Zeit für Gebet und Wallfahrten. Doch entsprach er damit in üblichem Maße den Bräuchen seiner Zeit. In diesem Zusammenhang wäre zu fragen – entsprechende Studien fehlen, da die auf uns gekommenen Nachrichten zu dürftig sind –, ob der Habsburger mit Schwächen und Krankheiten zu kämpfen hatte. Belege für jugendlichen Tatendrang und unüberlegte Begeisterung gibt es jedenfalls nicht. Die Vorgeschichte der schweren Erkrankung vor seinem Tod, die allmählich aufgetreten sein muss, ist bisher unbekannt. Ob er auch von solchen Mängeln zur Enthaltsamkeit angeregt wurde?

Dafür schätzte er schöne und kostbare Kleidung, die im Spätmittelalter in kaum mehr zu überbietender Qualität hergestellt wurde. Dem entsprach auch Friedrichs Vorliebe für teure Textilien und Kleinodien. Er besaß Reliquien in großer Zahl, doch bleibt verborgen, ob er der Heilkraft dieser Gegenstände wirklich vertraute oder ob er sie wegen ihrer wertvollen Fassungen sammelte. Es ist wahrscheinlich, dass ihn etwa ein Fragment vom Tischtuch des letzten Abendmahles – es ist ein Teil des im 15. Jahrhundert zu Nürnberg verwahrten Reichsschatzes, den er dort einsehen konnte – wenig beeindruckte, da damals die Reliquienverehrung bereits kritisiert wurde. Begeistern konnte er sich dagegen für Handschriften. Geld hatte seiner Meinung nach für die Hofhaltung keine Bedeutung, es war für ihn nur wichtig, wenn er Geschmeide und Schmuck erwerben wollte oder wenn er in Bauten seine Herrschaft demonstrieren konnte. Damit widersprach er dann doch dem seit dem Hochmittelalter gültigen, zur Armut verpflichtenden christlichen Tugendkatalog. Den üblichen Freuden des Adels seiner Zeit, der Jagd und den Turnieren, huldigte er selten, doch haben auch viele seiner Zeitgenossen die brutalen Ritterspiele schon kritisiert. Eher überraschte er mit seiner Zurückhaltung gegenüber Frauen. Sexuelle Ausschweifungen, die in vielen Kreisen üblich waren, konnten ihm nicht nachgesagt werden und auch die Nachrede, er hätte zu Nürnberg eine uneheliche Tochter gehabt, ist in ihrer Berechtigung umstritten.

Er war überdurchschnittlich gebildet, las und schrieb viel. Gut belegt ist sein Interesse an der Entwicklung von Feuerwaffen und technischen Geräten. Belächelt und kritisiert wurden von den Zeitgenossen seine Beschäftigung mit Steinen und Pflanzen, sein Glaube an die Astrologie und Astronomie und Alchemie. Doch dürfte seiner näheren Umwelt zu wenig bekannt gewesen sein, welche Bedeutung vor allem die Botanik für die Wirtschaft und den Handel des Mittelmeerraumes hatte. Auf diesem Gebiet hatte Friedrich den meisten seiner österreichischen Höflinge einiges voraus. Die zahlreichen spöttischen Bemerkungen der Mitmenschen verraten, dass er sich in seinem Alltag weitgehend diesen Sachbereichen widmete, aber auch diese Tätigkeit geheim hielt. Der deshalb aufkommenden und weit verbreiteten üblen Nachrede, er sei ein versponnener Sonderling gewesen, ist heute weder zuzustimmen noch ist sie zu widerlegen. Kennzeichnend war, dass Friedrich ungeachtet seiner Freude an wertvollen Handschriften keine private Bibliothek erwarb, die ihn als Bücherliebhaber im Sinne der Renaissance und als Wegbereiter moderner Wissenschaftlichkeit ausgewiesen hätte.

Er förderte Kirchen und Klöster, wahrscheinlich oft mit der Absicht, aus diesen Gemeinschaften für seine Dienste Kleriker abziehen zu können. Es fällt auf, dass er vor allem Wiener Neustadt mit neuen Gotteshäusern und Mönchsgemeinden ausstattete, wobei er nie erkennen ließ, ob für ihn deren Gottesdienst wichtig war oder ob er nicht auch in diesem Falle in erster Linie an den Einsatz der Geistlichen am kaiserlichen Hof in der allmählich wachsenden Verwaltung dachte. Offenkundig ist, dass er mit diesen Sakralbauten auch seine Residenz eindrucksvoll gestaltete. Die Zisterzienser wurden hierher gerufen, die Friedrich wegen der von ihnen geübten Totenkulte und Gebete schätzte. Als deren Ansehen im Laufe des 15. Jahrhunderts abnahm, ging auch das Interesse des Kaisers an diesem Orden zurück. Bis an sein Lebensende vertraute er aber dem von Zister-

ziensern besonders geförderten Kult der Gottesmutter, doch könnte er
damit auch einfach der Religiosität seiner Mutter gefolgt sein. Er schätzte
und förderte überdies mit Nachdruck die Verehrung mancher Heiligen,
doch ist auch in diesen Fällen kaum zu durchschauen, wieweit er etwa mit
seinem Einsatz für den Kult des Heiligen Georg und der Verehrung Markgraf Leopolds politische Absichten verfolgte, um Teile des Adels oder die
Untertanen an der Donau für sich einzunehmen. In diesem Zusammenhang ist noch zu erinnern, dass Friedrich in einigen seiner Städte das Viaticum, den Versehgang, aufwendig organisierte.[1] Der Umwelt fielen diese
Maßnahmen kaum auf, da sich die Christenheit des Abendlandes damals
hauptsächlich mit anderen Problemen herumschlug und sich sogar im
Rahmen der Kämpfe um die Kelchkommunion – den Laienkelch – mit der
Gesamtheit der Sakramente kaum eingehender befasste. Wahrscheinlich
schreckte man im 15. Jahrhundert davor zurück, sich mit diesen Problemen
gründlicher auseinander zu setzen, da die Masse der im Hochmittelalter
entstandenen Abhandlungen nicht mehr zu überschauen war und die Viel-
zahl von Ausnahmen und Dispensen für weitere Verwirrung sorgte. In diesem Dilemma gab es nur den Ausweg, durch Kumulation der Sakramente
Buße, Eucharistie und Krankensalbung im Viaticum einem Sterbenden vor
dessen Tod den notwendigen Nachlass der Sünden zu sichern. Es spricht
für die Einstellung des Habsburgers zum Christentum, dass er mit diesen
Maßnahmen, die in ihrer Anwendung nicht unumstritten waren, auch die
Seelsorge förderte, soweit es in seiner Macht stand. Wie unterschiedlich
deren Wertschätzung war, beweist die Tatsache, dass dem Kaiser die Sterbesakramente in gebührender Form gereicht wurden, nicht aber dem Matthias Corvinus. Es wird wohl auch in Zukunft nicht gelingen, die Gründe
für dieses unterschiedliche Verhalten aufzuspüren. Die allgemeine Verbesserung der Zustände in der Kirche war für Friedrich durchaus ein Anliegen. Ihr sollte zweifellos auch die von Friedrich angestrebte Bistumsregu-
lierung dienen, die Errichtung neuer Diözesen, die aber zugleich, wie nicht
zu übersehen ist, der Modernisierung der politischen Strukturen in den Erblanden nützlich war. Religiosität und seine Verpflichtungen als Herrscher
waren für den Habsburger eine untrennbare Einheit, wurden aber eher von
dessen rationalen als von emotionalen Denkmodellen geleitet.

Die Religiosität des Kaisers war mit seinem Vertrauen auf die Vorzüge
dynastischer Strukturen untrennbar verbunden. Die Monarchie war für
ihn von Gott eingerichtet worden, der, davon war Friedrich überzeugt, mit
seinen Gnaden und Strafen das Schicksal der Herrschenden entschied.
Diese Mentalität war weit verbreitet in der Spätgotik, einer Zeit, in der
das Alltagsgeschehen weitgehend von Krankheiten und Unglücksfällen
bestimmt wurde, die alle Menschen und auch die Sippen der Herrscher be-
fielen und gravierende Entscheidungen und Veränderungen erwirkten.

Für die Machthaber war vor allem die hohe Kindersterblichkeit bedrückend und so fühlte sich Friedrich entscheidend vom Willen Gottes abhängig, dank dessen Gnade er ja auch ganz überraschend König und Reichsoberhaupt geworden war. Diese Gunst wollte er durch sorgfältige Wahrung der bestehenden Vorschriften hüten. Er glaubte fest, Katastrophen seien die Strafe Gottes für Sünden. Friedrichs Lebenswandel war wohl auch von der Überzeugung bestimmt, durch Bescheidenheit und Enthaltsamkeit die Hilfe Gottes für seine Dynastie zu erringen. Von späteren Generationen wurde ihm unterstellt, er hätte bei seinem politischen Handeln gewusst oder wenigstens geahnt, dass sich in den folgenden Jahrhunderten die Erbmonarchien, von wenigen Ausnahmen abgesehen, durchsetzen würden, und so die Grundlage für den Aufstieg der Habsburger gelegt. Es ist jedoch zweifelhaft, ob wir Friedrich solche Voraussicht zutrauen dürfen. Für seine Haltung waren eher die Ereignisse der Vergangenheit ausschlaggebend, die unheilvollen Rivalitäten in den großen Dynastien und die vor allem nach dem Tode eines Regenten einsetzenden Kämpfe um die Nominierung eines Nachfolgers. Wirren dieser Art mit Hilfe klarer monarchischer Spielregeln zu vermeiden, war zum Leitmotiv für Friedrichs Politik geworden.

Beharrlich setzte er sich für klare Regeln der Erbfolge ein. Er entschied sich für den Grundsatz des Seniorats, wonach der Älteste der Familie innerhalb der Sippe einen Vorrang beanspruchen durfte, doch ließ er offen, welche Rechte und Verpflichtungen sich aus dieser Sonderstellung ergaben. Friedrich war zunächst überzeugt, es genüge, in allen Erblanden als natürlicher Herr anerkannt zu werden, und folgte damit den im 14. Jahrhundert entwickelten und allzu einfachen Vorstellungen. Doch musste er erleben, dass gerade das von ihm so hoch geschätzte Erbrecht von den Ständen ausgenützt wurde, um in anderen Ländern des Hauses Österreich mit den Habsburgern Siegmund und Ladislaus Gegenspieler aufzubauen, die nicht auszuschalten waren. Um dem entgegenzuwirken, beschränkte Friedrich 1453 die Sonderrechte der Dynastie auf die innerösterreichische Linie, doch war das nur ein schwacher Versuch, die nach wie vor innerhalb der Familie bestehenden Gegensätze zu überwinden. Die Misserfolge des Habsburgers hatten sich mit aus dem Grund eingestellt, dass ihm die Unterschiede zwischen den einzelnen Alpenregionen kaum bewusst waren. Er begriff wohl, dass sich die Verhältnisse in Böhmen und Ungarn von den österreichischen unterschieden und führte dies auf die jeweilige Rechtslage zurück. Dass er am Oberrhein andere Machtansprüche als in Kärnten erheben musste, wusste er nicht, konnte er aber auch nicht wissen, da er sich in seine höfische Umgebung zurückzog und keinen anderen Erfahrungsbereich hatte.

Er schätzte es, sich in die Abgeschiedenheit seiner Residenz zurückziehen zu können. Das war oft ein Anlass, ihm Feigheit vorzuwerfen. Diesem harten Urteil dürfen wir uns nicht länger anschließen. Mutwillig begab sich Friedrich nicht in Gefahr, er wich ihr aber auch nicht konsequent aus. So wusste er wohl, wie unsicher 1462 die Lage in Wien war, dennoch begab er sich in die Stadt. Als er dann in der Burg belagert und beschossen wurde, gab er nicht auf und harrte aus, bis Hilfe von außen kam und er befreit wurde. Dieses Verhalten widerlegt die wiederholt vorgetragene Beschuldigung, der Habsburger sei vor jeder Gewalt zurückgewichen. Die Vorwürfe verlieren oft auch ihr Gewicht, sobald die Zusammenhänge des Geschehens erfasst werden, die den Zeitgenossen nur selten bewusst wurden. Und da auch Friedrich in seiner Verschlossenheit nur selten bereit war, seine Maßnahmen zu erläutern oder zu begründen, weckte er Misstrauen und veranlasste die Untertanen zu allen erdenklichen Spekulationen. So sollten etwa die turbulenten Ereignisse im Herzogtum an der Donau für Friedrichs Unentschlossenheit und Schwäche symptomatisch gewesen sein. Doch wurden von seinen Kritikern weder die entscheidenden Verflechtungen im gesamten Karpatenraum hinreichend beachtet, noch wurde das unheilvolle Vorgehen der Elisabeth, der Witwe König Albrechts II., gewürdigt, die in erster Linie für die Katastrophe nach 1439 verantwortlich war und Friedrich in das Unheil hineinzog.

Dagegen sind die Rückschläge im Südwesten des Reichs nach 1442 uneingeschränkt dem Habsburger anzulasten. Er hielt sich ohne zwingende Gründe nicht an die mit dem Tiroler Adel getroffenen Vereinbarungen und suchte auch keinen Ausgleich, sondern trieb die Opposition des Landes in das Lager der Eidgenossen. Da diese zunächst isoliert und ausgespielt gewesen waren, dürfte Friedrich seine eigene Stärke und die Macht der schwäbischen Adligen überschätzt haben, die als energische Gegner der Schweizer verlässliche Verbündete waren. Dem sich daraus entwickelnden Ränkespiel der Herrschaften und Städte, der Ritter und Bürger im Jahre 1442 war jedoch der Habsburger als Diplomat und als Landesfürst von Tirol nicht gewachsen. Er verlor an Ansehen. Seine Maßnahmen wurden von Illusionen getragen – er hatte auf die Hilfe des französischen Königs gehofft und der Einsatzbereitschaft der deutschen Herren und Städte vertraut – und führten gegenüber den Eidgenossen zur militärischen Katastrophe, die nach 1444 Friedrich als Reichsoberhaupt schwer traf. Diese Schlappe fiel zeitlich mit dem Niedergang des Baseler Konzils zusammen, der wieder den Zusammenbruch des Konziliarismus zur Folge hatte. Der Habsburger hatte, wie übrigens auch sein Hof, alle Hoffnungen in diesen gesetzt und wurde von diesem Rückschlag hart getroffen. Als Notlösung wurde der Ausgleich mit Papst Eugen IV. gesucht und dessen Anerkennung durchgesetzt, aber damit nur die Kaiserkrönung im Jahre 1452 gesichert und kaum viel mehr erreicht.

Nach 1444, nach der Übertragung der habsburgischen Herrschaft in Vorderösterreich an Herzog Albrecht VI., konzentrierte Friedrich seine Kraft auf Innerösterreich und ließ die anderen habsburgischen Lande zur Seite. Nunmehr bewährte er sich, allerdings nur in dieser Region. Hier konnte er die Rivalität zu den Grafen von Cilli und den Grafen von Görz, die er auch gegeneinander ausspielte, siegreich überstehen, wobei ihm das Glück zu Hilfe kam, da die Gegner für den Habsburger zur rechten Zeit starben oder umgebracht wurden. Ein abschließendes Urteil über alle diese Vorgänge ist nicht möglich, da die notwendigen Quellenpublikationen noch nicht vorliegen. Es gibt Anzeichen dafür, dass für diese Länder zukunftsweisende Reorganisationen geplant waren oder vielleicht sogar anliefen. Dagegen fehlen Belege, dass Friedrich in anderen Regionen der Herrschaft Österreich analoge Modernisierungen anregte. Das war auch nicht möglich, da Siegmund lange Zeit in Tirol nach eigenem Ermessen regieren durfte und Albrecht freie Hand am Oberrhein hatte und einige Jahre später sogar an der Donau dominierte. Nach dessen Tod gab sich Friedrich wenig Mühe, in das Geschick dieser Gegend einzugreifen. Er war wegen des hier erlittenen Ärgers sichtlich noch lange verstimmt. Doch wurde er bald von anderen Aufgaben abgelenkt.

Gegen 1470 wandte er sich wieder dem Reich zu. Er verfolgte sorgfältig die Vorgänge im Westen und in Burgund. Seine Sorgen um Wiener Neustadt, die Orientierung auf das Herzogtum Steyr wurden zurückgestellt und er war wider Erwarten in erster Linie als Reichsoberhaupt tätig. Abermals hatte er Glück. Die rücksichtslose Politik Karls des Kühnen erregte Gegenwehr, die Friedrich nützen konnte. Er, der biedere Steyrer, ließ sich von einem am Rhein erwachenden deutschen Nationgefühl tragen. Jetzt wurden seine Aufrufe an die deutsche Nation angenommen und befolgt. Er konnte den Burgunder zurückdrängen, die Nachfolge seines Sohnes in dessen Landen sichern und den entscheidende Aufstieg des Hauses Österreich für sich verbuchen. Er, dem bis dahin das Kriegsglück kaum hold gewesen war, ging Kämpfen nicht mehr aus dem Weg und er wehrte den Angriff Karls des Kühnen auf Neuss erfolgreich ab. Er konnte sogar wenige Jahre später mit einem Reichsheer dem bedrängten Maximilian beistehen und weit nach Westen vorstoßen, er schickte sich an, Flandern zu erobern. Das Glück begleitete ihn weiterhin. Sein Vetter Siegmund verzichtete auf die Herrschaft in Tirol und wenige Wochen später starb der lästige Matthias Corvinus, ohne dass dessen Nachfolge in Ungarn geregelt war. Friedrich stand als alter Mann auf dem Höhepunkt seiner Macht. Diese letzten Ereignisse erlauben auch, die Epoche des Kaisers und seine Lebensarbeit positiver zu beurteilen.

Kaiser Friedrich III. war überzeugt, dass ihm mit Gottes Wille das Glück zuteil geworden war, als Senior des Hauses Österreich an die Spitze des

Reichs gerufen zu werden. Er dürfte ein wenig zu schlicht der Gnade des Allmächtigen vertraut haben. Wenn ihm das Glück hold war – und das trat mitunter ein –, dann war er aktiv und entschlossen, aber auch erfolgreich. Niederlagen nahm er gelegentlich gelassen hin. Beeindruckend war die Zähigkeit, mit der er die Interessen seiner Dynastie in Burgund vertrat, als sich ihm hier Möglichkeiten zur Machtentfaltung eröffneten. Der erfreuliche Abschluss dieser Politik wurde allerdings nicht nur von seinem geschickten Verhalten, sondern stärker noch von dem unerwartet frühen Tode Karls des Kühnen verursacht. Die darüber ausbrechenden Kriege führte Friedrich energisch, für die Überlegenheit seines Heeres sorgten freilich die westdeutschen Fürsten, die weniger auf Geheiß des Kaisers als vielmehr aus Sorge um ihre Region initiativ geworden waren. Friedrich hatte jetzt das Glück, unter günstigen Voraussetzungen als Reichsoberhaupt auftreten zu können. Seine Politik, Österreich als Zentrum imperialer Macht einzurichten und aus seinen Erblanden und mit deren Hilfe die Kraft des Kaisertums zu erneuern, wurde in den Hintergrund gedrängt. Und so dürfen wir uns, auch wenn wir den Habsburger von der Schuld für die Wirren an der Donau weitgehend freisprechen können, von den Ereignissen seiner letzten Regierungsjahre nicht täuschen lassen, da er als Kaiser erfolgreich war. Viele Möglichkeiten, die sich ihm nach 1470 boten, ließ er ungenutzt verstreichen – es ist ihm vor allem vorzuwerfen, dass er die Reichsreform vernachlässigte. Die Maßnahmen, die dann 1495 von Kaiser Maximilian beschlossen wurden, hätte Friedrich spätestens 1486 ergreifen müssen. Auch dass sich die italienischen Mächte in kleinlichen regionalen Gegensätzen aufrieben, zeichnete sich damals schon ab. Der Kaiser war berufen, sich für das gesamte Abendland einzusetzen – das wäre ohne weiteres möglich gewesen –, und vieles wäre besser verlaufen, wenn wenigstens in der Mitte Europas eine bessere Ordnung geschaffen worden wäre. Nach jahrelangen Wirren am Rhein gab es außerdem mit Berthold von Henneberg endlich wieder einen Kurfürsten mit Format, der die für die Zukunft notwendigen Maßnahmen erkannte und die einzuschlagenden Wege wies. Er warnte, doch Kaiser Friedrich und sein Sohn verloren sich in Händeln, die mit ihrer Primitivität den italienischen Zwistigkeiten entsprachen. Es ist für uns heute kaum zu verstehen, dass die politisch Führenden des Abendlandes um 1500 jeden Weitblick vermissen ließen und Gegensätze pflegten, die in Glaubenskriegen endeten, in Kämpfen, deren Sinnlosigkeit spätere Generationen erschütterten. Es ist Kaiser Friedrich III., ungeachtet seiner Erfolge nach 1470, vorzuwerfen, dass er sich mit der Sicherung der Herrschaft in Burgund begnügte, aber den Missständen und Konflikten dieser Jahre im Reich nicht entgegentrat. Vieles spricht dafür, dass er sich als alter Mann wieder der Überzeugung seiner Jugend verschrieb, es genüge, einfach das System der Erbmonarchie durchzusetzen und zu wahren, die Lösung aller anderen Probleme würde sich dann von selbst ergeben.

Anmerkung

[1] Vgl. Reg. F. III., 12, Nr. 52 u. 69. Analoge Vorschriften wurden für Hall in Tirol und Innsbruck erlassen.

14. Ergebnisse

a) Die Leitmotive von Friedrichs Politik als Reichsoberhaupt

Der Habsburger Friedrich, der 1440 zum römisch-deutschen König gewählt wurde, war nach seinen eigenen Vorstellungen vor allem Oberhaupt des Reiches und erst in zweiter Linie Herzog von Österreich. Doch konnte er beide Funktionen verbinden, da dieses Fürstentum das dominante und tragende Land für sein Kaisertum sein sollte und mit dieser Aufgabe sogar identifiziert wurde. Diese Organisationsform, ein Kernland aufzubauen, war schon im 14. Jahrhundert gefestigt. Damals war dafür noch Böhmen eingerichtet worden. Das Königreich sollte einfach die Zentralfunktion für das ganze Reich übernehmen und tragen; damit schienen viele Finanzprobleme der Reichsreform bewältigt. Für Friedrich war dieses System verbindlich geworden, da im frühen 15. Jahrhundert auch der Papst das Patrimonium Petri als Kernregion ausgebaut und den Kirchenstaat reorganisiert hatte. Für eine analoge Aufgabe im Reich war Böhmen wegen der um 1420 im Land aufkommenden katastrophalen Wirren nicht mehr geeignet. Die ältere Forschung hat den spätmittelalterlichen Grundsatz, eine zentrale Region sollte einfach einen Mittelpunkt tragen, nicht zuletzt wegen der Konflikte im Zentrum des Imperiums viel zu wenig beachtet. Daher konnte man auch die nunmehr auf Österreich ausgerichtete Politik Friedrichs kaum entsprechend interpretieren und verstand diese nur als Einengung seiner Macht auf seine Erblande, die mit der angeblichen Schwäche des Habsburgers erklärt wurde. Dennoch erkannte schon Lhotsky, dass um 1440, als der Begriff „Haus Österreich" mit neuen Inhalten versehen wurde, diese Bezeichnung auch den nunmehr bestehenden Verhältnissen entsprach. Er war allerdings überzeugt, dass die neue Terminologie schon in diesen Jahren nur auf die herrschende Familie zu beziehen war, aber nicht mehr ein Territorium betraf, da die Dynastie, die sich dann im 16. Jahrhundert noch immer „Haus Österreich" nannte, damals eher mit Burgund oder sogar mit Spanien in Verbindung gebracht werden konnte, aber diese Bereiche kaum als ihre Heimat auffasste. Doch diese neuzeitliche Erweiterung habsburgischen Machtverständnisses war unter Friedrich noch nicht gegeben. Dieser blieb seinem Herkunftsland eng verbunden.[1]

Doch dieses Österreich war auch einem Wandel unterworfen, der noch ausführlich zu behandeln sein wird, aber schon jetzt knapp zu skizzieren ist. Der habsburgische Machtbereich wurde nämlich nach 1440 vor allem vom Ausbau der Residenz Wiener Neustadt charakterisiert, die etwa in der Mitte zwischen den Herzogtümern Österreich und Steyr lag – und damit war nicht nur der Verzicht auf den bis dahin wichtigen Mittelpunkt Prag zum Ausdruck gebracht – es wurde auch angedeutet, dass Friedrich seine Bindung an die Steiermark beibehalten wollte.[2] Doch um 1470 verstärkte der Kaiser seine Kontakte zum Westen des Reichs, er verzichtete auf eine weitere Förderung Wiener Neustadts und setzte sich, was bisher auch zu wenig beachtet wurde, nach 1477 mit Nachdruck in Flandern ein. Er hatte bis dahin nicht nur energisch den Erwerb Burgunds verfolgt, sondern dürfte sogar geplant haben, das Erbe Karls des Kühnen mit Österreich als Vorbild zum Erzherzogtum zu strukturieren. Viel Erfolg hatte er dabei nicht. In seinen letzten Lebensjahren blieb er daher hauptsächlich wieder in der Region an der Donau, in Wien und in Linz, förderte aber auch deutlich Köln und Nürnberg und war als Österreicher bereits in einem Raum aktiv, über den dann später sein Sohn Maximilian verfügte, der wieder Mecheln und Innsbruck als Zentralen bevorzugte. Der junge Friedrich war in erster Linie ein Steyrer, der alternde engagierte sich bereits in Gent und Brügge, kümmerte sich um das Elsass, fühlte sich aber auch in Nürnberg wohl und deutete an, dass er nicht nur das deutsche Kaiserreich, sondern auch das Fürstentum Österreich weit nach Westen ausweiten wollte. Dafür spricht vieles. Doch konnte sich der Habsburger in dieser seiner letzten Epoche zu keiner klaren Umschreibung seines Zentrallandes durchringen, dessen Ausdehnung ihm aber auch kaum recht bewusst war.

Er unterschied aber, wie auch viele seiner Zeitgenossen, zwischen kaiserlicher und landesfürstlicher Macht, obwohl er beide Bereiche zur Deckung brachte, wie sich schon aus den bereits 1439 formulierten programmatischen Sätzen König Albrechts II. ergab. Nach diesem Sprachgebrauch sollte die kaiserliche Würde für alle Zeit den Habsburgern vorbehalten bleiben und dem wurde bis 1806 entsprochen. Doch wurde deshalb die Rechtslage des Spätmittelalters nicht aufgehoben. Das Imperium blieb in der Theorie ein Wahlreich, es gab weiterhin ein Kurkolleg, das angeblich über die Nachfolge entschied. Doch dessen Bedeutung ging bald deutlich zurück, die Wirklichkeit entsprach nicht mehr dieser Verfassung. Die Wahl wurde zu einem Formalakt, in dem die Ansprüche des Hauses Österreich fast durchweg anerkannt und den Wählern nur mehr größere Summen zugestanden wurden, mit denen die Stimmen, so schien es, gekauft wurden. Die kaiserliche Würde blieb bei den Habsburgern.[3] Der Grundsatz, dass auch diese Funktion nach Richtlinien einer Erbmonarchie weitergegeben werden sollte, wie in späteren Jahrhunderten allgemein anerkannt wurde, war aber bereits zum Leitmotiv Friedrichs geworden und ergab sich aus der nunmehr verbindlichen Verfassung des Herzogtums Österreichs, wo die landesfürstliche Macht längst vererbt wurde und keiner Wahl, ja nicht einmal der Zustimmung oder Anerkennung des Adels oder der Untertanen bedurfte. Friedrich zeigte seine Grundhaltung schon 1440 klar an, als er die von ihm zu Wiener Neustadt demonstrativ herausgestrichene Anerkennung seiner Würde als Reichsoberhaupt herausstrich und damit seine zu Frankfurt erfolgte Wahl als bedeutungslos einstufte. Doch wurde dieser Grundsatz von der Umwelt nicht begriffen, die nur laute und deutliche Sätze verstand, und auch Friedrichs Absicht, aus dem Wahlreich ein Erbreich zu machen, nicht erkannte. Aber auch die schon 1440 vorgenommene Änderung der Reichsfarben wurde übersehen: Der Ersatz der für Böhmen charakteristischen Kombination Schwarz-Gold durch Purpur-Grün. Damit sollte wohl auf staufische Symbole zurückgegriffen werden.[4] Von den Zeitgenossen wurde auch nicht zur Kenntnis genommen, dass der Habsburger seine Privilegien nach älteren Vorbildern wieder auffallend prächtig gestaltete, um deren Anerkennung zu heben. Doch wurden alle diese Maßnahmen nicht nur übergangen, sie hatten auch wenig Wirkung und wurden von späteren Generationen nicht gewürdigt.

Beachtet wurden jedoch Friedrichs Anordnungen, die er als Reichsoberhaupt für die Sicherung des Friedens getroffen hatte. Das Reich wurde in zunehmendem Masse von Fehden und gewalttätigen Auseinandersetzungen erschüttert. Bald nach 1400 wurden daher für regionale Bereiche Vereinbarungen getroffen, die bei berechtigten Forderungen und Klagen die Selbsthilfe anerkannten und erlaubten, ein „Pfand zu nehmen", wie geschrieben wurde – es wurde gestattet, sich Güter zu bemächtigen, wie es in Fehden üblich war, aber dann vorgeschrieben, dass diese Waren in das nächste Gericht zu bringen waren, wo dann der Streit in einem Verfahren entschieden werden sollte.[5] Über den Wortlaut der zu beschließenden Texte hatte man sich schon 1438 weitgehend geeinigt und es war nur noch zu klären, wie die ausgehandelten Bestimmungen für die Reichsuntertanen verbindlich zu machen seien. Der König und seine Berater suchten und fanden den Ausweg, mit 14. August 1442 das entscheidende Dokument, die so genannte Reformatio Friderici, allgemein bindend publizieren zu können. Sie wurde einfach als Zusatz zu der als Reichsgesetz schon anerkannten Goldenen Bulle Kaiser Karls IV. von 1356 ausgewiesen. Auf weite Strecken wurden dann nur die seit dem frühen 15. Jahrhundert ausgehandelten Satzungen wiederholt und noch mit knappen Bemerkungen vereinbart, schriftliche Unterlagen anzulegen, ohne genauer anzuführen, wie das praktiziert werden sollte.[6] Friedrich berief sich dann oft auf dieses sein Reichsgesetz, das sich aber nicht bewährte. Die Händel und Konflikte nahmen zu, wie der Streit des Markgrafen

Albrecht Achilles mit der Stadt Nürnberg oder aber die Mainzer Stift-
fehde oder die Expansionsversuche des Kölner Erzbischofs deutlich
machten. Der Wunsch, diese vielen Gegensätze, die in Kleinkriegen aus-
arteten, zu überwinden, war nicht mehr zu übergehen und nötigten Friedrich, in seinen 1467 erlassenen und später wiederholten Landfriedens-
geboten zunächst für die Frist von mehreren Jahren die Fehde grundsätzlich zu verbieten.[7] Dabei schrieb er vor, die Forderungen nur mehr vor
Gericht zu erheben, vermied aber die dafür notwenigen klaren Angaben
und beeinträchtigte damit die Anerkennung seiner Anordnungen. Die
daher nach wie vor bestehenden Unsicherheiten beseitigte erst Maximilian I., als dieser dann 1495 zu Worms mit seinem Ewigen Landfrieden mit
neuerlichem Verbot der Fehde die nicht mehr zu kontrollierenden Waffengänge untersagte und gleichzeitig auch das Gerichtswesen grundlegend
reformierte und erneuerte.[8]

Mit den knappen Verfügungen im Jahre 1442, den Ablauf von Verfahren
zu dokumentieren und deren Verschriftlichung vorzunehmen, beschritt
Friedrich neue Wege. Die Bestimmungen waren wegen ihrer Kürze unklar
und nur schwer zu verstehen. Dennoch leitete der König damit eine Erneuerung der dem Reichsoberhaupt unterstehenden höchsten Gerichtsbarkeit ein, vor allem des Reichshofgerichts, das 1235 geschaffen worden
war. Damals wurde vorgesehen, dass der Kaiser auf Klage eines Untertanen eine Entscheidung fällte und den Schuldigen ächtete. Darüber sollte
ein Achtbuch geführte, darin die Namen des Klägers und Beschuldigten
protokolliert werden, aber auch vermerkt werden, wann die Acht aufgehoben wurde. Weitere Angaben wurden nicht vorgesehen. Als 1417 das
Hofgericht erneuert wurde, ließ König Siegmund ein neues Achtbuch an-
legen, das aber noch immer den alten und primitiven Vorschriften entsprechend geführt wurde.[9] Die dann in relativ großer Zahl immer im Block
verfügten Ächtungen, die nach wie vor nur in knappster Form den Verfügungen von 1235 entsprechend dokumentiert wurden, lassen vermuten,
dass viele Urteile einfach gefällt wurden, wenn der Beklagte nicht erschienen war. Mit der Acht wurde aber nur entschieden, wem Recht gegeben
wurde, aber der Streit selbst war damit nicht beendet. Die Fehden wurden
dadurch nur weiter angeheizt.[10] Die mit dem Regierungsantritt Friedrichs
einsetzenden Veränderungen und Versuche, diese Unzulänglichkeiten abzustellen und das Gerichtswesen zu modernisieren, sind nur knapp belegt
und daher kaum leicht zu durchschauen. Es wurde zwar früh die Existenz
eines modernen Kammergerichts erwähnt, das das alte Hofgericht erset-
zen sollte, doch wurde der Einsatz der neuen Institution nur dürftig dokumentiert. Besser zu erforschen war nur die Tatsache, dass Friedrich zur
Verbesserung der Verfahren nunmehr Kommissare bestellte, die im jeweiligen lokalen Bereich die Gegebenheiten zu erheben hatten, vor allem

Zeugen einvernehmen sollten und deren Aussagen zu protokollieren hatten. Diese Unterlagen waren dann dem König zu übersenden, sofern der Kommissar nicht ermächtigt wurde, selbst ein Urteil zu fällen.[11]

Friedrich versprach zwar bald nach Regierungsantritt, das Hofgericht zu fördern, ernannte auch einen Hofrichter und wurde bald als oberster Richter angerufen.[12] Er nahm aber diese seine Funktion erst im Dezember des Jahres 1442 energisch wahr, als zu Innsbruck das Hofgericht unter dem Vorsitz von zwei anerkannten Juristen, von Bischof Silvester von Chiemsee und von Bischof Georg von Brixen, tagte. Es ergingen unter diesen nur neun Ächtungen, die vermutlich von beiden Fachmännern gründlicher vorbereitet waren. Eine leichte Verbesserung der Zustände ist daher anzunehmen. Doch wenig später war davon kaum mehr etwas zu bemerken, da im Sommer 1443 bereits 22 analoge Urteile des Hofgerichts gefällt wurden, für die niemand verantwortlich zeichnete und die wohl wieder mit der traditionellen Flüchtigkeit entschieden worden waren.[13] Dieser Abstieg könnte verursacht haben, dass im folgenden Jahr dann doch wieder Verbesserungen vorgenommen wurden. Als 1444 in Nürnberg ein Reichstag zusammen trat, wurde die höchste Instanz des Königs als Kammergericht bezeichnet und dem Konrad von Weinsberg unterstellt, der sich wie kein anderer für Modernisierungen und Reichsreform eingesetzt und schon zwei Jahre früher in Frankfurt der Richterbank angehört hatte. Während das alte Hofgericht nur mit großen Abständen zusammengetreten war, tagte jetzt das Kammergericht unter Konrad nach jeweils kurzen Fristen. Es hat den Anschein, dass Friedrich bereit war, Verpflichtungen zu delegieren und dass der Weinsberger sich darauf einstellte, mit dem Kammergericht in Nürnberg zu bleiben, wo auch die Machtverhältnisse im Haus Österreich zu dieser Zeit neu organisiert werden sollten. Herzog Albrecht VI. wurde zu wichtigen Aufgaben berufen, er sollte Rechte und Ansehen der Familie im Südwesten des Reichs wahren und hier als Landesfürst auftreten.[14]

Der offensichtlich überraschende Vormarsch der Armagnaken zerstörte alle Pläne. Diese Söldner sollten wohl Albrecht unterstellt werden, doch dazu kam es gar nicht. Die französischen Truppen bedrohten vielmehr vorzeitig Basel, die Eidgenossen griffen ein, um der Stadt zu helfen, wurden aber vernichtend geschlagen, lenkten ein und schlossen einen Waffenstillstand. Der Herzog musste sich jetzt mit den Schweizern auseinandersetzen und mit dem Dauphin, der die Eindringlinge befehligte, einen Ausweg suchen Konrad von Weinsberg, der auf dem Reichstag noch energisch aufgetreten war, zog sich unter dem Eindruck dieses Fiaskos zurück und starb wenig später. Für Friedrich wurde die Nürnberger Tagung zur Katastrophe. Er musste sich in seine Herzogtümer am Südostrand des Reichs zurückziehen, da in Ungarn nach dem Tode des Königs Wladislaw Wirren ausbrachen, durch die auch die Stammlande der Habsburger in Mitleidenschaft gezogen wurden. Da aber weiterhin Klagen an das Reichsoberhaupt herangetragen wurden, berief Friedrich das alte Hofgericht nach Wien, wo im Mai 1445 nochmals 27 Ächtungen und vier Aberächtungen verhängt wurden.[15] Die Institution unterstand damals dem Burggrafen Michael von Maidburg, der mehrere Jahre die oberste Gerichtsbarkeit im Reich leitete, aber in dieser Zeit meistens als „gesetzter Richter und Commissari" ausgewiesen und zuletzt nur 1450/51 noch einmal als Hofrichter bezeichnet wurde.[16] Seither wurde in den Quellen nur mehr das Kammergericht erwähnt.

Dessen Entwicklung wurde nicht zuletzt von der Förderung der Schriftlichkeit und den Veränderungen in den Schreibstuben und in der Kanzlei des Reiches bestimmt. Deren Notare mussten nämlich auch nach 1440 hauptsächlich Privilegien und in erster Linie die allgemein erteilten Bestätigungen der Rechte mundieren, für die hohe Gebühren zu entrichten waren. Die Kanzleibeamten profitierten davon und wurden reich. Doch ging in den folgenden Jahren, wie schon bemerkt wurde, die Bereitschaft, diese kostbaren Urkunden zu erwerben, deutlich zurück. Dafür schwollen die Schriftstücke an – wir dürfen sie bereits als Akten bezeichnen – die im Rahmen von Verfahren herzustellen waren. Diese Unterlagen mussten zwar auch von den Parteien bezahlt werden, doch wurden Dokumente und Protokolle ohne besondere Sorgfalt geschrieben und trugen wenig ein. Nicht zuletzt wegen dieser bürokratischen Schwierigkeiten entwickelte sich nach 1450 die königliche Gerichtsbarkeit kaum weiter.[17] Wegen der sich jetzt ergebenden Komplikationen ermächtigte König Friedrich 1447 den Kaspar Schlick, den Kanzler des Reichs, das Kammergericht neu zu organisieren. Von dessen Maßnahmen ist bis jetzt nichts bekannt, doch ist überliefert, dass sich Schlick mit dem Habsburger überwarf, bald zurückzog und wenig später (1449) starb.[18] Das Kammergericht verfiel, wurde nur selten aktiv und nahm erst einen leichten Aufschwung, als es 1455 dem energischen Markgraf Albrecht Achilles von Brandenburg anvertraut wurde, der aber nur wenige Jahre zur Verfügung stand.[19] In dieser nach wie vor verworrenen Lage, die auch von den nach dem Todes des Ladislaus Postumus 1457 in Österreich eingetretenen Wirren zusätzlich verunsichert wurde, entschloss sich Friedrich nunmehr als Kaiser, 1458 seinen Bruder Erzherzog Albrecht als Kammerrichter mit einem Sold von 4000 Gulden zu ernennen. Es wurde offenbar erwartet, dass sich dieser in die ihm übertragenen und nach wie vor zustehenden österreichischen Vorlande zurückziehen und hier die kaiserliche Gerichtsbarkeit reformieren werde. Diese Hoffnungen erfüllte der Erzherzog jedoch nicht. Er trat seine Funktion schon 1459 an Markgraf Wilhelm von Baden-Hachberg ab, der sich aber auch nicht bewährte.[20]

Der Kaiser suchte neue Auswege, um das Ansehen und die Macht seines Kammergerichts zu stärken. Er übernahm nicht nur persönlich dessen Vorsitz, sondern erweiterte auch personell die Behörde. Die Richterbank wurde bis dahin von acht bis zehn Personen besetzt. Friedrich verdoppelte die Anzahl des Gremiums, berief zusätzlich gelehrte Juristen an seinen Hof und versammelte alle in einem repräsentativen Saal seiner Residenz, der damals bereits zur Verfügung stand, wie wir aus diesen Belegen erfahren. Das Vorgehen erinnert an Zustände in Westeuropa, wo das Parlament im Rahmen der Gerichtsbarkeit sich entwickelte und zur ständigen Einrichtung wurde. Friedrichs Maßnahme, mehr Adelige und Rechtskundige zu Gerichtssitzungen an seinen Hof zu berufen, könnte dazu beigetragen haben, dass der Kaiser für Jahre in Wiener Neustadt blieb.[21] Doch für die meisten Untertanen des Reichs war der kaiserliche Hof nur schwer zu erreichen und fand wegen seiner deutlich auf Österreich ausgerichteten Zusammensetzung nicht das notwendige Vertrauen. Eine neue Reform war notwendig geworden, zumal auch den finanziellen Erfordernissen nicht entsprochen wurde. Der Unterhalt von Gerichtshof und Schreibstuben erforderte Mittel, die offenbar nur schwer oder im notweniген Maßen gar nicht aufzubringen waren. Der Kaiser übertrug daher 1464 das Amt des Kammerrichters an Bischof Ulrich von Passau, der die Zahl der Beisitzer des Gerichts wieder verringerte, als Parteigänger der Wittelsbacher das Vertrauen der Reichsuntertanen hatte und dem auch die Kanzlei des Reiches übergeben wurde. Damit war die notwendige Fusion der entscheidenden Behörden endlich vollzogen. Das Amt und die dafür notwendigem Funktionen übertrug der Kaiser 1470 Erzbischof Adolf von Mainz, mit dem er sich sehr gut verstand, der als entscheidender Kurfürst schon wegen der Tradition zu diesen Aufgaben berufen war und das Kammergericht auch reformierte.[22]

Adolfs früher Tod unterbrach diesen Aufschwung, da jetzt wieder Dieter von Isenburg als Erzbischof anerkannt wurde, ein erklärter Gegner Friedrichs, der Adolf Ausrichtung nicht übernahm. Die Voraussetzungen verbesserten sich erst, als 1484 Berthold von Henneberg zum Metropoliten gewählt wurde, der für die Reichsreform zur treibenden Kraft wurde und 1486 Maximilians Wahl zum römisch-deutschen König organisierte. Er forderte auch mit Nachdruck die Erneuerung des Kammergerichts, fand aber damit nicht die Unterstützung des Kaisers. Es wurde und wird vermutet, dass der Habsburger einfach die Macht in seinen Händen behalten wollte und alle Neuerungen verhinderte. Es ist nämlich gut belegt, dass Friedrich die bereits eingeleiteten Verhandlungen zu diesem Thema abbrach. Doch wird nie zu entscheiden sein, ob er nicht erkannte, dass seinem Sohn in Flandern erhebliche Gefahren drohten, dass er diesen entgegentreten wollte und sich deshalb für die anstehenden Verbesserungen im Reich nicht die Zeit nahm. Notwendig war überdies auch das Eingreifen des Kaisers in Tirol geworden.

Der soeben gebotene Ausblick lässt erkennen, dass Friedrich sich für die Verbesserung der obersten Gerichtsbarkeit im Reich mit Nachdruck einsetzte, die rasche Entwicklung der Schriftlichkeit und in Verbindung damit die rapide Steigerung der Bürokratie aber nicht in den Griff bekam. Der Herrscher, der bei seinem Regierungsantritt der Gestaltung seiner Urkunden und Briefe größtes Interesse gezeigt hatte, widmete diesen Gebieten später kaum mehr seine Aufmerksamkeit. Er überließ gegen 1470 die Bereiche den dafür eingesetzten Fürsten, er „verpachtete" seine Kanzleien. Es ist kennzeichnend für den Aufschwung der Dokumentation für die höchste Gerichtsbarkeit im Reich, dass in dem Achtbuch bereits 1445 die letzten Urteile eingetragen wurden, die in ihrer Kürze viel zu wenig festhielten, dass aber schon zur gleichen Zeit in den von Friedrich erreichten Vereinbarungen, aber auch in vielen seiner Urteile bereits Verhandlungsverlauf und Argumentation ausführlich beschrieben, erschöpfend dokumentiert und bei den Empfängern archiviert wurden. Am Kammergericht selbst wurden hilfreiche und umfangreichere Unterlagen erst gegen 1470 hergestellt, aber zu dieser Zeit die dürftig bezahlten Schreibarbeiten dann doch wieder oft an die Kanzleien abgeschoben. Die sich ergebenden Komplikationen trugen dazu bei, dass die Reform des Gerichtswesens schlecht vorankam. So wurden etwa 1442 am kaiserlichen Hof selbst noch viele Exemplare des wichtigsten Reichsgesetztes, der Reformatio Friderici, geschrieben, 1467 aber dann den Fürsten aufgetragen, die Gesetze des Reichsoberhaupts öffentlich verlesen zu lassen. Für deren schriftliche Verbreitung wurde kaum mehr gesorgt. Schreibgebühren mussten offensichtlich eingespart und die mündliche Verlautbarung der Gesetze den Fürsten überlassen werden, da dem Kaiser in seinen Erblanden keine Drucker zur Verfügung standen, die in diesen Jahren die erforderlichen Texte in großer Zahl hätten billiger herstellen können Obwohl er als Junger an diesem technischen Fortschritt Anteil genommen hatte, verwertete er diesen gegen 1470 nicht mehr.[23]

Friedrich verzichtete aber auch, die Finanzen des Reichs zu reformieren. Dafür war Konrad von Weinsberg schon 1438 eingetreten und hatte den Ausbau einer modernen Behörde verlangt, in der ein Mann mit abgeschlossenem Universitätsstudium eingesetzt werden sollte.[24] Dem Wunsch wurde nicht entsprochen, doch wurden dem Erbkämmerer für seine Dienste alljährlich 1500 Goldgulden zugesagt.[25] Er wurde auch ermächtigt, die Qualität der Münzen zu kontrollieren und Verhandlungen für ein besseres Besteuerungssystem einzuleiten.[26] Wegen des Todes von König Albrecht wurden aber alle diese Pläne nicht verwirklicht, Friedrich verzichtete auf Konrads Hilfe im Reich, der 1440 nicht mehr als Kämmerer

belegt ist.[27] Der König forderte zwar energisch die ihm als Reichsoberhaupt zustehenden Abgaben ein, die traditionellen Stadt- und Juden-
steuern, rang sich aber ansonsten zu keinen Neuerungen durch. Erst nach
der Kaiserkrönung erinnerte sich der Habsburger seiner Verpflichtung,
sich im Reiche wenigstens in der Theorie der Finanzen anzunehmen, und
ernannte Hartung von Kappel, der vorher schon im Kammergericht eingesetzt war, zum Fiskalprokurator, der dann dafür zuständig war, die im
Rahmen von Prozessen verhängten Geldstrafen einzutreiben.[28] Viel Erfolg war ihm jedoch dabei nicht beschieden. Es ist durchaus möglich, dass
der Kaiser allgemein vor den Schwierigkeiten zurückschreckte, die von
der Ausdehnung und Größe des Reichs verursacht wurden, wenn Abgaben einzutreiben waren, und daher auf notwendige Maßnahmen verzichtete. Seine Versuche, neue Steuern zu erheben, beschränkte er auf seine
Erblande und machte deutlich, dass für ihn als Reichsoberhaupt der
Machtbereich des Hauses Österreich die entscheidende Machtbasis blieb.
Für seine Politik wurde kennzeichnend, das er in vermehrtem Maße auf
die traditionelle kaiserliche Verfügungsgewalt über kirchliche Ämter und
Pfründen zurückgriff und auf diese Weise seinen Höflingen Kirchenlehen
verschaffte. Diese Kleriker setzte er dann in den Ämtern ein, über die er
als Reichsoberhaupt verfügen konnte. Nach diesem System wurde auch
1448 die Zusammenarbeit des Papstes mit dem römisch-deutschen König
im Wiener Konkordat beschlossen, in dem aber, wie schon ein kurzer
Blick auf die Auswirkungen dieses Vertrages erkennen lässt, auch die Kurie annahm, dass die österreichischen Gebiete das Reich repräsentierten.

b) Friedrich als Landesfürst Österreichs

Um Friedrich begreifen zu können, müssen wir uns daher Österreich,
wie es 144o bestand, in Erinnerung rufen und dessen Veränderungen verfolgen. Er wusste, dass die Grundlagen für seine Macht 1156 gelegt worden waren, als Kaiser Friedrich I. die Markgrafschaft zum Herzogtum erhoben hatte, gleichzeitig deren Fürsten die Nachfolge nach dem Erbrecht
in männlicher und weiblicher Folge sicherte und ihnen zugestand, bei Kin-
derlosigkeit einen Nachfolger zu bestimmen. Sie durften ferner in ihrem
Gebiet die Gerichtsbarkeit (justitia) ausüben, mussten nur die Hoftage in
Bayern besuchen und die Heerfolge in benachbarte Gebiete leisten.[29]
Diese Satzungen waren im 14. Jahrhundert längst veraltet. Gegen 1360 sah
sich Herzog Rudolf IV. veranlasst, die Bestimmungen zu modernisieren
und den politischen Denkmodellen seiner Zeit anzupassen. Er verfälschte
das Diplom von 1156, das Privilegium minus. Er formulierte neu die Bestimmungen über die Verpflichtungen, die Hoftage zu besuchen und Heer-

folge zu leisten, ohne diese Vorrechte wesentlich zu verändern, sicherte dem österreichischen Herzog die Lehenshoheit, die uneingeschränkte Machtausübung und volle weltliche Gerichtsbarkeit zu, die unter dem Staufer noch gar nicht präzisiert war, da sich damals das Kirchenrecht erst in seiner Entwicklung befand. Rudolf wiederholte das Erbrecht der österreichischen Landesfürsten, fügte aber ein, dass der älteste Herzog (der Senior) über alle Lande herrschen sollte, die er innehatte. Damit sollte der Machtbereich des Herzogs, auch wenn das Territorium erweitert wurde, als einheitliches Rechtsgebiet gesichert sein – das allerdings schon mit der Einführung des Begriffs Herrschaft Österreich im früheren 14. Jahrhundert vorgegeben war – und zuletzt festigte Rudolf alle diese Ansprüche mit Symbolen, die für ihn offenbar entscheidend waren. Er beschrieb relativ genau den nunmehr zu tragenden fürstlichen Ornat und beanspruchte für den Landesherrn den Titel eines Pfalzerzherzogs. Dieser Text, der später als Privilegium majus bezeichnet wurde, war zwar mit seinen Einzelheiten bedeutsam, griff aber insgesamt über die hochmittelalterliche echte Vorlage kaum entscheidend hinaus und überging auch viele Probleme, wie etwa die Regelung der Finanzen, obwohl diese von Herzog Rudolf IV. schon aufgegriffen worden war.[30]

Der Habsburger erkannte die Schwäche seines Falsifikats und ließ noch vier weitere kaiserliche Diplome überarbeiten, die für Österreich ausgestellt worden waren, und fügte in ein angeblich von Kaiser Heinrich IV. 1058 ausgestelltes Privileg als Inserte mit vollem Wortlaut zwei völlig frei erfundene Urkunden der Kaiser (!) Julius und Nero ein, in denen aber nur die übrigens auch nicht genauer definierte Eigenständigkeit Österreichs und die Unabhängigkeit von kaiserlicher Macht herausgestrichen wurde. In ihrer Tendenz entsprachen diese beiden Schriftstücke den drei restlichen Fälschungen, die jetzt insgesamt als österreichische Freiheitsbriefe bezeichnet werden. Diesen Komplex legte Rudolf dem Kaiser Karl IV. zur Bestätigung vor, der aber Verdacht schöpfte, die Urkunden dem gelehrten Humanisten Petrarca zur Begutachtung vorlegte und schon 1361 erfuhr, dass die angeblich antiken Schriftstücke gefälscht waren.[31] Die restlichen Urkunden wurden mit ihrer bedenklichen Angaben erst im späteren 19. Jahrhundert entlarvt und weckten Erregung, wobei übersehen wurde, dass die von dem Habsburger um 1360 angestrebten Rechte die hochmittelalterlichen Zustände wenig erweiterten, nur den Gegebenheiten des 14. Jahrhunderts entsprachen und wenig einbrachten, eine Tatsache, die schon Lhotsky betonte.[32] Wirklich bemerkenswert ist lediglich der Versuch, die Vergangenheit Österreichs auf Julius Caesar und Nero zurückzuführen, das heißt dass Rudolf IV. kaum die Rechtslage, wohl aber entscheidend die Geschichte seines Landes verfälschte. Doch damit gab sich schon die folgende Generation nicht zufrieden. Gegen 1400 schrieb nämlich ein Leopold, von dem wir ansonsten nicht viel erfahren, die Vergangenheit Österreichs neu und erfand mit unbekümmerter Sorglosigkeit eine Chronik der 95 Herrschaften, wie er sein deutschsprachiges und wegen seiner Inhalte fast unbrauchbares Werk bezeichnete, in dem er mit grenzenloser Phantasie die Anfänge des Landes in den Orient und weit zurückverlegte. Damit sollte das Geschichtsbewusstsein in Böhmen und Ungarn übertroffen werden.[33] Ungeachtet ihrer Unglaubwürdigkeit wurden aber diese Erfindungen im 15. Jahrhundert anerkannt und viel verbreitet. Auch Friedrich schätzte sie, war aber auch über deren Mängel informiert. Als er nämlich 1442 im Rahmen von Reichsreformversuchen mit Wissen und Zustimmung der Kurfürsten als König alle Rechte des Hauses Österreich bestätigte, stellte er darüber dessen Herzögen Albrecht, Siegmund und Ladislaus zwei Versionen aus. Einmal nannte er nur ganz allgemein alle jeweils den Herrschern Österreich erteilten Urkunden und ließ diese Bestätigung von den Kurfürsten beglaubigen, in einer zweiten Fassung, die er offenbar dem Fürstenrat vorenthielt, verwies er jedoch darüber hinaus ausdrücklich auf die Freiheitsbriefe und die Urkunden Caesars und Neros.[34] Er hatte damit eingestanden, dass er zwar an der Glaubwürdigkeit dieser Dokumente zweifelte, dass er aber an ihren Bestimmungen festhielt und der von Herzog Rudolf IV. vorgegebenen Tradition folgen, auf weitere Veränderungen oder Modernisierungen aber verzichten wolle. Jetzt ist auch zu verstehen, dass Friedrich als Senior einfach in allen Territorien der Habsburger als österreichischer Landesfürst anerkannt werden wollte, wie es auch Herzog Rudolf angestrebt hatte, sich aber ansonsten über die jetzt anstehenden Schwierigkeiten wenig Sorgen machte.

Und doch hatte er Bedenken. Als er nämlich seinen Bruder Albrecht überspielte und am 28. Juli 1439 in Tirol die Vormundschaft über seinen erbberechtigten, aber noch minderjährigen Neffen erhielt, suchte er den Ausgleich und fand einen Ausweg. Er vereinbarte schon wenige Tage später mit Albrecht, dass ihm die Herrschaft jenseits des Arlberges und des Fernpasses, also in Vorderösterreich, gesichert werden sollte. Da jedoch diese Besitzungen noch kein einheitliches Territorium waren, musste deren Abrundung und Verfestigung eingeplant werden. Es war demnach Friedrich bewusst, dass das dem Hause Österreich vor allem am Oberrhein unterstehende Gebiet nicht so einheitlich war, wie es Herzog Rudolf IV. in den Freiheitsbriefen vorgespiegelt hatte. Daher wurde im Sommer 1439 zwischen dem relativ geschlossenen Bestand im Osten und dem problematischen Streubesitz im Westen unterschieden. Um Albrecht die unbedingt notwendige Unterstützung zu bieten, wurden ihm große Summen versprochen, die nach der damaligen Rechtslage offenbar von den Ländern aufzubringen waren, die einst dem Herzog Ernst gehört hatten, also von den Herzogtümern Steyr, Kärnten und Krainien.[35] Der Vertrag war aber schon nach wenigen Wochen überholt, als König Albrecht II. am 27. Oktober 1439 unerwartet verschied und das habsburgische Erbe neu zu verteilen war. König Friedrich wurde auch an der Donau als Vormund der Kinder des Verstorbenen anerkannt, doch war zu befürchten, dass diese Funktion wenig eintrug. König Friedrich und Herzog Albrecht übergingen unter diesen Gegebenheiten ihren Vertrag vom Sommer 1439 und beschlossen zunächst nur die Teilung des väterlichen Erbes. Sie einigten sich 1440, dass aus den Ländern, die einst von Herzog Ernst unterstanden, zwei Drittel der Einnahmen, die allerdings in ihrem Umfang noch gar nicht erfasst waren, Albrecht zukommen sollten. Dann wäre es offenbar möglich geworden, die Herrschaft des Jüngeren am Oberrhein zu stützen, doch wurde darüber nicht ausdrücklich verhandelt. Die erforderlichen Summen waren aber nicht aufzubringen, da in erster Linie die Forderungen der im Land an der Donau plündernden Söldner zu erfüllen waren.[36] Albrecht konnte daher seine Herrschaft in den Vorlanden nicht antreten, der Versuch, zwischen den konsolidierten habsburgischen Fürstentümern im Osten und den zersplitterten Streubesitz im Westen zu differenzieren, wurde aufgeschoben und erst 1444 wieder aufgegriffen, als Albrecht mit der Führung des Krieges gegen die Eidgenossen betraut wurde und tatsächlich die Herrschaft im Westen übernahm. Jetzt waren aber auch die Ansprüche Siegmunds zu erfüllen, der inzwischen volljährig geworden war. 1446 glückte ein notwendig gewordener, weiterer Ausgleich, in dem Siegmund als Landefürst in Tirol und Albrecht als Regent in Vorderösterreich anerkannt war. Die landesfürstliche Macht wurde Friedrich jetzt nur in den Herzogtümern Steyr, Kärnten und Krain zugestanden, an der Donau wurde er aber nur als Vormund des Ladislaus anerkannt, der allerdings erst sechs Jahre alt war. Die Theorie, dass Österreich das Kernland des Reichs war, wäre jetzt auf die Tatsache abzustimmen gewesen, dass Friedrich nur über einen Teil der Güter des Hauses Österreich verfügen konnte. Doch wurde auch diese Tatsache nicht erörtert.[37]

Es ist nicht ausgeschlossen, dass der Habsburger hoffte, als Kaiser mit den Schwierigkeiten, die ihm die Stände in den einzelnen Territorien, vor allem in Tirol und an der Donau machten – sie hatten ja die Zersplitterung der Macht hervorgerufen –, leichter fertig zu werden. Als er aber nach erfolgreicher Krönung in Rom 1452 nach Wiener Neustadt zurückkehrte, war die Opposition an der Donau so mächtig geworden, dass er nachgab und sein zwölfjähriges Mündel Ladislaus auslieferte. Dieser war jetzt Landesherr an der Donau und Friedrichs Hausmacht endgültig auf die Herzogtümer Steyr, Kärnten und Krain beschränkt, auf ein Gebiet, das Österreich repräsentierte. Für diesen Komplex – und nur für diesen – setzte jetzt der Habsburger entscheidende Reformen durch. Abermals bestätigte

er am 6. Januar 1953 die Rechte und Freiheitsbriefe des Hauses Österreich, begnügte sich nicht mit dem bloßem Hinweis auf die Fälschungen,
sondern fügte einige neue Bestimmungen ein, die mit ihrem Inhalt alle bis
dahin beanspruchten Privilegien weit übertrafen und die Freiheitsbriefe
unwichtig werden ließen. Er ermächtigte nämlich die Inhaber dieser drei
Herzogtümer, aber nur diese, sich als Erzherzöge zu titulieren, Privilegien
zu erteilen und Abgaben in beliebiger Höhe und Fälligkeit vorzuschrei-
ben. Sie durften nach ihrem Ermessen geeignete Personen zu Adeligen
machen, Juden besteuern und unehelich geborene legitimieren.[38] Damit
war für das Haus Österreich ein neuer Schwerpunkt geschaffen, der aber
auch in seiner Organisation im Gegensatz zu den restlichen Besitzungen
der Familie deutlich hervorgehoben und entscheidend modernisiert war,
aber Ladislaus und Siegmund, die Landesfürsten an der Donau und in
Tirol, von diesen Verbesserungen ausschloss.

Wie weit diese Verfügungen verwirklicht wurden, ist noch nicht erforscht. Bekannt ist jedoch, dass gegen die von Friedrich nunmehr erhöhten Steuern schwere Klagen erhoben wurden. Dennoch war der Kaiser in
diesem seinen engeren Bereich, der damals mitunter als Niederösterreich
bezeichnet wurde – heute sprechen wir von Innerösterreich –, vom Glück
begünstigt. Er konnte sich gegen die Grafen von Cilli behaupten, sie nach
ihrem Aussterben (1456) beerben und die Ansprüche der Grafen von
Görz auf deren Güter nicht nur zurückweisen, sondern diese sogar noch in
die Landschaft um Lienz zurückdrängen. Auch die Kirchenorganisation
konnte er verbessern, 1462 die Anerkennung des Bistums Laibach und
1469 die Gründung der Diözesen Wien und Wiener Neustadt erreichen.[39]
Die Erfolge sprechen dafür, dass Friedrich die in Innerösterreich angestrebten Reformen in einigen Bereichen durchführen konnte, wenn ihm
auch vielleicht die nunmehr dominanten Verbesserungen der Finanzen im
erhofften Ausmaß nicht glückten. Es ist aber nicht zu bezweifeln, dass der
Kaiser gegen 1470 seine Orientierung auf Innerösterreich aufgab. Es dürften sich nämlich auch in dieser Region die Rückschläge ausgewirkt haben,
die er im Herzogtum an der Donau hinnehmen musste, wo sein Bruder
Albrecht – er wurde wohl in Vorderösterreich vom Kaiser zu wenig unterstützt – zu dessen Gegnern überlief und auch noch nach dem Tode des Ladislaus (1457) dessen Besitzungen beanspruchte. In den darüber ausbrechenden Wirren geriet Friedrich in höchste Gefahr und wurde sogar im
Herbst 1462 in Wien von den Bürgern belagert. Nach Albrechts Tod (er
starb im Dezember 1463) wurde Friedrich zwar wieder als Landesherr an
der Donau anerkannt, doch brachte das Ableben des Bruders kaum eine
Erleichterung, da immer wieder neue Konflikte mit den Wienern und neue
Fehden ausbrachen. Dazu kam eine steigende Unzufriedenheit des steyrischen Adels. Als Friedrich Ende des Jahres 1468 nach Rom reiste, wo dann

die Gründung des St.-Georg-Ritterordcns zur Bekämpfung der Türken erfolgte, aber auch die längst anstehenden Bistumsgründungen vom Papst verfügt wurden, erhoben sich unter der Führung des Andreas Baumkircher die steyrischen Stände. Der Aufstand wurde zwar bald niedergeschlagen, den Kaiser dürfte aber dieser Widerstand schwer gctroffen haben. Er gab seine Orientierung auf Innerösterreich auf, brach die kennzeichnende Förderung Wiener Neustadts ab und widmete sich dafür deutlicher dem Reich.[40]

Sein Interesse konzentrierte er auf den Machtkomplex Burgund, der nach dem Willen des Kaisers in der Zukunft seinem Sohn Maximilian zufallen sollte. In den dafür geführten Verhandlungen und Aktionen ist bis zum Tode Karls aber nicht zu erkennen, wo Friedrich seine Schwerpunkte setzte und was ihm jetzt Österreich bedeutete. Er war im Westen voll in Anspruch genommen. Schon 1477 wurde jedoch offenbar, als König Ludwig XI. Karls Stammland Burgund und dessen unmittelbar an Franreich angrenzenden Besitzungen besetzte, dass die Region, die Maximilian behaupten konnte, auf einen Raum geschrumpft war, der, wie das Herzogtum Geldern, Teil des Reiches war und daher Friedrich unterstand. Der Kaiser könnte sich unter diesen Voraussetzungen mit dem Gedanken getragen haben, die Länder, für die noch immer die Bezeichnung Burgund verwendet wurde, nach dem Vorbild Österreichs zum Erzherzogtum zu erheben und seiner Hausmacht einzugliedern. Maximilian war für den Plan, der kaum zu verwirklichen war, jedoch nicht zu gewinnen und regierte mit seiner Gattin Maria zunächst als Herzog von Österreich und Burgund. Der Kaiser gab daher seine Absichten auf und wurde vom Vordringen des Matthias Corvinus veranlasst, sich 1480 in Wien festzusetzen und für Jahre demonstrativ in der Stadt zu bleiben. Er dürfte die alten Pläne aufgegriffen haben, die Donaumetropole als Zentrum und Symbol Österreichs einzurichten. Damals könnte entschieden worden sein, hier dereinst einmal Friedrich zu bestatten. An eine engere Verbindung des Landes an der Donau mit den von Karl den Kühnen als Einheit zusammengefügten Territorien war aber noch nicht zu denken. Friedrichs engere Machtbasis, sein „Österreich", erstreckte sich um 1480 aus dem Umland von Wien bis an die Adria bei Triest, Maximilians Herrschaft, noch immer als Herzogtum Burgund bezeichnet, umschloss ein Gebiet am Niederrhein, das allmählich als Niederlande benannt wurde.

Neue Zustände ergaben sich, als 1486 Maximilian zum römisch-deutschen König gewählt und gekrönt wurde. Der Kaiser hatte schon 1483 die Stadt Wien verlassen. Es wurde allgemein angenommen, dass er von Corvinus verdrängt wurde, der im Sommer 1485 in der Metropole als Sieger einzog.[41] Doch spricht dagegen, dass Friedrich damals gar nicht daran dachte, sich ernsthaft zu verteidigen. Er setzte sich für die Wahl Maximilians ein, klagte zwar in Frankfurt den ungarischen König als Eindringling an, widmete sich aber nicht den Problemen in Wien, sondern reiste nach der Krönung Maximilians zu Aachen dann für Monate nach Flandern, wo er sich als Kaiser feiern ließ, und nahm längere Zeit in Köln sein Quartier. Er erweckte den Eindruck, dass er als Reichsoberhaupt im Westen regieren wolle, da er wenig später auffallend lang auch noch in Nürnberg blieb.[42] Abermals musste er nach Flandern reiten, als Maximilian 1488 in Not geraten und gefangen war. Er konnte diesem helfen, gab sich aber mit dessen Befreiung nicht zufrieden, sondern war entschlossen, die Grafschaft Flandern zu unterwerfen und ins Reich einzugliedern. Allmählich zeichnete sich ab, dass die nördlichen Teile des Machtbereichs Karls des Kühnen wegen ihres Reichtums zum wichtigsten Besitz des Hauses Österreich geworden waren. Dessen Ansehen war gefährdet, als der Herzog Siegmund, der über Tirol herrschte, den Versuch unternahm, gegen entsprechende Geldleistungen seine Länder den Wittelsbachern zuzuspielen. Das konnte Friedrich nicht dulden. Er ritt nach Innsbruck, blieb hier ein halbes Jahr und konnte erreichen, dass Siegmund 1490 in Tirol auf seine Herrschaft verzichtete und alles Maximilian übergab. In dem darüber ausgestellten Dokument wurde aber Tirol nur an letzter Stelle genannt, die nunmehr entworfene Besitzreihe wurde dagegen von einem „Fürstentum Elsass, Sundgau und Breisgau" eingeleitet, wo Siegmund in den letzten Jahren nie die Herrschaft ausgeübt hatte und das es in Wirklichkeit gar nicht gab. 1490 wurde dennoch Vorderösterreich als geschlossenes und wichtigstes Territorium angeführt. Dessen Bedeutung hatte sich ergeben, da die Region zur Brücke von Tirol zu den Niederlanden geworden und für die Zukunft eines Österreichs wichtig war, das unter Maximilian dann von den neuen Zentren Innsbruck und Mecheln bestimmt wurde. Friedrich könnte erwogen haben, in Vorderösterreich mit dem Sundgau und Breisgau den entscheidenden Schwerpunkt der Besitzungen des Hauses Österreich einzurichten. Die Konsolidierung dieses Landes musste zwar Maximilian überlassen werden, doch die Pläne dafür hatte sicherlich noch der Kaiser entwickelt, der sich zuletzt aber doch wieder des Territoriums an der Donau annahm. Um seine Treue zu seiner Heimat zu beweisen, ließ er sich nach Linz bringen, wo er 1493 starb, ohne klare Verfügungen zu treffen, wo er letzten Endes als Landesfürst gewürdigt und bestattet werden sollte. Er blieb seinem Grundsatz treu, möglichst viel geheim zu halten und so verriet er auch in seinen letzten Lebensjahren nicht, wie er die Macht Österreich, die noch immer die Basis des Kaisertums sein sollte, in dieser seiner letzten Epoche gestalten wollte.[43]

c) Der kaiserliche Hof und seine Kultur

Friedrich konnte zwar die Entwicklung seiner Umgebung bestimmen, war aber bei seinen Maßnahmen von der Mithilfe und Leistungsfähigkeit seines Hofes weitgehend abhängig Wie seine Bautätigkeit erkennen lässt, richtete er 1438 zunächst in Graz das Zentrum seiner Herrschaft ein, die damals noch auf das Herzogtum Steyr ausgerichtet war. Ein größerer Erfolg war aber nicht zu erreichen.[44] Da sich schon an der Wende von 1439 zu 1440 abzeichnete, dass er zur Führung des Reichs berufen werden könne, hatte er sich auf diese Aufgabe einzustellen und eine entsprechende Residenz auszubauen. Dafür bot sich Wiener Neustadt an, wo der Habsburger viele Jahre seiner Kindheit verbracht hatte, als noch zu hoffen war, dass er die Macht auch an der Donau übernehmen könne. Diese Möglichkeit war auch jetzt gegeben und daher zu berücksichtigen.

Die Stadt war zwar kein Wirtschafts- und Kulturzentrum von der Bedeutung Wiens, war aber groß genug und ansehnlich, hatte eine beachtliche Pfarrkirche, mehrere Klöster und vor allem eine größere Burg. Diese dürfte in ihrer Anlage dem landesfürstlichen Sitz in Wien entsprochen haben. Die Bürgergemeinde Wiener Neustadts hatte jedoch wenig Gewicht und war kaum in der Lage, eine Herrschaft zu stützen, konnte diese aber auch nicht gefährden. Es gab aber dafür noch hinreichend Raum, die für eine prächtige Hofhaltung notwendigen Gebäude zu bauen. Friedrich nützte alle diese Möglichkeiten, um sich hier ordentlich einzurichten. Dazu fehlte allerdings manches und so versammelte er in Wiener Neustadt, wie schon auffiel, hauptsächlich Baumeister und Handwerker, um zunächst die erforderlichen Bauten zu errichten, für andere Bereiche, vor allem für die von ihm so geschätzten Juwelen und Kleinodien, hatte er jedoch keine Fachleute in der Stadt und so musste er vorerst vieles auswärts besorgen, vor allem in Wien, wo es die entsprechenden Werkstätten gab. Er war auf die Zusammenarbeit mit der Donaumetropole angewiesen, da es auch zunächst nicht genügend Wohnraum gab und nicht möglich war, alle für den König arbeitenden Künstler und Könner in der neuen Residenz anzusiedeln.[45] Die Kultur des Hofes zu Wiener Neustadt wurde nicht nur von dieser Residenz bestimmt, sondern weitgehend auch von anderen Städten mitgetragen.

Kennzeichnend ist dafür das Leben des Erhard Han aus Zabern. Er war zu Regierungsbeginn Friedrichs als Geschützgießer eingesetzt und geschätzt, begleitete Friedrich 1442 nach Aachen und wurde wegen seiner außergewöhnlichen Fähigkeiten vom Erbkämmerer Konrad von Weinsberg der Stadt Metz empfohlen. Für diesen und seine Frau wurden in der Zisterze Schöntal wohl um 1450 zwei Standbilder in Lebensgröße geschaffen. Es wird angenommen, dass diese Statuen nur Teile eines größeren

Epitaphs waren, doch ist nicht bekannt, ob dieses fertig gestellt wurde oder ob die Figuren nicht vielleicht nur als Torso erhalten sind. Anonym blieb auch der Bildhauer. Das Denkmal ist aber sicherlich ein Markstein in der Entwicklung der Renaissance, deren Aufschwung Konrad auf dem Basler Konzil verfolgen konnte, wo er als führender Politiker eingesetzt war. Es ist zu vermuten, dass Erhard die Figuren des Grabmals goss, doch war dafür bisher trotz eifriger Suche keine Nachricht zu finden.[46] Wir wissen von Erhard, dass er seit 1425 als Büchsenmeister in Salzburg arbeitete.[47] Er gab sich aber damit nicht zufrieden. Er wurde als vielseitiger Techniker umworben, er schuf Glocken, baute aber auch Orgeln und wurde als Erfinder eines viel bewunderten Schöpfwerkes zu Rechenhall gefeiert, das Friedrich 1442 gezeigt wurde und diesen offenbar beeindruckte. Bei der Gelegenheit wurde auch zu Salzburg eine eindrucksvolle Orgel bestaunt, die ebenfalls Erhard zugeschrieben werden kann. Genaueres wird nicht gesagt, obwohl er bei diesen Besichtigungen im Gefolge des Habsburgers war. In den Quellen, in denen die Umgebung des Habsburgers besser beschrieben wurde und die Höflinge angeführt sind, wurde er jedoch nicht genannt. Es hat den Anschein, dass viele ihn gar nicht zu diesen Kreisen rechneten, da er sich vermutlich selten längere Zeit in Wiener Neustadt aufhielt. Er besaß nämlich mehrere Häuser in Wien und Salzburg in bester Lage und war wegen dieser Besitzungen wohl öfter in diesen beiden Orten. Seine Familie – ein Sohn starb früh – lebte dann in der erzbischöfliche Residenz.[48] Unser Wissen über sein Leben ist charakteristisch für den Stand der Forschung. Baumeister, Techniker und Künstler wurden in der Mitte des 15. Jahrhunderts zwar geschätzt und wegen ihrer besonderen Fähigkeiten auch an die Höfe berufen, ihr Wirken wurde aber dort kaum dokumentiert, wie die Tatsache beweist, dass Hans Leistungen zwar bewundert wurden, sein Name aber bei diesen Gelegenheiten nicht einmal genannt wurde. Mit diesen Lücken in unserem Wissen müssen wir uns abfinden.

Doch auch die anderen von Friedrich in Wiener Neustadt getroffenen Maßnahmen zum Ausbau seiner Residenz wurden schlecht dokumentiert. Er hatte sich früh mit dem Gedanken getragen, im Ort ein Bistum zu errichten, ließ aber nicht erkennen, wo der der Sitz des Bischofs sein sollte und so haben wir kaum Nachrichten, die ein Licht auf die Frühgeschichte dieser Kirche werfen könnten. Leichter fällt es, Friedrichs Absicht zu verfolgen, für seine Dynastie eine neue Grablege bereit zu stellen. Die von Herzog Rudolf IV. um 1360 in Wien zu St. Stephan gebaute Familiengruft wurde nämlich von Friedrich abgelehnt, da schon sein Vater und auch sein Onkel auf die Beisetzung im Dom verzichtet und ihre Gräber den Zisterziensern in Rein und Stams anvertraut hatten.[49] Daher wurden Angehörige dieses Ordens auch bald nach Wiener Neustadt berufen, um

eine neue Gruft für die Dynastie zu betreuen. Für die Zisterzienser musste ein Haus gefunden werden, da diese, wie vorweggenommen werden
kann, auch die Bestattung von Friedrichs früh verstorbenen Kindern zu
besorgen hatten. Der Habsburger machte es sich in diesem Falle leicht.
Er verlegte die Dominikaner, die nahe der Burg ihr Kloster hatten, in das
bereits verlassene Dominikanerinnenkloster nach St. Peter an der Sperr
und übertrug das nunmehr freie Gotteshaus – allerdings waren dafür längere Verhandlungen mit den zuständigen kirchlichen Stellen erforderlich
– einem in Rein gebildeten Konvent, der schon 1444 zur Verfügung stand
und mit den notwendigen Rechten ausgestattet wurde. Für die Zisterze
und deren Gebäude wurde dann bald die Bezeichnung Neukloster gefunden, die bis zur Gegenwart üblich ist.[50] Gleichzeitig wurde aber auch
schon ein Stift weltlicher Chorherren gegründet, das ein erster Ansatz für
die Errichtung eines Bistums war und das in der Burg untergebracht werden sollte. Da sich deren Ausbau verzögerte, wurde den Herren im folgenden Jahr die Pfarre St.Ulrich übergeben und damit waren sie etwas
versorgt.[51]

Leichter fiel es, dem Neukloster den gebührenden Glanz zu geben und
dem entsprechend mit prächtigen Altären auszustatten, da in Wien dafür
bereits hervorragende Künstler zur Verfügung standen. Deren Qualität
wurde vor allem durch den um 1440 entstandenen Albrechtsaltar ausgewiesen. Dessen Meister blieb anonym, es ist nur bekannt, dass dieser
seinen Auftrag von einem der wichtigsten Männer vom Hofe König Albrechts II. bekommen hatte und sein Werk für die Wiener Karmeliter-
kirche geschaffen hatte. In eines der Bilder wurde in die Reihe der abge-
bildeten betenden Personen ein Portrait dieses Herrschers (1438–1439) im
Königsornat eingefügt und damit ist das Tafelbild auch zu datieren.[52] Die
mit dem Albrechtsaltar mit ihrem Können belegten österreichischen
Werkstätten waren auch unter Friedrich tätig, doch ist deren Wirken
schwer zu verfolgen, da nur gelegentlich festgehalten wurde, wann der
Habsburger Anregungen oder Aufträge vergab.[53] Es ist aber gesichert,
dass er den für die Wiener Neustädter Zisterze geschaffenen Hochaltar
anordnete, der heute den Wiener Stephansdom ziert. Aus einigen Einzelheiten wie dem leuchtendem Goldgrund wird sogar geschlossen, dass der
König persönlich in die Gestaltung der Tafeln eingriff. Die Vorzüge des
Kunstwerkes waren lange Zeit nicht zu erkennen und wurden erst durch
eine Restaurierung vor wenigen Jahren sichtbar. Der Altar war 1447 fertig
und bewies die Qualität der höfischen Kultur unter Friedrich.[54] Eine kon-
tinuierlich arbeitende Schule der Malerei gab es aber damals in Wiener
Neustadt nicht. Die zahlreichen Portraits des Habsburgers, die auf uns gekommen sind, sie wurden eingangs erwähnt, wurden unter unterschiedlichen Voraussetzungen in verschiedenen Orten geschaffen.[55]

Abb. 5: Wappenwand an St. Georg (Wiener Neustadt).
Die Kirche wurde zwischen 1440 und 1460 als Grabkirche
für Kaiser Friedrich III. erbaut
(akg-images/Hilbich).

Die Hauptsorge des Herrschers nach seinem Regierungsantritt war nämlich ganz einseitig dem Ausbau des Residenzpalastes gewidmet, in dem jedem Besucher der Ruhm des Hauses Österreich vor Augen geführt werden sollte: Die an der Westseite der Kirche angebrachte Wappenwand sollte daran erinnern, wie bedeutsam die Vergangenheit des Landes und seiner Fürsten war.[56] Das Ansehen der Familie ergab sich nicht zuletzt aus deren Geschichte, die, wie soeben dargelegt worden war, schon Herzog Rudolf IV. herausgestrichen hatte und deren Bedeutung in der Chronik der 95 Herrschaften bis zur Unerträglichkeit gesteigert worden war. Ungeachtet der Bedenken, die schon im 14. Jahrhundert gegen diese Darstellung erhoben worden war, hielt Friedrich an diesen Thesen fest und gewann Thomas Ebendorfer, den führenden Theologen der Wiener Universität, für die Neubearbeitung des Themas. Der gelehrte und emsige Mann sammelte reiches Material – er dürfte in erster Linie Handschriften in Wien aufgestöbert haben – und schrieb seit 1448, als die Krönung Friedrichs in Rom vorbereitet wurde, eine Chronik der römischen Kaiser, deren Taten für Friedrich vorbildlich waren und deren Vorläufer Thomas sogar bei Assyrern, Persern und Griechen suchte und kurz umriss. Erschöpfend würdigte er aber dann die römischen Herrscher, verwies ausführlich auf die „Kaiser" Julius und Nero, aber auch auf die des Mittelalters, schenkte aber den staufischen Reichsoberhäuptern kaum besondere Beachtung. Er folgte damit getreu den schon im 14. Jahrhundert vorgezeichneten Richtlinien, dass das Geschehen in der Antike als Grundlage für die Existenz Österreichs herauszustreichen war.[57] Einige Jahre später verfasste Ebendorfer dann noch eine Chronik Österreichs, die zunächst nur als Teil dieser Kaiserchronik geplant war, in der er auf weite Strecken jetzt eine gekürzte, aber im Inhalt kaum veränderte oder wesentlich verbesserte Chronik der 95 Herrschaften ausschrieb.[58] Gegen deren Thesen und Angaben wandte sich nach 1453 Aeneas Silvius Piccolomini mit einem vernichtenden Urteil, der entgegen Ebendorfer jetzt in seiner Historia Friderici III. die Verdienste der Staufer für den Aufstieg Österreich hervorhob.[59] Unter diesen Voraussetzungen verzichtete Friedrich darauf, obwohl auf seinem Hof bald nach 1440 alle diese Probleme aufgegriffen worden waren, die 93 Schilder der Wappenwand entsprechend zu gestalten, sie blieben leer und damit wurde auch auf genauere Angaben verzichtet.[60] Der Kaiser, dem der Zank der Gelehrten wohl kaum gefiel, verlor sein Interesse an der Vergangenheit und regte keine weiteren Arbeiten an. Die an seinem Hof geförderte Historiographie ließ er verfallen.

Damit verlor zwar die Wappenwand, aber nicht die Burg ihre Bedeutung für den Kaiser. Dessen Vater hatte schon begonnen, den Bau zu erweitern und zu modernisieren, es fällt jedoch nicht leicht, alle diese Veränderungen zu erfassen, da von jüngeren Umbauten vieles zerstört wurde.

Gut erhalten ist lediglich das Gotteshaus an der Westseite der Burg, das zunächst als Kirche „ob dem tor" bezeichnet und seit 1440 von Peter Pusika aufgeführt wurde. Es wurde über einer massiv gewölbten Torhalle errichtet und sollte einer alten Tradition folgen, als es üblich geworden war, dem Haupteingang einer Feste eine Kapelle aufzusetzen. Diese Bezeichnung ist allerdings nicht gerechtfertigt, da der Sakralbau, der später dem Heiligen Georg geweiht wurde, zwar nicht die in der Gotik oft eingesetzten beeindruckenden und mächtigen Dimensionen aufweist, aber den Besucher mit seiner Eleganz besticht. Sie bezeugt die Gediegenheit der Residenz, deren Qualität zwar aus einigen in der Burg heute noch sichtbaren Bruchstücken und Fragmenten erschlossen werden kann, aber ansonsten kaum mehr nachzuweisen ist. Die Torhalle war wohl schon 1445 vollendet, die Wappenwand der St.Georgskirche ist mit 1453 datiert, diese selbst wurde aber erst 1460 geweiht. Aus einigen Angaben dürfen wir erschließen, dass zu dieser Zeit schon beachtliche Teile der Burg zur Verfügung standen und in neuem Glanz erstrahlten.[61] Damals war bereits entschieden, dass die große romanische Pfarrkirche der Stadt Bischofssitz werden sollte. Gegen 1450 wurde sie nämlich restauriert und mit ansehnlichen Emporen ausgestattet. Gut belegt ist auch der Umbau von St. Peter an der Sperr, der 1474 abgeschlossen war.[62]

Die Pracht dieser Bauten wurde zusätzlich durch ansehnliche Statuen, besonders aber von Grabdenkmälern unterstrichen. Aus dieser Gruppe ist an erster Stelle ein in die Wappenwand eingelassenes vollplastisches Standbild Friedrichs im Ornat eines österreichischen Landesfürsten anzuführen. Die Steinfigur wurde im zweiten Weltkrieg schwer beschädigt, dann restauriert und ist in ihrer ursprünglichen Fassung kaum mehr zu erkennen. Es wird angenommen, dass die Siegelbilder des Habsburgers als Vorbild dienten, nach denen ein Bildhauer aus der Region an der Donau das Werk schuf. Einige kleinere Statuen, die auch in der Wappenwand eingefügt wurden, dürften aber zunächst an anderen Orten gestanden sein, wurden dann hierher übertragen und wohl auch in der engren Heimat Friedrichs geschaffen. Die Stücke sind gut gearbeitet, verdienen aber keine besondere Würdigung.[63] Doch auch Friedrich dürfte mit diesen Werken nicht zufrieden gewesen sein. Anlass für Verbesserungen war mit der Vermählung des Kaisers mit Eleonore von Portugal im Jahre 1452 gegeben, war es doch damals bereits üblich geworden, noch zu Lebzeiten eines Regenten, aber auch von anderen bedeutenden Persönlichkeiten, ein Epitaph anzufertigen, das die Erinnerung an den Verstorbenen mit seinen Eigenschaften und Vorzügen für die Nachwelt eindrucksvoll wach halten sollte. Mit dem Vordringen der Renaissance fühlten sich auch viele führende Männer von Friedrichs Gefolge verpflichtet, ihre Bedeutung durch ein eindrucksvolles Grabmal mit persönlicher Darstellung der Nachwelt zu demonstrieren. Das Grab Konrads von Weinsberg wurde bereits erwähnt, doch ist in diesem Zusammenhang auch Thomas Ebendorfer zu nennen, der überragende Gelehrte der Universität Wien, der sein Leben als Pfarrer von Perchtoldsdorf beschloss, die dortige Kirche restaurierte und in dieser auch beigesetzt wurde. Von seinem schönen Marmorgrabstein ist ein Stück abgebrochen, der noch erhaltene Teil ist heute in einer Innenwand des Gotteshauses eingelassen und verrät noch naturalistisch die Erscheinung des beleibten alten Herrn. Seine Gebeine ruhen wahrscheinlich in der Mitte des Hauptschiffes. Die Figur ist nur bescheiden aus dem Stein herausgearbeitet und das lässt vermuten, dass das Denkmal ursprünglich vor dem Hauptaltar im Fußboden eingelassen und vorgesehen war, dass die Gläubigen darüber gehen konnten. Das war übrigens eine der üblichen Arten der Beisetzung, um einen Gönner und Förderer eines Kirchenbaus deutlich zu ehren.[64] Vorbildlich war auch Silvester Pflieger, Bischof von Chiemsee (1453 gestorben). Er war als Jurist eine führenden Persönlichkeit am Hofe Friedrichs und dessen einflussreicher Rat, widmete seine Sorge unter anderem der verödenden Klosterkirche zu Bischofshofen und wurde hier in einem an die Wand des nördlichen Seitenschiffes gerückten Hochgrab beigesetzt. Aus dessen Deckplatte wurde die Figur des Toten in vollem Ornat plastisch herausgearbeitet und damit der Nachwelt überliefert. Das Grab steht vereinzelte, da die Vorgänger und Nachfolger des Verstorbenen in Salzburg bestattet wurden. Es ist unbekannt, wer das Denkmal schuf. Dessen Qualität würde weitere Forschungen rechtfertigen, die Hoffnung ist aber gering, dass aufschlussreiche Unterlagen noch existieren.[65]

Daher wurden früh die Tumbadeckeln als wichtigste Teile der Gräber für Eleonore und Friedrich geschaffen. Auf diesen Steinen wurden beide so dargestellt, wie sie in der Blüte ihres Lebens ausgesehen hatten. Es sind kaum bessere Abbildungen erhalten. Es war nicht vorgesehen, dass beide gemeinsam bestattet wurden, da für jeden ein eigenes Epitaph angefertigt wurde. In Größe, Material – Adneter roter Marmor – und Qualität entsprechen die Werke jedoch einander und daher darf angenommen werden, dass beide der gleiche Künstler schuf. In manchem weichen aber die Darstellungen voneinander ab. Eleonore wurde unter einem relativ schlichten Stoffbaldachin gestellt, Friedrich ist von einer überzüchteten und reichen gotischen Architektur eingerahmt. Nach der Beschriftung dürfte geplant gewesen sein, dass der Grabstein für Eleonore in die Wand oder in den Boden der Kirche eingelassen wurde, der abgeschrägte Schriftrand von Friedrichs Tumbadeckel verrät, dass er für ein Hochgrab vorgesehen war. Dem wurde auch entsprochen. Die relativ junge Kaiserin wurde unmittelbar nach ihrem Tod (1467) im Neukloster zu Wiener Neustadt vor dem Hochaltar beigesetzt, wo auch ihre vor ihr verstorbenen

Kinder ruhten. Ihr Grabdenkmal ist heute in die Wand eingelassen.[66] Friedrich, der am 19. August 1493 in Linz starb, wurde nach Wien überführt und am 28. August zu St. Stephan provisorisch bestattet. Die offiziellen Begräbnisfeierlichkeiten wurden am 6. und 7. Dezember zelebriert. Doch damals stand das prächtige Hochgrab noch nicht zur Verfügung. Es gab wohl nur die Deckplatte. Das eindrucksvolle Epitaph war erst 1513 fertig, wurde im Osten des südlichen Schiffes, im Apostelchor aufgestellt und hierher der Leichnam des Kaisers im November des Jahres überführt.[67] Die Forschung vermutete lange, dass dieses Grab des Kaisers in Wien schon immer vorgesehen war, da er sich Herzog Rudolf verbunden fühlte, der die Grablage im späteren Dom für seine Familie vorgesehen hatte. Daher wurde jüngst noch argumentiert, es wäre für das Grabmal wegen seiner Größe nur im Apostelchor genügend Platz gewesen und es wäre von Anfang an für diese Stelle geschaffen worden.[68] Die nach wie vor unbewältigte Diskussion zwingt, die Quellenlage zu überprüfen.

Belegt ist, dass der Kaiser schon 1463 die Stadt Straßburg bat, den Bildhauer Niklas für den kaiserlichen Hof freizugeben. 1467 und später wurden diesem Künstler, der dann exakter Niklas Gerhaert genannt wurde und als Grundbesitzer in Passau und Wiener Neustadt nachzuweisen ist, Gelder überwiesen. Daraus wird geschlossen, dass Niklas in beiden Städten arbeitete und zwischen ihnen pendelte. Er musste große Schwierigkeiten überwinden, da allein die Deckplatte mehr als acht Tonnen wog. Der in Adnet gebrochene Marmorblock war sicherlich auf dem Wasserweg nach Passau gebracht worden und wurde hier vermutlich erstmals bearbeitet. Die ersten kargen Angaben lassen nicht erkennen, ob sie auf den Grabstein Friedrichs oder Eleonores zu beziehen sind. Alles spricht dafür, dass der Meister dieser beiden Kunstwerke aber wahrscheinlich lange in Passau tätig war und erst 1467 persönlich nach Wiener Neustadt kam. Hier dürfte er die wichtigsten Arbeiten an den Körpern der beiden Figuren vollendet haben und bereits 1473 gestorben sein. Seine Arbeit wurde von Max Volmer und anderen fortgeführt.[69] Da Kaiserin Eleonore auch schon 1467 starb, wurde die Arbeit an ihrem Denkmal vorgezogen. Dafür konnte die Fertigstellung von Friedrichs Epitaph hinausgeschoben werden. Es ist nicht unwahrscheinlich, dass Eleonores Grabstein früh nach Wiener Neustadt kam, doch darüber wird nichts berichtet. Aus den Quellen geht nur hervor, dass der Tumbadeckel für Friedrichs Grab erst 1479 nach Wiener Neustadt gebracht wurde. Die technischen Schwierigkeiten waren beträchtlich – Brücken mussten verstärkt werden – und erregten Aufsehen, das dokumentiert wurde. Damals war die St. Georgs-Kirche schon fertig und könnte für die Bestattung des Kaisers vorgesehen gewesen sein. Doch hatte der Habsburger sein Interesse an der Stadt bereits weitgehend verloren und so wurde für die weitere Gestaltung des Grabdenkmals in Wiener Neustadt nicht mehr viel unternommen. Unmittelbar vor Friedrichs Tod wurde entschieden, dass Friedrich in Wien beigesetzt werden sollte, und so wurden 1493 die bereits vorhandenen Teile des Epitaphs hierher gebracht. Es wurde nicht berichtet, ob der Kaiser selbst dies verfügt hatte oder ob nicht erst Maximilian die notwendigen Befehle gab, durch die der Wiener Dom entscheidend ausgestattet und dessen Ansehen wesentlich gehoben wurde.[70]

Wenn Friedrich auch Wiener Neustadt bevorzugte, für die Menschen seines Hofes behielten die Zentren der anderen habsburgischen Länder noch ihre Bedeutung. So musste der Kaiser auch Wien fördern, konnte aber wegen der vielen Wirren in dieser Stadt seinem Anliegen, Bauten anzuordnen und aufzuführen, um seine Herrschaft zu demonstriere, kaum entsprechen. Er durfte zwar an Kirchen, die er unterstützte, seine Devise anbringen, das Aussehen der Stadt konnte er aber nicht verändern. Dennoch wurde sein Andenken zu St. Stephan bewahrt, da an diesem Gotteshaus während seiner Regierungszeit gebaut und dieses auf sein Ansuchen zum Bischofssitz erhoben wurde.[71] Wichtig war aber das Eingreifen des Kaisers kaum. Wenig Bedeutung hatten wohl auch die von ihm in der Wiener Burg durchgeführten Restaurierungen und Veränderungen. Deren Kapellenbau soll er zwar erneuert haben, doch ist belegt, dass die bei Kämpfen entstandenen Schäden die Bürger beheben mussten, die daher eher für den Zustand des Gebäudes zuständig waren.[72] Gravierender waren dagegen die Maßnahmen Friedrichs in Graz. Hier wurde nicht nur die Burg erheblich vergrößert, modernisiert und mit einer schönen Kapelle ausgestattet, sondern auch noch die Hofkirche mit ansehnlichen Dimensionen neu errichtet – heute ist sie der Dom der Stadt. Deren weite Anlage verrät, dass der Kaiser eine Aufwertung des Sakralbaues früh in Aussicht genommen hatte, die aber dann unterblieb. Auch die restlichen Kirchen und Klöster der Stadt wurden gefördert und mit ihrer Organisation verbessert, 1463 wurden die Franziskaner hierher berufen. Und wenn auch die Innenstadt heute stärker von Umbauten der frühen Neuzeit geprägt ist, das Eingreifen Friedrichs in die Gestaltung der Gemeinde ist auch in der Gegenwart noch zu spüren.[73]

Der Kaiser wusste die Wirkung eindrucksvoller Architektur für die Propaganda des Hauses Österreich zu schätzen und förderte daher diese Anlagen, doch hatte er nicht die Ausdauer, deren Vollendung durchzusetzen und abzuwarten. Er wechselte zwar nicht so impulsiv und hastig die Richtlinien wie sein Sohn Maximilian, doch gab er doch allzu rasch sein Vorhaben auf. Er organisierte etwa einen Reichskrieg gegen Matthias Corvinus, wandte sich aber dann nicht gegen die Ungarn, sondern nach Flandern. Keiner seiner Bauten, wenn wir die St. Georgs-Kirche in Wiener Neustadt zur Seite lassen, wurde fertig und bezeugt Willen und Absicht des Kaisers.

Sie blieben fast durchweg Fragmente. Selbst sein früh gefördertes und gut umsorgtes Grabmal war bei seinem Tod noch ein Torso und fand einen Platz, den wahrscheinlich erst Maximilian bestimmte. Friedrich dürfte selbst an prunkvollen Palästen wenig Gefallen gefunden haben und sich dann leicht von seinen Projekten abgewandt haben. Es ist auch längst bekannt, dass er sich eher für kleine Objekte begeisterte. Den Zeitgenossen fiel schon seine Vorliebe für Juwelen und Steine auf, ohne zu merken, dass der Habsburger einer Grundhaltung seiner Zeit folgte, die diesen Dingen besondere Kräfte zubilligte.[74] Ganz allgemein konnte sich der Kaiser für kleine und handliche Gegenstände begeistern. Und erst jüngst wurde bewiesen, dass er in die Gestaltung seiner Siegel eingriff, deren Qualität als Kunstwerke schon immer anerkannt war.[75] Alle diese Arbeiten wurden von Handwerkern besorgt, die hauptsächlich als Goldschmiede tätig waren, aus allen möglichen Gegenden berufen wurden und sich sogar in Wiener Neustadt niederlassen konnten. Sie waren daher leicht dem Hof zu integrieren.[76] Die Zeitgenossen berichten jedenfalls übereinstimmend, dass der Kaiser die für ihn so wichtigen Schätze, schön eingefasste Reliquien und Kostbarkeiten, Schmuck und Insignien, teure Textilien und Handschriften, in Burgen und geschützten Kammern fürsorglich verwahrte. Die meisten dieser Gegenstände, mitunter von hohem künstlerischen Wert, wurden jedoch später bedenkenlos eingeschmolzen und so sind nur wenige Exemplare erhalten, die zwar die Vorliebe Friedrichs bei seiner Sammeltätigkeit erkennen lassen, aber doch nicht mehr verraten können, wie groß dieser Schatz war und wie er genau aussah. Vermuten dürfen wir, dass er schöne Becher und Krüge, Schüsseln und Teller erwarb. Ein schön und reich gedeckter Tisch zeichnete in der Gotik den Herrscher aus. Da aber davon vieles auch auswärts gekauft wurde, sind die Leistungen der Werkstätten von Wien, Wiener Neustadt und Graz aus den wenigen noch existierenden Stücken nicht zu erfassen.[77]

Im Gegensatz dazu sind Handschriften des Kaisers noch in größerer Zahl erhalten, da sie wegen ihres Wertes sorgfältig verwahrte wurden. Manche Potentaten bauten, dem Vorbild von Kirchen folgend, im 15. Jahrhundert für ihre Bücherschätze schon besondere Räume. Das war aber in Wiener Neustadt offenbar nicht möglich. Die Einrichtung einer Bibliothek wurde aber auch verhindert, da viele Kodizes, wie etwa die viel beachtete Handregistratur, der Kanzlei zur Verfügung stehen und für diese greifbar sein mussten. Sie wurden, wohl auf Anordnung des Kaisers, sorgfältig geschrieben und mitunter sogar illuminiert.[78] Das entsprach der Grundhaltung Friedrichs, der sich für prächtige Handschriften begeistern konnte. Er sammelte viele kostbare Exemplare, die zum Teil zuletzt in die Wiener Nationalbibliothek gelangten. Einige wurden von dem Habsburger in Auftrag gegeben, manche sind aber älter und wurden bereits am Hofe der Luxemburger geschrieben. Deren Geschick ist in wichtigen Einzelheiten nur schwer zu erforschen und so begnügt man sich mit der Feststellung, sie seien einfach mit dem Nachlass verstorbener Herrscher an den Habsburger gekommen, der sie eher wegen ihrer Kostbarkeit, so wird vermutet, als wegen ihres Inhalts hortete.[79] Doch gibt es zu diesem Problem doch aufschlussreiche Hinweise. So wurden auf einem heute in der Wiener Nationalbibliothek verwahrten Talmudfragment in den Jahren nach 1440 flüchtige Notizen über mehrere im Rheinland vorgenommenen Pfründenverleihungen innerhalb der Reichskanzlei geschrieben.[80] Sehr viel hilft dieser Hinweis nicht, doch zeigt er, dass wichtige, dem Kaiser zugeeignete Bücherbestände, den Notaren der Kanzleien übergeben waren. Es ist nicht ausgeschlossen, dass sich die Beamten für hebräische Texte interessierten und diese studierten. Die schwer zu entziffernden, aber, soweit erkennbar, aufschlussreichen Eintragungen auf dem Talmudfragment – sie wurden sogar als unlesbar übergangen – warten noch auf den Bearbeiter, der auch noch klären sollte, wie es zu dieser ungewöhnlichen Dokumentation kam. Die Notizen beweisen aber, dass dieses Fragment am kaiserliche Hof verwahrt war. Zu vermuten ist daher auch, dass die als in Friedrichs Besitz erwähnten „Judenbücher" mit den ebenfalls in der Wiener Nationalbibliothek verwahrten hebräischen Bibelhandschriften identisch sind, die kurze lateinische Randnotizen aus der Mitte des 15. Jahrhunderts aufweisen. Diese knappen Bemerkungen zeigen, dass man sich in der Umgebung des Habsburgers mit hebräischen Texten befasste – es sind für diese Zeit auch entsprechende Forschungen der Theologen zu Klosterneuburg belegt.[81] Am Hofe des Kaisers wurden demnach viele Themen aufgegriffen und aktuelle Bücher innerhalb des Hofes weitergereicht. Die Handschriften Friedrichs waren jedoch auf mehrere Stellen verteilt.

Die wichtigsten Kodizes, die mächtigen und allzu großen Prachthandschriften, mussten schon wegen ihres Wertes sorgfältiger verwahrt werden, waren aber wegen ihrer Unförmigkeit für den alltäglichen Gebrauch ungeeignet. Sie wurden sicherlich in einem Schatzgewölbe deponiert und waren dort kaum einzusehen, auch wenn sie für das Rechtsleben am kaiserlichen Hof, wie etwa eine Abschrift der Goldenen Bulle Kaiser Karls IV., nützlich gewesen wären. Neben diesen wenigen überdimensionierten Handschriften besaß Friedrich noch reich illuminierte Kodizes anderen Inhalts, vor allem auch Andachts- und Gebetbücher, deren Einsatz bisweilen schwer zu begreifen ist. Manche waren ungeachtet ihrer kostbaren Ausstattung wegen ihres handlichen Formats für einen täglichen Gebrauch durchaus geeignet und wurden daher sicherlich auf den Reisen mitgeführt und in den jeweiligen Gemächern Friedrichs verwahrt.[82] Doch manche dieser Handschriften wie etwa das 1447 für den Habsburger geschriebene lateinische Gebetbuch im Ausmaß von 53 × 36 cm mit aufwendigem Bilderschmuck, wurde wohl kaum auf allen Reisen mitgeführt. In Größe und Qualität, aber auch mit der Entstehungszeit entspricht es einer lateinischen Abschrift der Legenda Aurea, die ebenfalls von Friedrich in Auftrag gegeben worden war und wegen ihres ungewöhnlichen Eigentumsvermerks für diesen offensichtlich besonders wichtig war. In diesem Werk wurden die Viten ungeachtet ihres frommen Inhalts in unterhaltender Weise beschrieben, fanden daher einen weiten Leserkreis und entsprechende Verbreitung. Da vor allem die Lebensläufe exotischer Heiliger vorgestellt wurde, war dieses Werk die Grundlage für das Wissen vieler Zeitgenossen über die Zustände in Indien, Asien und Afrika. Wir dürfen vermuten, dass Friedrich, dessen gute Bildung von den Historiographen hervorgehoben wurde, wiederholt in dem Buche las und sich daraus über entlegene Räume informierte.[83] Diese Kodizes, die übrigens in ihrem Format auch dem sogenannten Notizbuch des Kaisers entsprechen, dürften mit ihrem ungewöhnlichen Ausmaß nach Wünschen des Habsburgers geschrieben worden sein und verraten, dass dieser eher ungewöhnliche Ansprüche stellte.

Einige für das Gebet und die Andacht des Alltags brauchbare Handschriften hatten dagegen ein handliches Format, dürften weniger sorgsam bewahrt worden sein und gingen wohl zum Teil verloren. Sie waren aber auch gut ausgestattet und illuminiert, wie das Gebetbuch der Kaiserin Eleonore verrät. Die Bilder sollten nicht zuletzt das Interesse des Betenden oder Lesers steigern. Das ebenfalls erhaltene und in deutscher Sprache geschriebene Gebetbuch König Albrechts II. gewährt uns außerdem noch einen Einblick in die Frömmigkeit des 15. Jahrhunderts, lässt aber auch vermuten, dass Friedrich zum Gebet lateinische Texte bevorzugte und gut die lateinische Sprache beherrschte.[84] So verraten Friedrichs Bücher doch auch dessen Vorstellungen und Wissen. Es ist möglich, dass der Habsburger glaubte, wegen seiner kaiserlichen Würde Bücher ungewöhnlichen Ausmaßes besitzen zu müssen. Wegen der vielen Prachthandschriften, die der Kaiser besaß, wurde immer vermutet, er habe die Bestände wegen ihres Wertes gesammelt und die Bibliothek sei mit ihren Inhalten eher zufällig zusammengekommen. So wird kaum beachtet, dass Bücher, die für das Rechtsleben wichtig waren, in Friedrichs Besitz doch klar überwiegen, für einen Bereich, den dieser sicherlich schätzte.[85] Er studierte sicherlich mitunter persönlich in diesen Handschriften. Der Habsburger, der sich ansonsten für Bilder nicht sehr erwärmte – von ihm angeregte Tafelbilder sind nicht bekannt und auch die Fresken, für die er verantwortlich war, fallen kaum auf – schätzte jedoch einseitig die Buchmalerei und ließ sogar Kodizes illuminieren, deren Inhalt diese Auszeichnung kaum rechtfertigte. Bekannt sind einige Namen dieser Künstler, ein Michael und ein Martin opifex. Aber auch auf den Meister des Albrechtsaltars soll gute

Buchmalerei zurückzuführen sein.[86] Es war demnach nicht Habsucht und Freude an Reichtum, wenn Friedrich kostbare Handschriften erwarb und behütete, wie ihm oft vorgeworfen wurde, er hatte vielmehr daran echte Freude und bewies als Auftraggeber dieser Werke Geschmack und Verständnis. Und wenn er auch manchen Kodex aus ferneren Werkstätten ankaufte, die Buchmalerei wurde wegen Friedrichs Interesse vor allem an dessen Hof stark gefördert und war kennzeichnend für dessen Kultur, auch wenn der Kaiser, wie schon auffiel, sich für den Buchdruck dann kaum mehr einsetzte.[87]

Einige wenige Gegenstände aus seinem Besitz belegen sein Interesse an Astronomie und Himmelskunde, an Sachgebieten, die an der Wiener Universität neben einigen anderen Fächern der Naturwissenschaften besonders gepflegt wurden. Friedrich dürfte deren Entwicklung verfolgt haben und vielleicht unterstützte er sogar die eine oder andere Disziplin, doch verriet er davon nichts.[88] Diese Geheimhaltung hatte zur Folge, dass auch dazu wilde und meist abträgliche, im allgemeinen aber törichte Gerüchte von den Vorlieben des Kaisers umliefen, der in Wirklichkeit überdurchschnittlich gebildet war und viele Interessen hatte. Da überdies die Inhalte seiner Bücherbestände unbekannt blieben und auch jetzt nicht leicht zu erfassen sind, werden in Zukunft der Kultur am kaiserlichen Hof noch weitere Forschungen zu widmen sein. Denn noch immer ist die Ansicht weit verbreitet, der als träge angeprangerten Kaiser habe kaum Initiativen entwickelt, und so seien die für den Aufschwung des Geisteslebens entscheidende Anregungen durchweg von seinen Ratgebern gekommen. Dabei hätte längst auffallen müssen, dass Friedrich nur selten lateinische Privilegien ausstellte, die deutsche Sprache eindeutig bevorzugte und dass die der Propaganda dienenden Teile seiner Urkunden mit beachtlichem Können formuliert wurden. Unter diesen Voraussetzungen hätte sich auch an seinem Hof die deutschsprachige Dichtung besser entwickeln können. Sie wurde aber, soweit bis jetzt bekannt ist, in Österreich nur von Michael Beheim getragen, der für Friedrich arbeitete. Es ist bislang noch nicht geglückt, einen am kaiserlichen Hof präsenten deutschsprachigen Dichterkreis ausfindig zu machen.[89] Wenig wurde auch von der Musik im Umkreis des Kaisers bekannt, die für feierliche Gottesdienste zwar unumgänglich war, aber kaum dokumentiert ist.[90] Die zuletzt gestreiften Gebiete wurden jedoch vor allem in Wien gefördert und lassen vermuten, dass ungeachtet mancher Zerwürfnisse deren Bürger doch auch weitgehend für die Ausrichtung kaiserlicher höfischer Musikkultur verantwortlich waren. Damit sind deren Schwerpunkte angedeutet. Es wurde zuletzt sichtbar, dass zu Wien neben den Bürgern die Universität, auch wenn an dieser Aeneas Silvius Piccolomini nicht tätig war, das höfische Geistesleben mitprägte und für die Umwelt Friedrichs ausschlaggebend war. Es ist zwar nicht zu leugnen, dass Friedrich als Residenz Wiener Neustadt bevorzugte, dass die hier entwickelte hektische Bautätigkeit alles andere in den Schatten stellte und dass die ständige Präsenz eines stabilen und großen Kreises von Baumeistern, Steinmetzen und Bildhauern für die Kultur des Hofes charakteristisch wurde, doch gerade wegen dieser allzu einseitig ausgeprägten Ausrichtung fehlten in der Stadt oft die Fachleute für andere Gebiete, die es aber in Wien gab und hier für den Hof des Kaisers arbeiteten, eines Hofes, dessen Gedeihen aber noch von den Interessen des Herrschers abhängig war.

Es gab noch keine festen Behörden, die nach ihren Vorstellungen, Förderungen und Ablehnungen die Ausrichtung höfischer Kultur mitbestimmten und auf diese Weise die Eigenheiten der Zentrale zusätzlich prägten. Entscheidend war Friedrich, der Bücher schätzte, und ihm war es zu verdanken, dass viele angeschafft und auch ordentlich bewahrt wurden. Er gab auch Bilder in Auftrag. Gesammelt, hoch geschätzt und sorgsam gehütet wurden diese noch nicht. Der Habsburger, der repräsentative und große Bauten errichten ließ, begeisterte sich persönlich für kleine Kunstwerke, für Juwelen und Kleinodien, für Schmuck und Geschmeide. Er setzte sich außerdem auch für Bereiche ein, die heute zu den Naturwissenschaften gezählt werden, für Steine und Pflanzen, aber auch für technische Erfindungen, für Astronomie und Erdwissenschaften. Doch so sehr der Kaiser auch Wiener Neustadt förderte, für seinen Hof wurden eher die Bürger von Wien und Graz, aber auch von Regensburg, Augsburg und Nürnberg wichtig, deren Dienste sich Friedrich gern bediente. Es wird noch zu erforschen sein, wie weit sich dann in den Jahren, als der Habsburger die meiste Zeit wieder in Deutschland verbrachte, Ansätze eines neuen Hoflebens in Köln oder Nürnberg entwickelten. Friedrich war nicht ungebildet, doch interessierte er sich für Wissensgebiete, deren Einsatz praktischen Nutzen versprach Für die hohen Gedankengänge der traditionellen Theologie hatte er wenig Verständnis, wohl aber für Seelsorge und den religiösen Alltag, für Gebiete, die Thomas Ebendorfer oft aufgriff. Dieser könnte den Kaiser für diese Bereiche beeinflusst haben. Das Interesse für Recht und Geschichte dürfte jedoch Friedrich aus eigenem Antrieb entwickelt und selbst den Anstoß gegeben haben, dass an seinem Hof die Staatstheorie und die Darstellung der Vergangenheit gepflegt wurden, aber kaum als Wissenschaften in unserem Sinne, sondern als Mittel einer wirksamen Propaganda, von der sich der Habsburger sicherlich zu viel erhoffte.

Doch wenn auch die in den Residenzen geförderten kulturellen Belange in ihrer Entwicklung noch stark von Friedrich abhingen, die Zukunft des kaiserlichen Hofes gehörte den stehenden und gefestigten Institutionen, den von den Juristen getragenen Behörden und Ämtern, die nicht mehr zu übergehen waren, die zunächst als Kanzleien und Gerichtshöfe deutlicher in Erscheinung traten und die als ständige Einrichtungen die höfische Kultur Friedrichs gelegentlich schon bereicherten. Festen Ämtern stand dieser aber noch kritisch gegenüber und manche Institutionen, wie einen Rat und eine Kammer, ließ er immer wieder verkümmern. Es dürfte ihn sogar beruhigt haben, dass es das Kammergericht für längere Zeiträume gar nicht gab. Unter diesen Voraussetzungen genügte dem Kaiser für seinen Hof noch die mittelalterliche Burg. Er benötigte noch kein geräumiges Schloss, das in seinen Mauern das kulturelle Leben sammelte und sicherte und das allein schon mit seiner Gestaltung, mit seinen Prunkräumen und Sälen die Richtlinien für das Auftreten und Erscheinen des Herrschers vorgab. Friedrichs Wohnsitze mit ihrem betont kirchlichen Leben entsprachen noch ganz den Vorstellungen des Mittelalters. Es war nicht die oft kritisierte Sparsamkeit – andere sprachen von Geiz – des Kaisers ausschlaggebend, dass manches noch dahinsiechte und verkümmerte, es fehlten vielmehr die festen Ziele eines kulturellen Lebens, es fehlten auch noch die banalen und doch so wichtigen Grundlagen einer festgefügten Kultur, wie etwa der Bau für eine Bibliothek, für eine allgemein zugängliche Schatzkammer und für eine Gemäldegalerie, in denen den Besuchern der Reichtum des Herrschers und dessen Ansehen vor Augen geführt wurden.

Vor dem Ausbau dieser Einrichtungen schreckte man im 15. Jahrhundert noch zurück. Den entscheidenden Schritt, die Errichtung einer modernen Zentrale, der um 1470 schon notwendig schien und auf den alle schon warteten, wagte der Kaiser nicht mehr. Dabei stand er Buchwissen aufgeschlossen gegenüber und einige seiner Zeitgenossen, wie etwa Matthias Corvinus, betonten diese ihre moderne Einstellung mit dem demonstrativen Sammeln von Handschriften und Drucken. Und wenn wir heute auch viele Vorbehalte Friedrichs gegen hektische Neuerungen begreifen, aber dann doch wieder seine Vorliebe für Bücher bedenken, so ist es nicht zu erklären, warum er die Entwicklung dieser von ihm so geliebten Schätze zu modernen Bibliotheken nicht mitmachte. Manches ist aus dem Wandel nach 1470 zu erklären, als er die Erblande verließ und in Deutschland die Reiseherrschaft veralteter Prägung wieder einrichtete. In seiner letzten Regierungsphase verlor er jedenfalls sein Interesse an Handschriften. Er stand jetzt der Kultur seines Hofes teilnahmslos gegenüber, es hat sogar den Anschein, dass es ihm gleichgültig geworden war, wo er begraben werden sollte, obwohl ihn früher dieses Problem lange Zeit stark beschäftigt hatte. Es gibt auch keine Belege dafür, dass der lange Aufenthalt zu Wien nach 1480 für den Hof bedeutsam geworden war. Bis jetzt ist nur bekannt, dass der anwesende Kaiser die Verteidigung der Stadt gegen Matthias Corvinius organisieren wollte, aber nicht verhindern konnte, dass die Bürger 1485 vor diesem kapitulierten. Damit war Friedrichs Niederlage im Osten des Reichs und in den Erblanden besiegelt. Vieles spricht dafür, dass Friedrich den größten Teil seiner kaiserlichen und landesfürstlichen Verpflichtungen in seinen letzten Lebensjahren vorzeitig an seinen Sohn Maximilian abtreten wollte.

Der Kaiser könnte damals bereits an schweren Krankheiten gelitten haben. Damit ist zwar sein Anfall von Energie nicht zu vereinen, als er sich 1488 für den in Brügge gefangenen Maximilian erfolgreich einsetzte, doch ist auch zu beachten, dass er unmittelbar nach diesem Geschehen nach Linz reiste und sich dann kaum mehr bewegte. Man gewinnt den Eindruck, dass er sich hier dann jahrelang hauptsächlich auf seinen Tod vorbereitete. Mit seinen Anweisungen und Briefen griff er zwar noch immer in das Geschehen ein, doch ist nicht auszuschließen, dass für diese Aktivitäten seine Berater die Verantwortung trugen. Die Auswirkungen seines Leidens und Gebrechens setzten ihm deutlich zu. Er war nicht einmal mehr gewillt, für jene Bereiche zusorgen, die ihm zeit seines Lebens doch am Herzen gelegen waren. Die wenigen Schätze, die er auf seiner letzten größeren Fahrt mitführte, hatte er in der Nürnberger Burg zurückgelassen. Wo er die von ihm so geliebten und für seinen Hof typischen wertvollen Handschriften deponiert hatte, ist nicht bekannt. Diese Kostbarkeiten liefern die besten Beweise für die Qualität der kaiserlichen Residenz und für deren Kunst, die keinen Vergleich mit anderen Höhen kulturellen Schaffens zu scheuen hat. Es wurden Leistungen erbracht, die uns auch heute noch begeistern können. Deren Namenlosigkeit versperrt uns aber noch immer tiefere Einblicke in die Zusammenhänge. Damit ist zwar unsere Neugierde geweckt, die sicherlich auch in der Zukunft weitere Forschungen auslösen wird und hoffen lässt, dass das eine oder andere Detail gefunden wird und weiter hilft. Dennoch wird vieles und vor allem wichtiges der Epoche Friedrichs rätselhaft bleiben und damit werden wir uns abfinden müssen.

Anmerkungen

[1] Lhotsky, Was heißt „Haus Österreich?", S. 353 ff.

[2] Gerhartl, Wiener Neustadt als Residenz, S. 106 ff. Vgl. dazu neuerdings Koller, Stadt und Staat, S. 723 ff.

[3] Niederstätter, Jahrhundert, S. 135 ff. Heimann, Habsburger, S. 35 ff.

[4] Koller, Beiträge zum Kaisertum, S. 590 ff.

[5] Vgl. dazu Sellert, Geiselnahme und Pfändung, S. 235 ff.

[6] Reg. F. III., 12, Nr. 118

[7] Reg. F. III., 15, Nr. 218. Seggern, Botenwesen, S. 113 ff.

[8] Wiesflecker, Regesten unter Maximilian I., 1, Nr. 2251 ff., Schmid, Reformbeschlüsse von 1495, S. 117 ff.

9 Battenberg, Achtbuch, S. 6 ff.

10 Vgl. dazu Koller, Ausbau der königlichen Macht, S. 430 ff.

11 Mitsch, Kommissionen als Herrschaftsinstrument, S. 65 ff. Mitsch, Die Gerichts- und Schlichtungskommissionen, S. 8 ff.

12 Heinig, Hof, Regierung und Politik, S. 98 ff. Vgl. dazu auch Reg. F. III., 14, Nr. 1 ff. u. 15, Nr. 1 ff.

13 Battenberg, Achtbuch, S. 120 ff. u. 207 f. Vgl. dazu auch Heinig a. a. O., S. 591 ff.

14 Lechner, Hofgericht, S. 44 ff. u. 123 ff. Heinig, a. a. O. S. 171. Dazu Niederstätter, Jahrhundert, S. 323 ff. Babel, Frankreich und der Oberrhein, S. 144 ff., Baum, Vom Oberrhein bis Indien, S. 154 ff.

15 Battenberg, Achtbuch, S. 136 ff.

16 Chmel, Regesta, Nr. 2659 u. 2675. Dazu Heinig, Hof, Regierung und Politik, S. 99 ff.

17 Maurer, Königsgericht, S. 86 ff.

18 Lechner, Hofgericht, S. 132, Heinig, Hof, Regierung und Politik, S. 641 ff.

19 Reg. F. III., 18, Nr. 40

20 Vgl. dazu auch Heinig. Hof, Regierung und Politik, S. 101

21 Lechner, Hofgericht, S. 65 ff. u. 153 f. Dazu Heinig, Hof, Regierung und Politik, S. 1363 f.

22 Maurer, Königsgericht, S. 99 ff. Vgl. dazu Magin u. Maurer, Protokoll und Urteilsbücher, Bd. 1.

23 Neumann, Kaiser Friedrich und der Einblattdruck, S. 33. Dazu Weber, Buchdruck, S. 65 ff.

24 Hödl, Albrecht II., Nr. 9a. Hödl, Albrecht II., Königtum, S. 80 ff.

25 Hödl, Albrecht II., Nr. 44

26 Hödl, Albrecht II., Königtum, S. 99 ff.

27 Heinig. Hof, Regierung und Politik, S. 171

28 Heinig, a. a. O. S. 111 ff

29 MG DD F.I. 151. RI 4, Nr. 417. Dazu Dopsch, Länder und das Reich, S. 137 ff.

30 Lhotsky, Privilegium maius, S. 82 ff. MG DD F.I. 1040. RI 4, Nr. 418

31 Niederstätter, Herrschaft Österreich, S. 147 ff.

32 Lhotsky, Privilegium maius, S. 79 f.

33 Lhotsky, Privilegium maius. S. 18 ff. Dazu zuletzt Krieb, Totengedenken, S. 75 ff.

34 Der am 5. August 1439 geschlossene Vertrag bei Chmel, Materialien 1, Nr. 37. Dazu Riedmann, Mittelalter, S. 459. Niederstätter, Jahrhundert, S. 144

35 Heinig, Albrecht II., S. 492 ff. Dazu Reg. F. III., 12, Nr. 17 u. 132. Zum Problem der Finanzen Nr. 64 ff.

36 Reg. F. III., 12, Nr. 319

37 Reg. F. III., 13, Nr. 258

38 Niederstätter, Jahrhundert, S. 138 ff.

39 Niederstätter, Jahrhundert, S. 198 ff. u. S. 306 ff.

40 Gerhartl, Wiener Neustadt, S. 126 ff. Heinig, Friedrich III., S. 302 ff.

41 Oppl, Nachrichten, S. 217 ff.

42 Heinig, Rom, Regierung und Politik, S. 1386.

43 Schwind-Dopsch, Ausgewählte Urkunden S. 302, Nr. 123. Dazu Lutter, Maximilian I., S. 525 ff.

[44] Sutter, Residenzen, S. 132 ff.

[45] Gerhartl, Städtebuch, S. 262 ff.

[46] Schumm, Entwurf, S. 122 ff. Brümmer, Kunst und Herrschaftsanspruch, S. 154 ff. Welck, Konrad von Weinsberg, S. 18 ff. Koller, Erfindung des Buchdrucks, S. 121 ff.

[47] Dopsch, Salzburg im 15. Jahrhundert, S. 518.

[48] Dopsch-Lipburger, Entwicklung der Stadt Salzburg, S. 795.

[49] Koller, Habsburgergräber, S. 267 f. 850 Jahre St. Stephan, S. 109 ff. (Fenzl).

[50] Gerhartl, Wiener Neustadt, S. 110 ff. Gerhartl, Städtebuch, S. 282. Mayer, Urkunden des Neuklosters, S. 10 ff. u. 37 ff.

[51] Gerhartl, Wiener Neustadt, S. 111 ff. Gerhartl, Städtebuch, S. 283. Vgl. dazu auch Reg. F. III., 12, Nr. 204, 267, 311, 333.

[52] Röhrig; Geschichte des Albrechtsaltars, S. 1 ff. Perger, Umwelt, S. 11 ff. Maderspacher, Malerei, S. 415 ff. Flor, St. Florians Burg, S. 85 f.

[53] Röhrig; Geschichte des Albrechtsaltars, S. 21 ff. Perger, Umwelt, S. 11 ff. Maderspacher, Malerei, S. 415 ff. Flor, St. Florians Burg, S. 185 f.

[54] Madersbacher, Malerei, S. 418. Flor, St. Florians Burg, S. 181 ff.

[55] Dornik-Egger, Friedrich III. in Bildern seiner Zeit, S. 64 ff. Madersbacher, S. 405 ff.

[56] Fillitz, Geschichte der bildenden Kunst, 3, S. 48. Dazu Schmidt, Madonna von der Wiener Neustädter Wappenwand, S. 315 ff. Schultes, Plastik, S. 316 ff.

[57] Thomas Ebendorfer, Chronica regum Romanorum (MG SS NS 18), S. 1 ff. Vgl. dazu auch Österreichische Chronik von den 95 Herrschaften (MG SS Deutsche Chroniken 6) u. Wagendorfer, Horaz, S. 121 ff.

[58] Thomas Ebendorfer, Chronica Austriae (MG SS NS 13), S. 11 ff.

[59] Die von Piccolomini geschriebene Österreichische Geschichte ist noch nicht zufrieden stellend ediert. Vgl. dazu Wagendorfer, Studien zur Historia Australis, S. 321 ff.

[60] Wagendorfer, Horaz, S. 120 ff.

[61] Gerhartl, Wiener Neustadt, .S. 116 ff. Brucher, Architektur, S. 200 ff.

[62] Schultes, Plastik, S. 305 ff.

[63] Schmidt, Madonna von der Wiener Neustädter Wappenwand, S. 318 ff.

[64] Katzberger, Thomas Ebendorfer, S. 51 ff., dazu auch S. 143.

[65] Heinig, Hof, Regierung und Politik, S. 581 ff.

[66] Schultes, Plastik, S. 321 ff.

[67] Kieslinger, Grabmal, S. 192 ff. Saliger, Triumph im Tode, S. 18 ff. Meyer, Königsbegräbnisse, S. 186 ff. Schultes, Plastik, S. 304 ff.

[68] Saliger, Triumph im Tode, S. 19 ff.

[69] So schon Kieslinger, S. 193 ff.

[70] Meyer, Königsbegräbnisse, S. 190 f.

[71] Zuletzt Brucher, Architektur, S. 201 ff. u. 222 ff.

[72] Opll, Nachrichten, S. 199 f.

[73] Sutter, Residenzen, S. 136 ff.

[74] Fillitz, Friedrich III. als Mäzen, S. 189 ff.

[75] Erkens, Heißer Sommer, S. 38 ff.

[76] Gerhartl, Wiener Neustadt, S. 115 ff.

[77] Fillitz, Friedrich III. als Mäzen, S. 188 ff.

[78] Unterkircher, Bibliothek Friedrichs III., S. 218 ff. Irblich, Höfische Buchkunst, S. 75 u. 95 ff. Fingernagel, Buchmalerei, S. 77 ff. Roland, Buchmalerei, S. 524 ff. Dazu Krieger, Buchschmuck, S. 315 ff.

[79] Lhotsky, Bibliothek Kaiser Friedrichs III., S. 225 ff.

[80] Koller, Erfindung des Buchdrucks, S. 125 ff.

[81] Unterkircher, Bibliothek Friedrichs III., S. 220. Koller, Erfindung des Buchdrucks, S. 125. (Vgl. auch Fingernagel, Buchkunst, S. 107.) Dazu Von den Brincken, Fines Terrae, S. 13 ff. u. 145 ff. Röhrig, Auftreten des Humanismus, S. 155 ff.

[82] Irblich, Zimelien, 0.75 ff. Zur Herkunft älterer Bestände vgl. Hranitzky, Handschriften König Wenzels IV., S. 112 ff.

[83] Lhotsky, Bibliothek Friedrichs III., S. 225. Fingernagel, Buchmalerei, S. 92 ff. Aus Legenden bezog auch die Reformation Kaiser Siegmunds das Wissen über den Orient. MG Staatsschriften 6, S. 80 ff.

[84] Fingernagel, Buchmalerei, S. 76 ff. u. 85 ff. Ein handliches Gebetbuch des Kaisers ist erwähnt in: Friedrich III., Kaiserresidenz. S. 391.

[85] Friedrich III., Kaiserresidenz, Abb. 5, Fingernagel Buchmalerei, S. 92 ff.

[86] Unterkircher, Bibliothek, S. 220 ff. Fingernagel, Buchmalerei, S. 94 ff.

[87] Vgl. Anm. 23.

[88] Grössing, Naturwissenschaften, S. 250 ff.

[89] Müller, Politische Lyrik, S. 453 ff.

[90] Niederstätter, Jahrhundert, S. 408 ff.

vgl. Bachmann (1958) geschäftlich

+ Historiographie d. 15 Jhd.

CDS → Zink
Meisterlin

+ Meuther: 15 Jhd. Off

Literaturverzeichnis

Abkürzungsverzeichnis

AföG   Archiv für österreichische Geschichte
Const   Constitutiones
HJb   Historisches Jahrbuch
JbVGWien   Jahrbuch des Vereins für Geschichte der Stadt Wien
MIÖG   Mitteilungen des Instituts für österreichische Geschichtsforschung
MG   Monumenta Germaniae
MG DD   Monumenta Germaniae, Diplomata
MGH   Monumenta Germaniae Historica
MG SS NS   Monumenta Germaniae, Scriptores, Nova Series
NF   Neue Folge
ÖGuL   Österreich in Geschichte und Literatur
QFIAB   Quellen und Forschungen aus italienischen Archiven und Bibliotheken
Reg. F.III Regesten Kaiser Friedrichs III.
RI   Regesta Imperii
RTA   Reichstagsakten
RTA MR   Reichstagsakten, Mittlere Reihe
VuF   Vorträge und Forschungen
ZHF   Zeitschrift für Historische Forschung

Verzeichnis der Quellen und Literatur

Aeneas Silvius, Die Geschichte Kaiser Friedrichs III. von Aeneas Silvius, übersetzt von Th. Ilgen, Die Geschichtsschreiber der deutschen Vorzeit 88, 2. Aufl. (Leipzig 1940). Siehe auch Enea.

Angermeier, H., Die Reichsreform 1410–1555. Die Staatsproblematik in Deutschland zwischen Mittelalter und Gegenwart (München 1984).

Auge, O. und Spieß, K.-H., Ruprecht (1400–1410), in: Die deutschen Herrscher des Mittelalters, hrsg. v. B. Schneidmüller und St. Weinfurter (München 2003) 446 ff.

Babel, R., Frankreich und der Oberrhein zur Zeit König Karls VII., in: Zwischen Habsburg und Burgund, hrsg. v. K. Krimm u. R. Brüning (Oberrheinische Studien 21, 2003) 139 ff.

Babinger, F., Mehmed der Eroberer und seine Zeit (München 1959).

Bäumer, R., Die Erforschung des Konziliarismus, in: Die Entwicklung des Konziliarismus, hrsg. v. R. Bäumer, Wege der Forschung 279 (Darmstadt 1976) 3 ff.

Balogh, J., Die Kunst der Renaissance in Ungarn, in: Schallaburg 82, Matthias Corvinus und die Renaissance in Ungarn 1458–1541 (Katalog des Niederösterreichischen Landesmuseums NF 118, 1982) 31 ff.

Barta, I., Die Geschichte Ungarns (Budapest 1971).

Battenberg, F., Beiträge zur höchsten Gerichtsbarkeit im Reich im 15. Jahrhundert (Quellen und Forschungen zur höchsten Gerichtsbarkeit im Alten Reich, hrsg. v. B. Diestelkamp u. a. 11, Köln–Wien 1981).

–, Die Gerichtsstandsprivilegien der deutschen Kaiser und Könige bis zum Jahre 1451 (Quellen und Forschungen zur höchsten Gerichtsbarkeit im Alten Reich, hrsg. v. B. Diestelkamp u. a. 12, Köln–Wien 1983).

–, Das Achtbuch der Könige Sigmund und Friedrich III. (Quellen und Forschungen zur höchsten Gerichtsbarkeit im Alten Reich, hrsg. v. B. Diestelkamp u. a. 19, Köln–Wien 1986).

Baum, W., Nikolaus von Kues und die Grafen von Görz, Der Schlern 58 (1984) 63 ff.

–, Sigmund der Münzreiche. Zur Geschichte Tirols und der habsburgischen Länder im Spätmittelalter (Schriftenreihe des Südtiroler Kulturinstituts 14, 1987).

–, Albrecht VI. (gest. 1463), Erzherzog von Österreich, Der Sülchgau 31 (1987) 23 ff. und 32 (1988) 25 ff.

–, Sigmund der Münzreiche im Elsaß, Der Schlern 62 (1988) 136 ff.

–, Friedrich IV. von Österreich und die Schweizer Eidgenossen, in: Die Eidgenossen und ihre Nachbarn im Deutschen Reich des Mittelalters, hrsg. v. P. Rück (Marburg 1991) 87 ff.

–, Kaiser Friedrich III. und die Grafen von Württemberg, in: Kaiser Friedrich III. in seiner Zeit, hrsg. v. P.-J. Heinig (Forschungen zur Kaiser- und Papstgeschichte des Mittelalters 12, 1993) 103 ff.

–, Kaiser Sigismund, Hus, Konstanz und die Türkenkriege (Graz 1993).

–, Die Habsburger in den Vorlanden 1386–1486. Krise und Höhepunkt der habsburgischen Machtstellung in Schwaben am Ausgang des Mittelalters (Köln–Weimar–Wien 1993)

–, Kaiser Friedrich III. und Sigmund der Münzreiche, Der Schlern 69 (1995) 209 ff.

–, Rudolf IV., der Stifter (Graz–Wien–Köln 1996).

–, Die Grafen von Görz in der europäischen Politik des Mittelalters (Klagenfurt 2000).

–, Vom Oberrhein bis zu den „kalikutischen Leut" in Indien, in: Zwischen Habsburg und Burgund, hrsg. v. K. Krimm u. R. Brüning (Oberrheinische Studien 21, 2003) 153 ff.

Beck, H.-G., Die byzantinische Kirche: Das Zeitalter des Palamismus, in: Handbuch der Kirchengeschichte, hrsg. v. H. Jedin 3/2 (Freiburg–Basel–Wien 1968) 588 ff.

Bertrams, W., Der neuzeitliche Staatsgedanke und die Konkordate des ausgehenden Mittelalters, 2. Aufl., Analecta Gregoriana 30 (Romae 1950).

Biedermann, G., Die Tafelmalerei vom Ende des 14. Jahrhunderts bis um 1500, in: Gotik in der Steiermark (Ausstellunskatalog) (Graz 1978) 108 ff.

Böhmer, J. F., Regesta Imperii 4/1 (= Die Regesten des Kaiserreichs unter Friedrich I. 1152 (1122)–1190, bearb. v. F. Opll, Wien– Köln–Graz 1980).

–, Regesta Imperi 11 (= Die Urkunden Kaiser Sigmunds (1410–1437), verz. v. W. Altmann, Innsbruck 1896–1900).

–, Regesta Imperii 12 (= Albrecht II. 1438–1439, bearb. v. G. Hödl, Wien–Köln–Graz 1975).

–, Regesta Imperii 14 (= Ausgewählte Regesten des Kaiserreiches unter Maximilian I. 1493–1519, 1, bearb. v. H. Wiesflecker, Wien–Köln 1990).

Boockmann, H., Über den Zusammenhang von Reichsreform und Kirchenreform, in: Reform von Kirche und Reich, hrsg. v. I. Hlaváček u. A. Patschovsky (Konstanz 1996) 203 ff.

Boubin, J., Ein König – zweierlei Volk. Zu den Reformbemühungen im Königreich Georgs von Podiebrad, in: Reform von Kirche und Reich, hrsg. v. I. Hlaváček u. A. Patschovsky (Konstanz 1996) 79 ff.

Brandmüller, W., Die Entwicklung des Konziliarismus, in: Werden und Nachwirken der konziliaren Idee, hrsg. v. R. Bäumer (Wege der Forschung 279, Darmstadt 1976) 3 ff.

–, Infeliciter electus fuit in Papam, in: Ecclesia et regnum, Festschrift F.-J. Schmale, hrsg. v. D. Berg u. H. W. Goetz (Bochum 1989) 309 ff.

–, Das Konzil von Konstanz 1414–1418, 1 (Paderborn–München–Wien–Zürich 1991).

–, Das Konzil von Pavia–Siena 1423–1424 (Padernorn–München–Wien–Zürich 2002).

Braun, B., Die Habsburger und die Eidgenossen im späten Mittelalter. In: Vorderösterreich, nur die Schwanzfeder des Kaiseradlers?, hrsg. v. Württembergischen Landesmuseum Stuttgart, 2. Aufl., (Ostfildern 1999) 128 ff.

Bresslau, H., Geschichte der Monumenta Germaniae historica (Hannover 1921).

–, Handbuch der Urkundenlehre für Deutschland und Italien 1–2, 2. Aufl. (Berlin 1958).

Brincken, A.-D. von den, Fines Terrae (Schriften der MGH 36, 1992).

Brucher, G., Architektur von 1430–1530. Die Eingangsphase der Spätgotik, in: Geschichte der bildenden Kunst in Österreich, hrsg. v. H. Fillitz, 3 (= Spätmittelalter und Renaissance, hrsg. v. A. Rosenauer, Wien–München 2003) 195 ff.

Brümmer, J., Kunst und Herrschaftsanspruch. Abt Benedikt Knittel (1650–1732) und sein Wirken im Zisterzienserkloster Schöntal, Forschungen aus Württembergisch Franken 40 (Sigmaringen 1994) 154 ff.

Brüning, R., „Wie ich mich in diesen dingen halten solle?" Die Reaktion der Reichsstände am Bodensee auf die Belagerung von Neuss durch den Herzog von Burgund 1474/75, in: Zwischen Habsburg und Burgund, hrsg. v. K. Krimm u. R. Brüning (Oberrheinische Studien 21, 2003) 177 ff.

Buschmann, A., Landfriede und Landfriedensordnung im Hoch- und Spätmittelalter, in: Landfrieden, Anspruch und Wirklichkeit, hrsg. v. A. Buschmann und E. Wadle (Paderborn–München–Wien–Zürich 2002) 95 ff.

Chmel, J., Materialien zur österreichischen Geschichte, 1 u. 2 (Wien 1837).

–, Regesta chronologico-diplomatica Friderici IV. Romanorum regis (imperatoris III.) (Wien 1838–1440).

–, Geschichte Kaiser Friedrichs IV. und seines Sohnes Maximilian I, 1 u. 2 (Wien 1840–43).

Concilium Basiliense, hrsg. v. H. Dannenbauer., A. Hartmann, H. G. Wackernagel u. G. Perouse, 8 (Basel 1936).

Czendes, P., s. Die Rechtsquellen.

Czendes, P. u. Opll, F., Wien, Geschichte einer Stadt 1 (Wien–Köln–Weimar 2002).

De Smedt, R., Der Orden vom Goldenen Vlies im Lichte der burgundisch–habsburgischen Politik, in: Zwischen Habsburg und Burgund, hrsg. v. K. Krimm u. R. Brüning (Oberrheinische Studien 21, 2003) 113 ff.

Diestelkamp, B., Verzeichnung der RKG-Prozeßakten und Wissenschaftsgeschichte, in: Integration durch Recht, hrsg. v. N. Jörn, B. Diestelkamp u. K. Modeer (Köln–Weimar–Wien 2003) 319 ff.

Dopsch, H., Salzburg im 15. Jahrhundert, in: Geschichte Salzburgs, hrsg. v. H. Dopsch 1/1 (Salzburg 1981) 487 ff.

–, Die Länder und das Reich (= Österreichische Geschichte 1122–1278, Wien 1999).

Dornik-Eger, H., Friedrich III. in Bildern seiner Zeit, in: Ausstellung. Friedrich III., Kaiserresidenz Wiener Neustadt, (Katalog des Niederösterreichischen Landesmuseums NF 29, 1966) 64 ff.

Dotzauer, W., Die deutschen Reichskreise in der Verfassung des alten Reiches und ihr Eigenleben (Darmstadt 1980).

Ducellier, M., Die Orthodoxie in der Frühzeit der türkischen Herrschaft, in: Die Geschichte des Christentums 7, Von der Reform zur Reformation, hrsg. v. M. Venard (Freiburg–Basel–Wien 1995) 6 ff.

Dünnebeil, S., Dynamik in spätmittelalterlichen Gruppen, in: Menschenbilder – Menschenbildner, hrsg. v. St. Selzer u. U.-C. Ewert (Hallische Beiträge zur Geschichte des Mittelalters und der Frühen Neuzeit 2, Berlin 2002) 153 ff.

Thomas Ebendorfer, Chronica Austriae, hrsg. v. A. Lhotsky. (MGH SS NS 13, 1967).

Thomas Ebendorfer, Chronica pontificum Romanorum, hrsg. v. H. Zimmermann (MGH SS NS 16, 1994).

Thomas Ebendorfer, Chronica regum Romanorum, hrsg. v. H. Zimmermann (MGH SS NS 18, 2003).

Thomas Ebendorfer, Das jüdische Leben Jesu, Toldot Jeschu, hrsg. v. B. Callsen, F. P. Knapp, M. Niesner u. M. Przybilski, MIÖG Veröffentlichungen 39 (2003).

Ehm, P., Burgund und das Reich, Pariser Historische Studien 61 (München 2002).

–, „und begeret ein kunig zu werden". Beobachtungen zu einem Herrschertreffen: Friedrich III. und Karl der Kühne in Trier 1473, in: Auswärtige Politik und internationale Beziehungen im Mittelalter (13. bis 16. Jahrhundert), hrsg. v. D. Berg, M. Kintzinger, P. Monnet (= Europa in der Geschichte, hrsg. v. D. Berg, 6, Bochum 2002) 233 ff.

Eibl, E.-M., Die Lausitzen zwischen Böhmen, Brandenburg und Sachsen in der Zeit Kaiser Friedrichs III. (1440–1493), in: Akkulturation und Selbstbehauptung. Studien zur Entwicklungsgeschichte der Lande zwischen Elbe/Saale und Oder im späten Mittelalter, hrsg. v. P. Moraw (Berichte und Abhandlungen der Berlin-Brandenburgischen Akademie der Wissenschaften, Sonderband 6, Berlin 2001) 311 ff.

Enee Silvii Piccolominei, postea Pii., De viris illustribus, ed. Adrianus van Heck (Studi e testi 341, 1991).

Engel, J., Von der spätmittelalterlichen respublica christiana zum Mächte-Europa der Neuzeit, in: Die Entstehung des neuzeitlichen Europa, hrsg. v. J. Engel

(= Handbuch der europäischen Geschichte, 3, hrsg. v. Th. Schieder, Stuttgart 1971) 1 ff.

Erbe, M., Belgien, Niederlande, Luxemburg. Geschichte des niederländischen Raumes (Stuttgart 1990),

Erkens, F.-R., Heißer Sommer, geistliche Gewänder und königliche Siegel, Von der Herrschersakralität im späten Mittelalter (Lectiones eruditorum extraneorum in Facultate philosophica Universitatis Carolinae Pragensis factae 6, 2003) 29 ff.

Esch, A. und D., Mit Kaiser Friedrich III. in Rom. Preise, Kapazität und Lage römischer Hotels 1468/69, in: Reich, Regionen und Europa in Mittelalter und Neuzeit, Festschrift P. Moraw, hrsg. v. P.-J. Heinig u. a. (Historische Forschungen 67, 2000) 443 ff.

Ewald, W., Siegelkunde (München 1969).

Fenzl, A., Der Stephansdom – Museum oder Gotteshaus?, in: 850 Jahre St. Stephan, Symbol und Mitte in Wien 1147–1997 (Katalog der 226. Sonderausstellung, Wien 1997) 9 ff.

Feuchtmüller, R., Die kirchliche Baukunst am Hofe des Kaisers und ihre Auswirkungen, in: Ausstellung. Friedrich III., Kaiserresidenz Wiener Neustadt (Katalog des Niederösterreichischen Landesmuseums NF 29, 1966) 197 ff.

Fillitz, H., Friedrich III. als Mäzen der Künste, in: Ausstellung. Friedrich III., Kaiserresidenz Wiener Neustadt (Katalog des Niederösterreichischen Landesmuseums NF 29, 1966) 186 ff.

Fingernagel, A., Zur spätmittelalterlichen Buchmalerei in Wien, in: Thesaurus Austriacus, hrsg. v. E. Irblich (Ausstellungskatalog) (Wien 1996) 76 ff.

Fink, K. A., Eugen IV., Konzil von Basel–Ferrara–Florenz, in: Handbuch der Kirchengeschichte, hrsg. v. H. Jedin, 3 (Freiburg–Basel–Wien 1968) 584 ff.

Flieder, V., Stephansdom und Wiener Bistumsgründung (Veröffentlichungen des kirchenhistorischen Instituts der katholisch-theologischen Fakultät der Universität Wien 6, 1968).

Flor, I., „St. Florians Burg" auf dem Wiener Neustädter Retabel,, in: Festschrift H. Ebner (= Schriftenreihe des Instituts für Geschichte 14, Graz 2003) 167 ff.

Fontana, J., .u. a., Geschichte des Landes Tirol, 1 (Bozen–Innsbruck–Wien 1985).

Fräss-Ehrfeld, C., Geschichte Kärntens 1 (Klagenfurt 1984).

Fuchs, F., Bischof Johann Schallermann von Gurk (Carinthia I., 191, 2001) 143 ff.

Fügedi, E., Das Königreich Ungarn (1458–1541), in: Schallaburg 82, Matthias Corvinus und die Renaissance in Ungarn 1458–1541 (Katalog des Niederösterreichischen Landesmuseums NF 118, 1982) 17 ff.

Gerhartl, G., Wiener Neustadt als Residenz, in: Ausstellung. Friedrich III., Kaiserresidenz Wiener Neustadt (Katalog des Niederösterreichischen Landesmuseums NF 29, 1966) 104 ff.

–, Wiener Neustadt, in: Österreichisches Städtebuch, hrsg. v. A. Hoffmann 4/3 (Wien 1982) 259 ff.

Gill, J., The Council of Florence (Cambridge 1961).

Die Goldene Bulle vom 10. Januar und 25. Dezember 1356, bearb. v. D. Fritz (Weimar 1988), (MG Const. 11) 537 ff.

Gieysztor, A., Politische Heilige im hochmittelalterlichen Polen und Böhmen, in:

Politik und Heiligenverehrung im Hochmittelalter, hrsg. v. J. Petersohn, VuF 42 (Sigmaringen 1994) 325 ff.

Gröber, M., Kaiser Friedrich III. und Meister Hans Seyff, in: Kaiser Friedrich III. Innovationen einer Zeitenwende, red. v. W. Katzinger u. F. Mayrhofer (Ausstellungskatalog, Linz 1993) 15 ff.

Grössing, H., Naturwissenschaften in Österreich im Zeitalter des Humanismus, in: Verdrängter Humanismus, Verzögerte Aufklärung, hrsg. v. M. Benedikt, R. Knoll, J. Rupitz 1 (Klausen–Leopoldsdorf 1996) 249 ff.

Gut, J., Memorialorte der Habsburger im Südwesten des Alten Reichs, in: Vorderösterreich, nur die Schwanzfeder des Kaiseradlers?, hrsg. v. Württembergischen Landesmuseum Stuttgart. 2. Aufl. (Ostfildern 1999) 94 ff.

Gutkas, K., Friedrich III. und die Stände des Landes Niederösterreich, in: Ausstellung. Friedrich III., Kaiserresidenz Wiener Neustadt (Katalog des Niederösterreichischen Landesmuseums NF 29, 1966) 154 ff.

–, Der Mailberger Bund von 1451, MIÖG 74 (1966) 51 ff.

Hack, A. T., Das Empfangszeremoniell bei mittelalterlichen Papst-Kaiser-Treffen (Forschungen zur Kaiser- und Papstgeschichte des Mittelalters 18, 1999).

Haller, B., Kaiser Friedrich III. in literarischen Zeugnissen seiner Zeit und sein Andenken im 16. Jahrhundert, in: Ausstellung Friedrich III., Kaiserresidenz Wiener Neustadt (Katalog des Niederösterreichischen Landesmuseums NF 29, 1966) 87 ff.

Haller-Reiffenstein, B., Kaiser Friedrich III. und Andreas Baumkircher, in: Andreas Baumkircher und seine Zeit, red. v. R. Kropf u. W. Meyer (Eisenstadt 1983) 63 ff.

Halm, Ch., Deutsche Reiseberichte (= Europäische Reiseberichte des späten Mittelalters, hrsg. v. W. Paravicini 1, 2. Aufl.) (Kieler Werkstücke Reihe D, 5, Frankfurt am Main–Berlin–Bern–New York–Paris 2001).

Haverkamp, A., Italien im hohen und späten Mittelalter 1056–1454, in: Handbuch der europäischen Geschichte, hrsg. v. Th. Schieder 2 (= Europa im Hoch- und Spätmittelalter, hrsg. v. F. Seibt, Stuttgart 1987) 546 ff.

Heeslinger, H., Die Anfänge des Schwäbischen Bundes, Forschungen zur Geschichte der Stadt Ulm 9 (Stuttgart 1970).

Heimann, H.-D., Herrschaftsfamilie und Herrschaftspraxis, in: Sigismund von Luxemburg, Kaiser und König in Mitteleuropa 1387–1437, hrsg. v. J. Macek, E. Marosi, F. Seibt (Warendorf 1994) 53 ff.

–, Die Habsburger. Dynastie und Kaiserreiche (München 2001).

–, Die „auswärtige Politik" der Wettiner und ihre Herrschaftsbeziehungen zum Haus Habsburg, zu Burgund und in den Niederlanden im späten Mittelalter, in: Auswärtige Politik und internationale Beziehungen im Mittelalter (13. bis 16. Jahrhundert), hrsg. v. D. Berg, M. Kintzinger, P. Monnet (= Europa in der Geschichte, hrsg. v. D. Berg, 6, Bochum 2002) 197 ff.

Heimpel, H., Das deutsche fünfzehnte Jahrhundert in Krise und Beharrung, in: Die Welt zur Zeit des Konstanzer Konzils, VuF 9 (Konstanz–Stuttgart 1965) 9 ff.

Heinig, P.-J., Zur Kanzleipraxis unter Kaiser Friedrich III, Archiv für Diplomatik 31 (1985) 383 ff.

–, Kaiser Friedrichs III. Preces-Register der Jahre 1473–1475, in: Ex ipsis rerum documentis, Festschrift H. Zimmermann, hrsg. v. K. Herbers, H. H. Kortüm u. C. Servatius (Sigmaringen 1991) 135 ff.

–, Die Türhüter und Herolde Kaiser Friedrichs III., in: Kaiser Friedrich III. in seiner Zeit, hg, v. P.-J. Heinig (Forschungen zur Kaiser- und Papstgeschichte des Mittelalters 12, 1993) 355 ff.

–, Zwischen Kaiser und Konzil. Die Reformdiskussion in der Mainzer Kirche, in: Reform von Kirche und Reich, hrsg. v. I. Hlaváček u. A. Patschovsky (Konstanz 1996) 109 ff.

–, Kaiser Friedrich III, (1440–1493), Hof, Regierung und Politik 1–3 (Forschungen zur Kaiser- und Papstgeschichte des Mittelalters 17, 1997).

–, Das Bistum Mainz im Spätmittelalter, in: Handbuch der Mainzer Kirchengeschichte, hrsg. v. F. Jürgensmeier 1 (Würzburg 2000) 416 ff.

–, Ein bitter-freudiges Familientreffen: Maximilian I. und sein Vater in Löwen (24. Mai 1488), in: Liber amicorum Raphael de Smedt 3, Historia (Leuven 2001) 183 ff.

–, Maximilian und die Frauen. In den Fängen der dynastischen Politik, in: Kaiser Maximilian. Bewahrer und Reformer, hrsg. v. G. Schmidt von Rhein (Ramstein 2002) 69 ff.

–, „omnia vincit amor" – Das fürstliche Konkubinat im 15./16. Jahrhundert, in: Principes, Dynastien und Höfe im späten Mittelalter (Residenzforschung 14, 2002) 277 ff.

–, Die Habsburger des 15. und 16. Jahrhunderts und Karl der Große, Zeitschrift des Aachener Geschichtsvereins 104/105 (2002/2003) 147 ff.

–, Römisch-deutscher Herrscherhof und Reichstag im europäischen Gesandtschaftssystem an der Wende vom Mittelalter zur Neuzeit, in: Gesandtschafts- und Botenwesen im spätmittelalterlichen Europa, hrsg. v. R. C. Schwinges u. K. Wriedt, VuF 60 (Ostfildern 2003) 225 ff.

–, Habsburg, in: Höfe und Residenzen im spätmittelalterlichen Reich, hrsg. v. W. Paravicini (Residenzforschung 15. 2003) 85 ff.

–, Friedrich III, Ebenda 341 ff.

–, Albrecht II. (1438–1439), in: Die deutschen Herrscher des Mittelalters, hrsg. v. B. Schneidmüller und St. Weinfurter (München 2003) 486 ff.

–, Friedrich III. (1440–1493), Ebenda 495 ff.

–, Der Preis der Gnade, Sporteln, Kanzleitaxen und urkundliche Gebührenvermerke im europäischen Mittelalter, in: Regionen Europas – Europa der Regionen, Festschrift für K. U. Jäschke, hrsg. v. P. Thorau, S. Penth u. R. Fuchs (Köln–Weimar–Wien 2003) 143 ff.

–, Der regionalisierte Herrscherhof Kaiser Friedrichs III. und das Reich in Fremd- und Selbstwahrnehmung, in: Fürstenhöfe und ihre Außenwelt, hrsg. v. T. Zotz (Identitäten und Alteritäten 16, Würzburg 2004) 115 ff.

–, Kaiser, Reich und Burgund. Habsburgs „neue Westpolitik" im 15. Jahrhundert, Zeitschrift des Aachener Geschichtsvereins 106 (2004) 55 ff.

Heinig, P.-J. u. Grund, I., Das Taxregister der römischen Kanzlei 1471–1475 (Regesten Kaiser Friedrichs III. (1440–1493), hrsg. v. H. Koller, P.-J. Heinig u. A. Niederstätter, Sonderband 2, Wien–Weimar–Köln 2001).

Helmrath, J., Das Basler Konzil 1431–1449. Forschungsstand und Probleme (Kölner Historische Abhandlungen 32, Köln–Wien 1987).

Herold, P., Das Ringen um den Text. Die Lehensurkunden von 1446/47 für Herzog Philipp von Burgund als Beispiel für Genese, Wirkungsweise und Scheitern von Urkundentexten, in: Vom Nutzen des Schreibens. Soziales Gedächtnis, Herrschaft und Besitz im Mittelalter, hrsg. v. W. Pohl u. a. (Denkschriften der Österreichischen Akademie der Wissenschaften, Phil.-Hist. Kl. 306, 2002) 321 ff.

Hertlein, E., In Friderici imperatoris incolumitate salus imperii consistit. Antike und mittelalterliche Herrscher-Auffassungen am Grabmal Friedrichs III. in Wien, Jahrbuch der Kunsthistorischen Sammlungen in Wien 81 (1985) 33 ff.

Hesslinger, H., Die Anfänge des Schwäbischen Bundes (Forschungen zur Geschichte der Stadt Ulm 9, Stuttgart 1970).

Hlaváček, I., Beiträge zur Erforschung der Beziehungen Friedrichs III. zu Böhmen bis zum Tode Georgs von Podiebrad (1471), in: Kaiser Friedrich III. in seiner Zeit, hrsg. v. P.-J. Heinig (Forschungen zur Kaiser- und Papstgeschichte des Mittelalters 12, 1993) 279 ff.

Hochedlinger, M., Das k. k. „Geheime Hausarchiv", in: Quellenkunde der Habsburgermonarchie (16.–18. Jahrhundert), hrsg. v. J. Pauser, M. Scheutz u. Th. Winkelbauer, MIÖG Ergbd. 44 (2004) 34 ff.

Hödl, G., Friedrich der Schöne und die Residenz Wien, JbVGWien 26 (1970) 7 ff.

–, Albrecht II. Königtum, Reichsregierung und Reichsreform 1438–1439 (Forschungen zur Kaiser- und Papstgeschichte des Mittelalters 3, 1978).

–, Habsburg und Österreich 1273–1493. Gestalten und Gestalt des österreichischen Spätmittelalters (Wien–Köln–Graz 1988).

Hoensch, J. K., Kaiser Sigismund, Herrscher an der Schwelle zur Neuzeit 1368–1437 (München 1996).

–, Matthias Corvinus, Diplomat, Feldherr und Mäzen (Graz–Wien–Köln 1998).

–, Polen im ostmitteleuropäischen Mächtesystem während des Spätmittelalters, in: Das Reich und Polen, hrsg. v. Th. Wünsch, VuF 59 (Ostfildern 2003) 59 ff.

Holtz, E., Kaiser Friedrich III. und Thüringen, in: Kaiser Friedrich III. (1440–1493) in seiner Zeit, hrsg. v. P.-J. Heinig (Forschungen zur Kaiser- und Papstgeschichte des Mittelalters 12, 1993) 233 ff.

–, Politische Kräfte und politische Entwicklungen in Mitteldeutschland während des 14./15. Jahrhunderts, in: Akkulturation und Selbstbehauptung. Studien zur Entwicklungsgeschichte der Lande zwischen Elbe/Saale und Oder im späten Mittelalter (Berichte und Abhandlungen der Berlin-Brandenburgischen Akademie der Wissenschaften, Sonderband 6, Berlin 2001) 287 ff.

Holtz, W., Handbuch der Kunstdenkmäler im Elsass und in Lothringen, 3. Aufl. (München–Berlin 1976).

Housley, N., The Later Crusades 1274–1580. From Lyons to Alcazar (Oxford 1992).

Hürten, H., Die Mainzer Akzeptation von 1439 (Archiv für mittelrheinische Kirchengeschichte 11, 1959) 42 ff.

Hundsbichler, H., Reiseerfahrung und Reflexivität. Spätmittelalterliche Religiosität als Kontext kultureller Kontraste (Medium Aevum Quotidianum 49, 2004) 7 ff.

Hye, F.-H., Innsbruck, in : Österreichisches Städtebuch, hrsg. v. A. Hoffmann 5 (Wien 1980) 69 ff.

Irblich, E., Zur höfischen Buchkunst in Wien (14.–15. Jh.), Zimelien Kaiser Friedrichs III (1452–1493), in: Thesaurus Austriacus, hrsg. v. E. Irblich (Ausstellungskatalog) (Wien 1996) 75 ff.

Isenmann, E., Reichsfinanzen und Reichssteuern im 15. Jahrhundert, ZHF 7 (1980) 1 ff. und 219 ff.

–, Kaiser, Reich und deutsche Nation am Ausgang des 15. Jahrhunderts, in: Ansätze und Diskontinuität deutscher Nationsbildung im Mittelalter, hrsg. v. J. Ehlers (= Nationes, hrsg. v. H. Beumann und W. Schröder, 8, Sigmaringen 1989) 145 ff.

Janotta, Ch., Friedrich (V,) III. und Feldkirch, in: Kaiser Friedrich (1440–1493) in seiner Zeit, hrsg. v. P.-J. Heinig (Forschungen zur Kaiser- und Papstgeschichte des Mittelalters 12, 1993) 59 ff.

Janssen, W., Der Verzicht Erzbischofs Ruprecht von der Pfalz auf das Erzbistum Köln um die Jahreswende 1478/79, in: Köln, Stadt und Bistum in Kirche und Reich des Mittelalters, Festschrift für O. Engels, hrsg. v. H. Vollrath u. St. Weinfurter (Kölner Historische Abhandlungen 39, Köln–Weimar–Wien 1993) 659 ff.

Kaiserurkunden in Abbildungen, hrsg. v H. v. Sybel u. Th. v. Sickel (Berlin 1880–1890) (Tafelwerk mit einem Textband).

Katzberger, P., Thomas Ebendorfer als Bauherr in Perchtoldsdorf, in: Thomas Ebendorfer von Haselbach (1388–1464), hrsg. von J. Seidl (Ausstellungskatalog) (Wien 1988) 50 ff.

Kieslinger, A., Das Grabmal Friedrichs III., in: Ausstellung. Friedrich III., Kaiserresidenz Wiener Neustadt (Katalog des Niederösterreichischen Landesmuseums NF 29, 1966) 192 ff.

Kintzinger, M., Westbindungen im spätmittelalterlichen Europa (Mittelalter-Forschungen, hrsg. v. B. Schneidmüller u. St. Weinfurter 2, Stuttgart 2000).

–, Sigmund (1410/1437). Mit Jobst von Mähren (1410–1411), in: Die deutschen Herrscher des Mittelalters, hrsg. v. . Schneidmüller und St. Weinfurter (München 2003) 462 ff.

Kittel, E., Siegel (Bibliothek für Kunst- und Antiquitätenfreunde 11, Braunschweig 1970).

Klaniczay, G., Königliche und dynastische Heiligkeit in Ungarn, in: Politik und Heiligenverehrung im Hochmittelalter, hrsg. v. J. Petersohn, VuF 42 (Sigmaringen 1994) 343 ff.

Klecker, E., Bella gerant alii: tu, felix Austria, nube, ÖGuL 41 (1997) 30 ff.

Kloczonski, J., Das Erbe des Jan Hus, in: Von der Reform zur Reformation, hrsg. v. M. Venard (Geschichte des Christentums 7, Freiburg–Basel–Wien 1995) 461 ff.

Koch, B., Münz- und Geldwesen unter Friedrich III., in: Ausstellung. Friedrich III., Kaiserresidenz Wiener Neustadt (Katalog des Niederösterreichischen Landesmuseums NF 29, 1966) 180 ff.

Kohn, R., Der Stephansdom, ÖGuL 47 (2003) 216 ff.

Koller, G., Princeps in ecclesia. Untersuchungen zur Kirchenpolitik Herzog Albrechts V. von Österreich, AföG 124 (1964).

Koller, H., Beiträge zum Kaisertum Friedrichs III., in: Geschichtsschreibung und geistiges Leben im Mittelalter, Festschrift H. Löwe, hrsg. v. K. Hauck und H. Mordek (1978) 585 ff.

–, Der St.-Georgs-Ritterorden Kaiser Friedrichs III., in: Die geistlichen Ritterorden Europas, hrsg. v. J. Fleckenstein u. M. Hellmann. VuF 26 (Sigmaringen 1980) 417 ff.

–, Die Aufgaben der Städte in der Reformatio Friderici (1442), HJb 100 (1980) 198 ff.

–, Zur Herkunft des Begriffs „Haus Österreich" in: Festschrift B. Sutter (Graz 1983) 277 ff.

–, Die Reformen im Reich und ihre Bedeutung für die Erfindung des Buchdrucks, Gutenberg-Jahrbuch 59 (1984) 117 ff.

–, Neuere Forschungen zur Epoche Kaiser Friedrichs III., in Bericht über den 15. Österreichischen Historikertag (Veröffentlichungen des Verbandes österreichischer Geschichtsvereine 23, 1984) 42 ff.

–, Dietrich Ebbracht, Kanoniker und Scholaster zu Aschaffenburg (Aschaffenburger Jahrbuch 8, 1984) 145 ff.

–, Sigismund (1410–1437), in: Kaisergestalten des Mittelalters, hrsg. v. H. Beumann, 2. Aufl. (München 1985) 277 ff.

–, Aspekte der Politik des Hauses Österreich zur Zeit des Regierungsantrittes Friedrichs III., ÖGuL 29 (1985) 142 ff.

–, Die Schlacht bei Sempach im Bewußtsein Österreichs, Jahrbuch der Historischen Gesellschaft Luzern 4 (1986) 48 ff.

–, Die Schlacht bei Sempach aus österreichischer Sicht, in: Beiträge zur Sempacher Jahrhundertfeier 1386–1986 (Sempach 1986) 45 ff.

–, Das Reich von den staufischen Kaisern bis zu Friedrich III. (1250–1450), in: Handbuch der europäischen Geschichte, hrsg. v. Th. Schieder, 2 (= Europa im Hoch- und Spätmittelalter, hrsg. v. F. Seibt , Stuttgart 1987) 383 ff.

–, Probleme der Schriftlichkeit und Verwaltung unter Kaiser Friedrich III., in: Europa 1500, hrsg. v. F. Seibt u. W. Eberhardt (Stuttgart 1987) 96 ff.

–, Der Ausbau königlicher Macht im Reich des 15. Jahrhunderts, in: Das spätmittelalterliche Königtum im europäischen Vergleich, hrsg. v. R. Schneider, VuF 32 (Sigmaringen 1987) 425 ff.

–, Die Habsburgergräber als Kennzeichen politischer Leitmotive in der österreichischen Historiographie, in: Historiographia mediaevalis, Festschrift F.-J. Schmale (Darmstadt 1988) 256 ff.

–, Die politische Grundhaltung der Habsburger und der Südwesten des Reichs, in: Die Eidgenossen und ihre Nachbarn im Deutschen Reich des Mittelalters, hrsg. v. P. Rück (Marburg 1991) 37 ff.

–, Zur Bedeutung der eigenhändigen Briefe Kaiser Friedrichs III., in: Geschichte der Zentraljustiz in Mitteleuropa, Festschrift B. Diestelkamp, hrsg. v. F. Battenberg u. F. Ranieri (1994) 119 ff.

–, Zur Bedeutung des Vokalspiels AEIOU, ÖGuL 39 (1995) 162 ff.

–, Die Herrschaft der Habsburger im Spätmittelalter, in: Krönungen. Könige in Aachen – Geschichte und Mythos. Hrsg. v. M. Kramp (Ausstellungskatalog) (Mainz 2000) 554 ff.

–, Zum Finanzwesen Kaiser Friedrichs III., in: Tradition und Wandel, Festschrift H. Dopsch, hrsg. v. G. Ammerer, Ch. Rohr u. A. St. Weiß (Wien–München 2001) 152 ff.

–, Zur Reichsreform beim Regierungsantritt Kaiser Friedrichs III. (1440–1493), in: Mediaevalia Augiensia, hrsg. v. J. Petersohn, VuF 54 (Stuttgart 2001) 349 ff.

–, Stadt und Staat. Das Hauptstadtproblem unter Kaiser Friedrich III., in: Stadtarchiv und Stadtgeschichte, Festschrift F. Mayrhofer, Historisches Jahrbuch der Stadt Linz (2003/2004) 719 ff.

Kramml, P. F., Kaiser Friedrich III. und die Reichsstadt Konstanz 1440–1493) (Konstanzer Geschichts- und Rechtsquellen 29, Sigmaringen 1985).

–, Heinrich IV. von Hewen, in: Die Bischöfe von Konstanz, hrsg. v. E. L. Kuhn u. a. 1 (Friedrichshafen 1988) 384 ff.

Krenn, P. u. Valentinitsch, H., Grabmalplastik, in: Gotik in der Steiermark (Ausstellungskatalog) (Graz 1978) 291 ff.

Krieb, St., Vom Totengedenken zum politischen Argument. Die Schlacht bei Sempach (1386) im Gedächtnis des Hauses Habsburg und des südwestdeutschen Adels im 15. Jahrhundert, in: Kriegsniederlagen. Erfahrungen und Erinnerungen, hrsg. v. H. Carl, H.-H. Kortüm, D. Langewiesche, F. Lenger (Berlin 2004) 69 ff.

Krieger, K.-F., Der Prozeß gegen Pfalzgraf Friedrich auf dem Augsburger Reichstag 1474, ZHF 12 (1985) 257 ff.

–, Rechtliche Grundlagen und Möglichkeiten römisch-deutscher Königsherrschaft im Spätmittelalter, in: Das spätmittelalterliche Königtum im europäischen Vergleich, hrsg. v. R. Schneider, VuF 32 (Sigmaringen 1987) 465 ff.

–, König, Reich und Reichsreform im Spätmittelalter (Enzyklopädie deutscher Geschichte 14, München 1992).

–, Die Habsburger im Mittelalter (Stuttgart–Berlin–Köln 1994).

–, Der Hof Friedrichs III. – von außen gesehen, in: Deutscher Königshof, Hoftag und Reichstag im späteren Mittelalter, hrsg. v. P. Moraw, VuF 48 (Stuttgart 2002) 163 ff.

Krieger, M., Der Buchschmuck der „Handregistratur" Friedrichs III. im Haus-, Hof- und Staatsarchiv in Wien (Wiener Jahrbuch für Kunstgeschichte 46/47, 1993/94) 315 ff.

Krimm, K., Baden und Habsburg um die Mitte des 15. Jahrhunderts. Fürstlicher Dienst und Reichsgewalt im späten Mittelalter (Veröffentlichungen der Kommission für geschichtliche Landeskunde in Baden-Württemberg, Reihe B: Forschungen 89, Stuttgart 1976).

Kristanz, W., Kaiser Friedrich III. und die Stadt Passau (Dissertationen der Universität Salzburg 18, Wien 1983).

Kubinyi, A., Zur Frage der Vertretung der Städte im ungarischen Reichstag bis 1526, in: A. Kubinyi, König und Volk im spätmittelalterlichen Ungarn (Studien zur Geschichte Ungarns 1, Herne 1998) 65 ff.

–, Matthias Corvinus (Studien zur Geschichte Ungarns 2, Herne 1999).

–, Kriegslasten der Städte unter Matthias Corvinus, in: A. Kubinyi, Matthias Corvinus (Studien zur Geschichte Ungarns 2, Herne 1999) 172 ff.

–, Die Wiener Regierung des Königs Matthias Corvinus, ebenda 202 ff.

Kühnel, H., Die Hofburg. Wiener Geschichtsbücher 5 (Wien–Hamburg 1971).

Lackner, Ch., Hof und Herrschaft. Rat, Kanzlei und Regierung der österreichischen Herzöge (1356–1406) MIÖG Ergbd. 41 (2002).

Lechner, J., Reichshofgericht und königliches Kammergericht im 15. Jahrhundert, MIÖG Ergbd. 7 (1907) 44 ff.

Lhotsky, A., Die Geschichte der Sammlungen, Erste Hälfte (= Festschrift des Kunsthistorischen Museums zur Feier des fünfzigjährigen Bestandes., Teil 2, Wien 1941–1945).

–, Thomas Ebendorfer. Ein österreichischer Geschichtsschreiber, Theologe und Diplomat des 15. Jahrhunderts (Schriften der MGH 15, 1957).

–, Privilegium Maius. Die Geschichte einer Urkunde (1957).

–, Quellenkunde zur mittelalterlichen Geschichte Österreichs, MIÖG Ergbd. 19 (1963).

–, Geschichte Österreichs seit der Mitte des 13. Jahrhunderts (1281–1358), Veröffentlichungen der Kommission für Geschichte Österreichs, hrsg. v. A. Lhotsky 1 (1967).

–, Zur Frühgeschichte der Wiener Hofbibliothek, MIÖG 59 (1951) 329 ff. (= Nachdruck in Lhotsky, A., Aufsätze und Vorträge, hrsg. von H. Wagner und H. Koller 1. 1970) 149 ff.

–, Was heißt „Haus Österreich"? Anzeiger der Österreichischen Akademie der Wissenschaften, phil.-hist. Klasse 93 (1956) 155 ff. (= Nachdruck ebenda) 344 ff.

–, Kaiser Friedrich III., sein Leben und seine Persönlichkeit, in: Friedrich III. Kaiserresidenz Wiener Neustadt (Katalog des Niederösterreichischen Landesmuseums, NF 29, 1966) 16 ff. (= Nachdruck ebenda 2, 1971) 119 ff.

–, AEIOV. Die „Devise" Kaiser Friedrichs III. und sein Notizbuch, MIÖG 60 (1952) 155 ff. (= verbesserter Nachdruck ebenda) 164 ff.

–, Die Bibliothek Kaiser Friedrichs III., MIÖG 58 (1950) 124 ff. (Nachdruck ebenda) 223 ff.

–, Bauwerke und Sammlungen Kaiser Friedrichs III., und seines Sohnes Maximilian I. (Ebenda) 239 ff.

–, Joseph Chmel, Zum hundertsten Todestage. Anzeiger der Österreichischen Akademie der Wissenschaften, phil.-hist. Klasse 95 (1958) 323 ff. (= Nachdruck ebenda 4, 1974) 244 ff.

–, siehe auch Thomas Ebendorfer.

Lipburger, P. M., Über Kaiser Friedrich III. (1440–1493) und die „Regesta Friderici III.", Jahrbuch der Universität Salzburg 1979–1981 (1982) 127 ff.

Lutter, Ch., Maximilian I. (1486–1519), in : Die deutschen Herrscher des Mittelalters, hrsg. v. B. Schneidmüller und St. Weinfurter (München 2003) 518 ff.

Madersbacher, L., Malerei und Bild 1430 bis 1520, in: Geschichte der bildenden Kunst in Österreich, hrsg. v. H. Fillitz 3 (= Spätmittelalter und Renaissance, hrsg. v. A. Rosenauer, Wien–München 2003) 394 ff.

Märtl, C., Der Reformgedanke in den Reformschriften des 15. Jahrhunderts, in: Reform von Kirche und Reich, hrsg. v. I. Hlaváček u. A. Patschovsky (Konstanz 1996) 91 ff.

Maier, G., Ein Rechnungsbuch Albrechts VI. von Österreich aus den Jahren 1443–1445 (Staatsprüfungsarbeit am Institut für Österreichische Geschichtsforschung, Maschinenschrift, Wien 1989).

Maleczek, W., Österreich–Frankreich–Burgund, zur Westpolitik Herzog Friedrichs IV. 1430–1439, MIÖG 79 (1971) 111 ff.

–, Die päpstlichen Legaten im 14. und 15. Jahrhundert, in: Gesandtschafts- und Botenwesen im spätmittelalterlichen Europa, hrsg. v. R. C. Schwinges und K. Wriedt, VuF 60 (Ostfildern 2003) 33 ff.

Mally, A. K., Der österreichische Kreis in der Exekutionsordnung des römischdeutschen Reiches (Wien 1967).

Malyusz, E., Das Konstanzer Konzil und das königliche Patronatsrecht in Ungarn (Studia Historica Academiae scientiarum Hungaricae 18, Budapest 1959).

–, Kaiser Sigismund in Ungarn 1387–1437 (Budapest 1990).

Marchal, G. P., Sempach 1386. Von den Anfängen des Territorialstaates Luzern (Basel 1986).

Matschke, K.-P., Von der Diplomatie des Überflusses zur Diplomatie des Mangels, in: Gesandtschafts- und Botenwesen im spätmittelmittelalterlichen Europa, hrsg. v. R. C. Schwinges und K. Wriedt, VuF 60 (Ostfildern 2003) 87 ff.

Maurer, H., Der Herzog von Schwaben (Sigmaringen 1978).

Maurer J., Das Königsgericht und sein Wirken von 1451–1493, in: Das Reichskammergericht, hrsg. v. B. Diestelkamp (Köln–Weimar–Wien 2003) 79 ff.

Mayer, J., Geschichte von Wiener Neustadt 1 u. 2 (Wiener Neustadt 1924–1928).

Mayrhofer, F., Ein Kaiser stirbt. Überlegungen zum Sterbehaus Friedrichs III. in: Kaiser Friedrich III. Innovationen einer Zeitenwende, red. v. W. Katzinger u. F. Mayrhofer (Ausstellungskatalog, Linz 1993) 20 ff.

Mayrhofer, F., u. Katzinger, W., Geschichte der Stadt Linz 1 (Linz 1990).

Menzel, M., Ludwig der Bayer (1314–1347) und Friedrich der Schöne (1314–1330), in: Die deutschen Herrscher des Mittelalters, hrsg. v. B. Schneidmüller und St. Weinfurter (München 2003) 393 ff.

Meuthen, E., Das 15. Jahrhundert, 3. Aufl. (Oldenbourg, Grundriß der Geschichte, hrsg. v. J. Bleicken u. a., 9, München–Wien 1996).

–, Der Regensburger Christentag 1471., in: Reich, Regionen und Europa in Mittelalter und Neuzeit, Festschrift P. Moraw, hrsg. v. P.-J. Heinig u. a. (Berlin 2000) 279 ff.

Meyer, A., Das Wiener Konkordat von 1448 – Eine erfolgreiche Reform des Spätmittelalters, QFIAB 66 (1986) 108 ff.

Meyer, R. J., Königs- und Kaiserbegräbnisse. Von Rudolf von Habsburg bis zu Friedrich III. (Forschungen zur Kaiser und Papstgeschichte des Mittelalters 19, 2000).

Miethke, J., Konziliarismus – die neue Doktrin einer neuen Kirchenverfassung, in: Reform von Kirche und Reich, hrsg. v. I. Hlaváček u. A. Patschovsky (Konstanz 1996) 29 ff.

–, Die Konzilien im 15. Jahrhundert als Drehscheibe internationaler Beziehungen, in: Zwischen Habsburg und Burgund, hrsg. von K. Krimm und R. Brüning (Oberrheinische Studien 21, 2003) 275 ff.

Mitsch, R., Der Konflikt zwischen Kaiser Friedrich III. und Pfalzgraf Friedrich I., dem Siegreichen aus der Sicht zeitgenössischer Geschichtsschreiber, in: Granatapfel, Festschrift für G. Bauer, hrsg. v. D. Haage (1994) 207 ff.

Mitsch, R., Kommissionen als Herrschaftsinstrument Kaiser Friedrichs III. (1440–1493). Habil. masch. (Mannheim 2000).

–, Die Gerichts- und Schlichtungskommissionen Kaiser Friedrichs III. und die Durchsetzung des herrscherlichen Jurisdiktionsanspruchs in der Verfassungswirklichkeit zwischen 1440 und 1493, in: Das Reichskammergericht, hrsg. v. B. Diestelkamp (Köln–Weimar–Wien 2003) 7 ff.

Möhring, H., Die Weltkaiser der Endzeit, Mittelalter-Forschungen 3 (Stuttgart 2000).

Mohnhaupt, H., Confirmatio privilegorum, in: Das Privileg im europäischen Vergleich, hrsg. v. B. Döllemeyer u. H. Mohnhaupt 2 (Ius commune, Sonderheft 125,1999) 45 ff.

Monumenta Germaniae Historica, Diplomata 4, Diplomata regum et imperatorum Germaniae 10/1, Friderici I. diplomata (1975).

Monumenta Germaniae Historica, Leges 5, Constitutiones 11 (1987–1992) (S. 560 ff., Goldene Bulle Karls IV, v.1356).

Monumenta Germaniae Historica s. a. Österreichische Chronik, Ebendorfer, Unrest, Reformation Kaiser Siegmunds.

Moraw, P., Organisation und Funktion von Verwaltung im ausgehenden Mittelalter (ca. 1350–1500), in: Deutsche Verwaltungsgeschichte, hrsg. v. K. G. A. Jeserich, H. Pohl, G.-C. v. Unruh 1 (Stuttgart 1983) 21 ff.

–, Von offener Verfassung zu gestalteter Verdichtung. Das Reich im späten Mittelalter 1250 bis 1490 (= Propyläen Geschichte Deutschlands 3, Berlin 1985).

Müller, H., Die Franzosen, Frankreich und das Basler Konzil (Paderborn–München–Wien–Zürich 190).

Müller, U., Politische Lyrik im österreichischen Spätmittelalter, in: Die österreichische Literatur, hrsg. v. H. Zemann, 1 (Graz 1986) 453 ff.

Nehring, K., Ungarn in Europa im Zeitalter von Matthias Corvinus, in: Schallaburg 82. Matthias Corvinus und die Renaissance in Ungarn (= Katalog des Niederösterreichischen Landesmuseums NF 118, 1982) 33 ff.

–, Matthias Corvinus, Kaiser Friedrich III. und das Reich, Südosteuropäische Arbeiten 72, 2. Aufl. (München 1989).

Neumann, R., Kaiser Friedrich III. und der Einblattdruck, in: Kaiser Friedrich III. Innovationen einer Zeitenwende, red. v. W. Katzinger und F. Mayrhofer (Ausstellungskatalog, Linz 1993) 33 ff.

Neumann, W., Jakob Unrest. Leben, Werk und Wirkung, in: Geschichtsschreibung und Geschichtsbewusstsein im späten Mittelalter, hrsg. v. H. Patze, VuF 31 (Sigmaringen 1987) 681 ff.

Neumüller, W., Sanctus Maximilianus nec episcopus nec martyr, Mitteilungen des Oberösterreichischen Landesarchivs 8 (1964) 7 ff.

Niederkorn-Bruck, M., Die Melker Reform im Spiegel der Visitationen. MIÖG Ergbd. 30 (1994).

Niederstätter, A., Kaiser Friedrich III. und Lindau (Sigmaringen 1986).

–, Die ersten Regierungsjahre Kaiser Friedrichs III. und der Südwesten des Reichs, in: Die Eidgenossen und ihre Nachbarn im Deutschen Reich des Mittelalters, hrsg. v. P. Rück (Marburg 1991) 111 ff.

–, Der Alte Zürichkrieg. Studien zum österreichisch-eidgenössischen Konflikt, sowie zur Politik König Friedrichs III. in den Jahren 1440 bis 1446 (Forschungen zur Kaiser und Papstgeschichte des Mittelalters 14, 1995).

–, Das Jahrhundert der Mitte (= Österreichische Geschichte 1400–1522, hrsg. v. H. Wolfram, Wien 1996).

–, Die Herrschaft Österreich (= Österreichische Geschichte 1278–1411, hrsg. v. H. Wolfram, Wien 2001).

Niesner, M., Einführung, in: Das jüdische Leben Jesu, Toldot Jeschu. Die älteste lateinische Übersetzung in den Falsitates Judeorum von Thomas Ebendorfer, MIÖG Veröffentlichungen 39 (2003) 13 ff.

Nöflatscher, H., Räte und Herrscher. Politische Eliten an den Habsburgerhöfen der österreichischen Länder 1480–1530 (Veröffentlichungen des Instituts für europäische Geschichte Mainz 161 = Beiträge zur Sozial- und Verfassungsgeschichte des Alten Reichs 14, Mainz 1999).

Opll, F., Nachrichten aus dem mittelalterlichen Wien (Wien–Köln–Weimar 1995).

Opll, F. u. Perger, R., Kaiser Friedrich III. und die Wiener 1483–1485, Forschungen und Beiträge zur Wiener Stadtgeschichte, hrsg. v. F. Czeike 24, Wien 1993).

Österreichische Chronik von den 95 Herrschaften, hrsg. v. J. Seemüller (MGH SS Deutsche Chroniken 6, 1906–1909).

Ourliac, P., Das Schisma und die Konzilien (1378–1449), in: Die Zeit der Zerreissproben (= Die Geschichte des Christentums, hrsg. v. M. Mollat du Jordin u. A. Vauchez 6, bearb. v. B. Schimmelpfennig, Freiburg–Basel–Wien 1991) 75 ff.

Paravicini, W., Karl der Kühne. Das Ende des Hauses Burgund (Zürich–Göttingen–Frankfurt 1976).

–, Karl der Kühne, Sigmund von Tirol und das Ende des Hauses Burgund. Der Schlern 50 (1976) 442 ff.

–, Die ritterlich-höfische Kultur des Mittelalters (Enzyklopädie deutscher Geschichte 32, München 1994).

–, Kleve, Geldern und Burgund im Sommer 1473, Francia 23 (1996) 53 ff.

–, Schlichtheit und Pracht: Über König Ludwig XI. von Frankreich und Herzog Karl den Kühnen von Burgund, in: Principes. Dynastien und Höfe im späten Mittelalter, hrsg. v. C. Nolte, K.–H. Spieß u. R.-G. Werlich; Residenzforschung 14 (Stuttgart 2002) 63 ff.

–, Hagenbachs Hochzeit. Ritterlich-höfische Kultur zwischen Burgund und dem Reich im 15. Jahrhundert, in: Zwischen Habsburg und Burgund, hrsg. v. K. Krimm u. R. Brüning (Oberrheinische Studien 21, 2003) 13 ff.

Patschovsky, A., Der Reformbegriff zur Zeit der Konzilien von Konstanz und Basel, in: Reform von Kirche und Reich, hrsg. v. I. Hlaváček u. A. Patschovsky (Konstanz 1996) 7 ff.

Perger, R., Die Umwelt des Albrechtsaltars, in: Der Albrechtsaltar und sein Meister, hrsg. v. F. Röhrig (Wien 1981) 9 ff.

–, Matthias Corvinus und Wien, in: Matthias Corvinus und die Renaissance in Ungarn (Katalog des Niederösterreichischen Landesmuseums, NF 118, Wien 1982) 241 ff.

–, St. Stephan und die Wiener vom 12. bis zum 19. Jahrhundert, in: 850 Jahre St. Stephan, Symbol und Mitte in Wien 1147–1997 (Katalog der 226. Sonderausstellung, Wien 1997) 36 ff.

Pferschy-Maleczek, B., Kaiserin Eleonore, in: Frauen des Mittelalters in Lebensbildern, hrsg. v. K. R. Schnith (Graz–Wien–Köln 1997) 420 ff.

Pieper, J., Pienza – Der Entwurf einer humanistischen Weltsicht (Stuttgart–London 1997).

Plieger, C., Plastik der Renaissance, in: Geschichte der Bildenden Kunst in Österreich, hrsg. v. H. Fillitz 3 (= Spätmittelalter und Renaissance, hrsg. v. A. Rosenauer, Wien–München 2003) 307 ff.

Popelka, F., Geschichte der Stadt Graz 1 (Graz–Wien–Köln 1959).

Posse, O. s. Die Siegel.

Die Protokoll- und Urteilsbücher des Königlichen Kammergerichts aus den Jahren 1465 bis 1480, bearb. v. C. Helm, Ch. Magin, J. Maurer u. Ch. Wagner, 1–3 (Quellen und Forschungen zur höchsten Gerichtsbarkeit im Alten Reich 44, hrsg. v. F. Battenberg u. B. Diestelkamp, Köln–Weimar–Wien 2004).

Quartal, F., Vorderösterreich in der Geschichte Südwestdeutschlands, in: Vorderösterreich, nur die Schwanzfeder des Kaiseradlers?, hrsg. v. Württembergischen Landesmuseum Stuttgart, 2. Aufl. (Ostfildern 1999) 14 ff.

–, Vorderösterreich, in : Handbuch der Baden-Württembergischen Geschichte 1/2, red. v. M. Klein (Ort 2000) 591 ff.

Quellen zur Geschichte der Stadt Wien, II. Abt., 3, bearb. v. K. Uhlirz (Wien 1904).

Quellenkunde zur deutschen Geschichte im Spätmittelalter (1350–1500), hrsg. v. W. Dotzauer (Darmstadt 1996).

Quellenkunde der Habsburgermonarchie (16.–18. Jahrhundert), hrsg. v. J. Pauser, M. Scheutz u. T. Winkelbauer, MIÖG Ergbd. 44 (2004).

Ranft, A., Reichsreform als Adelsreform, in: Reform von Kirche und Reich, hrsg. v. I. Hlaváček u. A. Patschovsky (Konstanz 1996) 135 ff.

Rapp, F., Die Vielfalt der Reformbestrebungen, in: Die Geschichte des Christentums 7, Von der Reform zur Reformation, hrsg. v. M. Venard u. H. Smolensky (Freiburg–Basel–Wien 1995) 142 ff.

Rathmann, Th., Geschehen und Geschichte des Konstanzer Konzils (Forschungen zur Geschichte der älteren deutschen Literatur 20, München 2000).

Die Rechtsquellen der Stadt Wien, hrsg. v. P. Czendes, Fontes rerum Austriacarum, III. Abt., 9 (1986).

Reformation Kaiser Siegmunds, hrsg. v. H. Koller (MGH Staatsschriften 6, 1964).

Regesta Imperii, s. Böhmer.

Regesten Kaiser Friedrichs III. (1440–1493), hrsg. v. H. Koller (u. P.-J. Heinig, ab Heft 9, u. A. Niederstätter, ab Heft 13), 1, Die Urkunden und Briefe aus Stadtarchiven im Bayerischen Hauptstaatsarchiv (München) (mit Ausnahme und Regensburg und Augsburg), bearb. v. H. Koller (Wien–Köln–Graz 1982).

2, Urkunden und Briefe aus Klosterarchiven im Bayerischen Hauptstaatsarchiv (München), bearb. v. Ch. E. Janotta (Wien–Köln–Graz 1983).

3, Die Urkunden und Briefe aus den Archiven und Bibliotheken des Regierungsbezirks Kassel (vornehmlich aus dem Hessischen Staatsarchivs Marburg/L.), bearb. v. P.-J Heinig (Wien–Köln–Graz 1983).

4, Die Urkunden und Briefe aus dem Stadtarchiv Frankfurt am Main, bearb. v. P.-J. Heinig (Wien–Köln–Graz 1986).

5, Die Urkunden und Briefe aus dem Hessischen Hauptstaatsarchiv Wiesbaden, bearb. v. R. Neumann (Wien–Köln–Graz 1988).

6, Die Urkunden und Briefe des Kantons Zürich (vornehmlich aus dem Staatsarchiv Zürich), bearb. v. A. Niederstätter (Wien–Köln–Graz 1988).

7, Die Urkunden und Briefe aus den Archiven und Bibliotheken des Regierungsbezirks Köln, bearb. v. T. R. Kraus (Wien–Köln–Graz 1990).

8, Die Urkunden und Briefe aus den Archiven und Bibliotheken der Regierungsbezirke Darmstadt und Gießen, bearb. v. D. Rübsamen (Wien–Weimar–Köln 1993).

9, Die Urkunden und Briefe aus den Regierungsbezirken Koblenz und Trier, bearb. v. R. Neumann (Wien–Weimar–Köln 1996).

10, Die Urkunden und Briefe aus den Archiven und Bibliotheken des Landes Thüringen, bearb. v. E. Holtz (Wien–Weimar–Köln 1996).

11, Die Urkunden und Briefe aus den Archiven und Bibliotheken des Landes Sachsen, bearb. v. E. M. Eibl (Wien–Weimar–Köln 1998).

12, Die Urkunden und Briefe des Österreichischen Staatsarchivs in Wien, Abt. Haus-, Hof- u. Staatsarchiv; Allgemeine Urkundenreihe, Familienurkunden und Abschriftensammlungen (1440–1446), bearb. v. T. Willich (Wien–Weimar–Köln 1999).

13, Die Urkunden und Briefe des Österreichischen Staatsarchivs in Wien, Abt. Haus-, Hof- u. Staatsarchiv, Allgemeine Urkundenreihe, Familienurkunden und Abschriftensammlungen (1447–1457), bearb. v. P. Herold u. K. Holzner-Tobisch (Wien–Weimar–Köln 2001).

14, Die Urkunden und Briefe aus Archiven und Bibliotheken der Stadt Nürnberg, Teil 1: 1440–1449, bearb. v. D. Rübsamen (Wien–Weimar–Köln 2000).

15, Die Urkunden und Briefe aus den Beständen „Reichsstadt" und „Hochstift" Regensburg des Bayerischen Hauptstaatsarchiv München sowie aus den Regensburger Archiven und Bibliotheken, bearb. v. F. Fuchs u. K.-F. Krieger (Wien–Weimar–Köln 2002).

16, Die Urkunden und Briefe aus den Archiven und Bibliotheken des Bundeslandes Sachsen-Anhalt, bearb. v. E. Holtz (Wien–Weimar–Köln 2002).

17, Die Urkunden und Briefe aus den Archiven und Bibliotheken der Stadt Speyer, bearb. v. J. Kemper (Wien–Weimar–Köln 2002).

18, Die Urkunden und Briefe des Österreichischen Staatsarchivs in Wien, Abt, Haus-, Hof-u. Staatsarchiv: Allgemeine Urkundenreihe, Familienurkunden und Abschriftensammlungen (1458–1463), bearb. v. S. Dünnebeil u. P. Herold (Wien–Weimar–Köln 2004).

19, Die Urkunden und Briefe aus den Archiven und Bibliotheken der Stadt Nürnberg, Teil 2: 1450–1455, bearb. v. D. Rübsamen (Wien–Weimar–Köln 2004).

20, Die Urkunden und Briefe aus den Archiven und Bibliotheken der Bundesländern Berlin, Brandenburg und Mecklenburg-Vorpommern sowie des Archivum Panstwowe w Sczcecinie/Staatsarchiv Stettin für die historische Provinz Pommern, bearb. v. E.-M. Eibl (Wien–Weimar–Köln 2004).

Sonderband 1, Register zu Regesta chronologico-diplomatica Friderici III. Romanorum imperatoris (Regis IV.) v. J. Chmel, erarbeitet von D. Rübsamen u. P.-J. Heinig (Wien–Weimar–Köln 1992).

Sonderband 2, Das Taxregister der römischen Kanzlei 1471–1475, bearb. v. P.-J. Heinig u. I. Grund (Wien–Weimar–Köln 2001).

Deutsche Reichstagsakten (Ältere Reihe) unter König Albrecht II 1438, 13, hrsg. v. G. Beckmann (Gotha 1925).

Deutsche Reichstagsakten (Ältere Reihe) unter König Albrecht II. 1439, 14, hrsg. v. H. Weigel (Stuttgart 1935).

Deutsche Reichstagakten (Ältere Reihe) unter Kaiser Friedrich III. 1440–1441, 15, hrsg. v. H. Herre (Gotha 1914).

Deutsche Reichstagsakten (Ältere Reihe) unter Kaiser Friedrich III. 1441–1442, 16, bearb. v. H. Herre, hrsg. v. L. Quidde (Stuttgart–Gotha 1928).

Deutsche Reichstagsakten (Ältere Reihe) unter Kaiser Friedrich III. 1442–1445, 17, hrsg. v. W. Kaemmerer (Stuttgart–Göttingen 1963).

Deutsche Reichstagsakten (Ältere Reihe) unter Kaiser Friedrich III. 1453–1454, 19/1, hrsg. v. H. Weigel. u. H. Grüneisen (Göttingen 1969).

Deutsche Reichstagsakten (Ältere Reihe) unter Kaiser Friedrich III. 1468–1470, 22/1, hrsg. v. I. Most-Kolbe (Göttingen 1973).

Deutsche Reichstagakten, Mittlere Reihe, unter Maximilian I, Reichstag zu Frankfurt 1486, 1, bearb. v. H. Angermeier (Göttingen 1989).

Deutsche Reichstagsakten, Mittlere Reihe unter Maximilian I., Nürnberger Reichstag 1487, 2, bearb. v. R. Seiboth (Göttingen 2001).

Deutsche Reichstagsakten, Mittlere Reihe unter Maximilkian I. 1488–1490, 3, bearb. v. E. Bock (Göttingen 1972).

Reinhard, W., Probleme deutscher Geschichte 1495–1806. Reichsreform und Reformation, in: Gebhardt, Handbuch der deutschen Geschichte 9 (ohne Ortsangabe und Erscheinungsjahr).

Reinle, Ch., Ulrich Riederer (ca. 1406–1462), Gelehrter Rat im Dienste Kaiser Friedrichs III. (Mannheimer Historische Forschungen 2, 1993).

–, Albrecht I. (1298–1308), in: Die deutschen Herrscher des Mittelalter, hrsg. v. B. Schneidmüller und St. Weinfurter (München 2003) 372ff.

Riedmann, J., Das Mittelalter, in: J. Fontana u. a., Geschichte des Landes Tirol 1 (Bozen–Innsbruck–Wien 1985) 265ff

Rill, B., Friedrich III., Habsburgs europäischer Durchbruch (Graz–Wien–Köln 1987).

Ringel, I. H., Studien zum Personal der Kanzlei des Mainzer Erzbischofs Dietrich von Erbach (1434–1450) (Quellen und Abhandlungen zur mittelrheinischen Kirchengeschichte, hrsg. v. F. R. Reichert, 34, Mainz 1980).

Ritterorden und Adelsgesellschaften im spätmittelalterlichen Deutschland, hrsg. v. H. Kruse, W. Paravicini, A. Ranft (Kieler Werkstücke, Reihe D, 1, Frankfurt 1991).

Röhricht, R., Die Jerusalemfahrt des Herzog Friedrichs von Österreich, nachmaliges Kaisers Friedrichs III. von Deutschland (1436), Zeitschrift für deutsche Philologie 23 (1891) 422ff.

Röhrig, F., Geschichte und Thematik des Albrechtsaltars, in: Der Albrechtsaltar und sein Meister, hrsg. v. F. Röhrig (Wien 1981) 21ff.

–, Leopold III., der Heilige, Markgraf von Österreich (Wien–München 1985).

–, Das frühe Auftreten des Humanismus im Stift Klosterneuburg, in: Verdrängter Humanismus, Verzögerte Aufklärung, hrsg. v. M. Benedikt. R. Knoll, J. Rupitz 1 (Klausen–Leopoldsdorf 1996) 151 ff.

Roland, M., Buchmalerei, in :Geschichte der bildenden Kunst in Österreich, hrsg. v. H. Fillitz 3 (= Spätmittelalter und Renaissance, hrsg. v. A. Rosenauer, Wien–München 2003) 521 ff.

Rosenauer, A., Spätgotik und Renaissance, in: Geschichte der bildenden Kunst in Österreich, hrsg. v. H. Fillitz 3 (= Spätmittelalter und Renaissance, hrsg. v. A. Rosenauer, Wien–München 2003) 15 ff.

Rotthoff-Kraus, C., Die politische Rolle der Landfriedenseinungen zwischen Maas und Rhein in der zweiten Hälfte des 14. Jahrhunderts, Zeitschrift des Aachener Geschichtsvereins, 3. Beiheft (Aachen 1990).

–, Krönungsfestmähler der römisch-deutschen Könige, in Krönungen. Könige in Aachen – Geschichte und Mythos. hrsg. v. M. Kramp (Katalog-Handbuch in zwei Bänden, Mainz 2000) 573 ff.

Rübsamen, D., Zur Angabe von Zeugen in Urkunden Kaiser Friedrichs III., in: Diplomatische und chronologische Studien aus der Arbeit an den Regesta Imperii, hrsg. v. P.-J. Heinig (Forschungen zur Kaiser und Papstgeschichte des Mittelalters 8, 1991) 131 ff.

Saliger, A., Triumph im Tode. Beobachtungen zum Grabmal Kaiser Friedrichs III, im Wiener Stephansdom (Belvedere 1, 1995) 14 ff.

–, Zur kunsthistorischen Stellung des Wiener Stephansdomes, in: 850 Jahre St. Stephan, Symbol und Mitte in Wien 1147–1997 (226. Sonderausstellung, Historisches Museum der Stadt Wien, Katalog, Wien 1997).

Salonen, K., The Penitentiary under Pope Pius II. The Supplications and Their Provenance, in: The Long Arm of Papal Authority, ed. G. Jaritz, T. Jorgensen, K. Salonen (Bergen–Budapest–Krems 2004) 19 ff.

Schäffer, R., Die Baumkircherfehde (1469–1471), in: Andreas Baumkircher und seine Zeit, red. v. R. Kropf u. W. Meyer (Eisenstadt 1983) 151 ff.

Schaufelberger, W., Spätmittelalter, in: Handbuch der Schweizer Geschichte 1 (Zürich 1972) 9 ff.

Schenk, G. J., Zeremoniell und Politik. Herrschereinzüge im spätmittelalterlichen Reich (Forschungen zur Kaiser- und Papstgeschichte des Mittelalters 21, 2003).

Schimmelpfennig, B., Der Papst als Territorialherr im 15. Jahrhundert, in: Europa 1500, hrsg. v. F. Seibt u. W. Eberhard (Stuttgart 1987) 84 ff.

Schmid, P., Der Gemeine Pfennig von 1495 (Schriftenreihe der Historischen Kommission bei der Bayerischen Akademie der Wissenschaften 34, Göttingen 1989).

–, Die Reformbeschlüsse von 1495 und ihre politischen Rahmenbedingungen, in: Das Reichskammergericht, hrsg. v. B. Diestelkamp (Quellen und Forschungen zur höchsten Gerichtsbarkeit im Alten Reich, hrsg. v. F. Battenberg u. a. 45, Köln–Weimar–Wien 2003) 117 ff.

Schmidt, G., Die Madonna von der Wiener Neustädter Wappenwand, in: Orient und Okzident im Spiegel der Kunst, Festschrift H. G. Franz (Graz 1986) 315 ff.

–, Bildnisse eines Schwierigen: Beiträge zur Ikonographie Kaiser Friedrichs III., in: Festschrift H. Fillitz, Aachener Kunstblätter, hrsg. v. P. Ludwig 60 (1994) 347 ff.

Schmidt, H.-J., Kirche, Staat, Nation (Forschungen zur mittelalterlichen Geschichte 32, Weimar 1999).

Schmidt, R., Friedrich III. (1440–1493), in: Kaisergestalten des Mittelalters, hrsg. v. H. Beumann, 2. Aufl. (München 1985) 301 ff.

Schmidtchen, V., Kriegswesen im späten Mittelalter (Weinheim 1990).

Schmidt-Biggemann, W., Wissen und Macht an der Schwelle zur Neuzeit. Ein Beispiel: Nikolaus von Kues, in : Macht des Wissens, hrsg. v. R. v. Dülmen u. S. Rauschenbach (Köln–Weimar–Wien 2004) 13 ff.

Schubert, E., Fürstliche Herrschaft und Territorium im späten Mittelalter (Enzyklopädie deutscher Geschichte 35, München 1996).

–, Die Landfrieden als interterritoriale Gestaltung, in: Landfrieden, Anspruch und Wirklichkeit, hrsg. v. A. Buschmann u. E. Wadle (Paderborn–München–Wien–Zürich 2002) 123 ff.

Schultes, L., Plastik vom Ende des Schönen Stils bis zum Beginn der Renaissance, in: Geschichte der bildenden Kunst in Österreich, hrsg. v. H. Fillitz 3 (= Spätmittelalter und Renaissance, hrsg. v. A. Rosenauer, Wien–München 2003) 301 ff.

Schumm, K., Der Entwurf zu einem Grabmal Konrads von Weinsberg, Mainfränkisches Jahrbuch für Geschichte und Kunst 2 (1950) 122 ff.

Schweller, M. S., „Capella sive ecclesia supra portam". Studien zu Bau und Wiederaufbau der Burgkapelle Kaiser Friedrichs III. in Wiener Neustadt (Dipl. Phil., Wien 2001).

Freiherr von Schwind, E., u. Dopsch, A., Ausgewählte Urkunden zur Verfassungsgeschichte der deutsch-österreichischen Erbländer im Mittelalter (Innsbruck 1895).

Seemüller, J., Friedrichs III. Aachener Krönungsreise, MIÖG 17 (1896) 584 ff.

Seggern, H. v., Das Botenwesen Friedrichs III. (1440–1493), in: Vergleichende Perspektiven, Perspektiven des Vergleichs, hrsg. v. H. Schnabel-Schüle (Trierer Historische Forschungen 39, Mainz 1998) 67 ff.

Seibt, F., Die Zeit der Luxemburger und der hussitischen Revolution, in: Handbuch der Geschichte der böhmischen Länder, hrsg. v. K. Bosl 1 (Stuttgart 1967).

–, Hussitenstudien. Personen, Ereignisse, Ideen einer frühen Revolution (München 1987).

Seidl, J., Stadt und Landesfürst im frühen 15. Jahrhundert, Forschungen zur Geschichte der Städte und Märkte Österreichs, begr. v. W. Rausch, 5 (Linz 1997).

Sellert, W., Geiselnahme und Pfändung als Gegenstand spätmittelalterlicher Landfrieden, in: Landfrieden, Anspruch und Wirklichkeit, hrsg. v. A. Buschmann u. E. Wadle (Paderborn–München–Wien–Zürich 2002) 231 ff.

Seuffert, B. u. G. Kogler, Die ältesten steirischen Landtagsakten 2 (1452–1493) (Graz–Wien 1958).

Sieber, H, J., Vom Apostelkonzil zum Ersten Vaticanum (Paderborn–München–Wien–Zürich 1996).

Sieber-Lehmann, C., Spätmittelalterlicher Nationalismus. Die Burgunderkriege am Oberrhein und in der Eidgenossenschaft (Veröffentlichungen des Max-Planck-Instituts für Geschichte 116, Göttingen 1995).

–, Burgund und die Eidgenossenschaft, zwei politische Aufsteiger, in: Zwischen

Habsburg und Burgund, hrsg. v. K. Krimm u. R. Brüning (Oberrheinische Studien 21, 2003) 95 ff.

Die Siegel der deutschen Kaiser und Könige von 751 bis 1913, hrsg. v. O. Posse 2 und 5 (Dresden 1910 und 1913).

Sittig, W., Landstände und Landesfürstentum (Graz 1982).

Skopec, M., Die Beinamputation an Friedrich III. in Linz im Spiegel der Chirurgie seiner Zeit, in: Kaiser Friedrich III., Innovationen einer Zeitenwende, red. v. W. Katzinger u. F. Mayrhofer (Ausstellungskatalog, Linz 1993) 10–14.

Šmahel, F., Pax externa et interna : Vom Heiligen Krieg zur Erzwungenen Toleranz im hussitischen Böhmen (1419–1485), in: Toleranz im Mittelalter, hrsg. v. A. Patschovsky u. H. Zimmermann , VuF 45 (Sigmaringen 1989) 221 ff.

–, Die Hussitische Revolution, 1–3 (Schriften der MGH 43, 2002).

Speck, D., Freiburg– eine (vorder)österreichische Universität, in: Vorderösterreich, nur die Schwanzfeder des Kaiseradlers ?, hrsg. v. Württembergischen Landesmuseum Stuttgart, 2. Aufl. (Ostfildern 1999) 236 ff.

Die Stadt Wien, hrsg. v. P. Czendes u. F. Opll, in: Österreichisches Städtebuch, hrsg. v. O. Pickl 7 (Wien 1999) 213 ff.

Stangler, G., Matthias Corvinus und Niederösterreich, in: Schallaburg 82. Matthias Corvinus und die Renaissance in Ungarn 1458–1541 (Katalog des Niederösterreichischen Landesmuseums NF 118, 1982) 257 ff.

Straub, T., Bayern im Zeichen der Teilungen und der Teilherzogtümer (1347–1450), in: Handbuch der bayerischen Geschichte, hrsg., v. M. Spindler 2 (München 1966) 185 ff.

Struve, T., Die falschen Friederiche und die Friedenssehnsucht der Völker im späten Mittelalter, in: Fälschungen im Mittelalter (Schriften der MGH 33/1, 1988) 317 ff.

Studt, B., Papst Martin V. und die Kirchenreform in Deutschland (Forschungen zur Kaiser- und Papstgeschichte des Mittelalters 23, 2004).

Sutter, B., Die deutschen Herrschermonogramme nach dem Interregnum, in: Festschrift J. F. Schütz, hrsg. v. B. Sutter (Graz–Köln 1954) 246 ff.

–, Die Residenzen Friedrichs III. in Österreich, in: Ausstellung. Friedrich III., Kaiserresidenz Wiener Neustadt (Katalog des Niederösterreichischen Landesmuseums NF 29, 1966) 132 ff.

Thomas, H., Deutsche Geschichte des Spätmittelalters 1250–1500 (Stuttgart–Berlin–Köln–Mainz 1983).

–, Die Deutsche Nation und Martin Luther, HJb 105 (1985) 426 ff.

Thumser, M., Türkenfrage und öffentliche Meinung. Zeitgenössische Zeugnisse nach dem Fall von Konstantinopel (1453), in: Europa und die Osmanische Expansion im ausgehenden Mittelalter, hrsg. v. F.-R. Erkens, ZHF Beiheft 20 (1997) 59 ff.

Tietze, H., Geschichte und Beschreibung des St. Stephandomes in Wien, Österreichische Kunsttopographie 23 (Baden bei Wien 1931).

Toifl, L. u. H. Leitgeb, Die Türkeneinfälle in der Steiermark und in Kärnten vom 15. bis zum 17. Jahrhundert – Militärhistorische Schriftenreihe 64 (Wien 1991).

Tomaschek, J. A., Die Rechte und Freiheiten der Stadt Wien 2 (Wien 1879).

Uhlirz, K., Quellen zur Geschichte der Stadt Wien, II. Abt.: Regesten aus dem Archive der Stadt Wien 3 (Wien 1904).

Uiblein, P., Thomas Ebendorfer, in: Die deutsche Literatur des Mittelalters. Verfasserlexikon, hrsg. v. K. Ruh 2 (Berlin–New–York 1978) 253 ff.

–, Die Quellen des Spätmittelalters, in: Die Quellen der Geschichte Österreichs, hrsg. v. E. Zöllner (Schriften des Institutes für Österreichkunde 40, Wien 1982) 50 ff.

Uiblein, P., Thomas Ebendorfer (1388–1464), in: Thomas Ebendorfer von Haselbach (1388–1464), hrsg. v. J. Seidl (Ausstellungskatalog) (Wien 1988) 14 ff.

Jakob Unrest, Österreichische Chronik, hrsg. v. K. Grossmann (MGH SS NS 11, 1957).

Unterkircher, F., Die Bibliothek Friedrichs III., in: Ausstellung. Friedrich III., Kaiserresidenz Wiener Neustadt, (Katalog des Niederösterreichischen Landesmuseums NF 29, 1966) 218 ff.

Die Urkunden des Neuklosters zu Wiener Neustadt, bearb. v. H. Mayer – Fontes rerum Austriacarum, II.Abt. 86 (1986).

Valeri, N., Le origini dello stato moderne in Italia, in: Storia d'Italia, co. N. Valeri 1 (Turin 1959).

Valeri, N., L'Italia nell' eta 'dei pricipati dal 1343 al 1516, 2. Aufl., (1969).

Vogeler, B., Die Elsässische Dekapolis, in: Vom Städtebund zum Zweckverband (Stadt in der Geschichte 20, 1994) 21 ff.

Voigt, G., Friedrich III., in: Allgemeine Deutsche Biographie 7 (1877) 448 ff.

Vongrey, F., Stift Lilienfeld – Stiftskirche, in: 1000 Jahre Babenberger in Österreich (Katalog des Niederösterreichischen Landesmuseums, NF 66, 1976) 328 ff.

Voss, W., Dietrich von Erbach, Erzbischof von Mainz (1434–1459)(Quellen und Abhandlungen zur mittelrheinischen Kirchengeschichte 112, Mainz 2004).

Wagendorfer, M., Horaz, die Chronik von den 95 Herrschaften und Friedrich III., in: Handschriften, Historiographie und Recht, Festschrift W. Stelzer, hrsg. von G. Pfeifer, MIÖG Ergbd. 42 (2002) 109 ff.

–, Studien zur Historia Australis des Aeneas Silvius de Piccolominibus, MIÖG Ergbd. 43 (2003).

Wagner-Rieger, R., Die Bautätigkeit Kaiser Friedrichs III., Wiener Jahrbuch für Kunstgeschichte 25 (1972) 128 ff.

Walsh, K., Deutschsprachige Korrespondenz der Kaiserin Leonora von Portugal, in: Kaiser Friedrich III. (1440–1493) in seiner Zeit, hrsg. v. P.-J. Heinig (Forschungen zur Kaiser- und Papstgeschichte des Mittelalters 12, 1993) 399 ff.

–, Zwischen Mission und Dialog. Zu den Bemühungen um Aussöhnung mit den Ostkirchen im Vorfeld des Konzils von Ferrara–Florenz, in: Toleranz im Mittelalter, hrsg. v. A. Patschovsky u. H. Zimmermann, VuF 45 (Sigmaringen 1998) 297 ff.

–, Narcissus Herz von Berching, in: Tirol zwischen Zeiten und Völkern, Festschrift H. Gritsch (= Schlern-Schriften 318, Innsbruck 2002) 77 ff.

Walterskirchen G., Musik als „Nova Ars". Musiktheorie und Musikpraxis zur Zeit Friedrichs III., in: Kaiser Friedrich III. Innovationen einer Zeitenwende. Red. v. W. Katzinger u. F. Mayrhofer (Ausstellungskatalog, Linz 1993) 48 ff.

Weber., W. E. J., Buchdruck. Repräsentation und Verbreitung von Wissen, in: Macht des Wissens, hrsg. v. R. v. Dülmen u. S. Rauschenbach (Köln–Weimar–Wien 2004) 65 ff.

Wefers, S., Das politische System Kaiser Sigmunds (Veröffentlichungen des Instituts für Europäische Geschichte Mainz 138 = Beiträge zur Sozial- und Verfassungsgeschichte des Alten Reiches 10, Stuttgart 1989).

–, Die Wirkung der Hussitenprobleme auf den politischen Zusammenhang von König und Reich im Zeitalter Sigmunds. in: Sigismund von Luxemburg, Kaiser und König in Mitteleuropa 1387–1437, hrsg. v. J. Macek, E. Marosi, F. Seibt (Warendorf 1994) 94 ff.

Weinzierl-Fischer, E., Geschichte des Benediktinerklosters Millstatt in Kärnten, Archiv für vaterländische Geschichte und Topographie 33 (Klagenfurt 1951).

Welck, H., Konrad von Weinsberg als Protektor des Basler Konzils (Diss. Freiburg 1973).

Wenninger, M. J., Man bedarf keiner Juden mehr (Beihefte zum Archiv für Kulturgeschichte 14, Wien–Köln–Graz 1981).

Werner, E., Die Geburt einer Großmacht – Die Osmanen (1300–1481) (Wien–Köln–Graz 1985).

Wiesflecker, H., Meinhard II. (Schlern-Schriften 124, 1955).

–, Friedrich III. und der junge Maximilian, in: Ausstellung. Friedrich III., Kaiserresidenz Wiener Neustadt (Katalog des Niederösterreichischen Landesmuseums NF 29, 1966) 48 ff.

–, Kaiser Maximilian I. Das Reich, Österreich und Europa an der Wende zur Neuzeit. 1–5 (Wien 1971–1986)

–, Österreich im Zeitalter Maximilians I. (Wien–München 1999).

Wiesflecker, P., Zur Adelsliste in Jakob Unrests Kärntner Chronik, in: Handschriften, Historiographie und Recht, Festschrift W. Stelzer, hrsg. von G. Pfeifer, MIÖG Ergbd. 42 (2002) S. 167 ff.

Wiesflecker-Friedlhuber, I., Maximilian I. und die Grundlegung der Donaumonarchie, in: Focus Austria, Festschrift für A. Ableitinger (Graz 2003) 217 ff.

Wild, W., Steuern und Reichsherrschaft (Bremen 1984).

Willich, T., Zur Wirkungsgeschichte des Privilegium maius, ZHF 25 (1998) 163 ff.

Winter, E. K., Rudolph IV. von Österreich 1 (Wiener soziologische Studien 2, Wien 1934).

Wolf, A., Kommentar zu Die Goldene Bulle, König Wenzels Handschrift (Codices selecti 60, Graz 1977).

Wolkan, R., Der Briefwechsel des Eneas Silvius Piccolomini 2 (Amtliche Briefe), Fontes rerum Austriacarum, II. Abt. 62 (1909).

Worstbrock, F. J., Mayr Martin, in: Die deutsche Literatur des Mittelalters, Verfasserlexikon, hrsg. v. K. Ruh 6 (1987) 242 ff.

–, Piccolomini, Aeneas Silvius (Papst Pius II.), in: Die deutsche Literatur des Mittelalters, Verfasserlexikon, hrsg. v. K. Ruh 7 (1989) 634 ff.

Wostry, W., König Albrecht II. (1437–1439) 1–2, Prager Studien aus dem Gebiete der Geschichtswissenschaft 12 u. 13 (Prag 1906 und 1907).

Wünsch, T., Konziliarismus und Polen (Paderborn–München–Wien–Zürich 1998).

Zaisberger, F., Geschichte Salzburgs (Wien–München 1998).

Zauner, A., Erzherzog Albrecht VI. (1418–1463). Erbfürst des Landes ob der Enns, in: Oberösterreicher, Lebensbilder zur Geschichte Oberösterreichs, hrsg. v. A. Zauner u. H. Slapnicka 2 (Linz 1982) 18 ff.

Zierl, A., Kaiserin Eleonore, Gemahlin Friedrichs III., in: Ausstellung. Friedrich III., Kaiserresidenz Wiener Neustadt (Katalog des Niederösterreichischen Landesmuseums NF 29, 1966) 144ff.

Zinnhobler, R., Der Hl. Maximilian, ÖGuL 47 (2003) 35ff.

Zöllner, E., Geschichte Österreichs. Von den Anfängen bis zur Gegenwart, 8. Aufl. (Wien 1990).

–, Formen und Wandlungen des Österreichbegriffs, in: Zöllner, E., Probleme und Aufgaben der österreichischen Geschichtsforschung, hrsg. v. H. Dienst u. G. Heiß (Wien1984).

–, Der Österreichbegriff. Aspekte seiner historischen Formen und Wandlungen, in: Was heißt Österreich?, hrsg. v. R. Plaschka, G. Stourzh u. J. P. Niederkorn, AföG 136 (1995) 23ff.

–, Märtyrer und Realpolitiker, ÖGuL 46 (2002) 358ff.

Zotz, T., Fürstliche Präsenz und fürstliche Memoria an der Peripherie der Herrschaft: Die Habsburger in den vorderen Landen im Spätmittelalter, in: Principes, Dynastien und Höfe im späten Mittelalter, hrsg. v. C. Nolte, K.-H. Spieß, R.-G. Werlich (Residenzforschung 14, Stuttgart 2002) 349ff.

–, Rudolf von Habsburg (1273–1291), in: Die deutschen Herrscher des Mittelalters, hrsg. v. B. Schneidmüller und St. Weinfurter (München 2003) 340ff.

Zykan, M., Der Stephansdom, Wiener Geschichtsblätter 26/28 (Wien–Hamburg 1981).

Personenregister